Luhmann · Politische Planung

Niklas Luhmann

Politische Planung

Aufsätze zur Soziologie von Politik und Verwaltung

2. Auflage

Westdeutscher Verlag

1. Auflage 1971
2. Auflage 1975

Gesamtherstellung: Mohndruck, Reinhard Mohn OHG, Gütersloh
Umschlag: Hanswerner Klein/Peter-Jürgen Kahrl, Opladen

ISBN 3-531-11073-X

Vorwort

Dieser Band stellt eine Reihe von Aufsätzen aus dem Bereich von Politik und Verwaltung zusammen, die teils bereits veröffentlicht, teils noch nicht veröffentlicht sind. Der Neudruck verfolgt vor allem den Zweck, den inneren Zusammenhang einer Reihe von Überlegungen sichtbar zu machen, stärker, als dies im Einzelaufsatz durch Fußnoten und Verweisungen geschehen kann. Er soll Zugänglichkeit und Kritik erleichtern.
Für Sammelbände einen bezeichnenden Titel zu finden, ist bekanntermaßen ein schwieriges Geschäft. Zu meinem Bedauern ist die Sitte, die ersten Worte des Textes zu wählen, fast völlig abhanden gekommen. »Viele klassische Begriffe« wäre ein schöner, distanznehmender Titel gewesen. Die Auseinandersetzung mit und die Abwendung von einer großen Tradition des ethischen Denkens über Politik, Recht, Staat und Verwaltung ist einer der Leitfäden durch diesen Band. Der andere ist »Politische Planung«. Wenn es um die klassischen Begriffe und um politische Planung geht, dann geht es letztlich um die Umkehrung der zeitlichen Grundorientierung von Vergangenheit auf Zukunft, deren Vollzug unsere Gesellschaftsordnung verlangt. »Planung« wäre dafür ein unzulänglicher Titel, wenn damit lediglich eine Art Vorbereitung des Handelns gemeint wäre. Die darauf bezogenen Planungstechnologien sind eine Sache für sich. Sie werden in den Aufsätzen dieses Bandes allenfalls beiläufig berührt. Vielmehr geht es in erster Linie um Konzeptionen des Gegenstandes Politik und Verwaltung, die diesen als planbar erfassen.
Die zunehmende Komplizierung und Verfeinerung der intellektuellen Ausrüstung des Planens – und dazu gehört nicht zuletzt die Ausrüstung für den weitläufigen Umweg über die Methoden der empirischen Sozialforschung – hat bereits die Planung der Planung und die Einplanung der Planungskapazitäten und der wahrscheinlichen Planungsfehler zum Problem werden lassen. Die Beschäftigung mit den Instrumenten tritt vor die Beschäftigung mit der Sache selbst. Parallel dazu wird das »Andere in die Lage versetzen, etwas tun zu können« zur Hauptbeschäftigung der Politiker. Diese Indirektheit, diese Mühe und dieses ständige Scheitern des Planens und die damit einhergehende politische Beunruhigung fallen einem soziologischen, gleichsam planerisch unvoreingenommenen Betrachter auf. All das scheint gefordert, nicht gewollt zu sein. Damit wird die vorherrschende Auffassung der Planung als einer Art instrumentellen Aktivismus zunehmender Sachbeherrschung fragwürdig, und man könnte auf den Gedanken kommen, daß Apotheose und Not des Planens nichts weiter sind als ein Reflex der Zukünftigkeit des Gegenstandes.
Damit ist gemeint, daß ein Sachbereich wie die Verwaltung selbst oder wie die gesellschaftlichen Teilsysteme, mit denen sie befaßt ist, eine offene Zukunft hat in dem Sinne, daß die Gegenwart weit mehr Möglichkeiten enthält, als aktualisiert werden können, so daß unter den möglichen künftigen Wirklichkeiten ausgewählt werden

muß. Planung wäre danach Reduktion und Bestimmung einer strukturell angelegten Offenheit für andere Möglichkeiten. Wenn diese Auffassung zutrifft, dann müßte alle Planung beginnen mit einer Konzeptualisierung ihres Gegenstandes, die diesen als kontingent begreift und seine anderen Möglichkeiten aufdeckt. Man könnte dies als eine »Problematisierung« des Gegenstandes bezeichnen.

Jene klassischen Begriffe und diese Absicht der Problematisierung eines Gegenstandes als kontingent, als nur historisch, als positiv, als reformbedürftig, sind nicht mehr auf einen Nenner zu bringen. Gegenstandskonzepte, die die Zukunftspotentiale eines Sachbereichs strukturiert zum Ausdruck und zur Entscheidung bringen können, müssen neu entwickelt werden. Ausgangspunkte dafür gibt es bereits in älteren Begriffstraditionen, vor allem in der Theorie der logischen oder ontologischen Modalitäten: in der Begriffsgeschichte von contingens, in der Schöpfungstheorie, im Begriff der Kompossibilität und in der Lehre von generativen Definitionen bei Leibniz, die über Erzeugungsregeln das real Mögliche einschränkt und zu bestimmen sucht, oder in der Konditionalisierung des Möglichkeitsbegriffs bei Kant. Erst die moderne Systemtheorie scheint jedoch überzeugende, forschungsmäßig entwicklungsfähige Ansätze für Verfahren der restriktiven Ermöglichung zu enthalten. Sie erscheinen zunächst in den Abstraktionen des Modelldenkens, in der Nichtbeliebigkeit interner Zuordnungen im Modell, in Schranken der Variabilität, der Kompatibilität, der Substitutionsmöglichkeiten, der tolerierbaren Interdependenzen usw.

Die in diesem Band zusammengefaßten Studien erreichen nicht das Abstraktionsniveau einer soziologischen Planungstheorie. Sie versuchen, unter jeweils begrenztem Blickpunkt Funktionen und damit Variationsmöglichkeiten im Gegenstandsfeld zu klären und damit abzutasten, wieviel Zukunft in der Sache selbst steckt. Nur im vorletzten und vor allem im letzten Beitrag wird die Reformmöglichkeit selbst zum Thema. Sie münden aus in die Forderung nach einer modellgeleiteten Technik des restriktiven Problematisierens.

Bielefeld, im Februar 1971

Niklas Luhmann

Inhalt

Drucknachweise

1. Öffentliche Meinung. Politische Vierteljahresschrift 11 (1970), S. 2–28.
2. Komplexität und Demokratie. Politische Vierteljahresschrift 10 (1969), S. 314–325.
3. Funktionen der Rechtsprechung im politischen System. In: Dritte Gewalt heute? Schriften der Evangelischen Akademie in Hessen und Nassau, Heft 84, Frankfurt 1969, S. 6–17.
4. Gesellschaftliche und politische Bedingungen des Rechtsstaates. In: Studien über Recht und Verwaltung, Köln–Berlin–Bonn–München 1967 (Carl Heymanns), S. 81–102.
5. Politische Planung. Jahrbuch für Sozialwissenschaft 17 (1966), S. 271–296.
6. Zweck – Herrschaft – System. Grundbegriffe und Prämissen Max Webers. Der Staat 3 (1964), S. 129–158.
7. Lob der Routine. Verwaltungsarchiv 55 (1964), S. 1–33.
8. Die Knappheit der Zeit und die Vordringlichkeit des Befristeten. Die Verwaltung 1 (1968), S. 3–30.
9. Opportunismus und Programmatik in der öffentlichen Verwaltung. Bisher nicht veröffentlicht.
10. Reform und Information: Theoretische Überlegungen zur Reform der Verwaltung. Die Verwaltung 3 (1970), S. 15–41.
11. Reform des öffentlichen Dienstes: Zum Problem ihrer Probleme. Bisher nicht veröffentlicht.

Öffentliche Meinung

Viele klassische Begriffe der politischen Theorie finden sich heute in einer zwiespältigen Lage: Man kann sie weder einfach fallenlassen noch in ihrem ursprünglichen Bedeutungsgehalt ernst nehmen. Sie scheinen wichtige evolutionäre Errungenschaften der neuzeitlichen Gesellschaft und ihrer politischen Systeme zu bezeichnen; dies aber in einer Weise, die nicht mehr befriedigt – gleichsam zu direkt, zu kompakt, zu einfach. Die neueren wissenschaftlichen Strömungen der Systemtheorie, der Entscheidungstheorie, der Organisationstheorie, die die wissenschaftliche Kapazität für die Bearbeitung komplexer Sachverhalte auszuweiten suchen, fließen am traditionellen Begriffsschatz vorbei. Disziplinen, die ihn zu bewahren trachten, laufen eben damit Gefahr, rückständig zu werden oder sich auf Hermeneutik und Gedankenhistorie zu beschränken. Unter diesen Umständen ist die Rekonstruktion klassischer politischer Begriffe mit neuartigen Denkmitteln eine reizvolle Aufgabe.

Jene Begriffe waren nämlich nicht nur wissenschaftliche Konstrukte, sondern vor allem Antworten eines akuten faktischen Problembewußtseins. Begriffe wie Politik, Demokratie, Herrschaft, Legitimität, Macht, Repräsentation, Rechtsstaat, Verfahren, öffentliche Meinung hatten kaum den Sinn, faktische Ereignisse oder Verläufe zu erklären; sie dienten der Fixierung von Problemlösungen als institutionelle Errungenschaften, und ihre eigene Problematik bestand zum guten Teil darin, daß die ihnen vorausliegende Systemproblematik ungeklärt, oft ungenannt blieb, und daß die »Lösung« nur in einer Kombination von Verhaltensforderungen und Folgeproblemen, nicht in einer Beseitigung des Problems bestehen konnte. Wenn diese Annahme zutrifft, müßte es möglich sein, durch Klärung und theoretische Begründung der Bezugsprobleme diese Begriffsantworten auf ihre Prämissen zu bringen, ihren Sinn zu rekonstruieren, die Funktion der gemeinten Strukturen und Prozesse zu erkennen und diese selbst dadurch einem Vergleich mit anderen Möglichkeiten auszusetzen [1*]. Ein solcher Versuch soll hier am Begriff der öffentlichen Meinung unternommen werden [2].

Diese Arbeit setzt sich bewußt dem Einwand aus, daß das, was im folgenden unter dem Titel öffentlicher Meinung behandelt wird, mit dem klassischen Begriff nichts mehr zu tun habe oder doch seinen Wesenskern und seine eigentümliche Moralität verfehle. Um diesem Einwand auf den Weg zu helfen, seien ihm die zu attackierenden Prämissen bekanntgegeben: Wir gründen das Recht zur Fortführung des Begriffs auf die Kontinuität von Problem und Problemlösungsbereich und sehen das Bezugsproblem des Begriffs in der Kontingenz des rechtlich und politisch Möglichen, den Problemlösungsbereich im Prozeß der politischen Kommunikation. Aus dem Bezug auf das Problem der Kontingenz folgt die Notwendigkeit einer Uminterpretation des Verhältnisses von öffentlicher Meinung und Kommunikationsprozeß: Öffentliche Meinung kann nicht mehr einfach als politisch relevantes Ergebnis, sie muß als thematische Struktur öffent-

* Anmerkungen siehe S. 30–34.

licher Kommunikation gesehen werden – mit anderen Worten: nicht mehr nur kausal als bewirkte und weiterwirkende Wirkung, sondern funktional als Selektionshilfe.

I.

»Öffentliche Meinung« ist heute ein Begriff, dessen Gegenstand fraglich geworden – vielleicht gar nicht vorhanden ist. Zur Auflösung des Gegenstandes hat, und das ist bezeichnend, gerade die Absicht auf empirische Erforschung der öffentlichen Meinung beigetragen. Die empirische Forschung hat für beide Begriffsmerkmale Substitute einführen müssen. Das Merkmal der Meinung ersetzt sie durch Antworten, die aus Anlaß von Befragungsaktionen gegeben werden [3]. Das Merkmal der Öffentlichkeit ersetzt sie durch das selektive Interesse der Politiker an solchen »Meinungen« [4] oder durch die gruppenmäßige Beeinflussung der Meinungsbildung. Kombiniert man die Substitute beider Begriffsmerkmale, tritt die Problematik des Forschungsansatzes zutage [5]. Die unbestreitbaren Erfolge dieser Forschung können jedenfalls nicht auf ihrer Theorie beruhen.

So offenkundig diese wissenschaftliche Problematik seit langem ist, die Erinnerung an den klassischen Begriff und seine politische Funktion ist gleichwohl lebendig geblieben. Am Thema öffentliche Meinung wird die Unzulänglichkeit einer politischen Theorie spürbar, die nur aufs Institutionelle gerichtet ist. Die politische Macht und das politische Amt scheinen nicht zu genügen, um das politische Geschehen vollständig zu begreifen und es auf dem rechten Wege zu halten. Mit verlegener Ironie nennt *V. O. Key* [6] die öffentliche Meinung den heiligen Geist des politischen Systems. Dafür gilt es, einen besser geeigneten Begriff zu finden, der weder in die Sozialpsychologie noch in die Theologie ausgelagert werden muß, sondern in eine Theorie des politischen Systems integriert werden kann.

Geht man auf die liberale Konzeption der öffentlichen Meinung zurück, wird aus deren Vorgeschichte zunächst deutlich, daß sie die alteuropäisch-naturrechtliche Wahrheitsbindung der Politik abzulösen bestimmt war. Die Gesellschaftsentwicklung des Spätmittelalters und der beginnenden Neuzeit hatte zu einer stärkeren Differenzierung von Religion, Politik, Wirtschaft und Wissenschaft geführt mit der Folge, daß in diesen Teilbereichen des Gesellschaftssystems neuartige Autonomien und abstraktere Zielvorstellungen entstanden. Die überlieferten Wahrheitsgrundlagen der Politik verloren dadurch ihre Glaubwürdigkeit und ihren Leitcharakter. Noch innerhalb des als Vernunftrecht interpretierten Naturrechts stellte das Rechtsdenken des 18. Jahrhunderts sich auf Positivität (Entscheidungsgesetztheit) der Rechtsgrundlagen um [7] und benötigte dafür einen neuartigen Orientierungsrahmen, der so hoher Kontingenz des rechtlich Möglichen gewachsen war. Trotz aller Versuche, invariante Zweckformeln und Vernunftsprinzipien als Grenzen der Politik festzuhalten, kam der Bedarf für eine labilere Führungsgröße auf, die ihre Gesichtspunkte und Themen ändern konnte. Sie konnte nicht mehr als Wahrheit, sondern nur noch als Meinung begriffen werden – als vorübergehend verfestigte Ansicht des Richtigen, die gewisse Kontrollen der subjektiven Vernunft und der öffentlichen Diskussion durchlaufen hatte. Öffentliche Meinung ist gleichsam substantivierte politische Kontingenz – ein Substantiv, dem man die Lösung des Problems der Reduktion der Beliebigkeit des rechtlich und politisch Möglichen anvertraut.

Um Näheres zu erfahren, muß man daher nach den Grundlagen dieses Vertrauens fragen, nach den systemstrukturellen Prämissen, auf denen es beruht, und kann dann prüfen, ob diese Annahmen auch für das Sozialsystem der voll industrialisierten Gesellschaft noch gelten. Wenn die Analysen von *Habermas* [8] im Faktischen zutreffen, kann man erkennen, daß dem klassischen Konzept der öffentlichen Meinung eine bestimmte Konstellation gesellschaftlicher Differenzierung zugrunde liegt, die folgende Merkmale aufweist: Die meinungbildenden Systeme sind *kleine, diskutierende Zirkel,* in denen Menschen sich als Menschen begegnen und annehmen können [9]. Für deren interne Ordnung ist eine *fehlende Trennung von Konflikt und Kooperation* wesentlich – das heißt: man sucht den Konsens derer zu gewinnen, gegen die man argumentiert. Das ist im Rahmen kleiner Systeme möglich. Die Orientierungserleichterung jener Freund/Feind-Differenzierung wird durch Institutionalisierung von *Takt* ersetzt – das heißt durch die Annahme der Freiheit der Selbstdarstellung des anderen als eigene Verhaltensgrundlage, und dies mit einer Gewißheit, auf die man sich wechselseitig verlassen kann. Dieser Innenordnung entspricht als gesellschaftliche Lage solcher Systeme eine eigentümliche Kombination von *Ausdifferenzierung* und *Segmentierung*. Ausdifferenziert sind die Zirkel insofern, als die an ihnen Beteiligten sich nicht an ihren eigenen anderen Rollen – Geschlecht, Alter, Stand, Beruf, Vermögen usw. – orientieren; auch dies besagt die Formel vom »Menschen als Menschen« oder der abstrakte Begriff des »Subjekts«. Segmentiert sind die Zirkel im Verhältnis zueinander, da sie als gleiche und nicht auf Grund einer ihnen zufallenden besonderen Funktion gebildet sind.

Diese besondere Konstellation ließ, indem sie selbst latent blieb, das »Allgemeine« zum Thema und damit zum Problem werden; sie machte zugleich die Generalisierbarkeit der Vernunft plausibel. Gleichheit der diskutierenden Zirkel und Neutralisierung standesgemäßer, politischer, wirtschaftlicher Einflüsse auf die Diskussion ermöglichten es, daß die in ihnen gebildete Meinung als allgemeine unterstellt werden konnte; daß die in ihnen gemachten Erfahrungen als allgemeingültig erschienen; daß die Erwartungen, die man als Resonanz auf eigenes Verhalten erwarten lernte, als Erwartungen jedermanns unterstellt werden und als solche die alten Institutionen ersetzen konnten; und daß man in einem moralisch begründeten Selbstverständnis sich zusammenfinden konnte, ohne ökonomische, klassenmäßige oder systemstrukturelle Bedingungen solchen Denkens mitbedenken zu müssen. So konnten Erfahrungen aktiviert werden, die ein unbeschwertes Übergehen von individueller auf allgemeine Vernunft und dann auch von individuellem auf allgemeinen Willen nahelegten. Die neuen Mittel der Publikation solcher Meinungen taten ein übriges, von dieser Möglichkeit zu überzeugen. Seltsamerweise war es also gerade die Ausdifferenzierung aus der schon funktional differenzierten Gesellschaft, die es den Diskutierenden ermöglichte, sich selbst als »die Gesellschaft« zu begreifen – eine allerdings vorübergehende Chance.

Daß jener Vernunftsglaube und damit auch der Glaube in das kritisch kontrollierende, Herrschaft verändernde Potential einer öffentlichen Meinung sich nicht halten ließ, zeigt ein Blick in die Geistesgeschichte. Für die Soziologie liegt es nahe, diesen Zerfall nicht als eine sich selbst erklärende, immanente, dialektische Entwicklung des Geistes zu deuten, sondern ihn auf die Unwahrscheinlichkeit und Nichtstabilisierbarkeit jener komplizierten Systemstruktur zurückzuführen, die diesen Glauben trug und ihm die notwendigen Erfahrungen zuführte. Uns fehlen zwar ausreichend formale gesellschaftstheoretische Untersuchungen, die die Annahme begründen könnten, Ausdifferenzierung segmentärer Teilsysteme ohne spezifische Funktion sei überhaupt instabil [10]. Die weitere Entwicklung der modernen Gesellschaft ins industrielle Zeitalter nimmt jedoch entschieden die Richtung einer immer weitergehenden funktionalen Differenzierung und Spezifikation von Teilsystemen, so daß es Gruppen, die sich dieser Differenzierung entziehen, unmöglich wird zu behaupten, sie seien die Gesellschaft. Die funktionale Differenzierung führt zur Abstraktion systemspezifischer Perspektiven, zur Überproduktion entsprechender Wunschvorstellungen und Normzumutungen und daher zum Selektionszwang für alle Beteiligten. Spezifikation und Selektionsweise werden organisatorisch untermauert, werden also durch Systeme ausgeführt, die sich über Entscheidungsprozesse anpassen, die die dafür erforderlichen Strukturen ausbilden und schon deshalb kein allgemeines Interesse mehr vertreten können. Die Gesellschaft selbst wird dadurch nicht etwa organisatorisch vereinfacht und technisch determiniert; sie wird ganz im Gegenteil zum »turbulenten Feld« [11], in dem alle Systeme durch Komplexität überfordert werden und sich nicht nur an Ereignisse, sondern an Anpassungen anderer anpassen müssen.

Diese Veränderungen erfordern eine radikalere Überprüfung des Konzeptes der öffentlichen Meinung, als die einflußreichen Ausführungen von *Habermas* [12] sie vorgesehen hatten. Das Konzept der öffentlichen Meinung läßt sich nicht einfach organisationsintern wiederholen, weil Organisationen gerade auf Parzellierung von Bewußtsein beruhen und sich in ihnen daher weder jene strukturellen Prämissen noch die entsprechenden Erfahrungen realisieren lassen, auf denen die Unterstellung einer kritischen öffentlichen Meinung aufbaute. Organisationsinterne »Herstellung der Öffentlichkeit« führt bestenfalls zur Herstellung peinlicher Situationen, nicht selten auch zu erheblichen Funktionsstörungen, die den Störern zwar die Emanzipation in ein Selbstverständnis als Störer, nicht aber die Emanzipation als Mensch ins solidarisierende Medium der Öffentlichkeit ermöglichen. So werden die mit dem Begriff der Öffentlichkeit verbundenen humanen Vorstellungen der Aufklärungszeit zu direkt, zu wörtlich rezipiert. Es müssen abstraktere Übersetzungen gefunden werden.

II.

Einen hinreichend abstrakten Vergleichspunkt finden wir, wenn wir nach der *Funktion* dessen fragen, was unter dem Begriff der öffentlichen Meinung zusammengefaßt wird. Letztlich geht es um das Problem rechtlicher und politischer Kontingenz bindender Entscheidungen: Die hohe Beliebigkeit des politisch und rechtlich Möglichen soll, wenn nicht durch Wahrheiten, so doch durch diskussionsgestählte Meinungen reduziert werden. Mit dem Begriff »die öffentliche Meinung« wird zunächst nur ein Substantiv als Problemlösung angeboten, dessen reales Substrat unklar bleibt. Durch Substantivierung des Problems lassen sich jedoch Probleme nicht lösen; es bleibt offen, was sich hinter dem Begriff der Meinung an Fakten und Kriterien verbirgt. Auch eine Paradoxierung des Problems oder seine romantische Auflösung in Unendlichkeit, seine dialektische oder utopische Fassung reichen nicht aus, da sie weder für die Theorie noch für die Praxis eindeutige Konturen hergeben. Als Bezugsproblem funktionaler Analysen läßt sich die Kontingenz des rechtlich und politisch Möglichen dagegen präzisieren und als Ausgangspunkt für Vergleiche verschiedener Problemlösungen benutzen.

Kontingenz im Sinne eines »Auch-anders-möglich-Seins« wird zum Problem, wenn man ihr den Strukturbedarf menschlichen Erlebens und Verhaltens gegenüberstellt. Dies Problem, daß Strukturen in einem Horizont anderer Möglichkeiten gesetzt werden müssen, gewinnt nach angebbaren gesellschaftsstrukturellen Veränderungen für die neuzeitliche Bewußtseinsbildung überragende Bedeutung. Unsere These ist, daß der Begriff der öffentlichen Meinung dieses Problem auf einen besonderen Sektor menschlichen Erlebens und Verhaltens bezieht, nämlich auf zwischenmenschliche, speziell politische Kommunikation. Zieht man in Betracht, daß Kommunikation mit einem minimalen Potential für bewußte Aufmerksamkeit auskommen muß – und das ist unser Differenzpunkt gegenüber dem Selbstverständnis und dem Vernunftsbegriff der Aufklärungszeit [13] –, wird offensichtlich, daß solche Kommunikation Voraussetzungen machen, daß sie mögliche Themen immer schon haben muß. Was öffentliche Meinung genannt wird, scheint im Bereich solcher *Themen der Kommunikation* zu liegen, deren Vorausgesetztheit die Beliebigkeit des politisch Möglichen einschränkt.

Unter »Themen« wollen wir bezeichnete, mehr oder weniger unbestimmte und entwicklungsfähige Sinnkomplexe verstehen, über die man reden und gleiche, aber auch verschiedene Meinungen haben kann: das Wetter, das neue Auto des Nachbarn, die Wiedervereinigung, der Motorlärm von Rasenmähern, das Steigen der Preise, der Minister Strauß [14]. Solche Themen liegen als Struktur jeder Kommunikation zugrunde, die als Interaktion zwischen mehreren Partnern geführt wird. Sie ermöglichen ein gemeinsames Sichbeziehen auf identischen Sinn und verhindern das Aneinandervorbeireden. Eine Kommunikation kann nicht beginnen ohne Unterstellung gemeinsam möglicher Gegenstände der Kommunikation, und solche Vorverständigungen erhärten sich im Laufe der Kommunikation zu mehr oder weniger festen Systemgrenzen in einer gemeinsam akzeptierten, unartikuliert vorausgesetzten Lebenswelt [15]. Kommunikation setzt mithin außer der gemeinsamen Sprache noch zwei verschiedene Ebenen der Sinnfixierung voraus: die Wahl eines Themas und die Artikulation von Meinungen über dieses Thema; und erst innerhalb dieser Differenz kann die Differenz von übereinstimmenden und nichtübereinstimmenden Meinungen sich konstituieren. Entsprechend kann auch die Ablaufgeschichte eines Kommunikationssystems Sinnveränderungen auf diesen beiden Ebenen mit sich bringen – Veränderungen der Thematik und Veränderungen in den fixierten Meinungen. Beide Variationen werden typisch voneinander abhängen; das heißt: die Themenwahl wird nicht unabhängig von absehbaren oder sich herausstellenden Konsens- oder Dissenschancen getroffen werden.

Diese Doppelstruktur von Themen und Meinungen ist freilich nur dann erforderlich, wenn die Kommunikation interaktiv geführt wird. Eine Abhebung von Themen, über die man spricht, ist nur sinnvoll, wenn der Empfänger der Kommunikation als jemand vorausgesetzt wird, der antworten kann, der sich dem Thema zwar nicht entziehen, aber zum Thema andere Meinungen äußern kann und dadurch jene hohe Komplexität anderer Möglichkeiten in den Bereich des zu Ordnenden hineinbringt. Einseitige, unbeantwortbare Kommunikation (Manipulation) könnte dieser Struktur entraten und sofort die richtige Meinung eingeben [16]. Wenn öffentliche Meinung sich durch jene Doppelstruktur konstituiert, ist das ein Hinweis darauf, daß in den betreffenden Kommunikationsbahnen nicht manipuliert, sondern interaktiv kommuniziert – zum Beispiel diskutiert oder kooperativ an Entscheidungen gearbeitet wird.

Nach diesen Überlegungen lassen sich bereits einige charakteristische Gefährdungen der Funktion der öffentlichen Meinung lokalisieren. Sie finden sich in Formen der Verschmelzung von Thema und Meinung, die Kommunikation unbeantwortbar und damit manipulativ machen. Das kann geschehen durch technisch bedingte Einseitigkeit der Kommunikation über Massenmedien, durch psychotechnisch überlegtes Arrangement, vor allem aber durch Moralisierung der Kommunikation (und am sichersten natürlich durch all das zusammen).

Manipulative Moralisierung hat aus den verschiedensten Gründen bisher kaum Aufmerksamkeit gefunden [17]. Der Sachverhalt ist in der Tat komplex. Die Bedingung seiner Möglichkeit ist eine hochkomplexe Gesellschaft, deren Integration durch eine gemeinsame Moral nicht mehr möglich, jedenfalls nicht mehr selbstverständlich ist. Unter dieser Bedingung wird moralische Stilisierung einer Kommunikation zum Mittel, sie unbeantwortet zu machen. Der Adressat einer solchen Kommunikation findet sich einer ihm implizit zugemuteten Rolle gegenüber, die seinen Selbstwert an bestimmte Meinungen bindet, und unangenehmer noch: Er findet in dieser Zumutung bereits ein moralisches Engagement seines Gegenüber vor, das zu diskreditieren ihm Takt, Umsicht oder Ruhebedürfnis verbieten. Er muß nun den ihn Erwartenden als jemanden erwarten, der ihn als jemanden erwartet, der er nicht sein kann – und geht dann am besten aus dem Feld, sei es durch Abbruch, sei es durch Banalisierung der Kommunikation.

Wie alle Manipulation setzt auch diese voraus, daß zwischen Thema und Meinung nicht differenziert wird: Die Institutionalisierung des Themas wird mit den moralischen Implikationen von Meinungen so verschmolzen, daß die Behauptung einer Moral mit Annahmezwang herauskommt. Über Massenmedien, Veranstaltungen und Plakate ausgestrahlt, entsteht so jene resonanzlose öffentliche Moral, die jedermann kalt läßt. Kommt es im Kommunikationsprozeß dagegen zu einer Differenzierung von Themen und Meinungen und damit auch zu einer Differenzierung von Kommunikationsanlaß und Selbstwertbehauptung, kann sich öffentliche Meinung als Struktur eines begrenzt offenen Kommunikationsprozesses konstituieren. In solchen Kommunikationsprozessen wird es an Hand von engagierenden Themen zum Streit der Meinungen kommen – aber nicht durch engagierende Moralen zum Streit über das Recht zum Streit der Meinungen.

Das Fazit dieser Analyse können wir in der allgemeinen Regel zum Ausdruck bringen, daß komplexer werdende gesellschaftliche Verhältnisse nur in komplexer werdenden Kommunikationsprozessen bearbeitet werden können. Die Differenzierung von Themen und Meinungen dient der Steigerung dieses Potentials für Komplexität. Ohne sie kann Kommunikation heute nicht mehr interaktiv geführt, kann die Komplexität des für mehrere Subjekte sinnvoll Möglichen heute nicht mehr bewältigt werden. Auch im politischen Kontext kann nicht anders kommuniziert werden. Daher haben die Themen möglicher Kommunikationen vorrangige Bedeutung. Sie fungieren als Regeln für die laufende Aktualisierung von Erwartungen in der konkreten Interaktion und steuern dadurch die Meinungsbildung. Der Reduktionsmechanismus der politischen Kommunikation, der mit dem Begriff der öffentlichen Meinung erfaßt war, besteht daher gar nicht aus den Meinungen selbst, sondern aus den Themen politischer Kommunikation. Auf diese Weise läßt sich, wie mir scheint, das alte Problem der Wirkungseinheit trotz Widersprüchlichkeit der öffentlichen Meinung lösen [18]. Nicht an der Form der Meinungen – ihrer Allgemeinheit und kritischen Diskutierbarkeit, ihrer Vernünftigkeit, Konsensfähigkeit, öffentlichen Vertretbarkeit – ist die Funktion der öffentlichen Meinung abzulesen, sondern an der Form der Themen politischer Kommunikationen, an ihrer Eignung als Struktur des Kommunikationsprozesses. Und diese Funktion besteht nicht in der Richtigkeit der Meinungen, sondern in der Unsicherheit absorbierenden, Struktur gebenden Leistung von Themen. Daher ist auch nicht die inhaltliche Generalisierung der individuellen Meinungen auf allgemeine, für alle Vernünftigen akzeptierbare Formeln das Problem, sondern die Anpassung der Themenstruktur des politischen Kommunikationsprozesses an den jeweiligen Entscheidungsbedarf der Gesellschaft und ihres politischen Systems.

Eine solche Blickwendung von Meinungen auf Meinungsbildung ordnende Themen empfiehlt sich nicht nur durch bessere Begründung in einer Theorie der sinnhaft kommunizierenden Systeme, sondern auch durch die Fragestellungen, die sie eröffnet. Sie erlaubt es, Forschungen über öffentliche Meinung anzuschließen an eine Theorie des politischen Systems (und weiter: an eine Theorie des Gesellschaftssystems), die in der Komplexität dieses Systems die primäre unabhängige Variable sieht [19]. Die Komplexität des politischen Systems, das heißt die Zahl und Vielseitigkeit der in ihm aktualisierbaren Möglichkeiten des Erlebens und Handelns, hängt nämlich zusammen mit seiner »Themenkapazität«, das heißt mit der thematischen Strukturierung seiner Kommunikationsprozesse. Die Komplexität bedingt die Themenkapazität und umgekehrt. Diese Beziehung tritt nicht nur in dem Erfordernis inhaltlicher Abstraktion von Themen und Meinungen zutage, auf daß diese mehr und verschiedenartigere Sachverhalte abdecken können. Sie hat viele andere Aspekte, die mit dem klassischen Begriff der öffentlichen Meinung nicht erfaßt werden konnten, unter dem hier vertretenen systemfunktionalen Begriff aber zusammengefaßt werden können. Auch das Ausmaß der sachlichen und taktischen Differenzierung von Themen und Meinungen (III), die zeitliche Mobilität der Themen (IV) und die Formen ihrer sozialen Institutionalisierung (V) verändern sich mit der Komplexität des politischen Systems und der Selektionslast seiner Entscheidungsprozesse.

III.

Aus der allgemeinen Organisationstheorie wissen wir, daß sich in allen komplexen, mit Entscheidungsprozessen befaßten Sozialsystemen eine Differenzierung von "*attention rules*" und "*decision rules*" einspielt, weil die Kapazität zu bewußten Vergleichen nicht ausreicht, um die logischen Möglichkeiten der Rationalisierung auszuschöpfen [20]. Da Aufmerksamkeit knapp ist, bilden sich zwangsläufig Regeln über die Zuwendung von Aufmerksamkeit aus, die sich von denjenigen Regeln unterscheiden, nach denen Entscheidungen angefertigt und als richtig beurteilt werden [21]. Erst im Rahmen dessen, was überhaupt mit Aufmerksamkeit bedacht wird – also gleichsam nach Vorsortierung durch die Aufmerksamkeitsregeln –, kann es zu rationalisierbaren Entscheidungen kommen. Der Gegenstand, der Aufmerksamkeit evoziert, ist nicht notwendig identisch mit dem Gegenstand, über den dann effektiv entschieden wird [22]. Die Prozesse der Verteilung von Aufmerksamkeit im System unterscheiden sich demnach sinnvollerweise von den Prozessen der Entscheidungsfindung und müssen, soll diese Differenzierung selbst ihre Funktion erfüllen, nach anderen Kriterien beurteilt werden.

Diese aus einem ganz anderen Forschungsbereich stammende Einsicht läßt sich auf unsere Unterscheidung von Themen und Meinungen beziehen und beleuchtet eine ihrer

Funktionen. Aufmerksamkeitsregeln steuern die Konstruktion politischer Themen; Entscheidungsregeln steuern die Meinungsbildung, unter anderem in den entscheidungsbefugten Instanzen.

Themen dienen nicht unmittelbar der inhaltlichen Festlegung von Meinungen, sondern zunächst und vor allem dem Einfangen von Aufmerksamkeit. Sie zeigen auf, für was man im politischen Kommunikationsprozeß Resonanz voraussetzen kann und Antwortbereitschaft beanspruchen darf und lassen dabei noch offen, welche Meinungen zum Thema vertreten werden, welche die richtigen sind, welche sich durchsetzen können. Zuwendung von Aufmerksamkeit heißt deshalb noch nicht Bindung an bestimmte Meinungen und Entscheidungsinhalte, sondern ist allenfalls eine Vorstufe dazu. Und umgekehrt können »an sich« sinnvolle Begehren und richtige Meinungen nicht allein schon deshalb, weil sie sinnvoll und richtig sind, ein Thema des politischen Kommunikationsprozesses werden: sie müssen erst den nach anderen Gesichtspunkten konstruierten Filter der Aufmerksamkeitsregeln durchlaufen. Diese Filterfunktion ist dem Kommunikationsprozeß vorgeschaltet. Das läßt vermuten, daß das politische System, soweit es auf öffentlicher Meinung beruht, gar nicht über Entscheidungsregeln, sondern über Aufmerksamkeitsregeln integriert wird. Jedenfalls haben Aufmerksamkeitsregeln in sozialer Hinsicht den weiteren Einzugsbereich und die größere integrierende Kraft: Sie können, ja müssen *dieselben* sein auch für Teilnehmer, die unter verschiedenen Entscheidungsregeln operieren, während die gegenteilige Beziehung nicht möglich ist. Unter diesen Umständen dürfte es theoretisch wie praktisch von beträchtlicher Bedeutung sein, die Aufmerksamkeitsregeln eines politischen Systems zu kennen. Ohne speziell darauf gerichtete empirische Forschung lassen sich darüber zur Zeit keine gesicherten Aussagen machen. Gelegentliche Beobachtung unserer politischen Szene legt jedoch die Vermutung nahe, daß unter anderem folgende Regeln bei der Verteilung von Aufmerksamkeit und der Themenbildung befolgt werden:

(1) *Überragende Priorität bestimmter Werte*, deren Bedrohung oder Verletzung gleichsam von selbst ein politisches Thema entstehen läßt. Man denke zum Beispiel an die Bedrohung des Friedens, an Eingriffe in die Unabhängigkeit der Justiz, an die moralischen Aspekte politischer Skandale [23]. Werte fungieren mithin nicht nur innerhalb von Programmen als Entscheidungsregeln, sondern zugleich in anderem Kontext als Regeln der Alarmierung von Aufmerksamkeit, ohne daß es für diese letztere Funktion auf eine Abwägung des Verhältnisses zu anderen Werten ankäme. Ein operationalisierbarer Indikator solcher Prioritäten wäre, daß sich entsprechende Themen gegenüber festliegenden Terminen der Politiker durchsetzen können [24].

(2) *Krisen oder Krisensymptome* [25]. Krisen sind unerwartete (thematisch nicht vorbereitete) Bedrohungen nicht nur einzelner Werte, sondern des Systembestandes in seinem eingelebten Anspruchsniveau. Sie stimulieren und sammeln Aufmerksamkeit dadurch, daß sie den Erfüllungsstand zahlreicher Werte diffus, unbestimmt und unter Zeitdruck gefährden [26]. Darauf beruht ihr Integrationseffekt. Davon zu unterscheiden sind die Innovationseffekte von Krisen, die auf die Veränderung der Entscheidungsregeln durch Ausnahmelagen zurückgehen [27]. In allen sozialen Systemen dürften Krisen zu den Aufmerksamkeitsregeln gehören; die Differenzen liegen in der Frage, welche Ereignisse (z. B. Demission eines Ministers, Hungersnöte, ungewöhnliche Preissteigerungen, Aufläufe und Gewalttaten) eine Krise wahrnehmbar und unterstellbar machen und wieviel Entscheidungszeit dann noch verbleibt [28].

(3) *Status des Absenders einer Kommunikation.* Politische Führer, bekannte Namen, gesellschaftliche Größen finden für ihre Mitteilungen eher Aufmerksamkeit und Echo als Leute, die nicht über prominenten Status verfügen. Der Status färbt gleichsam auf die Mitteilung ab. Auch dieser Effekt ist zunächst unabhängig davon, ob der Statusträger sein Anliegen im Einzelfall durchsetzen kann oder nicht.
(4) *Symptome politischen Erfolges.* Da in der komplexen Welt der Politik die realen Bedingungen des Erfolges oft unabsehbar und ausreichende Informationen nicht vorhanden sind, treten an deren Stelle Symptome mit besserem Orientierungswert – etwa steigende Stimmenzahlen oder die Erwähnung eines Namens oder einer Sache in der Presse oder der unmittelbare Zugang zu höchsten Amtsträgern. Die Umstände, die mit solchen Erfolgssymptomen assoziiert werden können, finden besonders bei denen, die aktiv Politik treiben, eher Beachtung als andere Daten, die für die Meinungsbildung vielleicht auch bedeutsam sein könnten.
(5) *Die Neuheit von Ereignissen.* Kontinuierlich gleichbleibende Umstände entziehen sich dem Bewußtsein, während Veränderungen auffallen und Aufmerksamkeit auf sich lenken. Das Neue hat eine Vermutung der Wichtigkeit für sich. Allerdings wird in komplexeren Gesellschaften auch die Wahrnehmung relevanter Neuerungen zum Problem [29], so daß sich speziell dafür eigene Teilsysteme, insbesondere die Tagespresse, bilden, die dann in Gefahr sind, sich zu sehr auf Neuigkeiten statt auf Wichtigkeiten zu spezialisieren.
(6) *Schmerzen oder zivilisatorische Schmerzsurrogate.* Drohende physische oder organische Belastungen, »Streß«, Gefährdung von Intimbeziehungen, an denen man hängt, Geldverluste, Haushaltskürzungen, Positionsverluste, besonders solche meßbarer und vergleichbarer Art, haben eine hohe Alarmstufe, wenn sie nicht mehr in institutionelle Selbstverständlichkeiten eingebunden sind und auch nicht durch die Vorstellung eines sinnvollen Opfers kompensiert werden können.
Alle diese, und vielleicht andere Aufmerksamkeitsregeln ergeben sich aus der Struktur des politischen Systems, schließen an die Struktur an, sind also nicht willkürlich gesetzt und beliebig variierbar. Auf diese Weise reguliert die Struktur des politischen Systems die öffentliche Meinung, ohne sie fest zu determinieren. Gerade die *Mehrzahl* der Aufmerksamkeitsregeln ist für die permanente Offenheit der öffentlichen Meinung ausschlaggebend; sie verhindert, daß *nur* feststehende Werte, *nur* Krisen, *nur* Kommunikationen der Statusträger, *nur* die eigene, innere Erfolgslogik des politischen Systems, *nur* Neuigkeiten oder *nur* Schmerzen bzw. Schmerzsurrogate die Thematik des politischen Kommunikationsprozesses bestimmen. Die Einseitigkeit der Gesichtspunkte, die für das Einfangen von Aufmerksamkeit unentbehrlich ist, kann somit im System wieder ausgeglichen werden.

IV.

Daß öffentliche Meinung in der Form einer Differenzierung von Themen und Meinungen für die Steuerung eines politischen Systems relevant wird, zeigt dessen hohe Komplexität an. Diese Komplexität ist eine Folge der gesellschaftlichen Ausdifferenzierung des politischen Systems, seiner Konstituierung als ein von anderen Funktionskreisen abgesondertes Teilsystem der Gesellschaft [30]. Mit solcher Ausdifferenzierung und Steigerung der Teilsystemkomplexität entsteht zugleich ein *Bedarf für strukturelle Variation im Teilsystem;* denn die zur Anpassung an die Gesellschaft im übrigen erforderliche Zahl möglicher Systemzustände (die "*requisite variety*" [31] des politischen Systems) kann nur durch ziemlich häufige und ziemlich rasch durchführbare Strukturänderungen erreicht werden. Für den politischen Kommunikationsprozeß bedeutet das Mobilität seiner Themenstruktur: Die Themen politischer Kommunikation müssen nicht nur für verschiedenartige Meinungen und verschiedenartige Entscheidungen offengehalten, sie müssen auch je nach Bedarf gewechselt werden können.

Dieser Wechsel scheint einer gewissen Ordnung zu folgen. Obwohl auch hier ausreichende empirische Forschung fehlt [32], kann man beobachten, daß politische Themen im strukturellen Rahmen des politischen Systems nicht beliebig erzeugt und entwickelt werden können, sondern eine Art Lebensgeschichte haben, die, wie das Leben selbst, verschiedene Wege gehen und vorzeitig abgebrochen werden kann, gleichwohl aber nach typischen Phasen geordnet ist. In den einzelnen Phasen der Karriere eines Themas stehen jeweils bestimmte Möglichkeiten offen, sind jeweils bestimmte Probleme zu lösen, bestimmte Teilnahmevoraussetzungen zu erfüllen, und daraus ergeben sich strukturierte Handlungschancen für diejenigen, die das Thema bewegen, es fördern, bremsen, blockieren oder auf bestimmte Bahnen leiten möchten [33].

Typisch durchlaufen politische Themen zunächst eine latente Phase, in der sie besonders Eingeweihten und Interessierten als möglich schon sichtbar sind, in der Vorgeburtsaktivitäten schon anlaufen, in der man aber noch nicht voraussetzen kann, daß Politiker oder gar Nichtpolitiker das Thema kennen und bereit sind, sich mit ihm zu befassen. Einigen schwebt die Sache, um die es geht, schon mehr oder weniger deutlich vor Augen; oft fehlt aber noch das Wort – Naturparks, APO, Aufwertung, Hallsteindoktrin, Bildungsplanung, Notstandsgesetzgebung, Mitbestimmung, Polio-Impfung, Sicherheit im Automobil, Mittelpunktschulen usw. –, unter dem das Thema seine Karriere beginnen und verhandlungsfähig werden wird. Noch gibt es keinen Zeitdruck. Es muß nichts geschehen. Oft vegetieren Themen in dieser Vorform lange dahin, bis sie die Kraft für eine politische Karriere gesammelt haben und die rechte Zeit dafür gekommen ist. Und manche schaffen es nie.

Einigen aber gelingt der Durchbruch. Es finden sich mutige Leute, denen die Kreation eines politischen Themas gelingt, die auf das Thema setzen, ihm Zeit, Ressourcen und Kontakte widmen und es verbreiten. Oft sind es Außenseiter, die nur an diesem einen Thema interessiert sind und politisch nicht viel zu verlieren haben; oft sind es Neulinge, die auf dem Thema reitend eine eigene Karriere beginnen. Sie bringen es mit Glück und Geschick so weit, daß das Thema nicht mehr nur die an ihm interessierten Leute beschäftigt, sondern in die Hände derer übergeht, die mit wechselnden Themen Politik betreiben. In diesem Anfangsstadium können Themen noch zensiert, gesperrt oder auf Seitengeleise unpolitischer Angelegenheiten abgeschoben werden; die Mächtigen haben noch die Möglichkeit, zum Thema selbst ja oder nein zu sagen. Gewinnt das Thema jedoch an Popularität, wird es Mode, dann übernimmt es die Funktion einer Struktur des Kommunikationsprozesses. Es wird zum Bestandteil der öffentlichen Meinung im Sinne unseres Begriffs, es erscheint in der Tagespresse in einer Berichterstattung, die voraussetzt, daß jeder die Vorgeschichte des Themas kennt. Es entzieht sich durch Selbstverständlichkeit der Disposition. Nicht mehr das Thema selbst, nur noch die Meinungen und Entscheidungen über das Thema stehen zur Verfügung.

Jetzt wechseln die Förderer. Es zu nennen und gutzuheißen ist kein Risiko mehr, da das Thema die Lippen der Minister, Präsidenten, Kanzler, Generäle passiert hat. Es erreicht den Kulminationspunkt seiner Karriere. Die Gegner müssen sich auf Verzögerungstaktiken, Zeitgewinn, bedingte Anerkennung, Vorbehalte zurückziehen, die Förderer müssen jetzt versuchen, es im Budget oder in den Entscheidungsprogrammen der Verwaltung unterzubringen.

Die Zeit dafür ist knapp. Denn alsbald zeigen sich erste Ermüdungserscheinungen [34], Bedenken, negative Erfahrungen. Man kann sich auch in der Öffentlichkeit distanzierter äußern und die Probleme der Sache in ihre Darstellung miteinbeziehen. Wenn nichts mit dem Thema geschieht, gilt das als Symptom für zu vermutende Schwierigkeiten. Bald darauf verliert das Thema seine werbende Kraft. Die Kenner wenden sich von ihm ab. Es versteinert zu einer nur noch zeremoniellen Größe, zu einem Symbol guten Willens, vor dem man sich bei geeigneten feierlichen Anlässen gemeinsam verbeugt. Es erscheint in Festreden, in Leistungsberichten, in Dankesadressen. Oder es gerinnt zur Form eines alten, unerfüllten Traumes, der Skandale benötigt, um hin und wieder Aufmerksamkeit zu finden – zum Beispiel: Verhinderung von Grundstücksspekulation. Wer sich jetzt noch mit Verve für das Thema einsetzt, zeigt nur, daß er nicht auf dem laufenden ist. Als Impuls für Veränderungen ist das Thema tot, jedenfalls schwieriger zu beleben als ungeborene Themen, weil seine Geschichte eine Erneuerung blockiert. Hat das Thema sein Problem nicht gelöst, muß es als neues Thema wiedergeboren werden.

Der vielleicht wichtigste Grundzug eines solchen Verlaufs ist die Abnahme der Distanz von Thema und Meinung bzw. Entscheidung. Die Lebensgeschichte eines Themas ist zugleich eine Geschichte der Sinnverdichtung und Konkretisierung. In ihr vollzieht sich die Aufnahme der Themengeschichte in den Sinn des Themas selbst: Man kann heute »Verwaltungsreform« nicht propagieren, ohne zu wissen, mitzuverstehen und als Mitverständnis anderer vorauszusetzen, was bisher unter dieser Bezeichnung versucht worden und gescheitert ist; man muß sich gegen diese Geschichte absetzen, muß also die »eigentliche«, die »strukturelle«, die »mittelfristige« Verwaltungsreform fordern, »die nicht mehr nur . . . sein soll«. Die im Sinn des Themas bewahrte Themengeschichte konkretisiert das Thema und überbrückt jene Distanz von Aufmerksamkeitsregeln und Entscheidungsregeln, von der wir im vorigen Abschnitt gehandelt hatten. Den politischen Themen der öffentlichen Meinung ist, ohne daß sie selbst Meinungen oder Entscheidungen wären, ein Zug zur Meinungsbildung und Entscheidung eigen. Das politische System kann nicht zu viele Themen nebeneinander behandeln; es muß Themen abfertigen, um Raum für neue zu gewinnen – und dies in einem Tempo, das oft nicht ausreichend Zeit läßt für eine sachgemäße Bearbeitung des Themas. Zugleich ist dafür gesorgt, daß erfahrene Geschichte der politischen Kommunikation als Themenbestandteil Struktur wird und doch von Zeit zu Zeit durch Abtötung alter und Erfindung neuer Themen abgeworfen werden kann. Auf diese Weise wird verhindert, daß die Themen der politischen Alltagspraxis in der unwirksamen Abstraktheit integrierter Werte verbleiben; sie kommen, jedenfalls teilweise, zur Entscheidung. Andererseits stellt diese Art der Themenmobilität, zur Zeit jedenfalls, strukturelle Reformen dauerhafterer Art nicht ausreichend sicher.

Die liberale Theorie der öffentlichen Meinung hatte deren unbeständiges Fluktuieren zwar erkannt, hatte ihre Labilität aber nicht gutheißen, deren Funktion nicht deuten

und integrieren können und hatte sich deshalb der Hoffnung auf Fortschritt verschrieben. Letztlich suchte sie nach wie vor als Grundlage der politischen Entscheidungspraxis invarianten Sinn – wenn nicht Wahrheiten im Sinne der neuzeitlichen Wissenschaften, so doch vernünftig begründete, allgemeingültige Meinungen. Unter dieser Voraussetzung konnte die öffentliche Meinung nach der frühliberalen Theorie im Namen allgemein-menschlicher Vernunftkonstanten einen Herrschaftsanspruch anmelden – praktisch den des aufsteigenden Bürgertums. Auf den ideologischen Charakter dieses Anspruchs hingewiesen, mußte sie sich auf eine kritisierende und kontrollierende, Resonanz gebende oder verweigernde Funktion zurückziehen. Man konnte noch nicht denken, daß Herrschaft auf Variabilität, Macht auf Beeinflußbarkeit zu gründen sei. So erhielt die öffentliche Meinung ihren Platz neben der politischen Herrschaft als dem eigentlichen Zentrum des politischen Systems. Dieses wurde nach wie vor als ein System von Ämtern begriffen – und nicht als strukturierter Kommunikationsprozeß.
Diese Annahmen müssen neu durchdacht werden. Die laufende Steuerung des politischen Systems einer hochkomplexen Gesellschaft kann nur bei Mechanismen liegen, die entsprechende Varietät aufweisen und einen Wechsel von Kommunikationsgegenständen organisieren und mit allgemeineren Strukturerfordernissen (etwa solchen der Systemdifferenzierung) rückverbinden können. In dem Maße, als die Themenstruktur des politischen Kommunikationsprozesses, die wir öffentliche Meinung nennen, eine solche Leistung tatsächlich erbringt, übernimmt sie die Funktion eines Steuerungsmechanismus des politischen Systems, der zwar Herrschaftsausübung und Meinungsbildung nicht determiniert, aber die Grenzen des jeweils Möglichen festlegt. Jede Rolle im politischen Kommunikationsprozeß muß, sofern sie auf Verständnis und Resonanz angewiesen ist, sich der Themenstruktur der öffentlichen Meinung bzw. den Regeln ihrer Veränderung fügen, bleibt also auf Kompatibilität mit der öffentlichen Meinung angewiesen.
Ein solcher Einbau wechselnder und in sich veränderlicher Themen in die Kommunikationsstruktur bleibt nicht ohne Rückwirkungen auf die relativ konstanten Strukturelemente des politischen Systems. Diese müssen entsprechend abstrahiert werden, um mobile Themen tragen zu können. Solche Veränderungen lassen sich in der Tat beobachten. Man findet sie einmal in der verfahrensmäßigen Organisation der Entscheidungsprozesse, zum anderen in der Institutionalisierung abstrakter Wertgesichtspunkte. Verfahren der politischen Wahl, der parlamentarischen Gesetzgebung, der Gerichtsbarkeit und der Verwaltung sind so eingerichtet, daß ihre Form und die Akzeptierbarkeit des Ergebnisses relativ unabhängig davon feststehen, welche Themen behandelt werden [35]; sie können daher streckenweise das Weitertragen und Verändern jeweils aktueller Themen der öffentlichen Meinung übernehmen. Gängige Werte, wie zum Beispiel Geld, Gesundheit, Gerechtigkeit, Kunst, Erziehung, Naturerhaltung, Frieden, Rückgang der Kriminalität, Verkehrsbeschleunigung, Unterhaltung usw. sind so stark abstrahiert, daß man sich in der Erörterung zahlreicher Themen zuverlässig auf sie beziehen kann, ohne befürchten zu müssen, daß jemand gegen den Wert als solchen ist. Für ihre Anerkennung brauchen weder Gründe noch individuelle Motive beschafft zu werden. Lediglich das Rangverhältnis der Werte und die Notwendigkeit partiellen Verzichtens steht von Fall zu Fall zur Diskussion und wechselt mit den Themen der öffentlichen Meinung [36]. Diese muß im Rahmen konstant gesetzter Gesichtspunkte des Schätzens den Wechsel der aktuellen Präferenzen organisieren können.

V.

Eine so weittragende Funktionszuweisung erfordert eine Neuinterpretation auch des Begriffs der *Öffentlichkeit*, der in unseren bisherigen Überlegungen nahezu unbeachtet geblieben ist [37]. Der Begriff muß aus einem abstrakteren Bezugsrahmen definiert werden. Er kann nicht länger nur als (rechtliche) Eigenschaft von Dingen, durch bestimmte Orte oder als eine Art Atmosphäre bestimmt werden. Ins Soziologische übersetzt, besagt Öffentlichkeit soviel wie Neutralisierung von Rollenanforderungen, die aus engeren Teilsystemen der Gesellschaft stammen, damit auch eine Lockerung, wenn nicht Aufhebung der Selbstbindungen, die der einzelne durch Verhalten in engeren Systemen eingegangen ist.

Ganz deutlich zielt der politische Öffentlichkeitsbegriff der Antike auf die Stadt im Sinne der Plätze, Dinge, Themen und Anlässe, die allen gemeinsam sind, und neutralisiert damit all das, was Sache der Häuser und Familien ist. Berücksichtigt man die Evolutions- und Denkgeschichte, die den Übergang von archaischen zu hochkultivierten Gesellschaften herbeiführt, wird klar, daß Öffentlichkeit nicht gegen die Einzelpersönlichkeit mit einem Bedarf für privaten Intimbereich gezielt war – gerade seine Individualität als Mensch gewinnt der einzelne ja erst in der politischen Öffentlichkeit –, sondern daß die Rollenbindungen der archaischen Geschlechterverbände getroffen und eingeschränkt werden; sie verlieren ihre unmittelbare Relevanz für die rechtliche Konstituierung der Gesellschaft.

Die Wiederaufnahme des Gedankens der Öffentlichkeit in der Aufklärungszeit hatte denselben Sinn. Sie bezieht sich auf eine weiträumigere, schon stärker differenzierte Gesellschaft und fordert deshalb abstrakter die Aufhebung des Besonderen im Allgemeinen. Auch hier ist der Begriff ein bewerteter Begriff, dessen Emphase sich nicht direkt aus dem intendierten Sinn des »öffentlichen«, »offenen«, »lichten«, »wahren«, »gerechten«, »vernünftigen« Sachverhaltes verstehen läßt [38], sondern aus dem Entwicklungsstand der Gesellschaft und seinen spezifischen Problemen, die er symbolisiert. Er steht für die Folgeproblematik einer stark differenzierten Gesellschaft: daß nämlich die Integration der Gesellschaft nur noch durch Neutralisierung der besonderen Systemtraditionen, Normprojektionen, Bedürfnisse und Defensivinteressen der Teilsysteme der Gesellschaft möglich ist, und er wendet sich damit erstmalig auch gegen spezifisch politische Interessen, namentlich Geheimhaltungsinteressen.

Seitdem hat die Gesamtlage der Gesellschaft sich abermals gewandelt. Ihre funktionale Differenzierung ist so weit fortgeschritten, daß eine Integration der Gesamtgesellschaft durch öffentliche, keinem Teilsystem besonders verbundene Meinungen höchst unwahrscheinlich geworden ist. Das zwingt dazu, den Begriff der Öffentlichkeit von ihrer Funktion her neu zu interpretieren und ihn so in die Teilsysteme, hier in das politische System der Gesellschaft, zu übertragen. Öffentlichkeit hieße dann, daß das politische System Situationen herstellt, in denen die Neutralisierungsfunktion öffentlicher Situationen erfüllt werden kann – in denen also Kommunikationen nicht durch nichtpolitische Teilsysteme der Gesellschaft (z. B. durch Familien, Forschungsgruppen, Banken, schichtenspezifische Clubs) und auch nicht durch die Besonderheiten engerer Teilsysteme des politischen Systems (z. B. einzelner Interessenverbände, politischer Parteien, Ressorts) strukturiert sind, sondern eben durch Themen der öffentlichen Meinung.

Damit verschiebt sich das Problem, das durch die »Herstellung von Öffentlichkeit«

gelöst werden soll, auf ein sehr viel schwierigeres Gelände. Es kann nicht mehr einfach durch eine bestimmte Art von Situationen gelöst werden; denn jene Neutralisierung restriktiver Anforderungen läßt sich nicht allein durch gewaltsames Eindringen in Räume, durch Zusammenführung und Zusammenhalten von Massen, durch bloßes Dabeisein vieler oder durch Beteiligung von Vertretern erreichen. Situationsveränderungen dieser Art führen, sofern sie institutionell nicht vorbereitet sind, nur dazu, daß die eigentliche Kommunikation sich aus den öffentlich zugänglichen Situationen zurückzieht. Das Problem liegt vielmehr in der Themenstruktur des Prozesses politischer Kommunikation. Öffentlichkeit ist ein Problem der Institutionalisierung von Themen politischer Kommunikation – in einem Sinne, der genauer ausgearbeitet werden muß. Und deshalb ist für die Funktion der öffentlichen Meinung nicht die (unerreichbare) Öffentlichkeit aller politischen Kommunikationen entscheidend, sondern die Strukturierung aller, auch der nichtöffentlichen politischen Kommunikationen durch institutionalisierte Themen.
Themen können als institutionalisiert bezeichnet werden, wenn und soweit die Bereitschaft, sich in Kommunikationsprozessen mit ihnen zu befassen, unterstellt werden kann. Öffentlichkeit wäre demnach die Unterstellbarkeit der Akzeptiertheit von Themen. Die kritische Frage ist dann: bei wem und dank welcher Vorinformation über den Kommunikationspartner. Zum normalen Lebensführungswissen gehört die Fähigkeit, Partner auf mögliche Themen und Themen auf mögliche Partner abschätzen zu können. Wetter, Sex, Fußball, Urlaub, Steuern, die Nolde-Ausstellung, Probleme der Kindererziehung, Situationen und Unfälle im Straßenverkehr, Automobiltypen, Warenpreise und Einkaufsmöglichkeiten usw. sind mehr oder weniger öffentliche Themen in dem Maße, als man sie wählen kann, ohne viel über den Partner, seine Biographie, seine Beziehungen und Zugehörigkeiten zu wissen. Sie strukturieren Alltagskommunikation, und zwar vor allem für gesellschaftliche Situationen, in denen man einen Partner schon hat und für ihn ein passendes Thema finden muß. Durch Ausdifferenzierung funktionsspezifischer Kommunikationssysteme vermehren und spezialisieren sich nicht nur die möglichen Themen; es vermehren sich zugleich die Fälle, in denen jemand ein Thema schon hat und dafür Partner sucht – etwa Leute, die auch über Sozialisation forschen oder auch den juristischen Vorbereitungsdienst problematisieren, kürzen oder gar abschaffen möchten. Speziell interessierte Partner zu finden, ist natürlich schwieriger als das Finden von Themen für vorhandene Partner. Die Öffentlichkeit eines Themas erleichtert in diesen Fällen das Finden der Partner. Man kann sich nicht etwa nur an den zuständigen Ministerialreferenten wenden, sondern auch an Berufsverbände, Parteien, prominente politische Persönlichkeiten, ja über die Presse an das Publikum, und kann unterstellen, daß diese eine Kommunikation über das Thema nicht als deplaziert empfinden und ablehnen, sondern annehmen werden. Die Anhaltspunkte für das Abschätzen solcher Bereitschaften werden scharf reduziert, und die notwendige Vorinformation wird dadurch vereinfacht – etwa durch organisatorische Leitlinien oder durch systemspezifische Rollenbilder. Man braucht nicht zu wissen, ob der Kommunikationspartner verheiratet ist oder nicht, Vorfahren hat oder nicht, Offizier war oder nicht, Aktien besitzt oder nicht. Die Kenntnis solcher »anderen Rollen« des Partners behält einen taktischen Wert.
Während die unpolitischen Rollen bei der Kommunikation über politische Themen *innerhalb* des politischen Systems durch öffentliche Meinung weitgehend neutralisiert

werden können (da man ihre Irrelevanz unterstellen kann), gilt das gleiche nicht bei der politischen Kommunikation *außerhalb* des politischen Systems. Von Art und Institutionalisierung der Themen der öffentlichen Meinung hängt es ab, wer wie außerhalb des politischen Systems darüber sprechen kann. Man kann sich diesen Fall am Unterchied von *Kader* und *opinion leader* verdeutlichen [39]. Beides sind Rollen der Verstärkung und Verbreiterung thematisch fixierter Kommunikation außerhalb des eigentlichen politischen Systems: im täglichen Leben. Der Unterschied liegt im Konstitutionsprinzip der Rollen – darin, ob sie Rollen sind durch ihre Zugehörigkeit zum und Abhängigkeit vom politischen System oder ob die Konsolidierung solcher Rollen auf unpolitischen (schichtungsmäßigen, bildungsmäßigen, ökonomischen, altersmäßigen, beruflichen oder sonstigen) Strukturen beruht. Im letzteren Falle bleibt, darauf hat *Parsons* [40] hingewiesen, das politische System abhängig von Art und Verteilung sozialer Prominenz, die sich außerhalb des politischen Systems bildet.

Es liegt auf der Hand, daß dieser Unterschied in Beziehung steht zu den Themen des politischen Kommunikationsprozesses – also zur öffentlichen Meinung. Die Erwartung der Meinungsverstärker, daß ein von ihnen aufgegriffenes Thema Resonanz finden könnte und nicht auf eine blamable Abfuhr zulaufen wird, hat eine jeweils andere Basis. *Opinion leader* müssen einen höheren Grad an Institutionalisierung politischer Themen voraussetzen können und sind im Aufgreifen möglicher Themen durch ihre Rollenbasis beschränkt, während *Kader* von öffentlicher Meinung unabhängiger gestellt, dafür aber auf politische Instruktion angewiesen sind. In keinem Falle kann von diesen meinungsbildenden Rollen zuviel eigene Selektivität erwartet werden.

Insgesamt darf allerdings die Funktion von Öffentlichkeit als Institutionalisierungsgrad der Themen für die Mobilisierung kommunikativer Kontakte in ihrer faktischen Wirksamkeit nicht überschätzt werden. Zeit und Aufmerksamkeit der relevanten, vor allem der einflußreichen Partner sind so knapp, daß ein öffentlich mögliches Thema allein noch lange nicht das Zustandekommen von Kommunikation garantiert. Diese Schwelle wird in unserem politischen System zumeist noch auf recht primitive Weise genommen – nämlich durch vorherige Bekanntschaft der Partner oder durch namentliche Bekanntheit (Prominenz) des Initiators. Die Kontaktanbahnung wird schon dadurch erleichtert, daß der Anrufer weiß, daß der Angerufene weiß, wer ihn anruft und welche Konsequenzen eine Ablehnung der Kommunikation haben kann [41]. Man wird mit der Vermutung nicht fehlgehen, daß zur Zeit die meisten politisch relevanten Kommunikationen, sofern sie Interaktion erfordern, eine mehr oder weniger starke Absicherung in öffentlichen Themen *und* in persönlichen Beziehungen voraussetzen; und daß in dem Maße, als das Thema selbst an Öffentlichkeit verliert, die Anforderungen an die vorher stabilisierten persönlichen Beziehungen wachsen werden: sehr heikle Fragen oder Anliegen kann man nur mit sehr guten politischen Freunden besprechen.

Schließlich können wir unsere Definition der Öffentlichkeit als Unterstellbarkeit der Akzeptiertheit von Themen ausnutzen, um die spezifischen Gefährdungen solcher Unterstellung zu analysieren. Dabei kommt etwas Interessantes heraus: Es scheint schwierig zu sein, die Unterstellung als solche zu attackieren; hieße das doch, schon die Kommunikation über ein Thema und nicht erst den Konsens der Meinungen zu verweigern. Verweigerung der Kommunikation stellte die gemeinsame Mitgliedschaft im System auf die Zerreißprobe und wird daher offen kaum gewagt [42]. Die Öffentlichkeit der Meinung dient als Legitimation dafür, auch die Herrschenden zur Kommunikation zu zwingen, wenn nicht gar moralisch zu manipulieren. Die Hauptgefährdung des Unterstellens kommt aus ganz anderer, systemadäquater Richtung: aus dem Entscheidungsprozeß selbst. Er führt zu einer Bearbeitung der Themen mit dem Ergebnis, daß schließlich alles gesagt und das Thema ruiniert ist. Man kann dann die Bereitschaft zur Kommunikation verweigern mit der Begründung, man habe bereits gesprochen; gegebenenfalls auch: die Sache sei bereits entschieden. In einem politischen System mit funktionierender Entscheidungsapparatur sind mithin Unterstellungen dieser Art nicht zu perpetuieren. Die Öffentlichkeit bleibt in Bewegung – in der Bewegung, die wir als Karriere politischer Themen beschrieben haben.

VI.

Im Rückblick auf die erörterten sachlichen, zeitlichen und sozialen Bezüge der öffentlichen Meinung erscheint diese als ziemlich komplexes Gebilde – einerseits wegen der Größenordnung (Zahl der Themen, Dauerhaftigkeit des Phänomens, Zahl der Beteiligten), vor allem aber deshalb, weil wir eine hohe, aber nicht beliebige, nicht rein zufällig streuende Variabilität beobachten. Es gibt offenbar strukturelle Beschränkungen der Kompatibilität und Variabilität oder, formaler ausgedrückt, beschränkende Bedingungen dessen, was als öffentliche Meinung möglich ist. Und diese Bedingungen liegen nicht einfach in den Inhalten der Meinungen, die man haben oder nicht haben kann und die richtig oder falsch sein können; sondern sie ergeben sich daraus, daß öffentliche Meinung ein soziales System strukturiert und daß dies auf verschiedene, aber nicht auf beliebige Weise geschehen kann.

Wenn diese Annahme zutrifft, müssen sich solche strukturellen Beschränkungen in strategische Erwägungen umsetzen lassen; es müssen sich aus ihnen allgemeine Bedingungen erfolgreichen Verhaltens sowie unterschiedliche Chancen der Teilnahme am System ableiten lassen. Deren Darstellung läßt sich in groben Zügen gliedern, wenn wir die Umgehbarkeit der öffentlichen Meinung und ihren taktischen Gebrauch unterscheiden.

Umgehen läßt sich die öffentliche Meinung im politischen Prozeß nur dann, wenn sich eine breit angelegte Kommunikation mit Unbekannten vermeiden läßt. Eine volle Ausschaltung der öffentlichen Meinung dürfte bei Angelegenheiten von einiger Bedeutung heute schwierig sein, es sei denn, daß offizielle Geheimhaltung legitimiert werden kann. Wichtiger sind Strategien der partiellen Umgehung: Man stellt das Thema der öffentlichen Meinung zwar zur Verfügung, aber erst spät oder nur in einzelnen Aspekten. So findet man häufig, daß bestimmte Vorhaben erst dann an die Öffentlichkeit gebracht werden, wenn ihre Durchführung durch direkten Kontakt mit den Entscheidungsstellen bereits gesichert ist – wenn zum Beispiel der Finanzminister eine Zusage haushaltsmäßiger Deckung bereits gegeben hat [43]. So können die Förderer einer Angelegenheit das Risiko einer öffentlichen Abfuhr vermeiden, sie haben ihren Erfolg gleichsam schon in der Tasche, wenn sie an die Öffentlichkeit treten, entziehen aber eben dadurch die Grundlinien ihres Projektes der öffentlichen Diskussion. Eine andere Strategie partieller Umgehung ist weniger bürokratisch und mehr pressetypisch. Sie beruht auf der Differenz von Themen und Prämissen, genauer gesagt darauf, daß innerhalb dieser Differenz Verschiebungen möglich sind. Die Sätze, mit denen ein Thema vorgestellt wird, können so formuliert werden, daß Vorfragen als schon beantwortet erscheinen oder durch Unterstellung als selbstverständlich der Diskussion entzogen werden: Über Kartelle wird in einer Weise gesprochen, als ob sie vom Übel wären; ein neues Thema wird, je nachdem, als Strukturverbesserung oder als Wahlgeschenk präsentiert. Diese Strategie bedient sich der Manipulation [44], da sie in bezug auf ihre Prämissen einseitige (unbeantwortbare) Kommunikation bleibt. Solche Umgehungen haben bei unvermeidlich hoher Unaufmerksamkeit des Publikums typische Erfolgschancen. Die politische Tragweite der öffentlichen Meinung wird sich unter anderem danach bemessen, von welcher Wichtigkeit ab Themen nicht mehr mit solchen Kurzschaltungen behandelt werden können.

Davon zu unterscheiden und für das Verständnis der öffentlichen Meinung wichtiger sind Bemühungen, die *mit ihr* zu arbeiten suchen. Das taktische Vorgehen in der Absicht, Themen der öffentlichen Meinung zu fördern, findet sich zunächst durch die hohe Aufmerksamkeitsschwelle behindert. Sie bringt es mit sich, daß zum Gewinnen von Aufmerksamkeit typisch andere, drastischere Mittel erforderlich sind als zur Förderung bestimmter Meinungen zum Thema, und daß sich Probleme des Übergangs vom einen zum anderen stellen. Eine relativ ungeschickte Lösung ist es zum Beispiel, erst Farbeier zu werfen und gleich darauf mit Aktentaschen und Arbeitspapieren zu kommen; bei dieser Vorgehensweise müßte zumindest für einen Austausch der agierenden Personen gesorgt werden, und das setzt Organisation voraus. Abstraktere, in der Handhabung aber anspruchsvollere Möglichkeiten der Kombination bietet die Erzeugung von Pseudokrisen, Pseudoneuigkeiten oder Pseudosymptomen des Wählerwillens, die dann als Basis sachlicher Argumentation mitbenutzt werden können; das wiederum ist nur für eine sehr begrenzte Zahl von Themen möglich. Eine dritte Möglichkeit, das Auslösen der Kommunikation eines statushohen Politikers, ist nicht für jedermann zugänglich und ferner dadurch behindert, daß Er in vielen Fällen weiß und prüft, was aus Seinem Munde kommt.

Zu diesen Schwierigkeiten, die aus der sachlichen Differenz von Aufmerksamkeitsregeln und Entscheidungsregeln resultieren, treten weitere hinzu, die mit der Mobilität der Themen zusammenhängen. Maßgebliche Mitwirkung an der Bewegung eines Themas setzt als mindestes voraus, daß man über Geschichte und Stand des Themas orientiert ist und sich auf dem laufenden hält (oder auf dem laufenden gehalten wird). Das kann ein einzelner nur für wenige Themen leisten oder nur mit Hilfe eines Apparates, der ihm die jeweils notwendigen »Unterlagen« zusammenstellt [45]. Durch Themenmobilisierung schnellen die Anforderungen an sinnvolle Kommunikation so in die Höhe, daß sie nur noch in engem Rahmen oder dank besonderer Ausrüstung bewältigt werden können.

Schließlich liegen auch in der sozialen Dimension, die an sich durch Institutionalisierung des Themas als möglicher Kommunikationsgegenstand abgesichert sein sollte, besondere Anforderungen an differenziertes Wissen und taktisches Geschick. Die Theminstitutionalisierung garantiert noch keine effektive, geschweige denn gleichgesinnte Kooperation am Thema. Bei bekannten Themen kann man zwar Bescheidwissen bzw. Nichteingestehbarkeit des Nichtbescheidwissens unterstellen und als Kommunikationsbasis benutzen: Man bittet um eine Unterschrift gegen die Notstandsgesetze und braucht dabei nicht zu erläutern, was ein Notstand ist und wozu er mißbraucht werden kann. Aber damit allein kommt man nicht weit, vor allem nicht zur Konsolidierung bestimmter Meinungen und Entscheidungen. Dazu muß man soziale Kanäle überblicken können, auf denen sich Meinungen verbreiten und verdichten, und die Bereitschaften abschätzen können, sich für ein Thema mit bestimmten Meinungen einzusetzen. Das setzt eine recht konkrete Kenntnis der politischen Szene voraus.

All das zusammengenommen führt auf einen zunächst paradoxen Befund: Unter den geschilderten Bedingungen ist im Bereich der Politik mit einer Vervielfachung von Verhaltensmöglichkeiten und zugleich mit einer Restriktion der Möglichkeiten aktiver Teilnahme zu rechnen. Problematik und jeweilige Stellung öffentlicher Themen im Kommunikationssystem der Politik lassen jeweils eine Mehrzahl von taktischen Zügen zu, lassen viele Entwicklungsmöglichkeiten offen und laden so zur Aktivität ein; aber sie stellen die Mitwirkung eben damit unter Anforderungen, die nur wenige erfüllen können. Im wesentlichen wird die Erzeugung, Benutzung und Weiterführung von Themen der öffentlichen Meinung zur Sache von besonders dafür ausgerüsteten, hauptberuflichen Politikern. Was als *management by participation* geplant war, wird zum *participation by management*, nämlich zur Teilnahme derer, die Informationen, Konstellationen, Verbindungen, Stimmzahlen und nicht zuletzt sich selbst politisch auszuwerten verstehen.

Man kann sich fragen, welche Gruppen der Gesellschaft unter diesen Umständen mehr als passive Teilnahmechancen haben. Militärs zum Beispiel sind zu sehr an eine friedliche, variablenarme gesellschaftliche Umwelt gewöhnt, als daß sie im politischen Kommunikationssystem der öffentlichen Meinung erfolgreich agieren könnten. Professoren fehlt zumeist die Möglichkeit, sich beeinflussen zu lassen. Studenten werden als unfertige Personen eingeschätzt und werden deshalb als Absender von Mitteilungen nicht ernst genommen. Politische Signifikanz solcher Gruppen scheint daher ein Symptom für unterentwickelte Politik zu sein – dafür, daß die politische Kommunikation nicht jenen Grad an Komplexität erreicht hat, der zur laufenden Anpassung an die Entwicklung der heutigen Gesellschaft erforderlich wäre.

Damit verfestigt sich unsere Vermutung eines Zusammenhanges von Ausdifferenzierung und Komplexität gesellschaftlicher Teilsysteme. Komplexitätssteigerung hängt von Systembildung, hier von Teilsystembildung, also von gesellschaftlicher Ausdifferenzierung ab [46]. Andererseits sehen wir nun deutlicher, daß die zunehmende Komplexität eines Teilsystems selbst zu einer Ausdifferenzierung beiträgt und Systemgrenzen stabilisiert. Sinnvolles Verhalten im Kommunikationssystem der öffentlichen Meinung erfordert Reduktion hoher Komplexität, erfordert vor allem ein Überwinden der Barriere des Auch-anders-erleben-und-anders-handeln-Könnens anderer und wird in einem Maße anforderungsreich und schwierig, daß dafür Rekrutierung ins System selbst – und das heißt immer auch: mehr oder weniger unmerkliche Sozialisierung im System – verlangt werden muß. Systemfremde Positionen und Rollen bieten bestenfalls Einstiegsmöglichkeiten, aber keine ausreichende Basis für ein aktives Dauerteilnehmen am politischen Leben. Das könnte die Folgerung nahelegen, öffentliche Meinung sei zum inneren Medium des politischen Systems, zur Verkehrssprache der Politiker, zum Mittel ihrer wechselseitigen Übertölpelung zusammengeschrumpft und hätte jede gesamtgesellschaftliche Funktion eingebüßt; öffentliche Meinung sei gleichsam mit dem politischen System aus der gesamtgesellschaftlich-alltäglich-unspezifizierten Lebenswelt ausdifferenziert worden. Das wäre indes ein voreiliges Urteil. Die

Frage führt in sehr komplizierte, bisher unzureichend geklärte Fragen der allgemeinen Theorie sozialer Systeme. Ihnen müssen wir uns abschließend zuwenden – nicht, um sogleich gültige Antworten zu präsentieren, sondern um zu zeigen, wie sehr ein adäquates Verständnis der öffentlichen Meinung vom weiteren Ausbau einer sehr viel abstrakteren Theorie sozialer Systeme abhängt.

VII.

Man stellt sich soziale Systeme gemeinhin viel zu kompakt, gleichsam reifiziert vor. Ihre Identität gründet sich jedoch nicht auf einen natürlichen Zusammenhang von Menschen oder Handlungen, sondern auf Regeln der Grenzziehung und Zuordnung, die die sinnhafte Erlebnisverarbeitung der Menschen leiten. Ausdifferenzierung von gesellschaftlichen Teilsystemen muß daher als abhängig begriffen werden von solchen Regeln der Grenzziehung und Zuordnung, die im gesellschaftlichen Gesamtsystem selbst funktionieren [47]. Daher führt Ausdifferenzierung niemals zu einem Herausreißen aus dem gesellschaftlichen Kommunikationszusammenhang; sie ist vielmehr als Regulativ dieses Kommunikationszusammenhanges zu sehen, als Struktur, die ihm durch Differenzierung (aber nicht durch unübersteigbare innere Barrieren) das Erreichen und Abarbeiten höherer Komplexität ermöglicht.

Ausdifferenzierung von Teilsystemen (oder zunehmende innere Differenzierung des Gesellschaftssystems) soll daher nicht heißen, daß die kausalen oder kommunikativen Verflechtungen dieser Teilsysteme mit ihrer jeweiligen gesellschaftlichen Umwelt abgebrochen oder vergleichsweise gering gehalten werden [48]. Die Identität und Selbständigkeit der Teilsysteme hängt nicht davon ab, daß sie ausschließlich oder vorwiegend in sich selbst kommunizieren; sie beruht darauf, daß die Regeln erkennbar sind und beachtet werden, nach denen Kommunikationen Selektionsleistungen erbringen und sich durch Art und Richtung der Selektion bestimmten Systemen zuordnen [49]. Deshalb kann das Ausmaß von Zwischensystemkommunikation und wechselseitiger Abhängigkeit bzw. Unabhängigkeit als eine offene, je nach den Umständen verschieden zu lösende Frage behandelt werden.

Vor dem Hintergrund eines solchen, hier nicht ausreichend begründbaren Ansatzes der Systemtheorie verbietet sich eine exklusive Zuweisung der öffentlichen Meinung an das politische System. Eine besondere Beziehung besteht jedoch und muß näher geklärt werden.

Themen, auch politische Themen, der öffentlichen Meinung werden relativ kontextfrei (und insofern »abstrakt«) konstituiert. Über sie kann man nicht nur in Zusammenhängen sprechen, die dem politischen System zugeordnet werden, sondern auch in der Familie, in Aufsichtsratssitzungen, am Stammtisch, in Universitätsvorlesungen usw. Dabei bleibt jedoch der unpolitische Kontext der Behandlung eines politischen Themas bewußt – zum Beispiel in der Form, daß man weiß und Verständigung darüber voraussetzen kann, daß es unmöglich ist, das Thema jetzt und hier politisch zu fördern. Ein die Kommunikation begleitendes Systemgrenzbewußtsein steuert die Wahl von Anlässen und Themen, die Richtung der Artikulation, die Zeit, die man aufwendet, um über politische Themen zu sprechen, in anderem Sinne, als dies im politischen System der Fall wäre. Dank der Abstraktion der Themen der öffentlichen Meinung ist es möglich, ihre Identität und Übermittelbarkeit festzuhalten und je nach Systemkontext in anderer Weise mit dem Thema umzugehen.

Mithin trägt die Themenstruktur der öffentlichen Meinung differenzierende und integrierende Funktionen zugleich und muß, je nach Komplexität der Gesellschaft, den dafür notwendigen Grad an Abstraktion und Spezifikation relativ kontextfreier Themen aufweisen. Diese Vermittlungsfunktion soll abschließend auf zwei verschiedenen Ebenen der Betrachtung, einer mehr prozeßmäßigen und einer mehr strukturellen, erläutert werden.

Ein Bestand an gängigen, in der Diskussion befindlichen politischen Themen ermöglicht es, in politischen und in unpolitischen Zusammenhängen über dasselbe zu sprechen und Meinungen aus dem einen in den anderen Kontext zu übertragen. Die Identität des Themas gestattet in ihrer offenen Unbestimmtheit durchaus leichte Sinnverschiebungen, die oft unbemerkt bleiben. So scheinen beim Thema Friedensforschung die Politiker an eine besondere Art von Forschung, die Wissenschaftler an eine besondere Art der Finanzierung von Forschung zu denken. Der Übertragungsvorgang selbst hat nicht notwendig die Form einer Kommunikation über Systemgrenzen hinweg: daß der Erzbischof den Kultusminister, der Gewerkschaftsvorsitzende den Fraktionsvorsitzenden anruft. Diese Form des Austausches setzt ein komplementäres Gegenüber von Rollen in verschiedenen Systemen (und praktisch: deren hierarchische Strukturierung) voraus. Daneben gibt es eine andere, die über die Aktivierung eigener anderer Rollen läuft: Der Stammtisch formt die Meinungen, die man seiner Entscheidung als Wähler zugrunde legt; der Verlauf einer wissenschaftlichen Tagung gibt dem Professor Informationen, Motive und Gründe, seinen Sitz im Beirat eines Ministeriums demonstrativ zur Verfügung zu stellen; während der Aufsichtsratssitzung erbietet sich ein Mitglied, seine freundschaftlichen Beziehungen zu bestimmten Politikern in den Dienst einer bestimmten Angelegenheit zu stellen [50]. In solchen Fällen werden unpolitische und politische Kommunikationen über politische Themen durch Rollenkombinationen vermittelt. Auch für diese Art der Vermittlung – und nicht nur für die direkte Zwischensystemkommunikation – ist eine Vorstrukturierung durch Themen der öffentlichen Meinung wesentlich. Auch außerhalb des politischen Systems muß, wenn auch mit stark verringerten Anforderungen, abschätzbar sein, welche Themen politisch werden können – und vielleicht auch: welches politische Schicksal sie bei gegebenen Verhältnissen haben können.

Sieht man diese Vermittlungsfunktion, kann man vermuten, daß in der Themenstruktur der öffentlichen Meinung letztlich auch die Grundlage der Ausdifferenzierung und funktionalen Verselbständigung des politischen Systems zu suchen ist. Die öffentliche Meinung muß, mit anderen Worten, den Unterschied von Politik und Nichtpolitik und damit auch eine relative Lebensferne und Uneinsehbarkeit der Details der politischen Entscheidungsprozesse tragen können. Sie muß Themen erzeugen können, die trotz der hohen Komplexität des Systemkontextes in konkreten Interaktionen als Regeln der laufenden Artikulation sinnvoller Erwartungen fungieren können und Bedürfnisse der Gesellschaft in politisch zu entscheidende Probleme übersetzen. Das Problem liegt in der Selektivität der entstehenden Themen im Verhältnis zur Fülle des Möglichen, die sich aus evolutionär zunehmender Komplexität der Gesellschaft ergibt.

Die vorherrschende, letztlich auf die alteuropäische Tradition der politischen Gesellschaftsphilosophie zurückgehende Auffassung hat einen anderen Strukturbegriff und eine andere Problemsicht. Sie sieht die Identität und die Selbständigkeit des politischen Systems (sei es als Gesellschaft, sei es als Teilsystem der Gesellschaft) als konstituiert durch Herrschaft. Damit ist das Problem auf der Ebene von Rollen definiert, lokalisiert in einer besonderen Art von Rollen, die befugt oder faktisch in der Lage sind, Befehle zu erteilen und durchzusetzen. Durch die Prominenz des Rollenbegriffs in der neueren Soziologie wird diese begriffliche Option eher noch verstärkt als abgebaut [51]. Öffentliche Meinung kann dann allenfalls die Funktion haben, die ihr der Liberalismus zuschrieb, nämlich Kritik und Kontrolle von Herrschaft; und sie bleibt, so verstanden, als eine nicht auf Rollen zu bringende Gegenmacht von vornherein unterlegen. Selektion erscheint in dieser Blickrichtung dann ohne Rücksicht darauf, daß sie sowieso erfolgen muß, als Repression [52].

Die Frage aber ist, ob damit die Strukturebene getroffen ist, auf der sich die Entwicklung unserer politischen Systeme und mit ihr unserer Gesellschaft entscheidet. Niemand wird bestreiten, daß es Herrschaftsrollen gibt, die Macht in der Form befehlsmäßiger Kompetenzen oder faktisch verdichteter Chancen ausüben. Aber diese Macht kann als Ursache oder als Wille oder als Interesse nicht ausreichend begriffen werden [53]. Sie bleibt im Grade ihrer Freiheit abhängig von den Strukturen des Kommunikationssystems, in dem sie wirksam wird. Öffentliche Meinung kann den Herrscher nicht beherrschen und auch nicht ersetzen. Sie kann ihm nicht vorschreiben, wie er herrschen solle. Ihr Verhältnis zur Herrschaftsausübung ist kein Verhältnis von Ursache und Wirkung, sondern ein Verhältnis von Struktur und Prozeß. Ihre Funktion liegt nicht in der Durchsetzung des Willens – des Volkswillens, jener Fiktion des schlichten Kausaldenkens –, sondern in der Ordnung von Selektionsleistungen.

Betrachtet man Gesellschaften und ihre politischen Funktionskreise als Systeme, verschiebt sich das Problembewußtsein. Es richtet sich dann auf das Verhältnis der Systeme zu ihrer übermäßig komplexen Umwelt und sucht zu erklären, durch welche Strukturen und Prozesse eine sinnhafte Erfassung und Reduktion dieser Komplexität möglich ist. Strukturen übersetzen die Komplexität des in der Welt Möglichen in eine für das System praktikable Sprache. Sieht man öffentliche Meinung als institutionalisierte Themenstruktur des gesellschaftlichen Kommunikationsprozesses, wird sie in doppeltem Sinne zum Problem: nicht nur in der Bewirkung eines komprimierten Meinungsdrucks auf die Entscheidenden, sondern auch in der Themenkapazität der Struktur. Unbestimmtheit und Deutungsbedürftigkeit, Widersprüchlichkeit und Labilität der öffentlichen Meinung sind von da her gesehen keine Mängel, sondern Element ihrer Funktion, deren Korrektiv man nicht in ihr selbst, sondern in anderen Einrichtungen der Gesellschaft und ihres politischen Systems zu suchen hat, namentlich in solchen, die die Entscheidungsfähigkeit der Systeme sicherstellen.

Der Doppelaspekt dieser Funktion der öffentlichen Meinung, offen und instruktiv zu sein, korreliert mit der evolutionären Lage des Gesellschaftssystems. Insofern ist öffentliche Meinung eine evolutionäre Erscheinung. Sie tritt in ihre Funktion erst ein, wenn die Gesellschaft so hohe Komplexität und Kontingenz erreicht hat, daß die »Führung« ihrer weiteren Entwicklung nicht mehr mit den Tagesentscheidungen verquickt, nicht mehr einzelnen Personen, Personengruppen oder Rollen obliegen kann, sondern einer labileren Struktur überlassen werden muß. Die Frage bleibt, ob und wieweit die jetzt erforderliche Führungsstruktur noch eine Einheit ist und Integration zu leisten vermag.

Das Wort »öffentliche Meinung« suggeriert zuviel Einheit, und das gleiche gilt für den klassischen Begriff, der, dem Wortsinn entsprechend, ein meinen könnendes Kollektivsubjekt voraussetzt. Hinter solchen substantivischen Benennungen und Einfaktor-Erklärungen tritt heute das Problem der Systemkomplexität unabweisbar zutage. Für die Annäherung an dieses Problem werden sehr viel komplexere begriffliche Hilfsmittel erforderlich werden, als sie bisher in der Meinungsforschung üblich waren. Ob die mit Wort und Begriff der öffentlichen Meinung unterstellte Einheit nicht trügt, bleibt eine offene Frage. Ihrer Beantwortung könnte man näherkommen durch Untersuchungen, die empirisch ermitteln, wie in verschiedenen komplexen gesellschaftlichen und politischen Systemen die angedeuteten Prozesse sachlicher, zeitlicher und sozialer Artikulation von Themen und Meinungen im öffentlichen Kommunikationsprozeß kompatibel bleiben und sich verknüpfen lassen.

Anmerkungen

1 Funktionalistische Abstraktion ist nicht die einzige Weise der Umformung klassischer Themen. Ein ganz andersartiger Versuch ist der von *Karl W. Deutsch*, Politische Kybernetik, Modelle und Perspektiven, Freiburg 1969, Begriffe wie Macht, Wille, Bewußtsein als Metaphern für quantifizierbare Sachverhalte, nämlich für Weisen der Informationsbearbeitung zu behandeln. Beide Ansätze haben, was theoretisches Fundament und Möglichkeiten der Operationalisierung angeht, vorläufig mit vielen ungelösten Problemen zu ringen.

2 Für gleichartige Behandlung anderer Themen siehe *Niklas Luhmann*, Grundrechte als Institution, Berlin 1965; ders.: »Gesellschaftliche und politische Bedingungen des Rechtsstaats«, in diesem Band S. 53; ders.: »Klassische Theorie der Macht, Kritik ihrer Prämissen«, in: Zeitschrift für Politik 16 (1969), S. 149–170; ders.: »Komplexität und Demokratie«, in diesem Band S. 35; ders.: Legitimation durch Verfahren, Neuwied–Berlin 1969.

3 Vgl. dazu *Lewis A. Dexter*, "Candidates Must Make the Issues and Give Them Meaning", in: Public Opinion Quarterly 19 (1955/56), S. 408–414. *Irwin Deutscher*, "Words and Deeds", in: Social Problems 13 (1966), S. 235–254.

4 So definiert ein bekannter Text: "'Public opinion' in this discussion may simply be taken to mean those opinions held by private persons which government find it prudent to heed" (*Vladimir O. Key*, Jr., Public Opinion and American Democracy, New York 1961, S. 14). Vgl. auch *Peter R. Hofstätter*, Die Psychologie der öffentlichen Meinung, Wien 1949; *Gerhard Schmidtchen*, Die befragte Nation, Über den Einfluß der Meinungsforschung auf die Politik, 2. Aufl., Frankfurt–Hamburg 1965, S. 337.

5 Darauf ist seit langem, aber ohne nachhaltigen Erfolg hingewiesen worden. Vgl. *Jürgen Habermas*, Strukturwandel der Öffentlichkeit, Untersuchungen zu einer Kategorie der bürgerlichen Gesellschaft, Neuwied 1962, S. 261 ff.

6 A.a.O., S. 8.

7 Zum gemeineuropäischen Charakter dieser Umstellung siehe *Sten Gagnér*, Studien zur Ideengeschichte der Gesetzgebung, Stockholm–Uppsala–Göteborg 1960.

8 A.a.O., S. 40 ff.

9 Bemerkenswert ist die Bedeutung des Kaffeehauses oder Wirtshauses oder Klubs in diesem Zusammenhang. *Habermas* stützt sich in deren Einschätzung auf die literarische Überlieferung. Neuere empirische Untersuchungen bestätigen, daß diese Stätten menschlicher Begegnungen soziale Systeme darstellen, die Kontakte erleichtern, Statusdifferenzen neutralisieren und Bindungen an die eigene Vorgeschichte des Erlebens und Handelns lockern – mit all dem also Kommunikation freisetzen. Aber man findet *eben deshalb* nur noch "small talk". Siehe *Sherri Cavan*, Liquor License, An Ethnography of Bar Behavior, Chicago 1966, z. B. S. 54 ff., 57 ff.; Mass Observation: The Pub and the People, London 1943, S. 186 f.

[10] Prämisse einer solchen Hypothese wäre die Annahme, daß eine weitgehende Ausdifferenzierung von Teilsystemen des Gesellschaftssystems nicht über segmentäre, sondern nur über funktionale, verschiedenartige Teile bildende Differenzierung möglich ist. Auf dieser Linie argumentiert bereits *Emile Durkheim*, De la division du travail social, Paris 1893.

[11] Im Sinne von *F. E. Emery/E. L. Trist*, "The Causal Texture of Organizational Environments", in: Human Relations 18 (1965), S. 21–32. Vgl. außerdem *William H. McWhinney*, "Organizational Form, Decision Modalities and the Environment", in: Human Relations 21 (1968), S. 269–281.

[12] A.a.O., S. 264 ff.

[13] Hierzu näher *Niklas Luhmann*, »Soziologische Aufklärung«, in: Soziale Welt 18 (1967), S. 97–123. Neu gedruckt in ders., Soziologische Aufklärung, Köln–Opladen 1970.

[14] Nahestehend, aber auf kontrovers behandelte Themen eingeschränkt, der Begriff "issues" bei *David Easton*, A Systems Analysis of Political Life, New York–London–Sydney 1965, S. 140 ff. Die Vergleichbarkeit bezieht sich besonders darauf, daß auch Easton die Reduktionsfunktion solcher 'issues" betont. Siehe für den gleichen Begriff auch *Herbert J. Spiro*, "Comparative Politics. A Comprehensive Approach", in: The American Political Science Review 56 (1962), S. 577–595.

[15] Anzumerken ist, daß solche Vorverständigungen weitgehend als Selbstverständlichkeiten des täglichen Lebens fungieren, kaum eigens bedacht werden und deshalb latent bleiben. Themen möglicher Kommunikation sind nur eine Form solcher Selbstverständlichkeiten unter vielen anderen. Siehe dazu vor allem *Harold Garfinkel*, Studies in Ethnomethodology, Englewood Cliffs/N. J. 1967.

[16] Eine andere Assoziation, die häufig mit dem Begriff der Manipulation verknüpft wird, nämlich die der Unfreiheit des Manipulierten, schließen wir hier ausdrücklich aus. Einseitige, unbeantwortbare Kommunikation bringt nicht notwendig Unfreiheit mit sich – weder als soziale Symbolisierung der Lage des Manipulierten noch nach seiner Selbstauffassung; und dies selbst dann nicht, wenn die Manipulation in hohem Maße wirkungssicher erfolgt. Denn die Kommunikation kann trotzdem im Möglichkeitshorizont des Manipulierten nach dessen eigenen Kriterien ausgewählt und angenommen werden, sofern dieser nur vorweg eigene Möglichkeiten des Erlebens und Handelns konstituiert hat. Vgl. dazu *Donald MacKay*, »Technik der Information und die Manipulierbarkeit des Menschen«, in: Zeitschrift für evangelische Ethik 12 (1968), S. 147–156; ferner ders.: Freedom of Action in a Mechanistic Universe, Cambridge/England 1967. Vermutlich kann interaktive Kommunikation sogar sehr viel unfreier machen als Manipulation, weil sie dazu zwingt, den Möglichkeitshorizont des Partners als Beschränkung der eigenen Möglichkeiten zu übernehmen und sich selbst vor dem anderen bindend festzulegen. Unter diesen Umständen dürfte es angebracht sein, jede Art humaner Vorwegbewertung von Interaktion und Manipulation aufzugeben und offenzulassen, in welchen psychischen und sozialen Systemkontexten welche Art der Kommunikation funktional sinnvoll ist.

[17] Zu den Gründen gehören: unzureichendes analytisches Werkzeug, das heißt Fehlen einer Theorie der öfffentlichen Meinung; universelle Verbreitung und damit Selbstverständlichkeit des Phänomens; und nicht zuletzt der Umstand, daß diese Technik der Manipulation gerade von unbemittelten Gegnern der Manipulation bevorzugt wird.

[18] Als einen anderen, heute kaum noch überzeugenden Versuch rein begrifflicher Art siehe *Ferdinand Tönnies*, Kritik der öffentlichen Meinung, Berlin 1922, insbes. S. 131 f.

[19] Unabhängig heißt natürlich nicht, daß die Steigerung oder Verminderung der Komplexität von Systemen keine Ursachen habe, die man erforschen könne; wohl aber, daß es für die Anpassung an veränderte Komplexität im allgemeinen nicht darauf ankommt, welche Ursachen im einzelnen die Veränderung bewirkt haben.

[20] Vgl. *James G. March*, "Some Recent Substantive and Methodological Developments in the Theory of Organizational Decision-Making", in: *Austin Ranney* (Hrsg.), Essays on the Behavioral Study of Politics, Urbana/Ill. 1962, S. 191–208 (198 ff.); *Herbert A. Simon*, "The Logic of Heuristic Decision-Making", in: *Nicholas Rescher* (Hrsg.), The Logic of Decision and Action. Pittsburgh 1967, S. 1–20 (6).

[21] Der Begriff einer »Regel« sei hier so weit gefaßt wie in der Sprachtheorie der Begriff der Grammatik; er setzt kein Bewußtsein der Regel bei ihrer Anwendung voraus.

[22] So auch *Geoffrey Vickers,* The Art of Judgement, A Study of Policy Making, London 1965, S. 194.

[23] Zum letzteren *Hans-Joachim Winkler,* »Über die Bedeutung von Skandalen für die politische Bildung«, in: Hamburger Jahrbuch für Wirtschafts- und Gesellschaftspolitik 13 (1968), S. 225–244.

[24] Hierzu *Niklas Luhmann,* »Die Knappheit der Zeit und die Vordringlichkeit des Befristeten«, in diesem Band S. 143 ff.

[25] Wieweit zwischen öffentlicher Meinung und Krisenbewußtsein ein historischer Zusammenhang besteht, bedürfte über *Kosellecks* Beitrag hinaus weiterer Klärung. Vgl. *Reinhart Koselleck,* Kritik und Krise, Ein Beitrag zur Pathogenese der bürgerlichen Welt, Freiburg-München 1959.

[26] Vgl. *Charles F. Hermann,* "Some Consequences of Crisis Which Limit the Viability of Organizations", in: Administrative Science Quarterly 8 (1963), S. 61–82.

[27] Vgl. *Michel Crozier,* Le phénomène bureaucratique, Paris 1963, insbes. S. 257 ff., 291 ff.

[28] Zur Vorverlegung der Gefahrenschwelle und zur Möglichkeit des Zeitgewinns durch Programmierung von Krisensymptomen vgl. einige Bemerkungen bei *Geoffrey Vickers,* The Undirected Society, Essays on the Human Implications of Industrialization in Canada, Toronto 1959, S. 94.

[29] Vgl. dazu *Albert O. Hirschman,* «Obstacles à la perception du changement dans les pays sous-développés», in: Sociologie du travail 10 (1968), S. 353–361; und grundsätzlich *F. E. Emery,* "The Next Thirty Years, Concepts, Methods, and Anticipations", in: Human Relations 10 (1967), S. 199–237 (209 ff.).

[30] Vgl. hierzu *Niklas Luhmann,* »Soziologie des politischen Systems«, in: Kölner Zeitschrift für Soziologie und Sozialpsychologie 20 (1968), S. 705–733. Neu gedruckt in: ders., Soziologische Aufklärung, Köln–Opladen 1970.

[31] Vgl. *W. Ross Ashby,* An Introduction to Cybernetics, London 1956, 4. Druck 1961, S. 206 ff.

[32] Einiges Material über "issues" des Prozesses politischer Kommunikation und Entscheidung liefern die amerikanischen Community Power-Forschungen.

[33] Zum Vergleich siehe etwa das Phasenmodell *sozialer Bewegungen,* das *Neil J. Smelser,* Theory of Collective Behavior, New York 1963, entworfen hat. Deutliche Parallelen ergeben sich auch zur Abfolge von sozialstrukturell bedingter Krise, Teleologisierung und Veralltäglichung, die *Otthein Rammstedt,* Sekte und soziale Bewegung, Soziologische Analyse der Täufer in Münster (1534/35), Köln–Opladen 1966, festgestellt hat. Solche Parallelen müßten genauer untersucht werden, vor allem im Hinblick auf die Frage, unter welchen Voraussetzungen die Bewegung der öffentlichen Meinung zur sozialen Bewegung wird bzw. dies verhindert werden kann.

[34] Auf die Ermüdbarkeit der (sozialpsychologisch verstandenen) öffentlichen Meinung und auf den daraus folgenden Zeitdruck in der Politik haben auch *Gordon W. Allport/Janet M. Faden,* "The Psychology of Newspapers, Five Tentative Laws", in: Public Opinion Quarterly 4 (1940), S. 687–704 (702 f.), hingewiesen. Sie spitzen ihre These dahin zu, daß mit der Intensität der beteiligten Gefühle auch der öffentliche Druck auf Abschluß einer Angelegenheit wachse.

[35] Hierzu näher *Niklas Luhmann,* Legitimation durch Verfahren, Neuwied–Berlin 1969.

[36] Hierzu auch *Niklas Luhmann,* »Positives Recht und Ideologie«, in: Archiv für Rechts- und Sozialphilosophie 53 (1967), S. 531–571. Neu gedruckt in: ders., Soziologische Aufklärung, Köln–Opladen 1970.

[37] Vgl. hierzu namentlich *Rudolf Smend,* »Zum Problem des Öffentlichen und der Öffentlichkeit«, in: Gedächtnisschrift für Walter Jellinek. München 1955, S. 11–20.

[38] Siehe solche emphatischen Wortassoziationen etwa bei *Anselm von Feuerbach,* Betrachtungen über die Öffentlichkeit und Mündlichkeit der Gerechtigkeitspflege, Gießen 1821.

[39] Beide Begriffe sind je für sich Gegenstand zahlreicher Untersuchungen und Erläuterungen, aber leider fehlt bisher das, was eigentlich interessant wäre: der Vergleich. Für Kader siehe z. B. *Joachim Schultz,* Der Funktionär in der Einheitspartei, Stuttgart–Düsseldorf 1956, S. 22 ff.; *Peter Christian Ludz,* Parteielite im Wandel, Funktionsaufbau, Sozialstruktur und Ideologie der SED-Führung, Eine empirisch-systematische Untersuchung, 2. Aufl., Köln–Opladen 1968, S. 124 ff., mit Hinweisen auf die neuere Literatur. Für opinion leader siehe

als die klassischen Quellen *Paul F. Lazarsfeld/Bernard Berelson/Hazel Gaudet*, The People's Choice, How the Voter Makes Up His Mind in a Presidential Campaign, New York 1948, insbes. S. 49 ff.; *Bernard R. Berelson/Paul F. Lazarsfeld/William N. McPhee*, Voting, A Study of Opinion Formation in a Presidential Campaign, Chicago 1954, insbes. S. 109 ff.; *Elihu Katz/Paul F. Lazarsfeld*, Personal Influence, The Part Played by People in the Flow of Mass Communication, Glencoe/Ill. 1955.

[40] *Talcott Parsons*, "'Voting' and the Equilibrium of the American Political System", in: *Eugene Burdick/Arthur J. Brodbeck* (Hrsg.), American Voting Behavior. Glencoe/Ill. 1959, S. 80–120; neu gedruckt in: ders., Sociological Theory and Modern Society, New York 1967, S. 223–263.

[41] Ein Beispiel: Angehörige einer politischen Partei, die mich zu einem Vortrag bitten wollten, hatten den Kontakt über einen Dritten angebahnt, den sie als ihren Bekannten und als meinen Bekannten kannten. Nachdem die unmittelbare Bekanntschaft geschlossen war, erlaubte ich mir die indiskrete Frage, warum sie mich nicht direkt angerufen hätten. Die Antwort lautete: sie hätten ja nicht wissen können, ob ich mich auf einen Kontakt einlassen würde; das Risiko einer Ablehnung sei ihnen zu hoch erschienen. Es fehlte also ein Medium, das zugleich Themenselektion und Teilnahmemotivation leisten konnte, wie Macht oder Geld oder Liebe.

[42] Zumindest steht der Ablehnende – der Politiker z. B., der es ablehnt, sich in der Wahlnacht schon zur Koalitionsfrage zu äußern – unter Begründungszwang, und er tut gut, sich wenigstens zum Schein auf das Thema einzulassen.

[43] Die Bedingungen, unter denen sich ein Thema für diese Karriere eignet, bedürften genauerer Prüfung. Eine Bedingung scheint zu sein, daß das politische Problem mehr in der Bewilligung von Mitteln als in der Bewertung der Ziele steckt.

[44] Im oben S. 13 definierten Sinne.

[45] Siehe dazu die Bemerkungen von *Gerhard Storz* in seiner Eröffnungsansprache zum 15. Deutschen Soziologentag, in: Max Weber und die Soziologie heute, Verhandlungen des 15. Deutschen Soziologentages, Tübingen 1965.

[46] Siehe dazu *Niklas Luhmann*, »Soziologie des politischen Systems«, in: Kölner Zeitschrift für Soziologie und Sozialpsychologie 20 (1968), S. 705–733. Neu gedruckt in: ders., Soziologische Aufklärung, Köln–Opladen 1970.

[47] Also nicht, wie oft angenommen wird, als eine rein analytische Leistung der Wissenschaft.

[48] So jedoch *Karl W. Deutsch*, Politische Kybernetik, Modelle und Perspektiven, Freiburg/Br. 1969, S. 283, der Systemgrenzen durch ein Kommunikationsgefälle zu messen vorschlägt.

[49] Dies ist zum Teil bereits ein Problem der Wahrnehmung. Vgl. dazu *Donald T. Campbell*, "Common Fate, Similarity, and Other Indices of the Status of Aggregates of Persons as Social Entities", in: Behavioral Science 3 (1958), S. 14–25.

[50] Akte dieser Art werden, weil sie nicht für jedermann zugänglich sind, normalerweise zwar als Gegenteil von öffentlicher Meinung gebucht. Aber die Umwelt des politischen Systems ist nun einmal nicht unstrukturiert (etwa: eine Masse gleicher, vernünftig kalkulierender Individuen), die Kommunikationschancen in ihr können daher gar nicht gleich verteilt und allen zugänglich sein. Gleiche Teilnahme aller steht als Postulat im Widerspruch zur Realität einer differenzierten Gesellschaft. Diese Fassung des Gleichheitsprinzips als Begriffsmerkmal der öffentlichen Meinung beibehalten, hieße auf ihre Funktion als Struktur von unpolitischen und politischen Kommunikationsprozessen verzichten; hieße weiter, das Systemproblem, das öffentliche Meinung löst, gar nicht in den Blick bekommen, sondern durch wertende Definition auszuschließen. Das Systemproblem liegt darin, die einer gesellschaftlichen Lage entsprechende effektive Strukturierung des Prozesses politischer Kommunikation zu erreichen und damit das politische System trotz leistungsfähiger funktionaler Ausdifferenzierung in die Gesellschaft zu integrieren. Dafür müssen die Themen der öffentlichen Meinung taugen, und zwar für öffentliche ebenso wie für nichtöffentliche Kommunikation. Erst diese Problemstellung (und nicht ein abstraktes naturrechtliches Vorurteil über gleiche politische Chancen aller) läßt eine sinnvolle Kritik derjenigen öffentlichen Meinung zu, die eine Gesellschaft jeweils hervorbringt.

[51] Sie ist zum Beispiel für die Position von *Ralf Dahrendorf* bezeichnend, ist aber natürlich gleichermaßen bestimmend für die extremsten Kritiker von Herrschaft.

[52] »Wenn wir artikulierte politische Bedürfnisse als das ›Rohmaterial‹ des politischen Prozesses verstehen, insofern sie von den Institutionen des politischen Systems als ›externe Daten‹ verarbeitet und kontrolliert werden, dann läßt sich an der *Selektivität* der Institutionen, die die Funktion der Bedürfnisübermittlung tragen, der repressive Charakter eines politischen Systems abschätzen ...«, meint *Claus Offe* in seinem gut durchdachten Beitrag: »Politische Herrschaft und Klassenstrukturen, Zur Analyse spätkapitalistischer Gesellschaftssysteme«, in: *Gisela Kress/Dieter Senghaas* (Hrsg.), Politikwissenschaft, Eine Einführung in ihre Probleme, Frankfurt 1969, S. 155–189 (164).

[53] Als Ausführung dieser Kritik siehe *Niklas Luhmann*, »Klassische Theorie der Macht, Kritik ihrer Prämissen«, in: Zeitschrift für Politik 16 (1969), S. 149–170.

Komplexität und Demokratie *

Zwei gegenläufige Eindrücke formieren die neuere Demokratiediskussion: die Einsicht in die universelle Anerkennung der Demokratie als Norm für politische Systeme und der Zweifel an der Möglichkeit von Demokratie. *Frieder Naschold* hat das Verdienst, dieser Aporie einer unmöglichen Norm die Fassung eines wissenschaftlichen Themas gegeben zu haben. Er läßt die nur kompromittierenden Kompromisse, Abschwächungen und »realistischen« Einschränkungen des Demokratiekonzepts hinter sich und konfrontiert eine sich in Anfängen abzeichnende Theorie hochkomplexer Systeme direkt mit der Norm Demokratie. Dahinter steht die Annahme, daß die Strukturen hochkomplexer Systeme zumindest im Bereich von Organisation und Politik kontingent, also praktisch wählbar sind und daß es Sinn habe, diese Wahl an den klassischen (!) Normen der Demokratie zu orientieren. Daraus ergibt sich die Aufforderung an die Systemtheorie, ihre impliziten normativen Prämissen zu entlarven und in puncto Demokratie Farbe zu bekennen. Im Hinblick auf meine Auffassung von Systemtheorie unterstellt Naschold einen nachweisbar stark verkürzten Demokratiebegriff (S. 505, 510 Anm. 65a), der hinter den Erfordernissen der Planung und Entscheidung zurücktrete und, so scheint es, die humanen Werte unter den technokratischen Reduktionsweisen verkümmern lasse.

Darin liegt eine Aufforderung zur Stellungnahme, die ich nicht unerwidert lassen kann. Die Themenstellung halte ich für berechtigt, ja für zentral, und die Unterstellung eines stark reduzierten Demokratiebegriffs für um so bedenklicher. Mir scheint allerdings eine radikale Uminterpretation des klassischen Konzepts der Demokratie als Herrschaftsform notwendig zu sein, wenn man die Demokratie komplexer politischer Systeme als Norm und als Wirklichkeit begreifen will. Eben deshalb habe ich Zweifel, ob es sinnvoll ist, jener seit langem überreizten Tradition Normen zu entnehmen und sie an moderne politische Systeme oder gar an die Theorie solcher Systeme zu adressieren [1] **. Damit zwänge man Praxis und Theorie unter inkongruente Perspektiven und verurteilte sie zu einem permanent schlechten Gewissen. Außerdem käme man bei diesem Ansatz nicht darum herum, eine wertende Vorentscheidung zwischen Demokratie westlicher und östlicher Prägung schon in die Prämissen einzubauen, und verbaute sich damit die Möglichkeit, auch diese Differenz noch als Ausdruck unterschiedlicher, letztlich aber funktional äquivalenter Lösungen eines Problems zu begreifen. Demgegenüber kann die soziologische Theorie politischer Systeme [2] sehr wohl begreiflich machen, weshalb und in welchem Sinne gerade bei hoher Komplexität Demokratie zur Norm wird. Unter dem traditionsbelasteten Titel der Demokratie scheint sich ein normatives Postulat zu entwickeln, eine Richtungsangabe für mögliche Problemlösungen, die mit hoher struktureller Unbestimmtheit und Variabilität komplexer Systeme vereinbar, ja durch sie gefordert ist und gar nicht durch wertenden Vorent-

* Zu *Frieder Naschold:* »Demokratie und Komplexität« (PVS 4/1968, S. 494 ff.).
** Anmerkungen siehe S. 45.

scheid von außen an das System herangetragen werden muß. Die Vorstellungen, die mich zu dieser Annahme bestimmen, möchte ich so weit skizzieren, daß sichtbar wird, wie sehr der Vorwurf der Verkürzung selbst eine Verkürzung ist.

I.

Allem voran muß klargestellt werden, daß die neuere soziologische Systemtheorie sich von älteren Voraussetzungen des Denkens über Politik und Gesellschaft grundsätzlich abgelöst hat und daß für sie deshalb die Humanität politischer Institutionen gar nicht mehr in der alten Weise zum Thema und Problem werden kann. Damit geht der Bezug des Denkens auf den Menschen in seiner Menschlichkeit keineswegs verloren, aber die Form der begrifflichen Erfassung dieses Bezugs ändert sich radikal.
In der alteuropäischen Theorie der politischen Gesellschaft war die Gesellschaft als ein Ganzes begriffen worden, das aus Teilen besteht, und zwar nach der Art eines Organismus als ein lebendes Ganzes, das aus lebenden Teilen besteht. In dieser Konstruktion war das Leben der Teile wesentliches Moment. Damit war vorgegeben, daß der lebende Einzelmensch als Individuum Teil der politischen Gesellschaft sei, daß diese also aus Menschen bestehe – und nicht etwa aus Handlungen, Interaktionen, Rollen, selektiven Sinnstrukturen oder ähnlichem. Teilnahme an dieser Gesellschaft war daher immer schon vorausgesetzt als Teilsein, das in mehreren möglichen Herrschaftsverfassungen, unter ihnen der Demokratie, seine institutionelle Ausprägung finden konnte. Darauf gründeten *Aristoteles* und die ihm folgende Tradition ethische Anforderungen an die politische Ausformung dieses Teilseins: Die politische Gesellschaft sollte »gutes Leben«, das heißt dem Menschen gemäßes Leben in Vernunft und Freiheit ermöglichen.

Diese Theorie artikuliert und symbolisiert eine gesellschaftliche Lage, die nicht die unsere ist. Sie feiert eine evolutionäre Errungenschaft: die Konstituierung politischer Herrschaft über den archaischen Verwandtschaftsverbänden durch Einrichtung von Ämtern und Verfahren und die dadurch erreichte Verselbständigung des Menschen als Individuum. Und sie bezeugt zugleich die immer noch ausweglose Einbettung des Menschen in die nun politisch gewordene Gesellschaft, der er sein Leben als Mensch verdankt: Er ist ein Teil von ihr und hat seine Individualität als politisches Lebewesen. Deshalb bleibt seine Selbsterfüllung an die Form und die Gerechtigkeit politischer Herrschaft gebunden. Wichtige Züge dieser Theorie haben sich in der weiteren Entwicklung der Gesellschaft und des sie begleitenden Denkens geändert – zunächst durch den Überbau einer christlich-religiösen Weltauffassung, die es ermöglichte, die menschliche Individualität zu entpolitisieren und ethisch-sozial zu begreifen, und dann durch die scharf kontrastierenden oder dialektischen Entgegensetzungen von Mensch und Gesellschaft, mit denen das 19. Jahrhundert seine Lage auf Begriffe zu bringen suchte. Bei all dem blieb jedoch die Basis des humanen Appells an Staat und Gesellschaft, die Auffassung des Menschen als Teiles der Gesellschaft unangefochten. Selbst die aufkommenden Kontroversen um die Organismus-Analogie stockten an diesem Punkte, weil keine Alternativkonzeption zur Verfügung stand.
Die soziologische Theorie sozialer Systeme bricht mit dieser Tradition, sofern sie den Menschen nicht mehr als Teil des sozialen Systems, sondern als dessen problematische Umwelt erfaßt. Ob diese Konzeption auch auf die Gesamtgesellschaft übertragbar ist,

die Gesellschaft selbst also als soziales System und die Menschen als ihre Umwelt begriffen werden können, ist ein noch kaum andiskutiertes Grundproblem soziologischer Theorie. Dessen Lösung wird der Testfall sein für den Anspruch der Systemtheorie, allgemeine soziologische Theorie zu sein. Jedenfalls können alle Teilsysteme der Gesellschaft, alle Organisationen und auch das politische System im ganzen nur in der Weise begriffen werden, daß sie den Menschen als Ganzheit eigener Identität ausschließen, weil kein Mensch ganz in ihnen enthalten ist. Für diese Wendung ist bezeichnend, daß »totale Systeme«, in denen ein erwachsener Mensch ganz aufgeht, heute eigentlich nur an einem Fall exemplifiziert werden können – am Irrenhaus [3]; und daß man zögern muß, in diesem Fall eine Modellvorstellung des politischen Systems zu sehen. Daraus aber läßt sich folgern, daß der Menschbezug sozialer Systeme und die Humanität ihrer Institutionen nicht mehr im Schema von Ganzem und Teil, sondern im Schema von System und Welt begriffen werden müssen [4].

Weniger deutlich ist, was diese Wendung in ihren Konsequenzen für das menschliche Selbst- und Weltverständnis bedeutet. Es scheint, daß die heutige Gesellschaft und in ihr alle einzelnen Sozialsysteme den Menschen in die Lage versetzen, eine unendlich offene, äußerst komplexe und ontisch letztlich unbestimmte (kontingente) Welt zu entwerfen, auszuhalten und als Grundlage allen selektiven Erlebens und Handelns, als »Woraus« kontingenter Wahl zu benutzen. Wenn dem so ist, gibt es keinen prinzipiellen Widerspruch von Technik und Humanität – und erst recht keinen prinzipiellen Widerspruch von Technokratie und Demokratie.

II.

Unter der Voraussetzung, daß in allem, was aus mehreren Teilen besteht und aus ihnen zu einer gemeinsamen Einheit erwächst, sei es aus zusammenhängenden (= Organismus), sei es aus getrennten (= Gesellschaft) Teilen, immer herrschende und beherrschte Teile hervortreten (*Aristoteles,* Pol. 1254a 28–31), hatte die alteuropäische Tradition Demokratie als eine Herrschaftsform unter anderen begriffen, und das war wörtlich und unverkürzt gemeint. Das aber, was *Naschold* und die Heutigen unter Demokratie verstehen, lief unter dem Titel der Polis oder der Politik – nämlich die Ausprägung von Institutionen und Verfahren für bindende Entscheidung in eine Form, die dem Menschen das ihm zukommende freie und vernünftige Leben ermöglicht. Im heutigen Verständnis fließen diese einst getrennten Vorstellungen von Demokratie und Politik zusammen – und andererseits versteht man unter Politik jetzt ein mehr oder weniger schmutziges Geschäft. Im Begriff der Demokratie werden letzte normative Postulate der Politik symbolisiert – und das gibt Anlaß zu zweifeln, ob Demokratie noch angemessen begriffen wird, wenn man sie weiterhin als Herrschaft des Volkes oder, schon reduziert (!) als Entscheidungsbeteiligung des Volkes bestimmt. Mir scheint, daß es nicht um weniger, sondern um mehr geht.

Der eigentliche Anlaß zu dieser Abwendung von den Denkvoraussetzungen der Schultradition liegt in einem gesellschaftlichen Wandel, der im Laufe der Neuzeit, endgültig im 19. Jahrhundert, die volle Positivierung der normativen Prämissen kollektivbindenden Entscheidens erzwingt. Das Recht löst sich aus den letzten religiösen und naturrechtlichen Bindungen heraus und wird positives, kontingent gesetztes Recht. Die

Zwecke staatlichen Handelns werden in der Politik nicht mehr bloß erfüllt oder verfehlt, sondern auch gewählt. Die Selektivität auch der Strukturen wird zunehmend bewußt. Strukturen selbst nehmen die Form von Entscheidungen an, die verantwortet werden müssen, und selbst das Nichtentscheiden, die Ablehnung einer Strukturänderung, wird zur Entscheidung, da die Änderung möglich ist [5]. Mögliches anderes Recht und mögliche andere Zwecke werden zum Bestandteil der politischen Entscheidungssituation. Diese neuartige Kontingenz und Komplexität der politischen Entscheidungslage zerbricht die alten, im Eigenrecht der Institutionen festgelegten Quellen politischer Unterstützung und rechtlicher Legitimation. Für die Entscheidung über Änderung und auch für die Entscheidung über Nichtänderung des Rechts kann man sich letztlich nicht mehr auf Recht berufen. Die Quellen politischer Unterstützung werden durch diese radikale Erweiterung des Horizontes der Möglichkeiten (und nicht durch eine nur situationsbedingte Unruhe des Volkes) mobilisiert. Die Politik kann auch in dieser Hinsicht ihre Entscheidungsgrundlagen nicht mehr voraussetzen, sondern muß sie sich beschaffen. Sie muß ihre eigene Legitimation leisten in einer Lage, die sowohl im Hinblick auf Konsenschancen als auch im Hinblick auf erstrebte Ergebnisse offen und strukturell unbestimmt definiert ist.

Mit diesen Veränderungen hat das politische System der Gesellschaft eine Schwelle der Evolution überschritten, die eine Neubalancierung aller Einrichtungen und nicht zuletzt auch eine neue Theorie der Politik erforderlich macht. Strukturen und Prozesse der Politik finden sich jetzt auf einer weit höheren Ebene der Komplexität und müssen auf höhere Selektionsleistungen eingestellt werden. Jede Entscheidung ist jetzt, ob sie es wahrhaben will oder nicht, eine Selektion aus vielen anderen Möglichkeiten und dies schon qua Existenz und nicht erst qua Leistung. Sie hat eine strukturbedingt hohe Selektivität. Dem kann auf doppelte und gegenläufige Weise Rechnung getragen werden: durch Verstärkung ihrer Indifferenz und Autonomie oder durch Steigerung ihres Potentials für Informationsverarbeitung, und schließlich auch durch eine geschickte Kombination beider Lösungen. Dieses Erreichen höherer Komplexität im politischen System hat Demokratie zum universell gültigen normativen Postulat, zur Rechtfertigungsform von Politik schlechthin werden lassen.

Es ist klar, daß dieser Wandel nicht zureichend erfaßt wird, wenn man ihn darstellt als bloße Änderung der Herrschaftsform, als Übergang der Herrschaft vom Monarchen auf das Volk (was immer das im einzelnen bedeuten mag). Es ändert sich Wesen und Stellenwert dessen, was einst Herrschaft genannt wurde, vor allem durch Veränderung der Bedingungen für die Zentralisierbarkeit von Entscheidungsleistungen. In der Fortführung des Begriffs der »Demokratie« liegt ein *Understatement* dessen, was geschehen ist. Diese Fortführung hatte eine wichtige Überleitungsfunktion: Man konnte zunächst glauben, daß es sich bloß um einen Austausch schon bekannter und erprobter Formen handele, während in Wahrheit alles anders wurde. Besonders in Revolutionen, in denen gehandelt werden mußte, konnte diese Tragweite des Wandels nicht artikuliert werden. Inzwischen steht jedoch, in einigen politischen Systemen zumindest, die neu geschaffene Wirklichkeit auf eigenen Beinen. Wir praktizieren kontingente Politik, und nun käme es darauf an, eine Theorie zu finden, die uns ein kritisches Begreifen dieser Wirklichkeit und ein Ausnutzen ihrer Chancen ermöglicht.

III.

Eine solche Theorie kann sich jene Blickbegrenzung nicht leisten, die in einer Anknüpfung an vorgegebene Normen aus dem Repertoire der Demokratiediskussion des 19. Jahrhunderts läge, seien sie nun radikal-liberaler oder sozialistischer Art. Sie muß, jedenfalls als soziologische Theorie, von dem Problem ungewöhnlich hoher, evolutionär unwahrscheinlicher Kontingenz und Komplexität des politischen Systems ausgehen, weil nur diese Problemstellung ihr den Zugang zu den gesellschaftlichen Prämissen der Systemstrukturen des politischen Systems erschließt. Sie kann auf diese Weise die Demokratisierung (und ebenso: die Bürokratisierung) des politischen Systems in ihrer gesellschaftlichen und evolutionären Bedingtheit untersuchen; sie kann auch herausarbeiten, wie sich diese Strukturanforderungen für das politische System in systeminterne Problematiken umsetzen.

Eine von hier ausgehende Argumentationslinie verwendet die soziologische Theorie der Systemdifferenzierung und zeigt, wie sich durch Bildung funktional spezifizierter und deshalb verschiedenartiger Teilsysteme Komplexität reduzieren läßt. Als Reaktion auf die geschilderten Veränderungen bildet sich im politischen System ein besonderer Bereich für Politik, gleichsam eine potenzierende Wiederholung des Politischen im politischen System. Diese im engeren Sinne politische Sphäre des politischen Systems liegt außerhalb der bürokratisierten Verwaltung von Entscheidungskompetenzen (wenngleich manche Inhaber von Entscheidungspositionen im politischen Spiel mitspielen können und oft müssen). Die Funktion dieser politischen Prozesse ist eine doppelte, nämlich Aufbau eines generalisierten Entscheidungspotentials in der Form politischer Macht für möglichst offenen, verwendungsweiten Einsatz und Kanalisierung derjenigen Prämissen, die in der Form von (politisch zuverlässigen) Personen-in-Ämtern oder von (politisch akzeptablen) Entscheidungsprogrammen den Entscheidungsprozeß strukturieren. Beide Funktionen, Machtbildung und Einfluß auf Prämissen, werden in bezug aufeinander erfüllt und finden aneinander Halt und Orientierung. Darin, daß sie Prämissen unter Machtgesichtspunkten auswählt und zugleich Macht in der Beeinflussung von Prämissen einsetzt, kommt die hohe Autonomie und Selbststeuerung der politischen Kalkulation zum Ausdruck, und darauf beruht zugleich ihre Möglichkeit, in äußerst labilen, pressionsreichen und unvollständig überblickbaren Situationen zu Entscheidungen zu kommen.

Was kann nun daran »demokratisch« sein? Was wird hier als »Wille des Volkes« symbolisiert? Sicher nicht die konkrete Beteiligung aller einzelnen an den politischen Entscheidungsprozessen um deren Beherrschung und um ihrer eigenen Selbstbildung willen. Das wäre nicht nur seltsam unrealistisch, nicht nur eine Utopie, sondern darüber hinaus eine fehlleitende Idee. Entscheidungsprozesse sind Prozesse der Selektion, des Ausscheidens anderer Möglichkeiten. Sie erzeugen mehr Neins als Jas, und je rationaler sie verfahren, je umfassender sie andere Möglichkeiten prüfen, desto größer wird ihre Negationsrate. Eine intensive, engagierende Beteiligung aller daran zu fordern, hieße Frustrierung zum Prinzip machen. Wer Demokratie so versteht, muß in der Tat zu dem Ergebnis kommen, daß sie mit Rationalität unvereinbar ist; oder muß, was leichter fällt, die Vereinbarkeit als Vernunft in den Köpfen der Beteiligten postulieren. In der praktischen Politik führt dieses Verständnis von Demokratie dazu, daß sich Entscheidungen, an denen alle Betroffenen zu beteiligen sind, auf eine bloße Fortschrei-

bung des *Status quo* beschränken müssen und daß Änderungen die Form der Begünstigung spezifischer Interessen und der diffusen, indirekten, nicht abwägbaren und nicht sofort spürbaren Belastung der Allgemeinheit annehmen mit Folgeproblemen, die in späteren Situationen zur Artikulation neuer Interessen führen – zu jener *Lindblom*schen Demokratie, gegen die *Naschold* [6] treffend zu argumentieren weiß.
Bedenkt man dagegen, daß die Gründe, die zur Demokratisierung der Politik geführt haben, in der gesellschaftlich geforderten, hohen und relativ unbestimmten Komplexität des politischen Systems zu suchen sind, liegt es nahe, das Postulat der Demokratie auch sinngemäß auf dieses Problem zu beziehen. Alle Entscheidungsprozesse sind selektive Reduktionen und laufen der Komplexität zuwider, suchen sie, im Automationsjargon, »zu vernichten«. Demokratie heißt demgegenüber Erhaltung der Komplexität trotz laufender Entscheidungsarbeit, Erhaltung eines möglichst weiten Selektionsbereichs für immer wieder neue und andere Entscheidungen. Darin hat Demokratie ihre Rationalität und ihre Menschlichkeit: ihre Vernunft. Denn genau dies zeichnet den sinnvermittelten menschlichen Weltbezug aus, daß er zwar auf Leben beruht und deshalb von Augenblick zu Augenblick entscheidend und handelnd gewählt werden muß, daß er aber das Nichtgewählte nicht ausmerzt, nicht definitiv unzugänglich macht, sondern im Horizont bleibender Möglichkeiten nur neutralisiert, inaktuell macht, aber aufhebt. In der spezifisch menschlichen Möglichkeit der Negation liegt unverzichtbare Vorläufigkeit – nämlich die Möglichkeit, auch Negationen wieder zu negieren. Das Gespräch mit der alteuropäischen Tradition läßt sich in diesem Rahmen fortsetzen: Auch wir können den Menschen durch seinen Unterschied vom Tier (oder auch zeitgemäßer: von der Maschine) definieren, und auch wir können den Sinn und die Humanität der Politik in der Ermöglichung eines dem Menschen gemäßen Lebens finden. Nur müssen wir darauf achten, dafür Begriffe zu verwenden, die der veränderten gesellschaftlichen Lage und ihren reicheren Möglichkeiten entsprechen, also auf jeden Fall abstrakter sind.

IV.

Die Umsetzung dieses Gedankens in praktische Postulate muß bei der Struktur des politischen Systems und vor allem bei der Struktur seines im engeren Sinne politischen Teilbereichs ansetzen. Demokratie soll ja nicht zur Überlastung mit Komplexität führen, kann ja nicht heißen, daß jeder in jedem Moment alles zu berücksichtigen habe. Aber sie fordert systemstrukturelle Garantien für einen weiten Selektionsbereich der Politik.
Von da aus fällt der Blick erneut zurück auf das Problem der Entscheidungsbeteiligung, der Chance für Artikulation und Durchsetzung von Werten und Interessen im Entscheidungsprozeß. Hierin liegt sicher eine, vielleicht die wichtigste der gesuchten Garantien. In einer funktional differenzierten Gesellschaft konstituiert jeder Funktionsbereich abstrakt spezifizierte, einseitige, dadurch möglichkeitsreiche und innovative, aber auch überzogene Perspektiven. Wenn alle Teilsysteme im politischen System ihre legitimen Sprecher haben, wird die Politik laufend mit einer Überproduktion von Möglichkeiten konfrontiert, die sie aufeinander beziehen und in die engen Kanäle des real Möglichen zwängen muß [7]. Eine solche Struktur sanktioniert gleichsam ein Grundrecht

des unbegrenzten Wünschens und Forderns im Rahmen vertretener Funktionen und überwälzt die Last der Begründung auf den, der ablehnt. Man muß aber sehen, daß diese Garantie von Selektionsbereich und Selektionszwang gerade nicht in der politischen Wahl geleistet werden kann, da sich die Stimmabgabe nicht funktional spezifizieren und konditionieren und nicht zum Ausdruck von Forderungen verwenden läßt. Auch die politische Wahl dient dem Offenhalten von Möglichkeiten – aber eher dem Offenhalten der Möglichkeiten der mit Mehrheit Gewählten, nein zu sagen. Daher hat, wie wir noch sehen werden, die Frage, ob die politische Wahl echte Wahl (unter mehreren Parteien) ist oder nicht, für das Problem der Demokratie nur sekundäre Bedeutung. Wichtig dagegen ist, daß die Kommunikationswege für die Bildung politischer Unterstützung und für die Vertretung von Werten und Interessen hinreichend getrennt werden, so daß die politische Unterstützung nicht konkret von der Förderung bestimmter Werte oder Interessen abhängig gemacht werden kann, sondern pauschal erteilt oder verweigert werden muß. Denn nur so lassen sich Selektionsbereich und Selektionspotential zugleich stabilisieren.

Damit kommt ein zweites, bisher kaum hinreichend bedachtes Problem vor Augen: der Grad an Konkretheit bzw. Abstraktheit der strukturgebenden Prämissen politischer Informationsverarbeitung. Es fällt auf, daß sich in Reaktion auf die mächtig erweiterten Möglichkeitsräume moderner Politik zunächst nicht rationale, sondern außerordentlich konkrete, drastische Reduktionsweisen etabliert haben – und dies gerade im Kernbereich der eigentlichen Politik. Politik wird, auch und gerade in Industriegesellschaften, maßgeblich mit Hilfe rein personaler Herrschaftsapparate gemacht [8], beruht also letztlich auf archaisch-tribalen Interaktionsmustern des wechselseitigen Förderns und Helfens und der Erhaltung eines Kontaktsystems persönlicher Beziehungen. Solche Politik kann sich mit dem Postulat der Beteiligung verbünden, sie kann gleichsam in den Pinkelpausen des Entscheidungsprozesses stattfinden und ihn dort reflektieren. Diese Reflexion setzt aber, wie übrigens Diskussion und Besprechung auch, einen relativ konkret fixierten, alternativenarmen Bezugsrahmen voraus. Sie eignet sich zur Vergewisserung dessen, was man schon weiß, oder zur Abwehr von Störungen, kaum aber zur Durchführung von konsequenzenreichen Strukturänderungen.

Die Leistungsfähigkeit solcher Archaismen in der Politik läßt sich schwer abschätzen und vorerst sicher nicht entbehren. Das Demokratische an ihnen ist ihre Illegitimität: daß sie gegenstrukturell gebaut sind und dadurch Selektionsweisen betätigen, die nicht offen benutzt werden können, um die Komplexität anderer Möglichkeiten des Systems zu diskreditieren und abzubauen. Zumindest dies wird also erreicht: daß das politische System selbst nicht auf die Interessen eines Kreises »politischer Freunde« zusammenschrumpft. Gerade die Unmoral dieser Lösung hat also viel für sich [9].

Andererseits ist die Frage nach besseren Möglichkeiten struktureller Garantie hoher Komplexität damit nicht abgeschnitten. Man könnte sich vorstellen, daß es mit Hilfe der Sozialwissenschaften möglich werden wird, bessere Techniken der Analyse und Kontrolle hochkomplex strukturierter Systeme zu gewinnen und diese Fähigkeiten dann auch in der Politik zum Einsatz zu bringen. Eine technokratische Reduktion derart, daß die Wissenschaft optimale, einzig richtige Systemzustände ausrechnen und damit politische Entscheidungen erübrigen könnte, zeichnet sich nirgends ab. Im Bereich des Vorstellbaren liegt es dagegen, ein abstrakteres, funktionales Problem- und Strukturbewußtsein zu entwickeln und die Wirklichkeit als Zusammenhang von problemlösenden Strukturen, Folgeproblemen solcher Strukturen, Lösungen solcher Folgeprobleme usw. zu begreifen – und das heißt: sie im Hinblick auf andere, funktional äquivalente Lösungsmöglichkeiten zu problematisieren. Mehr als bisher könnte dann die Kalkulation von Strukturänderungen zum normalen Geschäft der Politik werden und das lernfähige Denken in einem Horizonte anderer Möglichkeiten zum Berufshabitus des Politikers, der ihn von jenen unterscheidet, die im Rahmen feststehender Strukturen und vorgegebener Programme berufen sind, richtige Entscheidungen zu treffen.

V.

Gegen die wertende Vorwegnahme eines normativen Demokratiekonzepts hatte ich oben eingewandt, daß dies zu einer Vorentscheidung zwischen östlicher und westlicher Auffassung von Demokratie zwänge, die im weiteren nicht mehr kritisch überprüft werden kann. Man wird dann dazu verleitet, bei sich selbst Besitz der Wahrheit und beim anderen Mißbrauch des Begriffs zu unterstellen. Definiert man Demokratie dagegen funktional im Hinblick auf das Problem der Komplexität, legt man den Begriff nicht im voraus auf bestimmte Strukturen oder Prozesse fest, sondern hält ihn offen für den unvoreingenommenen Vergleich verschiedener Möglichkeiten. Beide Formen, praktisch also die ideologisch integrierte Einparteiendemokratie und die auf politische Konkurrenz und freie Wahl gebaute Mehrparteiendemokratie, erscheinen dann als funktional äquivalent und werden inkompatibel nur durch die Art, wie sie das Problem der Erhaltung hoher Komplexität lösen, und durch die Folgeprobleme ihrer Strukturentscheidungen. Beide Arten des politischen Systems haben sich, und das unterscheidet sie von der Lage in Entwicklungsländern, den Anforderungen zu stellen, die in der Welt einer hochentwickelten, durch funktionale Differenzierung möglichkeitsreichen und leistungsfähigen Gesellschaft zu erwarten sind. Aber wir haben keinen Grund, anzunehmen, daß dies nur auf eine einzig-richtige Weise möglich sei: Aus Problemen allein lassen sich noch keine Lösungen, aus Funktionen allein noch keine Strukturen und Prozesse deduzieren.

Ideologisch integrierte Einparteiensysteme verwenden ihre Ideologie als Grundstruktur ihrer Entscheidungsprozesse, fast sogar als Programm. Sie können demokratisch also nur sein in dem Maße, als diese Ideologie komplex genug angelegt ist, vor Dogmatisierung bewahrt und opportunistisch praktiziert wird, also einen laufenden Wechsel von Präferenzen im Rahmen kontinuierlicher verbaler »Bekenntnisse« ermöglicht. Neben der hinreichend abstrakten begrifflichen Fassung der Ideologie sind dazu Interaktionsstrukturen erforderlich, die eine »Organisierung der Werte« [10] und das heißt: eine Organisierung des Wechsels der Vorrangverhältnisse zwischen möglichst vielen Werten ermöglichen. Das dafür geschaffene Sozialsystem ist die politische Partei. Die Partei muß um dieser Funktion willen *eine* Partei sein und aus anderen Systemen der Produktion, Verwaltung, Forschung usw. ausdifferenziert werden. Da aber die Partei als Organisation hierarchisch gebaut ist, liegt die Verantwortung für strukturelle Komplexität und damit für Demokratie in den Händen einer kleinen Gruppe oder einer Mehrheit von Kleingruppen, die innerhalb der Partei miteinander konkurrieren. Deren Verständigungen stecken die Grenzen dessen ab, was politisch möglich ist. Außerhalb dieser Gruppe ist kritische Kommunikation, je selbst Weitergabe kritischer Informationen schwierig. Je konkreter die Prämissen solcher Verständigungen fixiert werden, desto geringer wird die Umweltempfindlichkeit und Selektionsleistung des politischen Systems. Alle übrigen Bereiche der Gesellschaft laufen dann Gefahr, unter alternativenarmen Prämissen politisiert und auf sekundäre Funktionen reduziert zu werden – auf reine Programmausführung in Produktion, Verwaltung und Forschung oder auf nur kosmetische Funktionen in Kunst, Literatur, Philosophie und Sozialwissenschaft. Das wichtigste Korrektiv scheint in der resoluten, ideologisch zementierten Anerkennung eines Primates der Wirtschaft als Problemquelle zu liegen. Die Komplexität der sich entwickelnden Wirtschaft wird als Maß und als Grenze für die »requisite variety« des politischen Systems übernommen und die Leistung der Politik am wirtschaftlichen Erfolg kontrolliert.

Mehrparteiendemokratien gehen von einer anderen Strukturentscheidung aus und führen deshalb zu einer andersartigen Problemverteilung. Ihre Chancen, Demokratie zu sein, stehen unter andersartigen Beschränkungen. In ihnen muß man daher mit andersartigen Engpässen, Risiken, Folgeproblemen und Verhaltenslasten rechnen. Das Strukturprinzip liegt hier in der Konkurrenz mehrerer politischer Parteien um Besetzung der Stellen, in denen verbindlich entschieden werden kann – vor allem Parlament und Regierung. Die Sachziele werden diesem Formalziel wenn nicht untergeordnet, so doch so beigeordnet, daß der politische Erfolg an die Bedingung des Wahlerfolgs geknüpft ist. Da der Wahlerfolg als solcher legitimiert, kann auf eine einheitliche Ideologie verzichtet werden. Die Politik wird entmoralisiert und dadurch komplex bis an Grenzen, die durch politische Neutralisierung geschützt und der Instrumentalisierung im politischen Kampf entzogen werden: das Wahlverfahren selbst, die Grundrechte, die Justiz, die Zentralbank usw. Die Realität der Demokratie in solch einem System ist nicht schon damit gesichert, daß Wahlen veranstaltet werden; sie hängt vielmehr davon ab, wie weit der Wahlerfolg als Indikator hoher, strukturell zugelassener Komplexität funktioniert, wie weit, mit anderen Worten, die Orientierung am möglichen Wahlerfolg zu vielseitigen, politisch sensiblen, opportunistischen, innovativen politischen Konzeptionen führt. Das ist, wie man weiß, nur sehr begrenzt der Fall, da die Konkurrenz um die Stimmen der gleichen Wählerschaft die Parteiprogramme angleicht, und da die Meinungen, die der Politiker im Hinblick auf Wahlen zu ertasten sucht, faktisch oft gar nicht vorhanden sind oder in der Wahl nicht zum Ausdruck kommen. Immerhin setzt dieses Prinzip keine inhaltlichen Schranken für die Politisierung von Themen, sondern nur Schranken der Kommunikation und der Aktualisierung von Aufmerksamkeit und Interesse. Es macht daher wahrscheinlich, daß entscheidungsbedürftige Probleme, und das sind vor allem Folgeprobleme der gesellschaftlichen Differenzierung, in ausreichendem Umfange politisiert und entschieden werden können. Aber die Politik wartet hier gleichsam auf Krisen, die eine sich selbst entwickelnde Gesellschaft erzeugt, und ist kaum in der Lage, aus der Konzeption einer langfristigen Gesellschaftsentwicklung heraus die Probleme selbst zu stellen, über die sie entscheidet. Es fehlen in ihren kurzfristigen Erfolgsbedingungen Anreize und Anhaltspunkte für eine systematische Konstruktion anderer Möglichkeiten.

VI.

Diese Analyse möglicher Formen von Demokratie ist mit vielen Unsicherheiten und Vergröberungen und nur zur Illustration unserer Fragestellung hergesetzt. Ungeachtet der jeweiligen Form, in der ein Spielraum von Möglichkeiten durch Strukturen definiert und in das politische System hineinvermittelt wird, läßt sich das allgemeine Problem der politischen Demokratie auf die abstrakte Formel bringen, daß Komplexität im politischen System disponibel und das heißt vor allem: durch Strukturänderung entscheidbar bleiben muß. Je mehr verschiedenartige Möglichkeiten des Erlebens und Handelns die Welt bzw. ein System-in-der-Welt bietet – und so definieren wir Komplexität –, um so problematischer wird der Zugang zu diesen Möglichkeiten. Das aktuelle Erlebnispotential des einzelnen ist begrenzt, nur wenige Möglichkeiten des Erlebens und Handelns können in einer Situation unmittelbar griffbereit naheliegen. Alles übrige liegt mehrere, viele, oft unabsehbar viele Schritte entfernt und verblaßt schließlich in seiner Möglichkeit selbst. Es ist möglich, Kartelle zu verbieten, ein Wochenendhaus im Naturschutzgebiet zu genehmigen, die Todesstrafe wiedereinzuführen, die Verwaltung zu vereinfachen, Mietbeihilfen zu erhöhen usw., aber was kann ich tun, um solche Entscheidungen herbeizuführen? Mir wird zugemutet, die soziale und weithin sogar die dingliche Umwelt als kontingent zu begreifen. Alles könnte anders sein – und fast nichts kann ich ändern.

Aus dieser Distanz zu angezeigten, aber fernliegenden, hochgradig indirekt vermittelten und praktisch unzugänglichen Möglichkeiten entstehen Fatalismus und Konspirationsverdacht auf der einen und illusionäre Ziele auf der anderen Seite. Es hilft nicht weiter, den eigenen Bandwurm der Reflexion zu nähren, und es liegt auf der Hand, daß Komplexität dieses Ausmaßes nicht durch vorbehaltlose öffentliche Diskussion, Entscheidungsbeteiligung oder Transparenz der Motive und Einflußnahmen zugänglich werden kann. All diesen Vorschlägen fehlt die Gegenrechnung in der Zeitdimension. Eine Jugend, die Demokratisierung in diesem Sinne fordert, überträgt die Erfahrung und das Modell der Familie auf die Gesellschaft, und in der Tat zeigt, wie *Arnold Gehlen* einmal bemerkte, unser Humanismus Züge eines elargierten Familienethos. Man kann sicher sein, daß in dieser Richtung keine oder nur stark regressive Problemlösungen gefunden werden können.

Ebenso sicher aber ist, daß wir die Möglichkeiten der Systembildung, die effektiven und zeitsparenden Umgang mit hochkomplexen Sachverhalten erlauben, bei weitem nicht ausgeschöpft haben, ja nicht im entferntesten kennen. Unsere Institutionen und Verfahren gewährleisten schon Positivität der Entscheidungsprämissen, also Selektivität und Variabilität von Strukturen, aber wir verfügen nicht über eine dieser Chance entsprechende, kompetente Begrifflichkeit, in der wir Strukturen wählen und Erfahrungen machen, kurz: lernen können. Wir sind zur Kritik herausgefordert, aber wir können nicht differenziert genug negieren. Und besonders fehlt es an Regeln, die es möglich machen, die Zeitdimension angemessen mit in Betracht zu ziehen, die zum Beispiel ein Umdenken der simultanen Komplexität des Vorhandenen in eine Ordnung der Abfolge verschiedenartiger Selektionsschritte anleiten könnten [11]. Voraussetzung aller institutionellen Reformen ist unter diesen Umständen zunächst eine Verstärkung unseres Potentials für Analyse und Problematisierung der gegebenen Wirklichkeit. Eine funktionale, problembezogene Theorie des politischen Systems kann zumindest die

Möglichkeit in Aussicht stellen, das Problem der Demokratie mit den organisationstheoretischen Konzepten der Systemkomplexität zu verbinden und es in einer Weise neu zu formulieren, die die eigentlichen Intentionen der abendländischen Politik-Tradition fortführt und zugleich der heutigen »gesellschaftlichen Problemsituation« (*Naschold*, S. 500) besser entspricht als die klassisch-demokratische Norm.

Anmerkungen

1 Die Erwiderung hält sich an die Ebene des *politischen Systems* der Gesellschaft. Wie weit innerhalb *einzelner Organisationen* »demokratische« Entscheidungsbeteiligung und Leistungserbringung unter der Bedingung hoher Komplexität vereinbart sind, ist eine andere Frage, zu der *Frieder Naschold* soeben unter dem Titel »Organisation und Demokratie, Untersuchung zum Demokratisierungspotential in komplexen Organisationen«, Stuttgart 1969, ausführliche Studien veröffentlicht hat, die einer gesonderten Prüfung bedürfen.

2 Als nähere Darlegung meiner Konzeption siehe *Niklas Luhmann*, »Soziologie des politischen Systems«, in: Kölner Zeitschrift für Soziologie und Sozialpsychologie 20 (1968), S. 705–733. Neu gedruckt in: ders., Soziologische Aufklärung, Köln–Opladen 1970.

3 Siehe dazu den einige weitere, aber ebenfalls periphere Verhältnisse wie Gefängnisse oder Schiffe einbeziehenden Begriff "*total institution*" bei *Erving Goffman:* Asylums, Essays on the Social Situation of Mental Patients and Other Inmates, Chicago 1962.

4 Für eine genauere Fassung dieses Unterschiedes müßte herausgearbeitet werden, daß der traditionelle Gegensatz von Teil und Ganzem *relational* (und damit ontologisch) gedacht war, das heißt Objekte wie Mensch und Gesellschaft in ihren immanenten Qualitäten voraussetzte und aufeinander nur bezog; daß dagegen Systeme in der heutigen Auffassung, ungeachtet vieler falscher Definitionen, weder aggregativ noch relational als aus Teilen oder Beziehungen zwischen Teilen oder Teil und Ganzem bestehend gedacht werden können, sondern *Selektionsleistungen* sind, von denen abhängt, in welchen Hinsichten Objekte relevant sind. Daß für beide Auffassungsweisen verschiedene, nicht aufeinander zurückführbare Begriffssprachen erforderlich sind, zeigt *Andras Angyal,* The Structure of Wholes, Philosophy of Science 6 (1939), S. 25–37, mit einem freilich für soziologische Zwecke zu engen Systembegriff.

5 *Frieder Naschold* gehört zu denen, die die Einlösung dieser Verantwortung angemahnt haben. Siehe seine bemerkenswerte Schrift über: Kassenärzte und Krankenversicherungsreform, Zu einer Theorie der Statuspolitik, Freiburg 1967.

6 A.a.O (1967), S. 265 ff.

7 Dieses Problem hat vor allem in der Systemtheorie *Eastons* grundlegenden Rang gefunden. Siehe *David Easton,* A Systems Analysis of Political Life, New York–London–Sydney 1965.

8 Hierzu treffende Bemerkungen bei *Guenther Roth,* "Personal Rulership, Patrimonialism and Empire-Building in the New States", in: World Politics 20 (1968), S. 194–206.

9 Zu Parallelen im Sozialsystem der Wissenschaft vgl. *Niklas Luhmann*, »Selbststeuerung der Wissenschaft«, in: Jahrbuch für Sozialwissenschaft 19 (1968), S. 147–170. Neu gedruckt in: ders., Soziologische Aufklärung, Köln–Opladen 1970.

10 Diese Formulierung gebraucht *Leszek Kolakowski,* Der Mensch ohne Alternative, Von der Möglichkeit und der Unmöglichkeit, Marxist zu sein, München 1960, S. 24, in bezug auf die Ideologie selbst.

11 Zu dieser für die Theorie des Organismus, aber auch für die Programmierung von Maschinen und vermutlich auch für Systeme sinnhafter Erlebnisverarbeitung wichtigen Unterscheidung von "*complexity in form*" und "*complexity in time*" siehe *J. W. Pringle,* On the Parallel between Learning and Evolution, in: Behaviour 3 (1951), S. 174–215, insbes. S. 184 f. Dort übrigens auch eine der wenigen (aber auf Sätze bezogenen) thematischen Erörterungen des Begriffs der Komplexität, der im allgemeinen ohne jede Erläuterung gebraucht wird.

Funktionen der Rechtsprechung im politischen System

Das Heranreifen einer theoretisch eigenständigen Soziologie als einer Wissenschaft, die sich auch für kompetent hält, über Staat und Recht, Politik und Justiz zu sprechen, bringt beträchtliche Verständigungsschwierigkeiten mit sich. Es entwickeln sich neuartige, inkongruente Perspektiven auf alten Thematiken, und im Zusammenhang damit eine neuartige Terminologie, die das Erkannte zum Ausdruck bringen will. Bei aller Vagheit und Umstrittenheit seiner theoretischen Konzeptionen fühlt sich der Soziologe nicht mehr frei, einfach die Umgangssprache zu verwenden oder sich mit seinen Begriffen den Situationen, Partnern, Einzelthemen anzupassen.

Im vorliegenden Fall zeigt diese Wendung sich daran, daß ich, wenn ich mein Vorhaben durchführen will, nicht vom *Staat* sprechen und die Justiz als *Organ* des Staates behandeln kann. Ich spreche vom *politischen System* und sehe die Justiz als *Teilsystem* – genauer: als Teilsystem eines Teilsystems – dieses politischen Systems. Im Kern bedeutet dieser Wechsel der Terminologie, daß es der heutigen Soziologie nicht um einen *Verband* geht, also nicht um eine Gruppe konkreter Menschen, die an bestimmte Normen gebunden sind, sondern um ein *System von Interaktionen*, für das sich bestimmte Funktionen, vielleicht sogar bestimmte Verlaufswahrscheinlichkeiten angeben lassen. Der konkrete Mensch, das organische und psychische System der einzelnen Persönlichkeit, ist stets nur mit einem Teil seines Erlebens und Handelns Mitglied eines bestimmten Sozialsystems; als konkrete Ganzheit gehört er zur Umwelt des Sozialsystems. Selbst der Richter gehört nur als Rolle (als Bündel von Verhaltenserwartungen und daran orientierten Handlungen) in das System Justiz; als Mensch gehört er zu dessen Umwelt nicht anders als der Advokat, der Verbrecher, der Bürger schlechthin.

Die Frage nach den politischen Funktionen der Rechtsprechung, die mir gestellt worden ist, wird nun beim Auftreffen auf diese Theorie des politischen Systems zweideutig – in sehr bemerkenswerter, genau angebbarer Weise zweideutig. Ich setze mir das Ziel, Ihnen diese Doppeldeutigkeit vorzustellen und ihren Sinn, soweit möglich, zu klären.

Man kann die Frage nach den politischen Funktionen entweder auf das politische System im ganzen beziehen, das heißt auf alle Interaktionen, die ihrem Sinne nach dazu beitragen, daß kollektiv bindende Entscheidungen hergestellt werden können. Das schlösse Gesetzgebung, Regierung, Verwaltung, Rechtsprechung, also den herkömmlich unter "government" zusammengefaßten Bereich ein; außerdem aber auch die daran orientierten Rollen des Antragstellers, Klägers, politischen Wählers sowie das Geflecht derjenigen Organisationen, die sich primär um die Beeinflussung politischer Entscheidungen bemühen: der Parteien und der Interessenverbände.

Innerhalb dieses politischen Systems im ganzen, das sich als solches von Familie, Kirche, Wirtschaft, Wissenschaft unterscheiden läßt, gibt es einen im engeren Sinne politischen

Bereich, nämlich Prozesse, die sich mit dem Aufbau politischer Macht für noch unbestimmte Entscheidungen befassen – mit dem Bilden und Testen von Konsens, mit dem Entwurf von Programmen, mit der Erprobung politischer Talente, mit der Konsolidierung personaler Beziehungen, Cliquen, Herrschaftsapparate. Dem Schwerpunkt nach sind diese Prozesse bei uns – und ebenso übrigens in den sozialistischen politischen Systemen, nicht aber in den meisten Entwicklungsländern – als Parteienpolitik strukturiert. Auch mit diesem Bezugspunkt vor Augen kann man fragen: Welche politischen Funktionen hat die Rechtsprechung – nämlich: welche Funktionen für die Parteienpolitik? Der störende Doppelsinn des Wortes »politisch« hat also seinen Grund in unterschiedlichen Systemreferenzen, die wir auseinanderhalten müssen. Die Einheit des Wortes verdeckt die charakteristische Struktur unseres heutigen politischen Systems: daß es ein in sich differenziertes System ist, das das Politische gleichsam in sich selbst nochmals wiederholt und dadurch verstärkt. Dieser komplizierte Systemaufbau hängt zusammen mit einem veränderten Stellenwert von Recht und Rechtsprechung im politischen, ja im gesamtgesellschaftlichen Kontext. Er ist zugleich das Ergebnis langfristiger Evolution.

In den vorneuzeitlichen Hochkulturen hatte politische Herrschaft monohierarchischen Charakter. Hierarchie war damals neben der Bindung an die Religion dasjenige Strukturschema, mit dem sich die politische Herrschaft aus den archaischen Verwandtschaftszusammenhängen herauslösen und die Gesellschaft selbst als politische Gesellschaft – societas civilis – formen konnte. Rechtsprechung war in diesem Zusammenhang Aufgabe und Requisit der Herrschaft. Eben diese hierarchische Struktur schloß jedoch die Vorstellung einer politischen Verfügung über das Recht aus. Denn das Entscheidungspotential der Spitze einer Hierarchie ist viel zu gering, als daß man sich in ihr kontingente Selektion von Recht – Rechtsetzung – hätte vorstellen können. Das Recht wurde im wesentlichen von Juristen entwickelt aus Anlaß von Verfahren, die die politische Herrschaft zur Beilegung von Streitigkeiten veranstaltete. Dieser monohierarchische Aufbau politischer Herrschaft zerbricht im Übergang vom Mittelalter zur Neuzeit an seiner zu geringen Kapazität: Die Welt wird weltlich – das heißt: theologisch uninterpretierbar; die Gesellschaft wird komplexer und bringt einen rasch steigenden Regelungsbedarf hervor. Das Recht muß daher autonomer und zugleich leistungsfähiger konstituiert werden. Auf diese Situation antwortet das neuzeitliche Staatsdenken zunächst durch eine Umformung der alten Lehre vom regimen commixtum zur modernen Theorie der Gewaltenteilung: dem bekannten Schema einer Unterscheidung und organisatorischen Trennung von Legislative, Exekutive und Justiz.

Was ist an diesem Modell systemtheoretisch bemerkenswert? Ich würde sagen:

1. Der antihierarchische Aufbau: Es gibt kein eindeutiges Oben bzw. Unten mehr, sondern mehrere gleichberechtigte Gewalten nebeneinander. Das bedeutet zugleich eine neue Form politischer Freiheit, die dadurch garantiert ist, daß es für den Bürger nicht mehr *ein* Verhältnis Obrigkeit–Untertan gibt, sondern *mehrere* Kommunikationsverhältnisse zu den politischen Gewalten, die in der Verteilung von Rechten und Pflichten differenziert werden können, ohne daß die Fähigkeit, Entscheidungen zu treffen, darunter leidet.
2. Die Kanalisierung der Entscheidungsselektion auf den Weg des Rechts. Obwohl nun Rechtsetzung einbezogen ist, soll trotzdem alle politische Macht im Gleichgewicht

der Gewalten neutralisiert werden, so daß alle Einflüsse auf bindende Entscheidungen abgefiltert werden, soweit sie sich nicht in die Form von konsistent in das Recht einfügbaren allgemeinen Gesetzen bringen lassen. Kurz: Es geht um die Unverbindlichkeit politischer Macht, soweit sie sich nicht in Rechtsform umsetzen läßt.
Hinter diesen beiden Grundzügen wird das leitende Interesse sichtbar, nämlich

3. höhere Selektivität des rechtlichen Entscheidungsprozesses zu schaffen und die damit verbundenen Risiken zu kontrollieren.

Die klassische Staats- und Verfassungslehre des Liberalismus – und das ist die auch heute ganz herrschende Theorie – begreift die politische Funktion der Rechtsprechung aus diesem Gewaltenteilungsschema heraus – das heißt: aus ihrem Gegensatz zur Gesetzgebung und zur Verwaltung. Das geschieht in dem Sinne, daß der Rechtsprechung die Ausführung des Gesetzes im einzelnen Streitfalle und die Kontrolle der Verwaltung als eigene Aufgabe zugewiesen wird. Gewisse Abweichungen der Realität werden konzediert – etwa in der Anerkennung von Richterrecht –, führen aber nicht zu einer Problematisierung der Prämissen, von denen die Gewaltenteilungslehre ausgeht.

Die Gewaltenteilungslehre ist jedoch nicht deshalb unzureichend, weil sie nicht genau nach Schema durchgeführt werden kann, sondern deshalb, weil sie überhaupt nur einen Teil der politischen Wirklichkeit belichtet, nur einen Teil der Prozesse, die Entscheidungen selektieren, überhaupt in den Blick bekommt. Ihr Blickfeld bleibt beschränkt auf denjenigen Teil des politischen Systems, den man "government" nennt, auf die Stellen, die Kompetenzen zu verbindlichem Entscheiden wahrnehmen. Solche Kompetenzen setzen aber immer schon begrenzte Möglichkeiten, setzen reduzierte Komplexität voraus. Was davor liegt, bleibt unbeachtet oder wird durch Begriffe wie Souveränität, command, Wille abgedeckt. »Wille« aber ist nichts weiter als ein Symbol für undurchschaute Selektionsleistungen.

Mit einem von der Systemtheorie und der Entscheidungstheorie her kommenden Ansatz durchschaut man diese Mängel sofort. Man sieht, daß die ganze Politik im oben angegebenen Sinne von Parteienpolitik ausgeklammert wird. Wie aber kommt es, daß das Feld der Möglichkeiten so weit vorgeordnet wird, daß bestimmte Probleme entscheidungsreif werden, Gesetze gemacht werden können? Wo und wie werden jene Alternativen formuliert, über die in Ämtern verfahrensmäßig entschieden wird? Und wo und durch wen werden andere Möglichkeiten eliminiert?

Solche Fragen drängen sich nicht nur dem Soziologen auf. Auch der Jurist müßte sie sich stellen, wenn er das Faktum der Positivität unseres Rechtes bedenkt. Wir leben in einer Gesellschaft, die ihr gesamtes Recht als gesetztes begreift und damit auch die Änderungsmöglichkeiten allen Rechts gegenwärtig hat. Das Recht ist damit kontingent geworden, selektiert und abhängig von Entscheidungen, die geändert werden könnten. Es hat seinen Geltungsgrund in einem variablen Faktor. Das bedeutet, daß erstmals in der Weltgeschichte im politischen System eine *laufende* Verantwortung für das *gesamte* Recht organisiert werden muß – für das Recht, das man jeweils herstellt oder ändert; aber auch für das Recht, das man nicht ändert, denn auch Unterlassungen werden zur Verantwortung, wenn man handeln kann.

Hier sehe ich übrigens, wenn Sie mir diese Nebenbemerkung gestatten, den eigentlichen Grund für die Notwendigkeit von Demokratie – nämlich die Aufwendung von Organisation und Arbeit für diese Vorselektion möglichen Rechts. Demokratie ist keine *Herrschaftsform*, sondern eine Technik der Systemsteuerung, die als Folge der Positivierung des Rechts zwangsläufig wird.

Erst jetzt komme ich zu meinem engeren Thema. Die Frage ist: Wo liegen die Funktionen der Rechtsprechung im politischen System unter diesen besonderen, in der Menschheitsentwicklung einzigartigen Bedingungen: übermäßig komplexe Gesellschaft; deshalb positiviertes, strukturell variables Recht; deshalb strukturelle und prozeßmäßige Innendifferenzierung des politischen Systems in politische Vorsortierung und verbindliche Entscheidung (Parteienpolitik und government)?

Betrachten wir zunächst das Gewaltenteilungsschema neu in dieser systemtheoretischen Perspektive! Dann zeigt sich, daß es dazu dient, die parteienpolitischen Einflüsse auf die Entscheidungsfindung stufenweise abzufiltern: Der direkte politische Einfluß auf die Legislative ist voll legitimiert. Der direkte politische Einfluß auf die Exekutive ist teils legitimiert, teils nicht legitimiert; er findet seine Grenze am Prinzip der Gesetzmäßigkeit der Verwaltung. Der politische Einfluß auf die Justiz ist rechtlich untersagt und faktisch mehr oder weniger wirksam unterbunden. Dieser Aufbau beruht auf dem Prinzip, daß *ein* Teilsystem mit begrenzten Kompetenzen der unmittelbaren politischen Einwirkung ganz entzogen wird und dadurch in der Lage ist, den übrigen Entscheidungsinstanzen Rückendeckung zu gewähren, wenn sie sich politischen Impulsen widersetzen: Sie können darauf hinweisen, daß bestimmte Vorhaben an der Rechtsprechung scheitern werden. Insofern fällt der Rechtsprechung die Funktion eines Ecksteins in der Systemdifferenzierung zu. Die politische Neutralisierung ihrer partiellen Kompetenz ermöglicht, wie leicht zu erkennen, ein Doppeltes: politische Beeinflußbarkeit *und* Eigenständigkeit der Produktion verbindlicher Entscheidungen, Abhängigkeit *und* Unabhängigkeit dieses Teilsystems des politischen Systems. In dieser Kombination von Abhängigkeiten und Unabhängigkeiten liegt ein *allgemeines* Erfordernis differenzierter Systeme und zugleich ein *taktischer* Vorteil: Entscheidungsprobleme können politisiert oder entpolitisiert, können aus der Politik in die Legislative, die Exekutive, ja bis in die Justiz und zurück verschoben werden, je nachdem, wo sich die besten Lösungsmöglichkeiten finden. Der administrative Apparat, schließlich sogar die Justiz, kann auf diese Weise ein Schlechtfunktionieren der Politik teilweise kompensieren.

Genaugenommen wird unser Recht an zwei Stellen gegen politische Überflutung gesichert, nämlich durch die geringe Entscheidungskapazität des Gesetzgebers, die es einfach nicht zuläßt, jeden politischen Impuls sinnvoll in das vorhandene Recht einzubauen, und durch die politische Neutralisierung der Justiz. Beide Momente hängen eng miteinander zusammen, bedingen sich wechselseitig und sind gleichsam funktional äquivalente Größen. Die politische Neutralisierung der Justiz hat nur Sinn, wenn und solange es entscheidungstechnisch unmöglich ist, das gesamte Recht laufend rational den flukturierenden Konsenschancen der Politik anzupassen. Und umgekehrt ist dies zum Teil deshalb unmöglich, weil die Justiz unabhängig von der Politik die Konsistenzerfordernisse eines hochkomplexen Rechts bewacht und die grandiosen Vereinfachungen der Politik abweist.

Die politische Funktion der Rechtsprechung beruht mithin, so können wir paradox formulieren, auf ihrer politischen Neutralisierung – das Wort politisch zunächst im weiten, dann im engen parteienpolitischen Sinne gemeint. Das Paradoxe löst sich auf, wenn man die Differenzierung des politischen Systems bedenkt, und deshalb liegt es

nahe, die politische Funktion der Rechtsprechung letztlich als Erhaltung dieses differenzierten Systems der Selektion und Entscheidungsfindung zu bestimmen.
Ein hochdifferenziertes, Politik und Entscheidungsverwaltung ausreichend trennendes System scheint unerläßliche Voraussetzung zu sein für die Positivierung des Rechts. Frühe Versuche, vor allem in der athenischen Demokratie, alles Recht als kontingent zu praktizieren und der Gesetzgebung zu unterwerfen, sind genau an diesem Punkt gescheitert: an unzureichender Differenzierung von Politik und Entscheidungsfindung, Gesetzgebung und Rechtsprechung, Rhetorik und Jurisprudenz, Agitation und Rationalität. Wenn wir heute in einer Gesellschaft leben, die infolge ihrer Komplexität positives, strukturell variables Recht braucht, müssen die institutionellen Voraussetzungen dafür geschaffen werden. Wir können dann die Justiz nicht mehr als Hüter bestimmter unabänderlicher Werte begreifen, die sie – und nur sie? – vertritt; vielmehr ergibt sich ihre Funktion aus ihrer Stellung in dem System, das das Recht der benötigten Art herstellt und praktiziert.
Dem läßt sich eine Überlegung anfügen, die das Verhältnis von Politik, Recht und physischer Gewalt betrifft. Ein demokratisch-labil gesteuertes politisches System mit hoher struktureller Variabilität braucht entsprechend abstrakte, das heißt, mit vielen Zuständen und Entscheidungen verträgliche Motivationsmittel. Als solche dienen vor allem *Indifferenz* gegen Veränderungen außerhalb des Bereichs der Intimsphäre, die diffuse *Verstreuung und Individualisierung von Sondermotiven* für politische Unterstützung und *physische Gewalt*. Es liegt auf der Hand, daß damit sehr hohe Risiken der Fehlsteuerung übernommen werden. Diese Risiken können dadurch gemildert werden, daß sie im System verteilt werden.
In unserer Ordnung scheint es so zu sein, daß die Parteienpolitik primär damit befaßt ist, Sondermotive für Unterstützung und Indifferenzen zu tragfähigen Entscheidungsgrundlagen zu kombinieren; daß sie dagegen mit physischer Gewalt nicht umgehen könnte – sei es, daß sie zuviel, sei es, daß sie, wie heute wahrscheinlicher, zu wenig davon Gebrauch machen würde. So wie die Politik bei uns strukturiert ist: überkomplex, labil, konkurrenzmäßig, opportunistisch, kann sie die Verantwortung für den Einsatz physischer Gewalt nicht übernehmen. Demgegenüber ist die Rechtsprechung gerade auf dieses Motivationsmittel spezialisiert; sie regelt den Zugang zu der für die Politik zu problematischen physischen Gewalt. Und sie kann deren Risiken dadurch absorbieren, daß sie stets nur Einzelfälle entscheidet, ohne die Möglichkeit breiter politischer Frontenbildung, und daß sie dies nach vorher feststehenden Programmen tut. Gleichwohl bleibt diese Nähe zur physischen Gewalt eine ungern getragene Belastung – vor allem wohl deshalb, weil Gewalt heute nicht mehr als potestas, als immanent naturrechtlich gebunden vorgestellt werden kann, sondern als abstrakt disponibles Motivationsmittel benötigt wird. Darüber darf man sich keinen Illusionen hingeben. Und eine solche Illusion wäre es, wenn der Richter seine Unschuld dadurch zu erhalten suchte, daß er physische Gewalt als etwas ansieht, das nur die Polizei angeht; oder als einen Vorfall, über den er nachträglich zu urteilen berufen wäre; wenn er sich mit anderen Worten in eine rein verbale Semantik zurückzöge und dabei übersähe, daß die physische Gewalt, die er auslöst oder blockiert, eine symbolisch-vermittelte Effektivität hat, die sich vom Recht nicht trennen läßt.
Soviel über Funktionen der Rechtsprechung für das gesamte politische System. Außerdem ist zu beachten, daß als »politisch« auch diejenigen Funktionen gesehen werden

müssen, die die Rechtsprechung für die im engeren Sinne politischen Prozesse der Parteienpolitik erfüllt. Auch sie werden durch Systemdifferenzierung vermittelt. Wo eine politsch neutralisierte Rechtspflege institutionalisiert ist, können im parteienpolitischen Bereich riskante, labilere Formen politischer Rationalität gewählt werden, mit denen die spezifisch politischen Funktionen unter der Bedingung hoher gesellschaftlicher Komplexität besser erfüllt werden können. Wir können, weil es diese Rechtsprechung gibt, eher akzeptieren, daß die Politik als Konkurrenzkampf um Posten strukturiert ist und daß die Politiker alle Sachprogramme ihren Positionsgewinnen unterordnen; daß sie geradezu archaische Sozialtypen, nämlich persönliche Beziehungen, verwenden, um ihre Herrschaftsapparate zu konsolidieren; daß sie unkontrollierbaren gesellschaftlichen Einflüssen und Rollenkombinationen ausgesetzt sind usw. Wir können, mit anderen Worten, eine gesellschaftlich abweichende, unmoralische Umgruppierung von Zwecken und Mitteln in der Politik hinnehmen, wenn die Politik dadurch ihre spezifische Funktion der Machtbildung und Vorsortierung von Entscheidungsgrundlagen effektiver erfüllen kann und ihre Einseitigkeit im Gesamtsystem von andersartigen Positionen aus korrigiert wird. Im modernen politischen System müssen selbst die Kriterien der Rationalität des Handelns noch differenziert werden.

Daß ein solches Auseinanderziehen von Kriterien und Funktionen vielerlei Probleme aufwirft, liegt auf der Hand. Josef Esser hat eine politische, rechtsdogmatisch unberatene Gesetzgebung einmal als »Fahrt ins Blaue« bezeichnet. Gewiß mit Recht. Aber umgekehrt muß man auch sehen, daß die Rechtsdogmatik gar nicht in der Lage ist, Probleme zu formulieren, die unter den heutigen Bedingungen von Politik politisch entscheidbar wären. Und das heißt: Die an sich gegebenen Chancen, Recht durch Entscheidung zu rationalisieren, können gar nicht genutzt werden, weil die dafür notwendige Problemartikulation fehlt. Hier kommen sehr schwierige Fragen auf den Tisch, Fragen einer für positives Recht geeigneten juristischen Begrifflichkeit, für die wir kaum Ansätze zu einer Beantwortung haben.

Statt hier weiter zu graben, möchte ich abschließend ein weiteres Thema wenigstens noch anschneiden. Man muß sich überlegen, wo eigentlich die realen Grundlagen einer so weit verselbständigten, gegen Politik abgeschirmten Rechtsprechung zu finden sind, wer ihre Leistungen und ihre Risiken trägt. Oder in anderer Formulierung: Wodurch wird der Rechtsstaat, wie wir ihn kennen, gesellschaftlich und politisch gehalten?

Die gleichsam klassische soziologische Antwort, die etwa Talcott Parsons ohne Zögern geben würde, verweist auf den Berufsstand, die Profession der Juristen als gesellschaftliche und politische Größe.

Professionen können sich bilden, wenn gesamtgesellschaftliche Funktionen (hier: die Betreuung des Rechts; in anderen Fällen: die Betreuung des Seelenheils, der Bildung, der Gesundheit, der Sicherheit gegen physischen Angriff) trotz umfassender Bedeutung im Interesse sachgemäßer Erledigung auf spezifische Rollen delegiert werden. Sie zeichnen sich aus durch ein Syndrom mehrerer Merkmale, vor allem

1. einheitliche Ausbildung und Sozialisierung in der Anerkennung bestimmter Werte und Bewußtsein dieser Gemeinsamkeit;
2. Übernahme und Bearbeitung hoher Risiken – Risiken des nicht eindämmbaren Streites, der Angst, des Verfehlens der Wahrheit, des Todes usw. – und deren Umformung in beruflich tragbare Verhaltenslasten – etwa in der Form der Vermeidung von Fehlern;

3. Besitz von nicht allgemein zugänglichen Ressourcen, insbesondere Wissen und Sozialprestige;
4. Umsetzung allgemeiner gesellschaftlicher Werte in ein berufsspezifisches Ethos, das sich als Wertpflege – und nicht als Interessenvertretung – stilisiert und
5. als Grundlage dient für beträchtliche Freiheiten in der Wahl von Problemlösungen, deren Ausübung nur von Kollegen, nicht von Außenstehenden beurteilt und kontrolliert werden kann.

Ohne Zweifel sind die Juristen eine der großen klassischen Professionen neben Ärzten, Priestern, Offizieren. Man muß sich jedoch fragen, wieweit dieses eigenartige Syndrom heute noch in der Lage ist, die Probleme abzufangen und zu lösen, die sich aus unserer Gesellschaftsstruktur ergeben. Mein Eindruck ist, daß das Recht zu komplex und die Berufssituation zu differenziert geworden sind, als daß der Einheit der Ausbildung und der professionellen Orientierung noch wesentliche praktische Bedeutung zukommen könnte. Die wirtschaftlichen Interessen der Juristen sind nicht mehr auf einheitliche Formeln zu bringen oder durch gemeinsame Lösungen zu befriedigen. Die professionelle Kontrolle, die Selbstkontrolle durch Seitenblick auf das, was Kollegen denken und sagen würden, nimmt ab, und die verfahrensmäßigen und organisatorischen Kontrollen nehmen zu. Die Juristen sind im Verhältnis zueinander durch die Organisationen, denen sie angehören, mediatisiert, während für Professionen gerade wichtig war, daß das kollegiale Verhältnis nicht durch vorgehende Organisationsloyalitäten gebrochen war. Die Justiz kann sich daher heute politisch kaum noch auf breiten professionellen Konsens stützen. Sie wird statt dessen gehalten durch die Komplexität und die funktionale Differenzierung des politischen Systems selbst und in diesem Rahmen: durch ihre Unersetzbarkeit. Kein anderes Teilsystem könnte ihre Funktion sich einfach angliedern. Auch die Form der politischen Neutralisierung, in der sie ihre Funktion erfüllt, könnte nicht aufgegeben werden, ohne daß alle Funktionsbereiche und ihr Verhältnis zueinander neu geordnet werden müßten.

In Systemen mit hoher Spezialisierung und hoher Interdependenz der Funktionen ergeben sich wie von selbst Widerstände gegen strukturelle Änderungen, weil deren Folgen nicht isoliert und nicht überblickt werden können. Gerade aus der Komplexität des Systems entwickelt sich ein neuartiger Konservatismus, der es gar nicht mehr nötig hat, sich auf Werte zu berufen, sondern selbst festsitzt. Die Funktionen werden erfüllt, und zur Abwehr von fallweise auftretenden Störungen genügt auf der einen Seite die kleine »Politik in der Pinkelpause«, auf der anderen die juristische Auslegung. Unter diesen Umständen ist weniger die Erhaltung als vielmehr die Reform ein Problem, oder genauer gesagt der Nachweis, daß neuartige Lösungen in der Gesamtheit ihrer Folgen besser und nicht schlechter sind. Die im System an sich angelegte Kontingenz, die Möglichkeit anderer Möglichkeiten, muß ins Praktikable übersetzt und zugleich rational kontrolliert werden. Einer Reform, die so vorgeht, die Funktionen vollständig beachtet und nur ändert, was sie ersetzen kann, könnte auch die Justiz sich guten Gewissens stellen.

Gesellschaftliche und politische Bedingungen des Rechtsstaates

I.

Politische Strukturen gehören zu den ältesten Rollendifferenzierungen der Sozialordnung. Sobald Gesellschaften über den Verband einer Großfamilie hinauswachsen und ein noch so lockeres Zusammenleben mehrerer Familien geordnet werden muß, entsteht ein Bedarf für kollektiv-verbindliche Entscheidungen, die nicht mehr allein auf Grund der Familienordnung getroffen werden können. Es müssen bereits in archaischen Kulturen besondere Rollen geschaffen werden, die zunächst gelegentlich, dann mehr und mehr kontinuierlich mit dieser Entscheidungstätigkeit befaßt sind. Das Bewußtsein der Entstehung einer politischen Handlungssphäre aus der Familie durch Überbau spiegelt die ältere Lehre der politischen Wissenschaft deutlich wider: Über der »oikonomia« wird eine »politeia« errichtet, die zahlreiche Familien zusammenfaßt, deren gemeinsame Angelegenheiten ordnet und daher auch »res publica« genannt wird. Erst durch eine solche »politeia« und in ihren Grenzen wird die Sozialordnung autark, bestandsfähig, und das heißt: Gesellschaft. Im traditionellen politischen Denken wird daher die »politeia« mit der Gesellschaft, die politische Wissenschaft mit der Gesellschaftswissenschaft gleichgesetzt. Bis in die Neuzeit hinein scheint diese einfache, vertikal gedachte begriffliche Differenzierung zur Darstellung der gesellschaftlichen Wirklichkeit auszureichen.

Seit dem späten Mittelalter entwickelt sich jedoch in Europa nach dem Vorbild früher bürokratischer Großreiche [1] * eine neue Form der sozialen Differenzierung, die den begrifflichen Bezugsrahmen der klassischen politischen Theorie sprengt. Die politische Funktion des kollektiv-verbindlichen Entscheidens gewinnt in bewußtem Unterschied zu religiösen, wirtschaftlichen und kulturell-erkenntnismäßigen Funktionen schärfere Konturen. Die auf diese Funktion bezogenen Erwartungen und Handlungen werden zu funktional-spezifischen Rollensystemen zusammengefaßt, die Informationen primär politisch orientiert verarbeiten, neben anderen Systemen, die in der Hauptsache, wenn nicht ausschließlich, mit religiösen, wirtschaftlichen, kulturellen Angelegenheiten, mit Forschung, Krankenpflege, Sachgüterproduktion usw. befaßt sind.

Spezifisch politische Systeme dieser Art bestehen aus einer Vielzahl von Rollen, die sich vornehmlich nach politischen oder politisch gesetzten Entscheidungsprämissen richten. Das sind nicht nur Parlamente, Regierungen und Verwaltungen, sondern auch Parteien, Interessenverbände und korrespondierende Staatsbürgerrollen (Wähler, Gesuchsteller, Versorgungsempfänger usw.) [2]. Funktional spezifizierte Teilsysteme der Gesellschaft gewinnen nun erhebliche Autonomie im eigenen Zweckhandeln. Wirtschaftliche, kulturelle, familiäre Fakten und Ereignisse haben als solche keinerlei politische Relevanz, sondern müssen erst in die Sondersprache der Politik übersetzt werden,

* Anmerkungen siehe S. 63–65.

bevor sie politisches Handeln auslösen können. Politische und wirtschaftliche Rationalität streifen zum Beispiel religiöse und ethische Bindungen zunehmend ab, und andererseits wird die Religion davon entlastet, politische und wirtschaftliche Katastrophen zu erklären und zu verantworten. Politik und Wirtschaft können mit Hilfe des Geldmechanismus und des Steuerwesens so weit getrennt werden, daß es nicht mehr unumgänglich und selbstverständlich ist, politische Entscheidungsrollen dem zu übertragen, der sie selbst finanzieren kann. Die Kenntnis politischer Rollen erlaubt dann keine sicheren Rückschlüsse auf Rollen in anderen, zum Beispiel wirtschaftlichen oder verwandtschaftlichen Zusammenhängen. Die Gesellschaft wird auf diese Weise nicht nur vertikal und hierarchisch durch eine Einheitsstruktur, sondern in erster Linie horizontal nach spezifischen Funktionen gegliedert durch eine Vielzahl von Teilsystemen, die eine autonome Zielrichtung erhalten, rollenmäßig voneinander getrennt werden, trotzdem aber mangels Autarkie intensiv voneinander abhängig bleiben. Mit zunehmender Komplexität der Gesellschaft wachsen in ihr Unabhängigkeiten und Abhängigkeiten, Independenzen und Interdependenzen, Trennfunktionen und Koordinationsbedarf zugleich.

Im überlieferten Sinndeutungs- und Erklärungszusammenhang der Religion konnte dieser Problemdruck nicht abgefangen werden. Die Inkongruenz der neuen Teilstrukturen warf Fragen auf, die von der dogmatisierten Religion nicht erfaßt und beantwortet werden konnten. Sie löste eine Welle religiöser Fanatisierung aus, die sich nicht in gesellschaftlich stabile Formen überführen ließ [3], sondern in den konfessionellen Bürgerkriegen des 16. Jahrhunderts endete. Damit schwenkte das Probleminteresse über auf jenen Handlungszusammenhang, der Frieden und Wohlstand zu garantieren schien: auf das politische Teilssytem der Gesellschaft, das in diesen Bürgerkriegen als neuartige, zweckmäßig und funktionsspezifisch rationalisierte Herrschaftsmaschine erstarkt war. Im politischen Denken und in der Rechtstheorie finden sich seit dieser Zeit deutliche Zeichen des Erkennens und Verarbeitens einer neuen Problematik. Selbst wo, und das ist zumeist der Fall, die alte Terminologie fortgeführt wird, geschieht das in Reaktion auf neuartige Sachlagen und daher in einem veränderten, dem mittelalterlichen Denken nicht mehr vergleichbaren Sinne.

Das politische Herrschaftssystem der Gesellschaft wird nun in der Autonomie seiner Zielsetzungen und in seiner Rollenstruktur durch das allgemeine Rollengeflecht der Gesellschaft nicht mehr unbemerkt mitgetragen. Weder Alter noch Reichtum noch Nähe zu den Göttern oder wissende Urteilsfähigkeit sind mit dem politischen Amt durch eine strukturelle Automatik verbunden. Religiöse, wirtschaftliche, kulturelle und politische Prominenzrollen fallen nicht mehr ohne weiteres zusammen, wenngleich die Figur des »absoluten« Monarchen die unter ihm sich entwickelnden Diskongruenzen eine Zeitlang noch verdeckte (und gerade darin eine wichtige Überleitungsfunktion erfüllte). Die Rationalkriterien und die Verhaltenserwartungen des einen Funktionszusammenhanges sind dem anderer Teilsysteme der Gesellschaft nicht mehr kongruent. Rollenkonflikte treten auf, die sich nicht mehr durch einen einheitlichen, allgemein anerkannten Katalog von Prioritäten lösen lassen. Gemeinsame Überzeugungen, Natur der Sache, Wahrheit, Tradition werden als Rechtfertigungsgrundlagen fragwürdig, die ihnen zugeordneten klassischen Argumentationsmittel verlieren ihre Kraft, und mit all dem wird die Legitimität der politischen Entscheidung in radikaler Weise begründungsbedürftig.

Auf diesen strukturellen Wandel antwortet das neuzeitliche Staats- und Rechtsdenken in vielfältiger Weise: durch Ausarbeitung der eigentümlich politischen Rationalität unter dem funktionalen Gesichtspunkt der Bestandserhaltung und Bestandsmehrung als Staatsräson; durch Auffassung der politischen Herrschaft als rational konstruierbare, zweckmäßige »Maschine«; durch Radikalisierung des Souveränitätsbegriffs; durch Umwandlung der Staatsvertragslehren aus traditionalen in funktionale Rechtfertigungen; durch Umdenken des Naturrechts in ein Vernunftrecht, das den Menschen nur noch durch die Natur seiner Vernunft bindet; durch Ersetzung der gesellschaftlichen und »natürlichen«, also externen, Bindung des politischen Systems durch eine funktional äquivalente interne Bindung mittels Gewaltenteilung; durch einen eindringlich beschwörenden Stil der Erziehung von Prinzen und Staatsdienern; durch (sehr bald scheiternde) Versuche, die teleologische Zweckbindung des Staates zu präzisieren; und schließlich im 19. Jahrhundert nach vollständigem Bruch mit der teleologischen Tradition des politischen Denkens durch die Umdeutung des Repräsentationsgedankens aus der Vorstellung einer gebundenen Vertretung sozialer Einheiten (Herrschaften, Körperschaften, Städte, Kirchen, Zünfte usw.) in die einer wahlfreien Darstellung individueller Interessen, durch die begriffliche Trennung von Staat und Gesellschaft und durch das Postulat des Rechtsstaates. Einheit und Zusammenhang dieser verschiedenen Bemühungen des Denkens werden sich kaum mit »geistesgeschichtlichen«, hermeneutisch-exegetischen Mitteln aufhellen lassen. Sie können auch nicht aus einer konsistenten, politischen oder rechtlichen Theorie hergeleitet werden. Sie ergeben sich erst aus der Einheit des vorausliegenden soziologischen Problems der sozialen Differenzierung nach Funktionen, insbesondere aus der Ausdifferenzierung eines spezifisch politischen Rollensystems aus der Gesellschaft. Denn dies ist das latente Grundproblem, das mit den verschiedenen Denkmitteln und Ordnungsansätzen gelöst werden soll.
Von diesem Bezugsproblem der funktionalen Gesellschaftsdifferenzierung her muß demnach auch das Postulat des Rechtsstaates interpretiert werden. Dabei wird zu prüfen sein, ob die juristische Dogmatik des Rechtsstaates und ihre Denkvoraussetzungen diesem soziologischen Problem gerecht werden können, ob sie es erfaßt haben, ob sie sich wenigstens angemessen darauf einspielen konnten, oder ob ihnen – ähnlich wie im Falle der Staatsräson, des Vernunftrechts oder der Trennung von Staat und Gesellschaft – eine soziologisch inadäquate, weil zu stark vereinfachte Problemsicht zugrunde liegt.

II.

Daß die deutsche Staatsrechtslehre ein ausgewogenes Verhältnis zur Politik gefunden und sich ein zureichendes Verständnis der allgemeinen gesellschaftlichen und der besonderen politischen Bedingungen eines Rechtsstaates erarbeitet hätte, wird niemand behaupten wollen [4]. Ihr schlechthin Politikfremdheit vorzuwerfen, würde ihren Leistungen jedoch kaum gerecht werden und könnte leicht zu einem bedenklichen Gegenzug, zur »Politisierung« der rechtsplanenden und rechtsanwendenden Staatsbürokratie führen. In Wahrheit ist die Beziehung des Rechtsstaatsgedankens zur Politik eine enge und überlegte – aber sie ist eindeutig negativ, mißtrauisch und ablehnend geblieben. Dazu hat nicht zuletzt der deutsche Staatsbegriff disponiert, der die wesentlichen Leistungen und Funktionen des politischen Handelns in ein institutionelles Ideal, in eine »geistige Wirklichkeit« transponiert und für das »schmutzige Geschäft« der alltäglichen Politik nur noch wenig Verständnismöglichkeiten übrigläßt. Dann wird die Politik nur noch als Gefahr für das Recht gesehen – man könnte fast sagen, als Gefahr für Staat und Recht. Das Recht wird ihr als Idee oder Wert entgegengesetzt, und der Sinn des Rechtsstaates erfüllt sich darin, den Menschen in seiner Freiheit, seinem »Eigenwert« und seinen angeborenen und erworbenen Rechten gegen das notwendige Übel der Politik, gegen die ihr immanente Gefahr eines Mißbrauchs der Macht in Schutz zu nehmen. Dabei werden heute rechtsfreie Handelnssphären der Regierung und Verwaltung, die dem 19. Jahrhundert noch selbstverständlich waren, zunehmend eingeschränkt und rechtlicher Kontrolle unterworfen [5], wenn nicht prinzipiell negiert. Damit entfällt die Vorstellung einer »Sphärentrennung«, die vortäuschte, daß ein Konflikt zwischen Recht und Politik nur gelegentlich und vom System her zufällig auftrete. Die potentielle Widersprüchlichkeit beider Orientierungen muß nun als durchgehendes, strukturell bedingtes Problem gesehen und verarbeitet werden.

Die Problemsicht der neueren Rechtsstaatsdogmatik hat nicht nur unter »wertethischen« Gesichtspunkten, sondern auch soziologisch ihr gutes Recht. Nichts wäre bedenklicher als ihre Einseitigkeit zu mildern, mehr und mehr Ausnahmen zuzugestehen, auf ihre Radikalität mit Abschwächungen zu reagieren. Sicher ist zwar, daß diese Darstellung des Rechtsstaates Sinn und Funktion des politischen Handelns nicht angemessen berücksichtigt und deshalb auch den wirklichen Grund des Rechtsstaates selbst nicht erfaßt. Ihr dogmatischer Horizont ist durch die Wertprämissen, die sie auslegt, begrenzt. Doch deswegen ist sie sachlich nicht unrichtig. Die Überlegungen des vorigen Abschnittes zum Problem der funktional-strukturellen Differenzierung der Gesellschaft ermöglichen es, dem Rechtsstaat, ohne ihn prinzipiell anzutasten, zu einem Verständnis seiner gesellschaftlichen und politischen Grundlagen zu verhelfen, das von Wertprämissen unabhängig ist.

An der zunehmenden funktional-strukturellen Differenzierung der neueren Gesellschaften sind vor allem zwei Konsequenzen wesentlich: Die ihnen innewohnenden strukturellen Spannungen zerbrechen die alten, latent wirksamen, zum Beispiel in Rollenidentitäten verankerten *impliziten* Bindungen der politischen Herrschaft. Diese Bindungen müssen daher durch *explizite* Schranken ersetzt werden. Das politische Teilsystem der Gesellschaft gewinnt in diesem Entwicklungsprozeß schärfere Konturen gegenüber Religion, Wirtschaft, Kultur, Familien- und Persönlichkeitsinteressen und damit eine stärkere Autonomie der Zweckbestimmung. Es ist nicht mehr durch Rollenzusammenhänge in die Gesellschaft eingebunden, sondern muß nun in sich selbst Differenzierungen und Trennfunktionen entwickeln, das heißt: *Außen*bindungen durch *Innen*bindungen ersetzen.

Beide Notwendigkeiten können erfüllt werden durch ein Handlungssystem, das in der Lage und von der Gesellschaft dafür ausgerüstet ist, sich selbst zu programmieren, das aber gleichwohl nicht in eine selbstbezügliche Isolierung gerät, sondern sich durch seine Entscheidungsprogramme mit seiner Umwelt verbindet. Hierfür gewinnen juristische Entscheidungsprogramme besondere Bedeutung, weil sie imstande sind, bestimmte Anlässe (»Tatbestände«) mit bestimmten Folgen fest zu verkoppeln. Im Unterschied von Zweckprogrammen, die nach Maßgabe bestimmter Wirkungen geeignete Mittel aussuchen, nehmen juristische Entscheidungsregeln jetzt die Form eines reinen Konditionalprogrammes an [6]: Wenn bestimmte Bedingungen erfüllt sind, muß oder kann in bestimmter Weise gehandelt werden. Durch diese Programmform wird dreierlei gewährleistet, nämlich 1. daß das Entscheidungsprogramm in dem System, das nach ihm entscheidet, planmäßig und folgenbewußt ausgearbeitet werden kann; 2. daß das entscheidende System sich durch die Form seiner Programme mit seiner Umwelt verbindet, indem es sein Entscheiden von im voraus bestimmten Umweltereignissen abhängig macht; und 3. daß das Entscheiden nicht nach partikularen, auf persönlichen Beziehungen zum Entscheidenden beruhenden Rücksichten erfolgt, sondern nach universellen Kriterien [7].

Die Stabilisierung eines sozialen Handlungssystems, das diese Erwartungen erfüllen kann, das umweltbezogene Entscheidungsprogramme (seien es Zweckprogramme, seien es Konditionalprogramme) ausarbeiten und sich dann ohne Rücksicht auf persönliche und partikulare Interessen der entscheidenden Personen nach diesen Programmen richten kann, ist, soziologisch gesehen, eine außerordentlich seltene, voraussetzungsvolle Leistung. Besonders die Erfahrungen der Entwicklungsländer haben unübersehbar deutlich gemacht, daß die Proklamation von Verfassungen und die Ausarbeitung von Gesetzen nach bewährten Vorbildern allein nicht genügt, daß es nicht allein auf die richtigen Prinzipien und rechtsstaatlichen Werte ankommt, ja daß nicht einmal eine langfristige Erziehung eines Beamtenkörpers zu rechtstreuer Gesinnung Erfolg verspricht, wenn nicht weitere gesellschaftliche Voraussetzungen erfüllt sind, die von der Art der Familienstruktur über die Formen der Preisfestlegung beim Kauf bis zu den typischen Verfahren der Interessenartikulation und -generalisierung in politischen Zusammenhängen reichen. Wo es an diesen Voraussetzungen fehlt, bleibt das juristische Regelwerk Symbol einer gewollten Modernität, Form und Fassade, während die Wirklichkeit des Handelns sich nach anderen, elementaren und vorwiegend partikularen Verhaltenserwartungen richtet [8].

III.

Das Erkennen der allgemeinen gesellschaftlichen Bedingungen des Rechtsstaates ist für die juristische Dogmatik auch deshalb schwierig, weil für ihren Rechtsstaatsbegriff die Sicherung der Rechtsbefolgung im Vordergrund steht. Wie Recht gemacht wird, bleibt dahingestellt, soweit nicht auch bei der Herstellung von Recht Recht zu beachten ist [9]. Diese Indifferenz gegenüber dem politischen Wunder der Rechtsentstehung sticht seltsam ab von der Eindringlichkeit, mit der die Beachtung des Rechts gefordert wird. So droht denn auch das Pathos der Rechtsstaatlichkeit rasch zu verebben, sobald die Frage nach der Positivität des Rechts gestellt wird. Entweder nimmt man eine naturrechtliche Begründung des Rechts an und weicht damit der beunruhigenden Grundlagenproblematik des Rechtsstaates aus; oder man reduziert das Rechtsstaatspostulat auf das organisatorische Phänomen des Instanzenzuges, in dem nachgeordnete Stellen die Entscheidungsprämissen zu beachten haben, die vorgeordnete Stellen erlassen. Im übrigen kann in der exegetischen, auf Klärung vorkonstituierten Sinnes gerichteten Perspektive des Juristen auch der Gegensatz von Naturrecht und positivem Recht in seiner Radikalität nicht angemessen erfaßt werden, weil es sich für den Juristen in beiden Fällen um schon geltendes Recht handelt. Der Unterschied wird also zu einem Unterschied der Wertigkeit, des Ranges in einer Hierarchie von Rechtsquellen und Rechtsmaterien, bagatellisiert. So kommt es zu dem verbreiteten Vorurteil, daß Naturrecht mehr wert sei als positives Recht.

Für die soziologische Betrachtungsweise ist dagegen das auffälligste Kennzeichen des Rechtsstaates gerade die Positivierung des Rechts, die Tatsache, daß die Rechtsgeltung in vollem Umfange von organisierten Entscheidungen abhängig gemacht und so grundsätzlich in die Verantwortung eines darauf spezialisierten Sozialsystems hineingenommen wird. Vermutlich ist es kein Zufall, daß im 19. Jahrhundert, in dem erstmals in der Weltgeschichte rein politische, nicht religiös fundierte Rollensysteme die volle Herrschaft über das Recht beanspruchen und faktisch antreten, zugleich der Gedanke des Rechtsstaates im Sinne eines Rechtsschutzstaates sich durchsetzt. Die sozialstrukturellen Voraussetzungen beider Wandlungen scheinen die gleichen zu sein. Man muß daher den entwicklungsgeschichtlichen Übergang von naturrechtlichen zu positiven Rechtsgestaltungen begreifen, wenn man nach den gesellschaftlichen und politischen Bedingungen des Rechtsstaates fragt. Man wird die Radikalität und die soziale Problematik dieses Wandels kaum erkennen, wenn man ihn lediglich auf Grund der mittelalterlichen Legeshierarchie als Wegfall aller »höheren« Formen des Rechts, also als Verfall deutet. Einer systemtheoretisch und evolutionär orientierten Soziologie wird dieser Vorgang eher als Fortschritt erscheinen, nämlich als Steigerung der Komplexität und Umweltsicherheit der Gesellschaft.

Alles Recht trifft eine Auswahl aus dem Bereich möglicher Handlungen, reduziert und verdichtet die Komplexität des in der sozialen Welt an sich Möglichen auf eine engere, weniger komplexe und dadurch dem menschlichen Handlungspotential angemessenere Ordnung [10]. Diese Reduktion ursprünglicher Komplexität kann von sozialen Systemen vorausgesetzt, das heißt einer Umwelt überlassen bleiben, sie kann auch im System selbst geleistet und ihm dann als Entscheidung zugerechnet werden [11]. Der erste Fall ist der des Naturrechts, der zweite der des positiven Rechts. Der Übergang von Naturrecht zu positivem Recht bedeutet demnach in bezug auf das politische System, das kollektiv-verbindliche Entscheidungen anfertigt, eine Problemverschiebung von außen nach innen, von extern vorgegebenen Entscheidungsprämissen zu intern erarbeiteten Entscheidungsprämissen, die mit der Umwelt nur noch »abgestimmt« werden müssen.

Naturrecht im ursprünglichen Sinne besagt nämlich aus sich selbst entstandenes Recht, das den Charakter von Seiendem hat, von sich her wahr ist und durch seine Wahrheit bindet. Im Rahmen dieses Rechtsverständnisses ist es undenkbar, daß das Recht durch Entscheidung geändert werden könnte, so daß von einem Tag auf den anderen Recht werden könnte, was vorher nicht Recht war. Ähnlich wie durch die gleichzeitige und analoge Auffassung der Sprache als Natur in dem Sinne, daß die Worte Wesensbestandteile des Seienden selbst und als solche wahrheitsfähig seien [12], wird auch hier eine Umweltauslegung auf relativ geringem Niveau der Komplexität und Veränderlichkeit stabilisiert. Die Kategorien Natur, Wahrheit, Seiendes besagen nämlich, daß die Ausscheidung anderer Möglichkeiten, die Reduktion der Komplexität auf bestimmte Formen, schon geschehen ist. Darin meldet sich immer ein Vorrang der Geschichte gegenüber der Zukunft – eben der Vorrang schon reduzierter Komplexität gegenüber noch offenen Möglichkeiten. Eine solche Auffassung kann nur »funktionieren« in Sozialordnungen, deren Lebensstil in hohem Maße traditional geordnet ist [13].

Positives Recht bedeutet demgegenüber selbstverantwortliche Reduktion der sozialen

Komplexität in der Gesellschaft, und zwar durch ihr politisches Teilsystem. Erzielt wird auf diese Weise eine beträchtliche Steigerung der Anzahl von Verhaltenserwartungen, die überhaupt rechtlich geordnet werden können [14], und vor allem eine kritische Beschleunigung der Anpassungsfähigkeit rechtlich geregelter Erwartungen. Durch Positivierung wird das Recht von der Prämisse befreit, daß alles, was gilt, ewig gelten müsse. Eine solche Verschmelzung von Sachdimension und Zeitdimension hatte nicht nur die Variabilität, sondern auch die sachliche Entfaltung des Rechts behindert, weil unter dieser Bedingung Verhaltenserwartungen nur dann rechtlich geregelt werden konnten, wenn man ihnen sinnvoll Geltung ein für allemal beilegen und außerdem nachweisen konnte, daß sie eigentlich schon immer gegolten hatten. Für die strukturierende Funktion des Rechts ist aber eine solche Ewigkeitsgeltung nicht erforderlich; ihr genügt, wenn jeweils feststeht, was in bestimmten Situationen als Recht gilt. Die Struktur muß zwar für die Entscheidungsprozesse, die sie programmiert, unantastbar sein, weil sonst deren Kapazität für Problemverarbeitung überfordert werden würde. Sie braucht aber nicht absolut unantastbar zu sein. Sie kann ihre Entlastungsfunktion durchaus auch dann erfüllen, wenn über sie selbst zu anderen Zeitpunkten durch andere Entscheidungsprozesse entschieden worden ist oder werden wird. Es kann nur nicht alles auf einmal Problem werden.

Erreichbar ist eine solche Steigerung der Leistung des Rechts freilich nur durch eine entsprechende Steigerung des gesellschaftlichen Risikos, das mit der Rechtsbildung übernommen wird. Es wachsen damit die Anforderungen an die strukturelle Komplexität der Gesamtgesellschaft. Einfache oder einheitlich-hierarchisch strukturierte Gesellschaften können ihr Recht nicht positivieren. In differenzierten Gesellschaften muß dagegen die überzeugende, drastische Symbolisierung der Rechtsgeltung durch Invarianz und durch Tradition, durch unzerstörbare Natur oder durch absolute Werte aufgegeben werden oder sie gerät, mit der sozialstrukturellen Entwicklung nicht Schritt haltend, in Ideologieverdacht. Wie aber kann sie funktional adäquat durch andere soziale Mechanismen abgelöst werden? Die plausible, gleichsam auf der Hand liegende Sicherheit einer immer-so-gewesenen Ordnung muß ersetzt werden durch sehr viel indirektere, abstraktere, unübersichtliche Lebensführungsgarantien, die durch Systemstrukturen vermittelt werden und mit einer funktionalen Differenzierung der Gesellschaft besser vereinbar sind. Wie lassen sich diese Garantien genauer charakterisieren? Mit diesen Fragen stoßen wir aus einer anderen Perspektive erneut auf das Problem der gesellschaftlichen und politischen Bedingungen des Rechtsstaates.

IV.

Es wird nach diesen Überlegungen, die zur Klärung der Fragestellung bestimmt waren, kaum verwundern, wenn unter dem Gesichtspunkt gesellschaftlicher Bedingungen des Rechtsstaates eine Fülle von Strukturen und Prozessen erörtert werden muß, an die der Jurist normalerweise kaum denkt, wenn er von Rechtsstaat spricht. Eine einigermaßen sachgerechte Erörterung dieser umfangreichen Problematik ist im Rahmen dieser Studie nicht möglich. Wir müssen uns auf einige summarische Hinweise beschränken.

1. Funktionale Spezifizierung und rechtliche Selbstprogrammierung des politischen Systems lassen sich nur erhalten, wenn andere Kommunikationssphären der Gesell-

schaft strukturell analog stabilisiert, also ebenfalls rollenmäßig ausgesondert, spezifiziert und relativ autonom organisiert werden. So hat sich die Religion zunehmend auf die Bearbeitung der Spannung von Dogma und Glauben, die Wissenschaft auf die Spannung von Erfahrung und Begriff konzentriert. Die Wirtschaft wird durch Geldmechanismus und Marktsystem mit einer eigenen Ordnung ausgestattet [15], die Familie als Kleinfamilie auf das Prinzip einer diffusen individuellen Zuneigung (Liebe) gegründet und von zahlreichen anderen Funktionen (z. B. Produktion, Altersversorgung, z. T. Erziehung) entlastet. Mit all dem wird, wie schon gesagt, Unabhängigkeit und Abhängigkeit dieser Gesellschaftssphären von der Politik zugleich gesteigert, weil die Komplexität der Handlungsmöglichkeiten insgesamt wächst. Eine solche Steigerung der Komplexität ist nur erreichbar, wenn ein Mindestmaß an struktureller Harmonie erfüllt ist, weil sonst in einzelnen Teilsystemen aus strukturellen Gründen Erwartungen gebildet werden, die in anderen Teilsystemen, ebenfalls aus strukturellen Gründen, nicht erfüllt werden können.

2. Eine derartige Differenzierung setzt Mechanismen der Rollentrennung voraus, die fest institutionalisiert sein und im großen und ganzen funktionieren müssen. Dafür seien einige Beispiele gegeben: Man soll und kann nicht ohne weiteres mit Geld politische Macht oder Liebe kaufen und umgekehrt. Durch Arbeitslosenunterstützung wird die Familie gegen die ärgsten Auswirkungen wirtschaftlicher Fluktuation abgeschirmt. Das Familieninteresse ist nicht (wie im alten China) ein Strafmilderungsgrund bei politischen Verbrechen, noch die Meinung des eigenen Vaters ein Argument in wissenschaftlichen Erörterungen, und es ist mindestens ungewöhnlich, wenn die Ehefrau sich selbst um die berufliche Karriere ihres Mannes kümmert, etwa beim Vorgesetzten wegen einer Beförderung vorspricht. Solche und zahlreiche andere Trennfunktionen schließen es aus, daß spezifische Verhaltenskriterien (z. B. politische) universelle Relevanz in der Gesellschaft gewinnen.
3. Trennungen und Systemautonomien müssen so eingerichtet sein, daß sie wechselseitige Abhängigkeiten und Einwirkungsmöglichkeiten nicht blockieren. In den Teilbereichen müssen daher genügend strukturelle Elastizitäten und Ermessensspielräume vorgesehen sein im Sinne von Freiheiten, sich beeinflussen zu lassen. Die Wirtschaft muß genügend entziehbares, also liquides Kapital besitzen, wenn ein politisches System ausgegliedert werden soll, und umgekehrt ist die Freiheit der politischen Wahl ein Beispiel dafür, daß es möglich ist, gesellschaftliche Einflüsse auf das politische System einwirken zu lassen, ohne dessen Macht über die Gesellschaft, also dessen Funktion, zu beeinträchtigen. Auch die Familie hat im Prinzip der Liebe eine so stark generalisierte Innenordnung, daß sie sich beträchtlichen Umweltänderungen anpassen und selbst politische und wirtschaftliche Katastrophen überdauern kann [16]. In diesem Sinne gibt es eine strukturelle Harmonie der Institutionalisierung von Macht, Geld und Liebe in neuzeitlich-zivilisierten Sozialordnungen.
4. Die Steigerung der gesellschaftlichen Komplexität und Differenziertheit auf ein Niveau, in dem ein Rechtsstaat möglich und sinnvoll wird, erfordert eine erhebliche Steigerung der Kommunikationsleistungen über das hinaus, was die Sprache von selbst bietet. Schon die Umgangssprache ist ein fast unverständliches Wunder: Sie ist »Weltansicht« *(Humboldt)*, muß also erhebliche Komplexität aufweisen und ermöglicht es doch, auf dieser Grundlage rasch und ziemlich präzise zu handeln. Sie

vollbringt jene Temposteigerung im selektiven Verhalten des Menschen zur Umwelt, die den Menschen erst zum Menschen macht. Ihre Leistung scheint jedoch im Prozeß der zivilisatorischen Entwicklung im wesentlichen konstant zu bleiben. Unter heutigen Bedingungen reicht sie zur Verteilung und Bearbeitung der anfallenden Informationsmengen nicht mehr aus. An Auswegen bieten sich an: die Konstruktion besonderer Fachsprachen als spezialisierte Problemlösungssprachen [17], die Organisation des Kommunikationsprozesses und neuerdings die Automation. Obwohl solche Mittel in der Ausbildung begriffen sind, liegt hier zur Zeit wohl der Engpaß rechtsstaatlicher Entwicklung. Das Recht kann heute nicht mehr angemessen und wirksam genug kommuniziert werden. Die Rechtsordnung zeigt daher, notgedrungen aber beunruhigend, gewisse Tendenzen, indifferent zu werden gegenüber der Tatsache, daß der einzelne das Recht nicht mehr kennen *kann*. Da sich juristische Fachsprache und Automation nur im Rahmen organisierter Arbeit an Rechtsproblemen einsetzen lassen, ist vorläufig nicht zu sehen, wie dieses Problem des unvermeidlichen Unwissens gelöst werden könnte. Es muß wahrscheinlich als Folgelast des zivilisierten Fortschritts von der einzelnen Persönlichkeit getragen, das heißt durch innerpsychische Mechanismen gelöst werden.

5. Dies ist nur ein Beispiel dafür, daß in erheblichem Umfange alle Sozialordnungen sozialstrukturell nicht gelöste Probleme auf individuelle Persönlichkeiten abwälzen müssen. Auch in dieser Hinsicht gibt es Erfordernisse differenzierter Gesellschaften, die zu indirekten Bedingungen des Rechtsstaates werden. Der »zivilisierte« Mensch muß zum Beispiel in weiten Bereichen seiner Lebensführung lernen, seine Affekte zu kontrollieren und die Befriedigung seiner Bedürfnisse zu vertagen. Er muß unpersönlich, das heißt zu Rollen und nicht zu Menschen hin, handeln können, eine taktische Agilität für konfliktsreiche Situationen ausbilden und hinreichend sensibel sein für die persönlichen und sozialen Verhaltensbedingungen seiner Partner in ähnlichen Lagen [18]. Gegenüber allen vorneuzeitlichen Gesellschaften erfordert das eine sehr weitgehende psychische Umrüstung der Persönlichkeiten, die dadurch möglich wird, daß die Gesellschaft durch ihr politisches und ihr wirtschaftliches System Frieden und materielle Versorgung garantieren kann und daher vom kurzfristigen Druck elementarer Bedürfnisse entlastet.

6. All die genannten (und viele andere) Institutionen und Mechanismen wirken zugleich als Faktoren im Prozeß der Legitimierung staatlicher Entscheidungen. Legitim ist eine verbindliche Entscheidung des politischen Systems, deren kritiklose Anerkennung institutionalisiert ist, das heißt sozial erwartet und nicht persönlich zugerechnet wird. Dies ist keineswegs, wie die Politikwissenschaft auch heute noch annimmt, allein Sache des »Glaubens« an die Prinzipien und Werte, die der Entscheidung zugrunde liegen, sondern vornehmlich eine Frage der sozialen Verhaltenserwartungen in Situationen, in denen solche Entscheidungen ergehen. Wo von Miterlebenden Widerstand, Ausweichen oder Hintergehen erwartet wird oder wo die Hinnahme als frei gewählte Einstellung dem Einzelnen zugerechnet wird, sich also nicht von selbst versteht, kann man nicht von Legitimität sprechen, weil nicht die Geltung der Entscheidung, sondern der freie Wille die Beziehung trägt [19]. Die latent wirkenden sozialen Prozesse der Legitimierung werden in dem Maße problematisch, als das Recht aus Naturrecht in positives Recht umgebildet wird und dann nicht mehr durch Wertglauben gestützt werden kann. Wenn dies geschieht, muß im politischen

System selbst für Legitimität gesorgt werden, und zwar durch bewußte, organisierte Prozesse der Informationsverarbeitung. Legitimitätsbeschaffung und Legitimitätsverwendung, »Politik« und »Verwaltung« müssen dann im politischen System getrennt werden und unter verschiedenen Kriterien der Rationalität operieren. Mit einer solchen Innendifferenzierung entspricht das politische System den Strukturbedingungen einer differenzierten Gesellschaft, so wie umgekehrt die Schwierigkeit, Politik und Verwaltung zu trennen, in Entwicklungsländern sich als ein ernstes Hindernis auf dem Wege zu stärkerer funktionaler Differenzierung der Gesellschaft erweist [20].

V.

In der Trennung von Politik und Verwaltung finden wir die spezifisch politischen Bedingungen des Rechtsstaates, das heißt die interne Ordnung eines politischen Systems, die eine Positivierung des Rechts, eine weitgehend juristische Programmierung des Staatshandelns und eine verläßliche Durchführung dieser Programme ermöglicht. Den Begriff der Verwaltung brauchen wir hier im weitesten Sinne einer bürokratischen Organisation, die bindende Entscheidungen anfertigt [21]. Soll die Verwaltung auf Programmierung und Programmausführung spezialisiert werden, muß sie unter klar formulierten Bedingungen der Legitimität arbeiten, also die komplizierten sozialen Prozesse des Auffindens und Erprobens tragfähiger Handlungsgrundlagen in verdichteter Form voraussetzen können, vor allem in Form einer Verfassung und in Form von laufenden Informationen darüber, welche Programme jeweils politisch möglich sind. Sie muß Legitimität in Anspruch nehmen können, ohne sie selbst erarbeiten zu müssen, muß also von den im engeren Sinne politischen Funktionen weitgehend entlastet werden. Ohne diese Entlastung ist ein programmorientiertes Handeln nicht möglich, und wo programmiertes Handeln nicht möglich ist, verliert auch die Programmierung ihren Sinn.

Diese Überlegungen gelten für Programmierungen jeder Art, für Zweckprogramme ebenso wie juristische Konditionalprogramme und für politische Strukturen jeder Art, für Einparteiensysteme ebenso wie für Mehrparteiensysteme, sofern sie nur funktionsfähig sind. Wenn man genauer nach den politischen Bedingungen des Rechtsstaates fragt und unter Rechtsstaat einen Primat strikt konditionaler Programmierungsformen versteht, bietet sich eine engere Hypothese an. Man kann vermuten, daß politische Systeme, die den Nachdruck auf Zweckprogramme legen, zum Beispiel eine forcierte »Entwicklung« ihrer Gesellschaft betreiben, dazu tendieren, Einparteiensysteme anzunehmen. Denn die geringe logische Konsistenz des Zweck/Mittel-Schemas – es gibt keinen Schluß vom Zweck auf das Mittel – macht eine zentrale Planung und Kontrolle schwierig [22]. Es liegt dann nahe, die Schwächen dieser Programmierung durch eine permanent neben die Verwaltung gesetzte, politisch denkende Parteibürokratie zu kompensieren, welche die Konkretisierung der Globalzwecke auf allen Ebenen überwachen und nach politischen Gesichtspunkten korrigieren kann. In einer rechtsstaatlichen Verwaltung würden, soweit die konditionale Programmierung reicht, einer solchen Parteibürokratie die Einwirkungsmöglichkeiten auf unteren Ebenen fehlen bzw. unter der Bedingung der Illegalität ein Schattendasein führen. In diesem Falle bietet es sich an, den Einfluß der politischen Prozesse auf die Verwaltung nach Möglichkeit in wenigen Rollen für Rechtsetzung, Budgetbewilligung, Außenpolitik usw. zu zentralisieren. Damit läßt sich eine schärfere Trennung von Politik und Verwaltung, also eine ausgeprägtere interne Differenzierung des politischen Systems erreichen. Die Politik kann dann als Konkurrenzkampf mehrerer Parteien organisiert werden und entfaltet so ganz eigene Relevanzgründe und Rationalisierungskriterien. Die Fähigkeit, die politische Funktion zu erfüllen, Interessen zu artikulieren und zu generalisieren, Machtpositionen und Konsenschancen aufzubauen, Führungstalente zu entdecken und in Rollen zu bringen, wird dann unmittelbar und drastisch im Wahlkampf sanktioniert. Es scheint mithin, daß der Rechtsstaat einem Mehrparteiensystem in besonderer Weise strukturell adäquat ist. Er muß sich daher auch mit der schärferen Profilierung des rein politischen Handelns als Parteipolitik in diesem System vertragen lernen. Die Abwehr parteipolitischer Eingriffe in die Programmausführung hat ihren guten Sinn; sie darf sich jedoch nicht zu einem antipolitischen Affekt verdichten. Parteipolitik operiert unter sehr spezifischen Kriterien der Rationalität. Sie besitzt keine Verbindlichkeit für die Gesellschaft, keine Legitimität. Aber gerade damit entspricht sie am besten ihrer Funktion. Prozesse, die Legitimität *schaffen* sollen, können nicht legitim *sein.* Was man leisten will, darf man nicht voraussetzen. Die wirklichen Grundlagen des Rechtsstaates lassen sich nicht mit hermeneutischen Methoden der Sinnklärung oder durch Auswertung von Werten aufdecken. Sie müssen in harter politischer Arbeit jeden Tag erneut geleistet werden in einem System von Handlungen, das nur mit sozialwissenschaftlichen Methoden erforscht und in seiner Funktion begriffen werden kann.

Anmerkungen

1 Zu diesen frühen Bürokratien und ihren strukturellen Problemen vgl. *Shmuel N. Eisenstadt,* The Political Systems of Empires, New York–London 1963. Wie *Eisenstadt* zeigt, ist es im neuzeitlichen Europa zum erstenmal gelungen, die gesellschaftlichen Bedingungen für eine dauerhafte »Ausdifferenzierung« politischer Systeme aus der allgemeinen Rollenstruktur zu schaffen.

2 Dieser breitere Begriff des »political system« scheint sich heute in der amerikanischen politischen Wissenschaft gegenüber dem engeren des »government« durchzusetzen. Er ist seinerseits enger als der deutsche Staatsbegriff, der zumeist einen Verband konkreter Menschen (und nicht nur spezifische Rollen) bezeichnet. Zum Begriff des political system vgl. statt anderer *David Easton,* A Framework for Political Analysis, Englewood Cliffs, N. J., 1965, und ders., A Systems Analysis of Political Life, New York–London–Sydney 1965.

3 Vgl. hierzu *Otthein Rammstedt,* Sekte und soziale Bewegung: Soziologische Analyse der Täufer in Münster (1534/35), Köln–Opladen 1966.

4 Eine gut abgewogene Darstellung der deutschen (im Unterschied zur angelsächsischen, französischen und schweizerischen) Rechtsstaatstradition, die besonders ihr Verhältnis zum Bereich der Politik berücksichtigt, gibt *Ulrich Scheuner,* Begriff und Entwicklung des Rechtsstaates, in: *Hans Dombois/Erwin Wilkens,* Macht und Recht: Beiträge zur lutherischen Staatslehre der Gegenwart, Berlin 1956, S. 76–88, und ders., Die neuere Entwicklung des Rechtsstaates in Deutschland, in: Hundert Jahre deutsches Rechtsleben, Festschrift Deutscher Juristentag, Karlsruhe 1960, Bd. II, S. 229–262.

5 Ein typisches Beispiel: *Walter Leisner,* Öffentlichkeitsarbeit der Regierung im Rechtsstaat. Dargestellt am Beispiel des Presse- und Informationsamtes der Bundesregierung, Berlin 1966.

6 Zu diesem Unterschied von Zweckprogrammen und Konditionalprogrammen vgl. auch *Niklas Luhmann,* Lob der Routine, in diesem Band S. 113 ff.; ders., Recht und Automation in

der öffentlichen Verwaltung: Eine verwaltungswissenschaftliche Untersuchung, Berlin 1966, S. 35 ff.
Ähnlich *Herbert Hax,* Die Koordination von Entscheidungen: Ein Beitrag zur betriebswirtschaftlichen Organisationslehre, Köln–Berlin–Bonn–München 1965, S. 73 ff.

7 Die Dichotomie von partikularer und universeller Orientierung geht auf *Parsons's* Theorie der Orientierungsrichtungen des Handelns (pattern variables) zurück. Vgl. *Talcott Parsons,* The Social System, Glencoe, Ill., 1951, S. 58 ff.; *Talcott Parsons/Edward A. Shils* (Hrsg.), Toward a General Theory of Action, Cambridge, Mass., 1951, insbes. S. 76 ff.;*Talcott Parsons,* Pattern Variables Revisited, American Sociological Review 25 (1960), S. 467–483. Sie hat in der neuen Theorie der zivilisatorischen Entwicklung große Bedeutung gewonnen. Siehe z. B. *Francis X. Sutton,* Social Theory and Comparative Politics, in: *Harry Eckstein/David E. Apter* (Hrsg.), Comparative Politics, New York–London 1963, S. 67–81; *Bert F. Hoselitz,* Sociological Aspects of Economic Growth, Glencoe, Ill., 1960, S. 23 ff.; *Marion J. Levy,* Modernization and the Structure of Societies: A Setting for International Affairs, 2 Bde., Princeton, N. J., 1966, z. B. S. 52 ff., 61 ff., 140 ff. u. ö. Zur Interpretation des Rechtsprinzips der Gleichheit als universalistische Entscheidungsmaxime vgl. auch *Niklas Luhmann,* Grundrechte als Institution: Ein Beitrag zur politischen Soziologie, Berlin 1965, S. 162 ff.

8 Siehe den für diesen Sachverhalt geprägten Begriff des »formalism« bei *Fred Riggs,* Administration in Developing Countries: The Theory of Prismatic Society, Boston 1964, S. 15 ff. und passim.

9 Bemerkenswert ist in diesem Zusammenhang auch die Zählebigkeit des Begriffs der *Rechtsquellen,* der eine Identität von Entstehungsvorgang und Geltungsgrund suggeriert. Der Jurist kann sich auf diese Weise die soziale und politische Problematik der Rechtsbildung verdekken und sich darauf beschränken, zu prüfen, ob im Einzelfall bestimmte Voraussetzungen der Rechtsgeltung erfüllt sind oder nicht.

10 Siehe als eine allgemeine Theorie der Normativität in diesem Sinne *Herbert A. Simon,* The Logic of Rational Decison, The British Journal for the Philosophy of Science 16 (1965), S. 169–186 (173 f.).

11 Vgl. auch die Unterscheidung von »environmental variables« und »command variables« bei *Simon,* a.a.O., bzw. die ähnliche Unterscheidung von Erwartungsvariablen und Instrumentalvariablen in der deutschen Betriebswirtschaftslehre (z. B. *Johannes Bidlingmaier,* Unternehmerziele und Unternehmerstrategien, Wiesbaden 1964, S. 131 f.).

12 Vgl. vor allem Platons Cratylos, und natürlich die Realismus/Nominalismus-Diskussion des Mittelalters.

13 Umgekehrt gesehen hat, wie *Eisenstadt* a.a.O. zeigt, das Vorherrschen traditioneller Lebensauffassung in allen frühbürokratischen Großreichen zu einem strukturell angelegten Konflikt geführt, an dem die politischen Systeme dieser Reiche schließlich zugrunde gegangen sind. Sie waren nicht in der Lage, das Recht zu positivieren.

14 Zu den wichtigsten Strukturmerkmalen sozialer Systeme gehört die Relation von normierten, zu frei erwarteten oder gar nicht erwarteten Verhaltensweisen. Siehe auch die Variable »scope of norms« bei *Jay M. Jackson,* Structural Characteristics of Norms, in: The Dynamics of Instructional Groups, The 59th Yearbook of the National Society for the Study of Education, Chicago 1960, S. 136–163 (149 ff.), einem der wenigen Beispiele für eine systemstrukturelle Normtheorie.

15 Hierzu interessant: *Karl Polanyi/Conrad M. Arensberg/Harry W. Pearson,* Trade and Market in the Early Empires, Glencoe, Ill., 1957.

16 Vgl. hierzu etwa die empirischen Ergebnisse bei *Hilde Thurnwald,* Gegenwartsprobleme Berliner Familien, Berlin 1948, und bei *Helmut Schelsky,* Wandlungen der deutschen Familie in der Gegenwart, Dortmund 1953.

17 Siehe zur Unterscheidung unspezialisierter und spezialiserter Sprachen auch *Maynard W. Shelly/Glenn L. Bryan,* Judgments and the Language of Decisions, in: Dies. (Hrsg.), Human Judgments and Optimality, New York–London–Sydney 1964, S. 3–36 (11 ff.).

18 Zu all dem wertvoll: *Norbert Elias,* Über den Prozeß der Zivilisation, 2 Bde., Basel 1939.

19 Aus diesem Grunde war die Schließung ihrer Grenzen für die »Deutsche Demokratische Republik« ein wesentlicher Schritt auf dem Wege der Staatsbildung. Solange jeder, der auf ihrem Territorium blieb, freiwillig und auf Widerruf blieb, war es schwierig, dort Legitimität

zu institutionalisieren. Die Erscheinung der Konsolidierung eines Staatsbewußtseins auch bei Gegnern der Prinzipien des Regimes seit dem 13. August 1961 zeigt deutlich, daß nicht nur Wertglaube und Indoktrination, sondern auch Entzug von Alternativen ein soziologisch wirksamer Weg der Legitimierung ist. Mit der klassischen Dichotomie von Zwang und freiwilliger Anerkennung kann man dieses Phänomen nicht begreifen, weil das Wesen des Vorgangs gerade in der Fraglosigkeit einer persönlich nicht zurechenbaren und insofern »entlasteten« Anerkennung liegt.

20 Manche Beobachtungen hierzu in: *Josef LaPalombara* (Hrsg.), Bureaucracy and Political Development, Princeton, N. J., 1963. Vgl. auch *Shmuel N. Eisenstadt*, Bureaucracy, Bureaucratization, and Debureaucratization, Administrative Science Quarterly 4 (1959), S. 302–320; *H. H. Hanson*, The Administration of Planning, The Indian Journal of Public Administration 9 (1963), S. 149–161.

21 Hierzu näher: *Niklas Luhmann*, Theorie der Verwaltungswissenschaft: Bestandsaufnahme und Entwurf, Köln–Berlin 1966, S. 63 ff.

22 Jedenfalls beim augenblicklichen Stand der Wirtschaftswissenschaften. Auch hier sind jedoch vielversprechende mathematische Planungsmethoden im Entstehen, die sich gerade mit diesen Schwächen des Zweck/Mittel-Schemas befassen. Für den Bereich des Einzelunternehmens siehe etwa *Yuji Ijiri*, Management Goals and Accounting for Control, Amsterdam 1965.

Politische Planung

I.

Die Begriffe des Themas »Politische Planung« [1] * geben noch keinen genauen Hinweis auf die Art seiner Behandlung. Der Planungsbegriff scheint eher dem Bereich der Verwaltung als dem der Politik im engeren Sinne anzugehören. Doch ist Verwaltung nicht aus sich selbst heraus bestandsfähig. Je grundsätzlicher über Planung nachgedacht wird, desto unvermeidlicher stößt man auf die Frage ihrer politischen Prämissen. Für eine Theorie politischer Planung dürfte daher eine Klärung des Verhältnisses von Politik und Verwaltung unabdingbare Voraussetzung sein.

Von Verwaltung kann man sprechen überall dort, wo sich Handlungssysteme bilden, die darauf spezialisiert sind, nach Maßgabe von Plänen und Programmen bindende Entscheidungen herzustellen [2]. Entscheidungen sind bindend, wenn sie in der gesellschaftlichen Umwelt des Verwaltungssystems im großen und ganzen als verbindlich akzeptiert werden. Die Bereitschaft, Entscheidungen der Verwaltung zu akzeptieren, kann sehr verschiedene Gründe haben. Den Komplex sozialer Prozesse, die speziell dazu dienen, solche Bereitschaft zu gewährleisten und eine mehr oder weniger fraglose Anerkennung der Entscheidungen sicherzustellen, nennen wir Politik. Politik und Verwaltung lassen sich in diesem Sinne analytisch als Funktionen unterscheiden. Zusammengenommen machen diese beiden Funktionen die besondere Orientierung derjenigen Handlungssphäre aus, die man neuerdings als »politisches System« bezeichnet [3].

Darüber hinaus kann man feststellen, daß in größeren politischen Systemen dieser funktionalen und analytischen Unterscheidung von Politik und Verwaltung eine strukturelle und konkrete Rollendifferenzierung entspricht oder nahekommt. Das heißt: Man findet in komplexen politischen Systemen Teilsysteme, Rollen- bzw. Rollenzusammenhänge, die primär politisch orientiert sind, und andere, die primär verwaltungsmäßig an der Herstellung von Entscheidungen arbeiten. Durch diese strukturelle Differenzierung bilden sich – je schärfer sie artikuliert wird, desto ausgeprägter – im politischen System zwei unterschiedliche Kommunikationssphären mit je verschiedenen Organisationen und Verhaltensstilen, Sprachen, Relevanzgesichtspunkten und Rationalitätskriterien aus. Beide Teilsysteme operieren unter inkongruenten, aber komplementären Gesichtspunkten. Mit der funktionalen Spezifizierung entstehen also im politischen System strukturelle Diskrepanzen. Das ist ein Sonderfall einer ganz allgemeinen Erscheinung, nämlich daß es schwierig ist und besondere Folgeprobleme aufgibt, wenn man versucht, soziale Systeme nach spezifischen Funktionen zu strukturieren.

Die folgenden Überlegungen befassen sich mit einigen Problemen, die aus diesen Diskrepanzen zwischen Politik und Verwaltung erwachsen. Den Anlaß dazu gibt die Frage nach Sinn und Grenzen, Bedingungen und Implikationen der Planung im poli-

* Anmerkungen siehe S. 83–89.

 Oberndorfer, DÖV 72, 529, Bull, JZ 74, 160, König, DVBl 75, 225

tischen System. Das Thema Planung ist in der Tat ein Grund, die Frage nach dem Verhältnis von Politik und Verwaltung neu zu stellen. Um diesen Zusammenhang erkennen zu können, müssen wir zunächst das Phänomen der Planung auf einen Begriff bringen und uns sodann kritisch mit den herkömmlichen Vorstellungen über das Verhältnis von Politik und Verwaltung und über Rationalität des Verwaltungshandelns befassen. Erst danach ist das eigentliche Thema dieses Versuchs, die Rationalität der Verwaltungsplanung und ihre politischen Bedingungen, behandlungsreif.

II.

Wollte man jedes Vorausdenken und jedes Vorbereiten, jede Überlegung künftigen Handelns als Planung bezeichnen, würde der Begriff keine prägnanten Konturen gewinnen können. Planung wäre dann, in mehr oder weniger großem Ausmaß, notwendige Begleiterscheinung menschlichen Verhaltens schlechthin. Ist der Begriff einmal auf eine so abschüssige Gleitbahn gestellt, hilft es wenig, einschränkende sekundäre Merkmale anzufügen, etwa auf Bewußtsein, Explikation aller relevanten Faktoren, Verwendung des Zweck/Mittel-Schemas, wissenschaftliche Objektivität oder ähnliches abzustellen. Eine scharfe Abgrenzung der Planung zum täglichen Verhalten läßt sich auf diese Weise nicht erreichen. Und es scheint, daß ein solcher Begriff das Neuartige des Phänomens nicht recht erfaßt, das wir eigentlich meinen, wenn wir von Planung sprechen.

Diesen Bedenken kann man entgehen durch eine abstraktere Betrachtungsweise, die auf die Zweistufigkeit eines planmäßigen Entscheidungsvorganges abstellt. Planen tut noch nicht, wer sich sein künftiges Verhalten überlegt, und sei es noch so lange, noch so sorgfältig, noch so gründlich. Sondern Planen ist Festlegung von *Entscheidungsprämissen* für künftige Entscheidungen [4], oder kürzer formuliert: Planen heißt über Entscheidungen entscheiden.

So definiert, ist Planung ein Anwendungsfall einer sehr viel allgemeineren Prozeßstruktur, die ich an anderem Ort unter der Bezeichnung »reflexive Mechanismen« ausführlicher behandelt habe [5]. Ähnlich wie in anderen Fällen (z. B. beim Lernen des Lernens, bei der Normierung der Normsetzung, bei der Anwendung von Macht auf Machthaber, beim Eintausch von Tauschmöglichkeiten durch Annahme von Geld oder bei der Forschung über Forschung) wird auch beim Entscheiden über Entscheidungen ein Prozeß seiner Art nach auf sich selbst angewandt und dadurch im Effekt verstärkt.

Wesentliches Strukturmerkmal reflexiver Prozesse und damit auch der Planung ist, daß der Prozeß in vollgültigem Sinne zweimal zum Zuge kommt und nicht auf einen Schritt verkürzt wird. Das Lernen des Lernens verspricht nur dann eine Leistungssteigerung, wenn dabei nicht schon alles später zu Lernende mitgelernt werden muß. Die Übermächtigung von Machthabern muß so erfolgen, daß deren Macht nicht zerstört oder übernommen werden muß, sondern einsatzfähig bleibt und auf einen Nachfolger übergeleitet werden kann. Und beim Entscheiden über Entscheidungen, also beim Planen, ist es wesentlich, daß zwar einerseits schon bindende Planentscheidungen getroffen werden, daß diese Entscheidungen aber nicht das spätere Entscheiden erübrigen oder inhaltlich vollständig determinieren, sondern mehr oder weniger offenlassen, so daß nochmals entschieden werden muß. Eine Planung beschränkt sich, mit anderen

Worten, auf die Festlegung von Entscheidungsprämissen für spätere Entscheidungen. Sie strukturiert spätere Entscheidungssituationen mehr oder weniger stark, nimmt aber die konkreten Entscheidungen über die Handlungen nicht vorweg.

Nur unter dieser Voraussetzung eines gebremsten Einsatzes und einer bewußten Vertagung vollständiger Vergewisserung und Sinnerfüllung können reflexive Mechanismen operieren. Diese Bedingung stellt hohe Verhaltensanforderungen, die, wie leicht zu sehen, nur unter sehr besonderen sozialstrukturellen Vorbedingungen erfüllt werden können. Diese umfassende Frage nach den gesellschaftlichen Bedingungen reflexiver Mechanismen im allgemeinen und der Verwaltungsplanung im besonderen kann hier nicht adäquat behandelt werden, zumal die soziologischen Vorarbeiten dafür keineswegs ausreichen [6]. Wir müssen daher die Thematik zurückschneiden auf die engere Frage nach den spezifisch politischen Bedingungen reflexiver Entscheidungsprozesse in der Verwaltung.

Zuvor ist indes noch eine weitere Präzisierung des Planbegriffs erforderlich, denn keineswegs jede Feststellung von Entscheidungsprämissen wird als Planung bezeichnet – z. B. nicht das Einüben einer Gesinnung, das Lernen wissenschaftlicher Entscheidungsregeln und auch nicht die Organisation von Stellen, Kompetenzen und Kommunikationswegen. Von Planung spricht man nur, wenn es sich um die *Definition eines Entscheidungsproblems und um die Festlegung der Bedingungen seiner Lösung* handelt [7]. Durch Planung kann mithin stets nur ein Ausschnitt der relevanten Entscheidungsprämissen zustande kommen. Wir werden noch sehen, daß dieser Umstand für eine Theorie der politischen Planung erhebliche Bedeutung besitzt.

III.

Üblicherweise arbeitet man mit etwas unklaren, aber doch einigermaßen deutlich umrissenen, auf geläufige Worte gebrachten Vorstellungen über das Verhältnis von Politik und Verwaltung. Wenn man von allem Beiwerk abstrahiert, bleiben zwei ehrwürdige, gegen alle Kritik anscheinend immune Grundunterscheidungen zurück, die zur Bestimmung der Verhältnisse herangezogen werden: die Unterscheidung von oben und unten und die Unterscheidung von Zweck und Mittel. Die politische Sphäre des Ermittelns und Prüfens tragfähiger Entscheidungsprogramme gilt als der verwaltungsmäßigen Ausführung übergeordnet. Die Politik agiert oben, die Verwaltung wird unten vollzogen. Zum anderen sagt man immer wieder: Die Politik setze die Zwecke fest, die Verwaltung suche die geeigneten Mittel zur Verwirklichung dieser Zwecke und wende sie an. Beide Unterscheidungen haben eine gewisse strukturelle Ähnlichkeit: Sie liegen parallel durch ihre Zweigliedrigkeit, die sich kettenförmig wiederholen läßt, durch ihre geringe Komplexität (also Übersichtlichkeit) und durch ihre Asymmetrie. In beiden Fällen werden empirische Prozesse vorausgesetzt, die die beiden Glieder der Beziehung verbinden: Die Hierarchie wird als Befehlsbeziehung verstanden, das Zweck/Mittel-Schema als Kausalprozeß. So drängt es sich auf, beide Unterscheidungen aufeinander zu projizieren und sie aneinander zu begründen [8]. Die Politik erhält den Platz oben, weil sie Zwecke setzt, die den Mitteln vorgeordnet sind, und umgekehrt müssen die Entscheidungen über Zwecke dorthin gelegt werden, wo oben ist, nämlich in die politischen Befehlszentren.

 König, DVBl 75, 225 (Verwaltg, pol. Subsystem)

Beide Modelle, das Befehlsmodell der Hierarchie und das Kausalmodell des Zweck/Mittel-Schemas, sind in den letzten Jahren in der Soziologie bzw. in den Wirtschaftswissenschaften Zielscheibe scharfer Kritik gewesen [9]. Ihre Unzulänglichkeit hat das amerikanische Lehrfach "Public Administration", das auf eine klare Abgrenzung von Verwaltung und Politik angewiesen ist, theoretisch ruiniert [10]. Und doch ist ihre Verbindung so stark und so einleuchtend geblieben, daß sie sich immer wieder aufdrängt, sofern man diesem Thema nicht konzentrierte Aufmerksamkeit zuwendet.

Die Schwäche scheint nicht allein in der oft bemerkten Umkehrbarkeit der Beziehungen zu liegen. Daß man Zwecke nicht ohne Rücksicht auf Mittel festlegen kann, ja sie oft von den Mitteln her auswählt, ist ebenso bekannt wie die Tatsache, daß Untergebene über recht wirksame Methoden verfügen, ihre Vorgesetzten zu unterwachen, wenn nicht gar zu lenken. Eine Kritik, die dieses Argument verwendet, richtet sich gegen die Asymmetrie unserer Modelle. Man kann deren Asymmetrie jedoch nicht für sich allein beanstanden, ohne eine sehr viel grundsätzlichere Problematik ins Rollen zu bringen.

Asymmetrie bedeutet nämlich in beiden Fällen: einseitige Variabilität unter dem konstant bleibenden Leitgesichtspunkt der anderen Seite: Zwecke bleiben konstant, nur die Mittel werden ausgewählt und geändert nach Maßgabe der Zwecke. Die Alternativen des Untergebenen sind für den Vorgesetzten verfügbar, nicht aber umgekehrt. In dieser Form der Asymmetrie liegt eine wesentliche Situationsvereinfachung, eine charakteristische Technik der Reduktion von Komplexität, das heißt der Ausschließung unendlicher anderer Möglichkeiten. Hätte man A mit Rücksicht auf B zu variieren, zugleich aber auch B mit Rücksicht auf A, wäre das System prinzipiell für alle anderen Möglichkeiten offen und bliebe unendlich komplex. Ein Entscheidungsprozeß wäre unter diesen Bedingungen rational unabschließbar, und die Anpassung eines so organisierten Systems an seine Umwelt bliebe dem Zufall überlassen. Asymmetrische Modelle gewährleisten demgegenüber die Möglichkeit, in begrenzter Zeit zu Ergebnissen zu kommen, die das System unter gegebenen Bedingungen selbst auswählt. Sie ermöglichen einen oft überlebenswichtigen Gewinn an Zeit und Autonomie [11].

Mit diesen Überlegungen gelangen wir an einen bisher noch wenig beachteten Aspekt unserer Grundmodelle der Hierarchie bzw. der Zweckrationalität: ihre Fassungskraft für Komplexität. Die Leistung der Modelle für die Reduktion von Komplexität hat nämlich ihre Kehrseite in dem Umstand, daß die Fassungskraft der Modelle für Komplexität eng begrenzt ist. Das Wertberücksichtigungspotential einzelner Zwecke hat sehr spürbare Schranken, und das gleiche gilt für die Entscheidungskapazität einer Hierarchiespitze. In der Legitimation von Zwecken oder von letzten Autoritäten setzen diese Modelle in erheblichem Umfange schon reduzierte Komplexität, im Grunde eine Art »Naturrecht« voraus. Es ist daher kein Wunder, daß seit dem Zusammenbruch des Naturrechts (nämlich der Annahme, daß andere Verhaltensmöglichkeiten durch die Natur ausgeschlossen, Komplexität also durch das Sein des Seienden reduziert werde) immer wieder der Gedanke auftaucht, Politik sei im Verhältnis zur Verwaltung etwas Irrationales [12]. Dieses Urteil ist indes nur gerechtfertigt, wenn man die Entscheidungsmodelle der Verwaltung in ihrer üblichen Fassung unbesehen als Kriterien der Richtigkeit oder Rationalität verwendet (und dann kommt das Urteil, Politik sei irrational, einer Tautologie gleich).

Bei dieser Sachlage muß die Frage interessieren, ob sich das Potential dieser Modelle für Komplexität ausweiten läßt. Von vornherein läßt sich sagen, daß dies nicht auf dem Wege geschehen kann, den die übliche Kritik vorzeichnet: durch Aufhebung der asymmetrischen Struktur. Damit würde man zwar äußerste Komplexität erreichen, aber zugleich die Fähigkeit zur Reduktion einbüßen. Man könnte keine Grenze mehr gewinnen, keine Entscheidungen mehr treffen. Es gibt indes andere Möglichkeiten, das Potential zur Erfassung und Reduktion von Komplexität gleichzeitig zu steigern, und wenn man sich die juristischen und wirtschaftswissenschaftlichen Entscheidungsmodelle etwas genauer ansieht, zeigt sich, daß sie schon weithin genutzt werden und daß nur noch die theoretisch zusammenfassende Betrachtung unter dem Gesichtspunkt ihrer gemeinsamen Funktion fehlt.

IV.

Der Engpaß des Hierarchiemodells liegt im Informationsverarbeitungs- und Kommunikationspotential der Spitze. Der Engpaß des Zweckmodells liegt im Wertberücksichtigungspotential des Zweckes. Eine Leistungssteigerung im Hinblick auf das Grundproblem der Komplexität hat an diesen Punkten anzusetzen. Wir müssen beide Modelle auf solche Verstärkungsmöglichkeiten hin untersuchen und werden, um das Ergebnis vorweg anzudeuten, sehen, daß in beiden Fällen eine Leistungssteigerung nur durch Übergang zu planmäßigen, das heißt reflexiv strukturierten Entscheidungsprozessen zu erreichen ist.

Die hierarchische Ordnung wird, wenn man von den nur sehr begrenzt nutzbaren Hilfen durch Sekretärinnen, Assistenten, Stäbe usw. absieht, vornehmlich dadurch in ihrer Effektivität potenziert, daß Befehle die Form von *Konditionalprogrammen* erhalten, nämlich die allgemeine Form »wenn A – dann B«, wie sie typisch der Rechtsnorm zugrunde liegt [13]. Solche Programme dienen untergeordneten Stellen als Entscheidungsprämissen. Sie gelten unabhängig davon, ob und wie oft die entscheidungauslösenden Ereignisse wirklich vorkommen. Die auslösenden Informationen brauchen in der programmierenden Entscheidung daher weder vorausgesehen noch mitgeteilt zu werden. Damit wird der vertikale Kommunikationsfluß entlastet, und zugleich werden *abgeleitete nichthierarchische* Autoritäten geschaffen [14]. Jeder, der über die entscheidungsauslösenden Informationen verfügen kann, vermag nämlich dann die Entscheidung zuverlässig herbeizuführen. Die Möglichkeit, Entscheidungsprämissen zu kommunizieren, wird auf diese Weise in die Welt des Verwaltungssystems ausgelagert, ohne daß die Möglichkeit hierarchischer Koordination, Kontrolle und Programmänderung darunter litte. Die Vorgesetzten werden von unnötigen Kommunikationslasten befreit. Es entwickelt sich ein selbständiger, aber programmierter, horizontaler Außen- und Innenverkehr untergeordneter Stellen, in den die Vorgesetzten nur noch in der Form von Planung oder Störungsbeseitigung von Zeit zu Zeit eingreifen müssen [15].

Unter dem Aspekt der Planung gesehen, bieten diese Konditionalprogramme besonders interessante Züge. An ihnen läßt sich die reflexive Struktur der Planung mit aller Deutlichkeit ablesen, und dabei wird zugleich ersichtlich, welche Vorteile für die interne Systemdifferenzierung sie bietet. Konditionale Programmierung ist Entscheidung über Entscheidungen. Auch die Programmausführung ist in jedem Falle Entscheidung, mag sie noch so routinemäßig erfolgen; involviert sie doch jeweils eine Prüfung der eingehenden Informationen, ob sie den Konditionen des Programmes entsprechen, und das erfordert eine mindestens beiläufige Auslegung des Programms selbst [16]. Vor allem aber ist bemerkenswert, daß beide Arten von Entscheidungen, die programmierenden und die programmierten, unter verschiedenen Kriterien der Rationalität erfolgen können, daß sie verschiedenartigen Brauchbarkeitsbedingungen und Anspruchsniveaus unterworfen sein können, verschiedenen Sektoren der Umwelt der Verwaltung nahestehen können und daß deshalb formale Organisationsweisen, Innovationsmöglichkeiten, Lernfähigkeit und Kontrollmöglichkeiten auf beiden Ebenen weit differieren können [17]. Reflexive Planung ermöglicht eine Komplexität und Differenziertheit von Organisationen und eine Minimisierung der Konsistenz zwischen Plänen, von denen sich die Theorie, obwohl die Wirklichkeit vor Augen liegt, noch keine Vorstellungen macht.

Das liegt zum Teil daran, daß die Ausweitung der Zweckrationalität zu größerer Komplexität, anders als die der Hierarchie, erhebliche, theoretisch und praktisch noch weithin ungelöste Schwierigkeiten bereitet. Die Losung ist durch die Wirtschaftswissenschaften, besonders durch die Betriebswirtschaftslehre, zwar ausgegeben. Sie lautet Optimierung, zuweilen auch Wirtschaftlichkeit des Entscheidens. Gemeint ist damit die denkbar günstigste Relation zwischen Aufwand und Ertrag, also zwischen Mittel und Zwecken in dem Sinne, daß entweder ein bestimmter Zweck mit minimalem Einsatz an Mitteln erreicht oder ein gegebener Bestand an Mitteln zu maximaler Zweckerfüllung ausgenutzt wird. Darin steckt im Grunde das Postulat, die Einseitigkeit des Wertgesichtspunktes, der den Zweck rechtfertigt, zu korrigieren durch Vergleich mit allen Werten, die durch alle geeigneten Mittel berührt werden. Das läuft hinaus auf eine prinzipiell unendliche Berücksichtigung der Wertkomplexität. Mit der Konstruktion praktikabler Entscheidungsmodelle aber hat man dieser Losung nicht nachkommen können. Die Betriebswirtschaftslehre kennt auf der Basis der Geldrechnung eine Reihe von gelungenen Kalkülmodellen, aber nur für Teilprobleme unter mehr oder weniger einschneidenden Nebenbedingungen, mit denen zahllose andere Möglichkeiten (und unter ihnen vielleicht das Gesamtoptimum des Betriebs) ausgefiltert werden. In der öffentlichen Verwaltung findet man selbst für solche »suboptimalen« Entscheidungsmodelle kaum Anwendungsmöglichkeiten [18]. Vielleicht sollte daher das Postulat des Optimierens großer, komplexer Handlungssysteme überprüft werden, und zwar im Lichte einer Theorie reflexiver Entscheidungsplanung.

Die betriebswirtschaftliche Unternehmensplanung arbeitet, jedenfalls ihrem theoretischen Anspruch nach, unter dem Postulat, daß alle Teiloptima sich zu einem Gesamtoptimum zusammenfügen lassen müssen. Bei jeder Teilentscheidung könne demzufolge vorausgesetzt werden, daß alle anderen Entscheidungen optimal getroffen worden seien und daß durch eine Optimierung unter begrenzten Bedingungen das Unternehmensoptimum erreicht werde [19]. In Wirklichkeit ist diese Voraussetzung wegen der starken Interdependenz der Entscheidungsbereiche [20] unrealistisch. Gesamtoptimale Lösungen lassen sich nur durch vollständige Zentralisierung des Entscheidens, durch Vergleich *aller* Möglichkeiten in *einer* Entscheidung erreichen, und das bedeutet: Verzicht auf Organisation [21]. Organisation ist ja immer eine Verteilung von Entscheidungskompetenzen und hat nur Sinn, wenn die einzelnen Entscheidungsstellen wirklich unberücksichtigt lassen können, welche Alternativen in den Teilentscheidungen anderer Stellen ausgesiebt worden sind, wenn sie also Kommunikationen, die das Ergebnis einer Informationsverarbeitung mitteilen, als Datum und als richtig behandeln können.

Mit der Indifferenz gegen Organisation ist ferner eine Indifferenz gegen Probleme der Motivation verbunden [22], die eine Berücksichtigung personaler und sozialer Motivationsstrukturen ausschließt, und schließlich eine Ausklammerung des gesamten Machtaspektes, also des politischen Aspektes in Organisationen, die Entscheidungen planen und ausarbeiten [23]. Die klassische, vom Optimalitätsprinzip beherrschte Planungstheorie muß ihren Prämissen zufolge annehmen, daß die Politik eine Umweltangelegenheit ist (ähnlich wie der »Markt«) und an der Spitze des Systems aufhört.
Gegenüber diesen bedenklichen, besonders für Soziologen und Politikwissenschaftler nicht akzeptierbaren Blickbegrenzungen muß man sich klarmachen, daß in allen einigermaßen komplexen Entscheidungsorganisationen eine Entscheidung nur im Wege arbeitsteiliger Informationsverarbeitung, das heißt nur dadurch gefunden werden kann, daß die Beteiligten ihre Alternativen einengen, indem sie nach einer bestimmten Ordnung wechselseitig füreinander Entscheidungsprämissen setzen. Kooperation unter diesen Bedingungen [24] erfordert bewußte Reflexivität, also ein Erkennen des Umstandes, daß die Entscheidungen sich aufeinander beziehen, daß sie nur schrittweise Komplexität absorbieren können, daß bei jedem Schritt Wahlen getroffen werden müssen und daß man diese Bedingung der Freiheit in einer äußerst komplexen Welt voll Ungewißheit nicht eliminieren kann, ohne das Potential für Informationsverarbeitung entscheidend zu schwächen [25]. Diese Erkenntnis zwingt zu einer Umbildung des Begriffs der Rationalität.

V.

Eine andere Überlegung führt zu dem gleichen Ergebnis. Eine Theorie der politischen Planung der öffentlichen Verwaltung kann, will sie den Zusammenhang der Verwaltung mit ihrer gesellschaftlichen Umwelt und insbesondere mit den politischen Prozessen im Auge behalten, nicht allein in den Entscheidungssprachen der Verwaltung entworfen werden. Verwaltungsinterne Entscheidungssprachen gibt es als spezifische Problemlösungssprachen [26] in vielfältigen Formen, die sich jedoch auf die bereits behandelten beiden Grundtypen zurückführen lassen [27]: Die eine Sprache geht von bestimmten Ursachen aus, von Anlässen des Handelns, und fixiert Handlungen, die erfolgen sollen oder können, jedesmal, wenn diese Ursachen gemeldet werden. Diese Sprache wird von Juristen benutzt. Auch die Programmierung automatischer Datenverarbeitungsanlagen bedient sich ihrer. Die andere Sprache geht von bestimmten Wirkungen aus, die wegen ihres Wertes geschätzt werden, und sucht unter einengenden Bedingungen Mittel zu finden, die diese Wirkungen bewirken können. Das ist die Sprache der Zweckrationalität, die in verfeinerter Form auch den Entscheidungskalkülen der Wirtschaftswissenschaften, den Modellen der Optimierung, der linearen Programmierung usw. zugrunde liegt.
In beiden Fällen, beim Konditionalprogramm ebenso wie beim Zweckprogramm, wird Programmierung vorausgesetzt, und die Entscheidungsleistung beschränkt sich auf die Lösung des Problems, das im Programm definiert ist, nämlich auf ein richtiges Erkennen der handlungsauslösenden »Tatbestände« nach Maßgabe des unter Umständen auslegungsbedürftigen Programmes oder auf die Wahl der richtigen Mittel für den feststehenden Zweck. Das so definierte Problem wird in dem Sinne gelöst, daß es durch

die richtige Entscheidung beseitigt wird. Es existiert nach der Entscheidung nicht mehr – es sei denn in der völlig veränderten Form eines Fehlers in der Entscheidung, der gesucht, erklärt, entschuldigt, korrigiert, in seinen Folgen ausgeglichen werden muß. Im programmierten verwaltungsinternen Entscheidungsbetrieb, der diese Sprachen verwendet, findet man daher typisch ein laufendes Abarbeiten lösbarer Probleme, verbunden mit einer äußerst geschärften Fehlerempfindlichkeit vor und nach der Entscheidung. Bisher hatte man, wollte man über solche Entscheidungssysteme, also über Verwaltungen, sprechen, sich damit begnügt, deren Sprache und Rationalitätsbegriffe einfach zu wiederholen. Das ist auch einer der Gründe für die allzu summarischen Vorstellungen über das Verhältnis von Politik und Verwaltung, die wir oben behandelt haben. Konditionalprogramme werden von Juristen aus »höheren« Normen abgeleitet, die im Prinzip ebenfalls als Konditionalprogramme gedacht werden. Zweckprogramme werden auf »höhere« Zwecke bezogen, indem der Programmzweck zu einem Mittel für entferntere Zwecke degradiert wird. Ein solches Kettendenken führt jedoch in mannigfache Schwierigkeiten, weil es letztlich immer schon reduzierte Komplexität voraussetzen muß und seinen Anwendungsbereich nur durch zunehmende Unbestimmtheit der Grundbegriffe erweitern kann, die eben damit ihre Operationalität als Programmbegriffe mehr und mehr verlieren.

Demgegenüber legen neuere Theorieentwicklungen in der Soziologie, in der Organisationstheorie, in der Kybernetik und in der sogenannten allgemeinen Systemtheorie es nahe, die Sprache, in der man über Entscheidungssysteme und über Programmierung spricht, grundsätzlich zu revidieren, dabei von einer Systemkonzeption auszugehen und den Begriff der Rationalität der Planung damit abzustimmen. Eine solche Systemtheorie kann an dieser Stelle natürlich nicht entwickelt, ja nicht einmal angemessen skizziert werden. Einige thesenhafte Hinweise müssen genügen, und sie müssen sich auf diejenigen Aspekte beschränken, die als Bezugsrahmen einer Theorie der Planung vor allem in Betracht kommen [28].

Der Systembegriff bezieht sich auf reale Prozesse, in den Sozialwissenschaften auf Handlungen, und bezeichnet eine Ordnung des Handelns, die gegenüber einer äußerst komplexen, unbeherrschbaren, vielfältig flukturierenden Umwelt relativ einfach und konstant gehalten wird [29]. Sinn und Funktion der Systembildung werden, und das ist die wichtigste Neuerung, nicht mehr allein in der internen Ordnung von Teilen zu einem Ganzen gesehen, sondern in der Stabilisierung einer Grenze, das heißt eines Ordnungsgefälles zwischen System und Umwelt, die im System ein Handeln unter verminderter Komplexität ermöglicht.

Man kann von diesem Grundgedanken her die Funktion der Systembildung durch die Formel »Reduktion von Komplexität«, das heißt Ausscheidung anderer Möglichkeiten, erfassen. Das ermöglicht es, von den in der Soziologie bisher diskutierten strukturell-funktionalen Theorien überzugehen zu funktional-strukturellen Theorien, die funktionale Analyse also nicht nur auf vorausgesetzte Systemstrukturen zu beziehen, sondern darüber hinaus auch nach der Funktion von Systemstrukturen schlechthin zu fragen. Die Funktion der Strukturbildung aber liegt in der Umformung und Verkleinerung des Problems der äußersten Komplexität der Welt zu einem Format, an dem menschliches Erleben und Handeln sich sinnhaft orientieren kann.

Diese Leistung wird erbracht durch Stabilisierung einer Differenz von Innen und Außen und durch Transformation externer in interne Probleme. Das System leistet zum Beispiel einen subjektiven Weltentwurf und löst dann die Probleme der inneren Konsistenz dieses Entwurfs mit Mitteln der Logik. Oder es sucht widerspruchsvolle und wechselnde Anforderungen der Umwelt durch Annahme einer widerspruchsvollen Struktur von Verhaltenserwartungen zu rezipieren und löst diese internen Widersprüche dann durch mehr oder weniger opportunistische Methoden der Entscheidungsfindung [30]. Um solche Leistungen erbringen zu können, muß das System selbst eine gewisse strukturelle Komplexität erreichen, und diese Eigenkomplexität steht in einem Verhältnis zur erfaßbaren Weltkomplexität [31]: Je komplexer ein System selbst ist, desto komplexer kann seine Welt sein. Damit vergrößern sich seine Überlebenschancen, aber um so mehr muß das System auch interne Mechanismen der Reduktion von Komplexität – in unserem Falle: Entscheidungsverfahren – ausbilden, die auf selbstdefinierte Probleme bezogen sind und durch das System selbst programmiert werden [32].

In einer solchen Konzeption gibt es keine absoluten Kriterien der Richtigkeit oder Rationalität des Handelns, wohl aber Systemrationalität, die ein hohes Niveau an Komplexität erreichen kann. Ein System handelt demnach rational in dem Maße, als es Komplexität absorbieren und die damit aufgeworfenen internen Probleme lösen kann – mit anderen Worten formuliert: in dem Maße, als es in einer übermäßig komplexen Welt eine weniger komplexe, also höhere, besser verständliche Ordnung unter Ausschluß anderer Möglichkeiten erhalten kann. Dieser Begriff der Rationalität bietet manche Vorteile, die hier nicht angemessen diskutiert werden können [33]. Wir können ihn nur in der Richtung der besonderen Thematik dieser Studie ausmünzen.

Die vorangegangenen Überlegungen hatten ergeben, daß die vorherrschenden Auffassungen zum Thema Rationalität der Verwaltungsplanung und ihre politischen Bedingungen sich an zwei Stellen festgelaufen hatten: in ihrer Darstellung des Verhältnisses von Politik und Verwaltung und in ihrer Darstellung der Rationalität bzw. Richtigkeit von Verwaltungsentscheidungen. Außerdem war aufgefallen, daß diese Auffassungen die eigentümliche Reflexivität der Planung nicht angemessen berücksichtigen, daß sie diesen Gedanken zumindest theoretisch nicht entfalten, obgleich sie ihn in ihren Entscheidungsmodellen implizit voraussetzen. All diese Mängel hängen zusammen und sind vermutlich durch eine unzureichende Differenzierung des theoretischen Instrumentariums bedingt. Man muß schärfer als bisher zwischen Systemtheorien und Entscheidungstheorien trennen. Dann lassen sich voraussichtlich bessere Ergebnisse erzielen. Um diese Annahme zu erläutern, sollen in den beiden letzten Abschnitten dieser Studie einige Aspekte des Verhältnisses von Politik und Verwaltung und der Rationalität der Verwaltungsplanung vom Standpunkt der Systemtheorie aus beleuchtet werden. Dabei wird sich zugleich der Zusammenhang beider Themen klären. Daß damit das gute Recht der Entscheidungstheorien und ihre Weiterarbeit an juristischen Denkfiguren bzw. wirtschaftswissenschaftlichen Kalkülmodellen nicht in Frage gestellt sein soll, versteht sich nach dem Gesagten von selbst.

VI.

Im allgemeinen Bezugsrahmen der Systemtheorie läßt die Trennung von Politik und Verwaltung sich begreifen als funktional-strukturelle Innendifferenzierung des politischen Systems. Sie bewirkt eine Steigerung der Komplexität und damit der Leistung des politischen Systems. Diese Leistung besteht in der Reduktion der Komplexität der Gesellschaft durch Prozesse der Herstellung kollektiv-bindender Entscheidungen. Politik und Verwaltung sind Teilsphären des politischen Systems, rollenmäßig mehr oder weniger deutlich getrennt, aber in durchlaufenden Prozessen der Informationsverarbeitung eng miteinander verbunden. Trennung und Verbindung, Unabhängigkeit und Abhängigkeit, bedingen einander und sind nur zusammen steigerungsfähig; denn jede Zunahme der strukturellen Komplexität des politischen Systems erfordert verstärkten Einsatz von Spezialisierungen und Trennfunktionen auf der einen und von koordinierendem Informationsaustausch auf der anderen Seite [34].

Etwas konkreter formuliert, ermöglicht die institutionelle Trennung von Politik und Verwaltung es, Prozesse des Aufbaus und der Verdichtung legitimer Macht und Prozesse der Verwendung legitimer Macht zu trennen und je für sich funktionsspezifisch zu ordnen. Die Verwaltung wird dann durch vorgelagerte politische Prozesse der Artikulierung und Generalisierung von Interessen, der Umformung von Wünschen in politisch darstellbare Forderungen, der Sammlung von Konsens, der Ausbildung und Erprobung von Führungstalenten usw. von der Aufgabe entlastet, selbst für die notwendige gesellschaftliche Unterstützung des politischen Systems zu sorgen [35]. Sie kann die sachgemäße und zuverlässige Ausführung sehr spezifischer Entscheidungsprogramme nur übernehmen, wenn sie dabei nicht ständig die vollen politischen Rückwirkungen im Auge behalten muß, wenn sie vor allem von der Zustimmung der betroffenen Kreise unabhängig gemacht wird.

Eine Trennung von Politik und Verwaltung erfordert nicht nur ein Auseinanderziehen der Rollen, Ämter, Organisationen, Kompetenzen und Finanzen, sondern darüber hinaus auch eine Trennung der Kriterien der Rationalität, unter denen in beiden Bereichen gehandelt wird, denn eine sinnvolle Teilung des Prozesses der Informationsverarbeitung unter dem Gesichtspunkt der Reduktion von Komplexität setzt Unterschiedlichkeit der Selektionsprinzipien voraus [36]. Besonders ausgeprägt und weitgetrieben findet diese Divergenz der Kriterien sich in Mehrparteiensystemen, weil hier stärker als in Einparteiensystemen die politischen Prozesse ohne unmittelbare Gesamtverantwortung auf engere Ziele spezifiziert werden können. Während die politische Partei in Einparteiensystemen keine grundsätzlichen Risse in der Zielstruktur von »Partei und Staat« akzeptieren kann, richtet sich die eigentümliche politische Rationalität in Mehrparteiensystemen primär auf Wahlgewinne und Stellenbesetzungen und würdigt Personen und Ereignisse, Probleme und Programme unter diesem Gesichtspunkt, als Mittel zu diesem Zweck [37]. Diese auf den ersten Blick befremdliche Vertauschung von Zwekken und Mitteln ermöglicht eine Spezifikation politischer Prozesse auf die ihnen eigentümliche Vorbereitungsfunktion, auf Erarbeitung von Macht und Legitimität. Denn das, was geleistet werden soll, darf nicht schon vorausgesetzt werden. Institutionen, die legitime Macht schaffen sollen, dürfen sie nicht schon besitzen. Und das wird durch diese drastische Verkürzung der Perspektive, durch diese Umgruppierung der Wertgesichtspunkte, durch diese Verkehrung von Mitteln in Zwecke gewährleistet.

Je schärfer der Prozeß der Reduktion von Komplexität nach Politik und Verwaltung getrennt und unter verschiedene Selektionskriterien gesetzt wird, desto wichtiger werden die Rollen und Prozesse der Übersetzung von einer Sphäre in die andere. Diese Transmission erfolgt überall dort, wo Politiker Stellen des Verwaltungssystems besetzen, in denen über das Symbol »verbindliche Entscheidung« verfügt werden kann, also namentlich in Parlamenten und in höheren Regierungsämtern. Sie geschieht durch politische Planung und Programmierung der Verwaltung [38]. Pläne und Programme sind der "output" der politischen Prozesse und der "input" des Verwaltungssystems von seiten der Politik. Für die Aufrechterhaltung der Innendifferenzierung des politischen Systems, der Trennung von Politik und Verwaltung, ist es wesentlich, daß die Kommunikationen zwischen beiden Bereichen in ihrem Schwerpunkt auf dieser Ebene der Generalisierung liegen und nicht konkreter werden, daß, mit anderen Worten, nicht zu viele Einzelfälle ein Politikum werden [39]. Und deshalb ist es wichtig, in der Theorie der politischen Planung das Moment der Reflexivität herauszuarbeiten. Die Politik setzt in ihrer Beziehung zur Verwaltung Entscheidungsprämissen. Sie entscheidet, wenn sie plant und programmiert, über Entscheidungen, aber sie trifft diese Entscheidungen nicht. Sie kann nur Politik im spezifischen Sinne bleiben, wenn sie in der Verwaltung eigene Prozesse der Reduktion von Komplexität, vor allem die besprochenen konditionalen und zweckbezogenen Entscheidungstechniken, zum Zuge kommen läßt [40].

VII.

Es bleibt uns die Aufgabe, einige Überlegungen für eine solche Theorie reflexiver politischer Planung zusammenzustellen. Das Prinzip der Reflexivität ermöglicht eine Distanznahme und dadurch einen Gewinn an Komplexität auch in der wissenschaftlichen Darstellung. Das soll an Hand einiger Gesichtspunkte gezeigt werden, die im grundbegrifflichen Bezugsrahmen der klassischen Theorien richtiger Entscheidungsfindung, seien sie juristischer, seien sie wirtschaftswissenschaftlicher Natur, nicht formuliert werden können [40a].

1. Führt man den Begriff der Planung auf den Begriff der Entscheidungsprämisse zurück, dann gewinnt man die Möglichkeit, Planung mit anderen Formen, Entscheidungsprämissen zu setzen, zu vergleichen. Planung, das heißt die Definition eines Entscheidungsproblems und der Bedingungen seiner Lösung, ist nicht die einzige Art, Entscheidungsprämissen zu fixieren. Neben ihr kommen vor allem in Betracht die allgemeine Organisation der Stellen, Entscheidungskompetenzen und zulässigen Kommunikationsweisen der Verwaltung und die Einsetzung individueller Persönlichkeiten in Ämter – Persönlichkeit hier verstanden als Selbstprogrammierung eines menschlichen Organismus [41]. Zwischen diesen drei Arten der Ordnung von Entscheidungsprämissen, Organisation, Plänen und Persönlichkeiten, bestehen komplizierte Verhältnisse, die hier nicht im einzelnen aufgedeckt werden können. Organisation ist eine allgemeine Voraussetzung für Planung und für Einsatz von Persönlichkeiten, muß aber im einzelnen auf die Art der Pläne und die Art der Persönlichkeiten, die verfügbar sind, abgestimmt werden [42]. Pläne setzen voraus, daß überhaupt Persönlichkeiten da sind, die entscheiden; aber wie sie entscheiden, kann nie ganz ihrer individuellen Persönlichkeit überlassen bleiben. In dem Maße, als beide Arten von Entscheidungsprämissen spezifiziert werden, werden sie jedoch zu funktionalen Äquivalenten füreinander. Das heißt: Durch Auswahl individueller Persönlichkeiten, die eine bestimmte Gesinnung und Ausbildung, also bestimmte Selektionsprinzipien, gewährleisten, kann man sich eine allzu eingehende Planung ersparen, so wie umgekehrt die Informationsverarbeitung bei stark

durchgezeichneter Planung weitgehend indifferent dagegen werden kann, wer entscheidet.

Die üblichen Entscheidungsmodelle juristisch-konditionaler und wirtschaftlich-optimierender Art postulieren das Ideal einzig-richtiger Entscheidungen und schließen damit die Persönlichkeit der Entscheidenden prinzipiell aus den entscheidungsrelevanten Faktoren aus [43]. Sie können also ein Austauschverhältnis von Personen und Programmen gar nicht begreifen. Und ebenso erfordert die Erörterung des Zusammenhangs von Organisation und Entscheidungsprogrammierung ein Hinausgehen über die klassischen Modelle normativer Richtigkeit und wirtschaftlicher Rationalität [44]. Gerade diese Relationen zwischen verschiedenen Arten, Entscheidungsprämissen zu fixieren, muß jedoch eine Theorie politischer Planung vor allem interessieren, weil für sie darin echte Alternativen liegen.

2. Daß Planung nur Entscheidungsprämissen, nicht dagegen konkrete Entscheidungen fixiert, bedeutet, daß das Verhältnis der geplanten zu anderen Entscheidungsprämissen Gegenstand der Planung selbst werden muß. Wir haben soeben das Verhältnis zu den politisch noch kontrollierbaren organisatorischen und personellen Entscheidungsprämissen erörtert. Darüber hinaus stellt sich die Frage, ob und wie die Planausführung gegen politisch nicht gefilterte gesellschaftliche Einflüsse anderer Art immunisiert werden kann. Man weiß heute namentlich aus Forschungen über Entwicklungsländer, wie schwierig das ist und wie stark unprogrammierte Einflüsse, partikulare Beziehungen zwischen einzelnen Personen oder Rollen innerhalb und außerhalb der Verwaltung, Verwandtschaften und Stammesgemeinschaften, soziale Abhängigkeiten, Freundschaften und Tauschbeziehungen usw. die Programmdurchführung verzerren können [45]. In dem Maße, als solch ein direkter und persönlicher Zugriff auf die Verwaltung für die politisch potenten Kräfte der Gesellschaft möglich ist, verlieren die eigentlich politischen Prozesse an Interesse. Ihre Funktion, Macht zu generalisieren und zu legitimieren, wird nicht in Anspruch genommen und verkümmert. Die indirekte Form der Interessendurchsetzung auf dem Umwege über die Politik bricht durch einen Kurzschluß zusammen.

Für die Erfüllung der spezifischen Funktion politischer Prozesse ist es daher wichtig, daß hinreichende Rollentrennungen und Kommunikationsschranken zwischen Verwaltung und Publikum aufgebaut werden, daß die Verwaltung, mit anderen Worten, unpersönlich, objektiv und nach allgemein angewandten Kriterien entscheidet. Das ist bei konditionaler Programmierung, also im Rechtsstaat, leichter zu erreichen als bei Zweckprogrammierung. Denn die Wenn/Dann-Form solcher Programme bedeutet im strengen Sinne: *jedesmal* wenn ..., dann ... Zweckprogrammierung setzt demgegenüber entweder, wie im absoluten Staat, ein moralisch gebundenes »Staatsdienertum« von hohem gesellschaftlichen Prestige voraus oder, wie in modernen Entwicklungsgesellschaften, eine permanent neben die Verwaltung gesetzte Einparteienbürokratie, die auf allen Ebenen der Entscheidungsfindung eine relativ sachnahe politische Kontrolle ausüben kann. Im großen und ganzen handelt es sich hierbei jedoch um ein allgemeines, gesellschaftsstrukturelles Problem der sozialen Differenzierung, das nicht allein im politischen System durch die Wahl wirksamerer Planungsformen gelöst werden kann.

3. Reflexivität des geplanten Entscheidungsprozesses ist ferner unabdingbare Voraussetzung für die Mitplanung zweier struktureller Aspekte der Verwaltung, die in den

letzten Jahren rasch anwachsende Aufmerksamkeit gefunden haben, nämlich die *Lernfähigkeit* [46] und die *Innovationsfähigkeit* [47] des Systems. Lernen und Innovieren lassen sich schwer trennen. Im ersten Falle kommt der Anstoß mehr von außen, im zweiten stehen interne Initiativen im Vordergrund. In beiden Fällen handelt es sich nicht einfach um neuartiges Verhalten, sondern um strukturelle Änderungen, also um einen Vorgang, der Entscheidungsprämissen umformt. Alle Planung von Entscheidungsprämissen sollte daher ihre Auswirkungen auf die Lern- und Innovationsfähigkeit des Systems im Auge behalten. Allgemein wird man vermuten dürfen, daß Zweckprogramme mehr Chancen zu strukturellen Neuerungen offenlassen als Konditionalprogramme, weil sie grundsätzlich eine problemorientierte Suche nach Alternativen ermutigen. Wenn dagegen Planungen, wie auf dem Gebiet der Automation, aber auch im Bereich von zunehmend juridifizierten Entscheidungen, die Lern- und Innovationsfähigkeit stark beeinträchtigen, wird man daran denken müssen, diesen Mangel als Funktion zu institutionalisieren, zum Beispiel »Stäbe« dafür einzurichten, um einen Ausgleich zu schaffen [48].

Auch in dieser Hinsicht muß eine Theorie politischer Planung merklich über das hinausgehen, was die klassischen Entscheidungstheorien an Gedankengut bereithalten. Deren Betonung der Eindeutigkeit von Prämissen und Entscheidungen ist eben nur in begrenztem Rahmen programmierten Handelns sinnvoll. Unter sehr komplexen Bedingungen kann, wer genau weiß, was er will, auf die Dauer nicht rational handeln.

4. Denkt man in der normalen Entscheidungslogik über den Einzelplan hinaus, muß man eine Art Überplan postulieren, eine höchste Norm oder einen allgemeinen Zweck, letztlich also volle Konsistenz aller Pläne fordern und Widersprüche als Fehler behandeln. Sobald klargestellt ist, daß Pläne nur Entscheidungsprämissen festlegen, wird es dagegen möglich, die Konsistenz der Pläne als Variable zu behandeln. Daß Geldpolitik und die Politik öffentlicher Investitionen im allgemeinen abgestimmt werden sollten, liegt nahe. Mangelnde Koordinierung wird in dieser Frage leicht ein Politikum (obwohl nicht einmal das für jede Regierung überlebenswichtig zu sein scheint). Wenn sich Kriegerwitwenversorgung, Fahrpläne und Tarife der Bundesbahn und die Naturparkplanungen in Einzelfällen als Entscheidungsprämissen nicht vereinbaren lassen, wird man das eher ertragen können und davon absehen, die Problemlösung im Einzelfall zu politisieren oder einer Verwaltungsentscheidung zu übertragen.

Eine politische Planung darf die Möglichkeit, Konsistenzanforderungen zu variieren, nicht außer acht lassen, denn darin steckt ein wesentlicher Mechanismus der Absorption gesellschaftlicher Widersprüche und Konflikte. Widerspruchsvoll organisierte und programmierte Verwaltung [49] ist in dem Maße unentbehrlich, als die Politik im Verhältnis zur Gesellschaft »passiv« institutionalisiert ist, nämlich in dem Maße, als sie darauf verzichtet, die Politisierung von Problemen, Wünschen und Interessen nach einer einheitlichen Ideologie vorgreifend zu regulieren [50]. Sie muß unter diesen Umständen mit einer Überflutung durch konfliktsreiche Anforderungen rechnen, die in den politischen Prozessen der Reduktion von Komplexität nicht ganz abgefangen und ausgeglichen werden können, sondern teilweise als ungelöstes Problem einem viel weniger opportunistischen Verhalten der Bürokratie zugespielt werden. Das kann unter den angegebenen Bedingungen durchaus rational sein, und eine Theorie politischer Planung versagt, wenn sie diese Rationalität nicht nachkonstruieren kann.

5. Zu den notwendigen Inkonsistenzen der Planung gehört auch, daß sie als politische

Planung unter anderen Kriterien operieren kann, als für die Ausführung der Pläne und Programme vorgesehen wird. Ja selbst ein scharfer Bruch im Stil der Rationalität, eine Verwendung systemrationaler und entscheidungsrationaler Kriterien nebeneinander, ist sinnvoll und geboten. Die politische Planung vermag dadurch Erwägungen Raum zu geben, die in den geplanten Entscheidungen selbst nicht darstellbar sind und zur Entscheidungsfindung auch nicht benötigt werden. Das ist insofern bedeutsam, als die neuere soziologische Forschung mit besonderem Interesse und sichtbarem Erfolg neben den offiziellen und manifesten Zwecken der Handlungen und Institutionen latente Funktionen und Strukturen aufdeckt, die nicht bewußt gemacht werden können, ohne daß das Handeln seine Motivierbarkeit verliert und dadurch wesentliche Strukturänderungen im sozialen System erforderlich werden [51]. Latente Sinnbeziehungen dieser Art liegen außerhalb des Rechts- und Zweckbewußtseins der Akteure; sie aufzuklären ist aber gleichwohl unentbehrlich, wenn es gilt, die psychischen und sozialen Bedingungen ihres Handelns zu verstehen und zu planen. Eine Entwicklungsplanung zum Beispiel, die übersähe, daß die zu ändernden Institutionen auch in ihren latenten Funktionen ersetzt werden müssen, würde Überraschungen erleben und, sofern sie überhaupt zum Tragen kommt, mehr Schaden als Nutzen stiften. In die Entscheidungskalküle der programmierten Verwaltung können solche Rücksichten jedoch nicht eingehen. Die sozialwissenschaftliche Beratung muß den Prozeß der Informationsverarbeitung *vor* der Programmierung, das heißt im Stadium der politischen Planung, treffen. Ein Beispiel für den Stil solcher Untersuchungen wäre eine unbefangene Klärung der Frage, wieweit ein »Bedarf« für Sozialarbeit, Erwachsenenbildung, Vertriebenenhilfe usw. durch die Organisationen, die sich damit beschäftigen, produziert und wachgehalten wird [52].

6. Eine grundsätzliche Planungsentscheidung liegt in der Wahl des Programmtypus, nämlich in der Entscheidung der Frage, ob und wofür Konditionalprogramme oder Zweckprogramme benutzt werden sollen. Die Bedeutung dieser Weichenstellung für die Struktur des politischen Systems und für sein Verhältnis zur gesellschaftlichen Umwelt ist uns schon mehrfach aufgestoßen. Es bleibt anzufügen, daß Zweckprogramme, die Wirkungen als Problem aufgeben, primär auf die Zukunft gerichtet sind, während Konditionalprogramme, die das Erkennen und Interpretieren auslösender Ursachen als Problem aufgeben, in die Vergangenheit schauen und modo futuri exacti geplant werden müssen. Für die Grundausrichtung des politischen Systems ist die Alternative von erheblicher Bedeutung.

Faktisch werden natürlich immer beide Programmtypen nebeneinander und ineinander verschachtelt verwendet werden – zum Beispiel dergestalt, daß die Bedingungen programmiert werden, unter denen ein Zweck verwirklicht werden muß oder kann, oder daß die Wahl bestimmter Mittel von der Erfüllung bestimmter Bedingungen abhängig gemacht wird. Dazu kommt, daß sich an der vordersten Front der Entwicklung von Computerprogrammen bereits die Möglichkeit abzeichnet, das Zweckhandeln selbst und die Suche geeigneter Mittel unter Vorgabe von nur sehr unbestimmt definierten Zwecken konditional zu programmieren [53]. Insgesamt kann es also stets nur eine Schwerpunktverteilung geben, wie wir sie mit dem Prinzip des Rechtsstaates für den Konfliktsfall zugunsten der konditionalen Programmierung getroffen haben.

7. Mit dieser Dichotomie der Programmtypen nicht zu verwechseln ist eine andere Unterscheidung, die im Blick auf die Form der Kommunikation zwischen Verwaltung

und Publikum belastende und begünstigende bzw. befehlsförmige und zuteilende oder nach einer neueren Terminologie eingreifende und leistende Verwaltung trennt [54]. Im wesentlichen läuft das auf den Unterschied von Macht und Geld als Medien der Kommunikation der Verwaltung hinaus [55]. In der juristischen Diskussion stehen die Auswirkungen dieser Unterscheidungen auf Programmierarbeit und Rechtsschutz im Vordergrund. Ihre Bedeutung reicht indes weit darüber hinaus. Sie geht unter anderem darauf zurück, daß beide Kommunikationsmedien andere Formen der Konsistenz zwischen Plänen und eine andere Verteilung von Allgemeinheit bzw. Spezifikation der Vorteile und Nachteile implizieren.

Machtentscheidungen setzen, weil legitime Macht unteilbar ist, stets das politische System als Ganzes ein. Sie können daher ihre Grenzen nur aus einer Gesamtkonzeption des öffentlichen Interesses gewinnen. Faktisch sind die politischen Grenzen des Befehlens in der Belastungsfähigkeit des Bürgers schwer feststellbar. Sie müssen von der Politik aus einer Unsumme von Einzelfällen ertastet werden. Das kann zum Beispiel mit Hilfe einer breit organisierten Volkspartei geschehen, aber selbst in einer solchen Partei ist die Kommunikation von Krisenzeichen von unten nach oben nicht leicht zu organisieren. Mit zunehmender funktionaler Differenzierung der Gesellschaft erreicht ein solches Planungssystem bald die Grenzen seiner Leistungsfähigkeit. Eine sachliche Konzeption des öffentlichen Interesses zu projizieren und zu vertreten, fällt den politischen Systemen stark differenzierter Gesellschaften sichtlich schwer.

Legitime Macht ist immer Übermacht und daher im politischen System nicht durch Knappheitsvorstellungen regulierbar. Diesen Vorteil bietet der Geldmechanismus. Zuteilungsverwaltungen können intern durch Aufteilung von Summen im Rahmen einer tragbaren Gesamtbelastung koordiniert werden. Dabei kann die Aufteilung der Summe, eben weil es sich um eine Summe handelt, ohne inhaltliche Abstimmung der Teilausgaben erfolgen. In Zuteilungsverwaltungen ist daher eine koordinierende Ideologie entbehrlich, und erfahrungsmäßig wird denn auch der Kampf des Ressorts um Budgetanteile nicht auf Grund einer allgemein feststehenden Ordnung der Prioritäten entschieden. Das System kann opportunistisch und insofern politisch sensibel gesteuert werden. Es hat ein hohes Potential für Inkonsistenz zwischen Plänen, also für Absorption von Widersprüchen und Konflikten. Es bewährt sich in Fällen, in denen die Reduktion der gesellschaftlichen Komplexität durch die politischen Prozesse nicht ausreicht, um die Verwaltung gegen stark divergierende Anforderungen abzuschirmen. Mit diesen Anforderungen wird dann der Verwaltung zugleich ein Argument zugeschoben, das letztlich auch politisch zu überzeugen vermag: das Argument der leeren Kassen.

Alle diese Überlegungen bieten zunächst nur locker aneinandergefügte Bausteine zu einer Theorie politischer Planung. Sie hängen vornehmlich durch drei Grundgedanken miteinander zusammen: durch die Auffassung der Trennung von Politik und Verwaltung als funktionaler Differenzierung des politischen Systems, durch die Ausweitung der klassischen Vorstellungen von Richtigkeit und Rationalität einzelner Entscheidungen zu einem Begriff der Systemrationalität und durch die Auffassung der Planung als Reflexivität des Entscheidungsprozesses. Mit Hilfe dieser gedanklichen Prämissen, deren nähere Begründung in einer Theorie der Gesellschaft als eines sozialen Systems zu suchen wäre, können aussichtsreiche Perspektiven auf den Prozeß der politischen Planung gewonnen werden. Die weitere Entwicklung einer Theorie der Planung dürfte vor allem davon abhängen, ob eine ausreichende Kooperation der verschiedenen, entscheidungstheoretisch oder systemtheoretisch, rational-normierend oder empirisch-erklärend ausgerichteten wissenschaftlichen Disziplinen auf dieser oder einer anderen Grundlage zustande kommt.

VIII.

Ein von der Funktion her konzipierter Prozeß politischer Planung wird nicht leicht zu organisieren sein. Es ist schon für funktional differenzierte Sozialsysteme im allgemeinen typisch schwierig, Funktionen genau auf Strukturen zu legen, mit anderen Worten, Strukturen funktional eindeutig zu spezifizieren. Politische Planung ist darüber hinaus ein Prozeß, mit dem die Grenze zwischen den beiden wichtigsten Teilsystemen des politischen Systems, Politik und Verwaltung, überschritten wird und der sich daher dieser Innengliederung nicht eindeutig zuordnen läßt. Und gerade dadurch gewinnt politische Planung als Problem ihren Rang. Sie muß gleichsam gegenstrukturell organisiert werden.

Das zeigt sich einmal daran, daß ihr Ort und ihre Kompetenz sich institutionell nicht festlegen lassen. Politische Planung ist ein Schritt im gesamten Prozeß der Informationsverarbeitung und Reduktion von Komplexität, der mit vielen Schleifen, Umwegen, Rückverweisungen und Sackgassen von der Formulierung politisch-administrativ relevanter Erwartungen bis zur Mitteilung bindender Entscheidungen läuft. Für Art und Ausmaß der Planung ist, das klang in den Ausführungen unter VII. 4. schon an, wesentlich, wieviel Komplexität die rein politischen Prozesse jeweils schon absorbiert haben und wieviel offene Möglichkeiten sie übriglassen und an die Verwaltung zur Verarbeitung mit anderen Methoden abgeben. Die Leistungsfähigkeit der politischen Prozesse ist somit eine tragende Vorbedingung für die Einrichtung verwaltungsrationaler Entscheidungsroutinen; denn nur, wenn die gesellschaftliche Komplexität hinreichend reduziert ist, können die verwaltungstypischen Problemlösungstechniken eingesetzt werden.

Unter diesen Umständen kann es nicht nur eine einzige, institutionell allgemein festliegende Grenze zwischen Politik und Verwaltung geben. Das gesamte System muß vielmehr hinreichend elastisch sein, um den Akt der Planung dort einsetzen zu können, wo die vorbereitende Ausscheidung anderer Möglichkeiten dafür ausreicht. In groben Zügen ist durch die Gewaltenteilung eine Stufenfolge abnehmenden politischen Einflusses auf die Entscheidungsfindung institutionalisiert: Politischer Einfluß auf die Legislative ist im Rahmen der Verfassung legitim; auf die Exekutive ist er teils legitim, teils nicht legitim; auf die Justiz ist er illegitim und faktisch ausgeschlossen. In Wirklichkeit ist jedoch die Produktion bindender Entscheidungen im Parlament, sofern sie nach ausgehandelten politischen Plänen erfolgt, funktional bereits Verwaltungsarbeit, während umgekehrt die Verwaltung durchaus politisch planen muß, wenn sie über Straßenführungen oder über Pflichtstunden der Lehrer, über Subventionsrichtlinien oder über Postgebühren entscheidet. Die Grenzziehung zwischen Politik und Verwaltung erfolgt faktisch durch den Akt der politischen Planung. Damit diese Grenze funktional adäquat gezogen werden kann, müssen die Einzelprobleme gegenüber den institutionellen Strukturen verschoben werden, das heißt aus der Legislative in die Exekutive und aus der Zentrale in die Provinz, ja selbst aus der Exekutive in die Justiz verlagert werden können und umgekehrt, je nachdem, wieviel Informationsverdichtung die politischen Prozesse im Einzelfall zu leisten vermögen [56]. Eine solche Verschiebung verändert den politisch-administrativen Kontext der Entscheidung und damit ihre Prämissen, ihre Darstellungsweise und ihre Zurechenbarkeit und ermöglicht so eine problemangepaßte Taktik der Reduktion von Komplexität.

Man muß demnach damit rechnen, daß die Transformation der politischen Rationalität in Verwaltungsrationalität an sehr verstreut liegenden Stellen zu erfolgen hat. Diese Transformation selbst zu planen und bürokratisch zu verfassen, ist daher organisatorisch außerordentlich schwierig. Gegen die Einrichtungen eines leistungsfähigen, das heißt großen, zentralen Planungsstabes spricht nicht nur dessen dann notwendige Bürokratisierung und die Zerstreuung der Funktionen, die er zu betreuen hätte. Dazu kommt, daß ein solches Organ den hierarchischen, in das Kabinett ausmündenden Aufbau der Verwaltung empfindlich stören würde [57]. Weder ein neues »Ressort« – etwa eine Staatskanzlei – neben den alten, noch eine planokratische Superbehörde mit ungeklärter Verantwortung wäre ein ungemischter Segen. Die in Ressorts untergliederte Verwaltungshierarchie ist auf Koordination durch Ressortverhandlungen angewiesen. Ohne Zweifel ist das eine wenig günstige Form für Planung. Sie kann aber nur auf strukturell adäquate Weise verbessert werden – zum Beispiel dadurch, daß die Direktion der Ressortverhandlungen von oben verstärkt und an politischen Plänen orientiert wird, so daß nicht nur die »offenen Punkte«, über welche die Untergebenen sich nicht haben einigen können, auf die Tische der Minister gelangen. Für Planungssachen müßte daher ein eigener Leitungsstil entwickelt werden, der sich von dem für Programmausführung erheblich unterscheidet. Bei der Programmausführung können die Vorgesetzten, Minister eingeschlossen, sich darauf beschränken, ihre Entscheidungskompetenzen und ihre Fernfeuerwaffen auf Anruf zur Verfügung zu stellen. Planung erfordert ihre Aktivität.

Diese Aktivität kann natürlich nicht dem Temperament und der Vorstellungskraft einzelner Personen überlassen bleiben. Politische Planung in diesem transmissiven Sinne wird davon abhängen, daß in den Parlamenten und den Spitzen der Verwaltung sich eine Gruppe von Personen zusammenfindet, die für politische Rationalität und für Verwaltungsrationalität in gleicher Weise und ohne Vorurteil für die eine oder andere aufgeschlossen ist und deshalb zwischen beiden vermitteln kann. Wenn diese Voraussetzung erfüllt ist, wird der organisatorische Standort der Personen relativ gleichgültig sein. Die Voraussetzung ermöglicht Verständigung und damit Einfluß, mag es sich nun um Ausschußmitglieder der Parlamente, Kabinettschefs der Minister oder prominente Spitzenbürokraten handeln. Notwendig ist natürlich, daß die Beteiligten hinreichenden Status, Zugang zu Informationen haben und über persönliche Beziehungen verfügen, über »Kapitalien« also, die sie für eigene Planvorhaben, aber auch im Tauschwege zugunsten anderer verwenden können. Anlässe für Kontakt und Erfahrungsaustausch müssen hinreichend dicht gesät sein. Überhaupt wird man, weil es sich um eine gegenstrukturelle, mit dem offiziellen Schaubild der gewaltengeteilten Organisation nicht übereinstimmende Einrichtung handeln muß, sich die Kooperation weitgehend informal zu denken haben. Daß sie sich trotzdem institutionalisieren, das heißt zu einer gewissen Selbstverständlichkeit entwickeln läßt, zeigen britische Erfahrungen [58]. Eine Sprache dafür auszubilden, dürfte wichtiger sein als organisatorische Routinen und Reflexivität des Denkens wichtiger als eine gedanklich fixierte Programmatik.

Daß diese Form nicht annähernd jene Stabilität und Effektsicherheit garantiert wie bürokratische Einrichtungen, liegt auf der Hand. Auch läßt sie sich nicht durch Entscheidung einführen. Es bleibt ungewiß, ob und wie sie sich bildet. Schließlich ist ihre Fassungskraft für Komplexität begrenzt, weil ein Kreis, der sich kennen und informal kooperieren soll, nicht sehr groß sein kann. Aber es geht auch nicht um eine Neuauflage des Gedankens einer »Elite« an der »Spitze des Staates«, sondern um die Frage, wie eine spezifische Funktion erfüllt werden kann, die in einem nach Politik und Verwaltung geteilten politischen System besonders problematisch ist. Politische Planung ist nicht die Stärke, sondern die Schwäche einer solchen Systemstruktur, der Engpaß, der die Leistungsfähigkeit eines funktional differenzierten politischen Systems begrenzt. Eben deshalb wird aber ein kleiner Gewinn an Leistungsfähigkeit in diesem Punkte zu einem großen Gewinn für das gesamte System.

Anmerkungen

1 Die Grundgedanken dieses Aufsatzes habe ich auf einer Studienkonferenz der Sektion »Politische Theorie« der Deutschen Vereinigung für Politische Wissenschaft am 2. November 1966 in Tutzing unter dem Titel »Rationalität der Verwaltungsplanung und ihre politischen Bedingungen« vorgetragen.

2 Hierzu näher: *N. Luhmann,* Theorie der Verwaltungswissenschaft: Bestandsaufnahme und Entwurf, Köln–Berlin 1966, S. 63 ff.

3 Siehe als bisher ausführlichste Behandlung *D. Easton,* A Framework for Political Analysis, Englewood Cliffs, N. J., 1965, und ders., A Systems Analysis of Political Life, New York–London–Sydney 1965.

4 Dieser Begriff der Entscheidungsprämissen spielt namentlich in der Organisationstheorie Herbert Simons eine wichtige Rolle als Oberbegriff für Entscheidungsprogramme, Organisationsstrukturen und Umweltdaten. Siehe z. B. *H. A. Simon/D. W. Smithburg/V. A. Thompson,* Public Administration, New York 1950, S. 57 ff.; *H. A. Simon,* Administrative Behavior: A Study of Decision-Making in Administrative Organization, 2. Aufl., New York 1957, S. XXX f.; ders., Administrative Decision Making, Public Administration Review 25 (1965) 31–37 (S. 34 ff.).
Auf die unzureichende Ausarbeitung der politischen Theorie, die in dieser Organisations- und Entscheidungstheorie vorausgesetzt ist, weist mit Recht hin *H. J. Storing,* The Science of Administration: Herbert A. Simon, in: *H. J. Storing* (Hrsg.), Essays on the Scientific Study of Politics, New York 1962, S. 63–150 (99 f.).

5 Siehe *N. Luhmann,* Reflexive Mechanismen, Soziale Welt 17 (1966), S. 1–23. Neu gedruckt in: ders., Soziologische Aufklärung, Köln–Opladen 1970.

6 Einige empirische Forschung scheint sich unter dem Begriff der "deferred gratification" oder ähnlichen Leitvorstellungen zu sammeln. Sie bezieht sich aber bisher in der Hauptsache auf das Verhältnis von Zeithorizont und sozialer Schichtung. Siehe z. B. *L. H. LeShan,* Time Orientation and Social Class, The Journal of Abnormal and Social Psychology 47 (1952), S. 589–592; *L. Schneider/S. Lysgaard,* The Deferred Gratification Pattern: A Preliminary Study, American Sociological Review 18 (1953), S. 142–149; *M. A. Straus,* Deferred Gratification, Social Class and the Achievement Syndrome, American Sociological Review 27 1962), S. 326–335. Vgl. ferner *N. Elias,* Problems of Involvement and Detachment, The British Journal of Sociology 7 (1956), S. 226–252.

7 Die Gründe, aus denen diese Formulierung die Begriffe Zweck und Mittel vermeidet, werden sogleich erläutert werden.

8 Siehe als typische Formulierungen dieser grundlegenden Position der klassischen Organisationslehre z. B. *W. Schramm,* Die betrieblichen Funktionen und ihre Organisation. Berlin–

Leipzig 1936, S. 41; *F. Nordsieck*, Betriebsorganisation: Lehre und Technik. Textband, Stuttgart 1961, Sp. 34 ff.; *A. Litterer*, The Analysis of Organizations, New York–London–Sydney 1965, S. 246 ff.

[9] Als Überblick über die organisationssoziologische Argumentation vgl. *N. Luhmann*, Zweck-Herrschaft-System: Grundbegriffe und Prämissen Max Webers, in diesem Band S. 92 ff.

[10] Vgl. dazu *H. Kaufman*, Emerging Conflicts in the Doctrines of Public Administration, The American Political Science Review 50 (1956), S. 1057–1073, oder *M. Landau*, The Concept of Decision-Making in the "Field" of Public Administration, in: *S. Mailick/E. H. van Ness* (Hrsg.), Concepts and Issues in Administrative Behavior, Englewood Cliffs, N. J., 1962, S. 1–28. Als einflußreiche Kritiken der Abgrenzung durch das Zweck/Mittel-Schema, die in den 40er Jahren eine stärkere Hinwendung zu Führungs- und Entscheidungstheorien ausgelöst haben, vgl. das bereits zitierte Buch von Simon (dt. Übers. d. 1. Aufl., Das Verwaltungshandeln, Stuttgart 1955); *D. Waldo*, The Administrative State: A Study of the Political Theory of American Public Administration, New York 1943; *P. H. Appleby*, Policy and Administration, o. O. (Univ. of Alabama Press), 1949.

[11] Vgl. auch *H. A. Simon*, The Architecture of Complexity, Proceedings of the American Philosophical Society 106 (1962), S. 467–482, der mit ähnlichen Argumenten die Notwendigkeit einer Hierarchie (i. S. v. Untersystembildung) in allen komplexen Systemen begründet.

[12] Vgl. etwa *K. Mannheim*, Ideologie und Utopie, 3. Aufl., Frankfurt 1952, S. 95 ff. Es ist wert festzuhalten, daß Mannheims Konzeption mit den amerikanischen Versuchen, Politik und Verwaltung wie Zweck und Mittel voneinander abzugrenzen, in Albert Schäffle einen gemeinsamen Ahnen hat. Dieser geistesgeschichtliche Zusammenhang bestätigt die Vermutung, daß das scheinbar so rationale Zweck/Mittel-Schema die Tendenz hat, im Zweckbegriff in, seien es naturhafte, seien es irrationale Grundannahmen umzuschlagen.

[13] Hierzu ausführlicher *N. Luhmann*, Recht und Automation in der öffentlichen Verwaltung: Eine verwaltungswissenschaftliche Untersuchung. Berlin 1966, S. 35 ff.

[14] Siehe Näheres bei: *N. Luhmann*, Lob der Routine, in diesem Band S. 130 ff., und dems., Funktionen und Folgen formaler Organisation, Berlin 1964, S. 97 ff.

[15] Beobachtungen in dieser Richtung werden von der neueren Literatur vielfach mitgeteilt. Vgl. statt anderer *H. P. Bahrdt*, Industriebürokratie, Stuttgart 1958; *H. A. Simon*, The Corporation: Will it be Managed by Machines?, in: *M. Anshen/G. L. Bach* (Hrsg.), Management and the Corporations 1985, New York–Toronto–London 1960, S. 17–55 (50 f.); *M. Crozier*, Le phénomène bureaucratique, Paris 1963, z. B. S. 32 f., 114 ff., 142 ff.

[16] Demgegenüber findet man nicht selten die Ansicht, daß Routineentscheidungen gar keine »echten« Entscheidungen seien. Vgl. z. B. *E. Heinen*, Die Zielfunktion der Unternehmung, in: Festschrift Erich Gutenberg, Wiesbaden 1962, S. 9–71 (59); *G. Hartfiel/L. Sedatis/D. Claessens*, Beamte und Angestellte in der Verwaltungspyramide, Berlin 1964, S. 86 ff.; *E. Witte*, Analyse der Entscheidung: Organisatorische Probleme eines geistigen Prozesses, Festschrift für Erich Kosiol, Berlin 1964, S. 101–124 (112); *J. Bidlingmaier*, Unternehmerziele und Unternehmerstrategien, Wiesbaden 1964, S. 147 ff. Dabei scheint als Kriterium der »Echtheit« die Verwendung des Zweck/Mittel-Schemas zu fungieren. Angesichts vieler schwieriger Entscheidungen (z. B. solche juristischer Art), die dieses Schema nicht verwenden, ist das jedoch eine viel zu enge Auffassung des Entscheidungsprozesses.

[17] Bemerkenswert sind in diesem Zusammenhang vielfältige Ansätze zu einer Kritik der klassischen Prämisse einer Einheitlichkeit des zweckrationalen Entscheidungsstils auf den verschiedenen Ebenen der Hierarchie. Siehe z. B. *A. Meier*, Rationale Führung und Leitung in der Unternehmung: Aufgabengliederung und Aufgabenverteilung in neuer Sicht. Stuttgart 1957, S. 16 ff.; *T. Parsons*, Some Ingredients of a General Theory of Formal Organization, in: *A. W. Halpin* (Hrsg.), Administrative Theory in Education, Chicago 1958, S. 40–72, neugedruckt in *T. Parsons*, Structure and Process in Modern Society, Glencoe, Ill., 1960, S. 59–96; *M. D. Mesarović/J. L. Sanders/C. F. Sprague*, An Axiomatic Approach to Organizations from a General Systems Viewpoint, in: *W. W. Cooper/H. J. Leavitt/M. W. Shelly, II* (Hrsg.), New Perspectives in Organization Research, New York–London–Sydney 1964, S. 493–512.

[18] Vgl. im einzelnen *N. Luhmann*, Kann die Verwaltung wirtschaftlich handeln? Verwaltungsarchiv 51 (1960), S. 97–115.

[19] Vgl. zum »Optimalitätsprinzip« in diesem Sinne *G. Gäfgen*, Theorie der wirtschaftlichen Entscheidung: Untersuchungen zur Logik und ökonomischen Bedeutung des rationalen Handelns, Tübingen 1963, S. 212 ff.

[20] Die Bedeutung des Ausmaßes an Interdependenzen – das ist natürlich eine Variable – für die Chance einer Kombination von Optimierung und Arbeitsteilung kann hier nicht angemessen erörtert werden. Vgl. dazu auch *H. Hax*, Die Koordination von Entscheidungen: Ein Beitrag zur betriebswirtschaftlichen Organisationslehre, Köln–Berlin–Bonn–München 1965, S. 104 ff.

[21] Klar ausgesprochen wurde diese Ausklammerung der Organisation eigentlich nur in der älteren Betriebswirtschaftslehre (vgl. z. B. *E. Gutenberg*, Die Unternehmung als Gegenstand betriebswirtschaftlicher Theorie, Berlin–Wien 1929, S. 26; *M. Lohmann*, Einführung in die Betriebswirtschaftslehre, 3. Aufl., Tübingen 1959, S. 22), während man sich heute unter dem Einfluß amerikanischer Konzeptionen häufig kritisch zu dieser Trennung einstellt, ohne immer die Konsequenzen für das Optimalitätsprinzip zu bedenken. Siehe z. B. *B. Gäfgen*, a.a.O. (Anm. 19), S. 196 ff., 218; folgerichtiger *Heinen*, a.a.O. (Anm. 16), S. 52 ff. Vgl. auch *R. Kramer*, Information und Kommunikation: Betriebswirtschaftliche Bedeutung und Einordnung in die Organisation der Unternehmung, Berlin 1965, und *H.-G. Krüsselberg*, Organisationstheorie, Theorie der Unternehmung und Oligopol: Materialien zu einer sozialökonomischen Theorie der Unternehmung, Berlin 1965, mit weiteren Nachweisen.

[22] Zum ausdrücklichen Bestandteil ihrer grundbegrifflichen Prämissen machen diese Ausklammerungen neuere Bestrebungen, die unter dem Titel einer Theorie der "teams" vorgetragen werden. Vgl. *J. Marschak*, Towards an Economic Theory of Organization and Information, in: *R. M. Thrall/G. H. Combs/R. L. Davids* (Hrsg.), Decision Processes. New York–London 1954, S. 187–220, und ders., Elements of a Theory of Teams, Management Science 1 (1955), S. 127–137. Als entgegengesetzten Versuch, Motivationsfragen in die wirtschaftswissenschaftliche Entscheidungstheorie einzubeziehen, siehe etwa *O. E. Williamson*, The Economics of Discretionary Behavior: Managerial Objectives in a Theory of the Firm, Englewood Cliffs, N. J., 1964.

[23] Eine Kritik des Prinzips einzig-richtiger Lösungen unter diesem Blickwinkel findet sich bei *Crozier*, a.a.O. (Anm. 15), insbes. S. 211 ff. – Eine vermittelnde Rolle nimmt hier neuerdings die sog. »Koalitionstheorie« ein, die unterschiedliche Motivationsstrukturen und politisches Spiel zuläßt bei der Kalkulation der Bedingungen einer Zusammenarbeit, danach bei der Durchführung der Koalition aber nicht mehr. Siehe als eine gute Einführung *J. G. March*, The Business Firm als a Political Coalition, The Journal of Politics 24 (1962), S. 662–678.

[24] Leider sind die üblichen Theorien der Arbeitsteilung im Blick auf Produktionsorganisationen entworfen worden und erfassen diese Besonderheit der Entscheidungsorganisationen nicht. So ist es zwar ein Gemeinplatz, daß Arbeitsteilung den Koordinationsbedarf und damit Kosten steigen läßt, hingegen kaum bewußt, daß Arbeitsteilung auch Implikationen für die erreichbare Rationalität des Entscheidens hat.

[25] Vgl. hierzu grundsätzlich: *Ch. E. Lindblom*, The Intelligence of Democracy: Decision Making Through Mutual Adjustment, New York–London 1965.

[26] Diesen Begriff und seine Unterscheidung von allgemeinen, unspezifischen Sprachen erörtern *M. W. Shelly/G. L. Bryan*, Judgments and the Language of Decisions, in: dies. (Hrsg.), Human Judgments and Optimality, New York–London–Sydney 1964, S. 3–36 (insbes. S. 11 ff.).

[27] Vgl. dazu auch *Hax*, a.a.O. (Anm. 20), S. 73 ff.; ferner meine oben Anm. 13 und 14 angegebenen Schriften.

[28] Vgl. auch *N. Luhmann*, Funktionale Methode und Systemtheorie, Soziale Welt 15 (1964), S. 1–25. Neu gedruckt in: ders., Soziologische Aufklärung, Köln–Opladen 1970; ders., Zweckbegriff und Systemrationalität, Tübingen 1968.

[29] Dieses Problem der äußersten Komplexität oder absoluten Kontingenz wird heute in zwei grundverschiedenen Forschungsrichtungen erfaßt und bearbeitet: in der transzendentalen Phänomenologie Edmund Husserls und in der Kybernetik.

[30] In diesem Sinne spricht die neuere Soziologie von "structural strain". Siehe z. B. *N. J. Smelser*, Theory of Collective Behavior, New York 1963, S. 67 ff. u. ö.; *A. L. Bertrand*, The

Stress/Strain Element of Social Systems: A Micro Theory of Conflict and Change, Social Forces 42 (1963), S. 1–9; oder als eine vortreffliche Einzelfallstudie *B. R. Clark*, The Open Door College: A Case Study, New York–Toronto–London 1960.

31 Vgl. dazu den Begriff der "requisite variety" bei *W. R. Ashby*, An Introduction to Cybernetics. London 1956. Siehe als Erörterung einer solchen Relation für psychische bzw. soziale Systeme auch *O. J. Harvey/H. M. Schroder*, Cognitive Aspects of Self and Motivation, und *H. M. Schroder/O. J. Harvey*, Conceptual Organization and Group Structure, beides in *O. J. Harvey* (Hrsg.), Motivation and Social Interaction, New York 1963, S. 95–133 bzw. 134–166.

32 Als ein sehr klares Beispiel siehe den Begriff der "internal motivation" in der Instinkttheorie von *R. L. Marcus*, The Nature of Instinct and the Physical Bases of Libido, General Systems 7 (1962), S. 133–156. Der Grundgedanke besagt: Wenn die Welt für ein organisches System infolge seiner Wahrnehmungsausrüstung übermäßig komplex wird, muß das System eine eigene, nicht unmittelbar auf Umweltauslösern beruhende Motivationsstruktur entwickeln als internen Mechanismus der Reduktion von Komplexität. Intern müssen solche Mechanismen deshalb sein, weil die Welt übermäßig komplex ist und als solche auch erhalten bleiben soll, da diese Art der Welterfassung bessere Überlebenschancen eröffnet. Jede externe Reduktion würde aber die Komplexität der Welt für das System zum Verschwinden bringen. Deshalb müssen die Mechanismen der Absorption von Komplexität von außen nach innen verlegt werden.

33 Der wichtigste Vorteil scheint mir zu sein, daß sich mit diesem Begriff der Rationalität eine Überwindung des radikalen Schismas von empirisch-erklärenden und rational-normierenden Wissenschaften abzuzeichnen beginnt. Dazu näher meine oben in Anm. 1 zitierte Schrift über Theorie der Verwaltungswissenschaft.

34 Diese These, daß Unabhängigkeit und Abhängigkeit der Teilsysteme bei Steigerung der Komplexität miteinander zunehmen müssen, läßt sich nur ausarbeiten, wenn man auf eine heimliche Prämisse mancher politischer Theorien verzichtet, nämlich auf die Prämisse konstanter Machtsummen. Es steht auch einem sachgemäßen Verständnis der Trennung von Politik und Verwaltung im Wege, wenn man ohne weiteres unterstellt, daß ein Machtgewinn der Bürokratie notwendig einen entsprechenden Machtverlust der Politiker herbeiführe und umgekehrt. Dabei wird nicht berücksichtigt, daß Macht im System eine Variable ist und durch Steigerung der strukturellen Komplexität, also durch Organisation, wächst, so daß beide Seiten an Einfluß aufeinander gewinnen können. Vgl. hierzu auch *R. Likert*, New Patterns of Management, New York–Toronto–London 1961, S. 55 ff., 146 ff., 179 ff.; *A. S. Tannenbaum*, Control and Effectiveness in a Voluntary Organization, The American Journal of Sociology 67 (1961), S. 33–46 (35 f.); ders., Control in Organizations: Individual Adjustment and Organizational Performance, Administrative Science Quarterly 7 (1962), S. 236–257 (247 ff.); *T. Parsons*, On the Concept of Influence, Public Opinion Quarterly 27 (1963), S. 37–62 (59 ff.).

35 Wie wichtig diese Entlastung ist, läßt sich an zahlreichen Erfahrungen von Entwicklungsländern ablesen, in denen trotz aller Schwierigkeiten eine bürokratische Verwaltung immer noch leichter aufzubauen ist als eine funktionsfähige Politik. Die Bürokratie wird dann mit politischen Funktionen überlastet, sie muß selbst für Macht, Konsens und gesellschaftliche Unterstützung sorgen und wird so davon abgehalten, hinreichend spezifische, unpersönlich und objektiv ablaufende Entscheidungsroutinen zu entwickeln. Vgl. dazu *S. N. Eisenstadt*, Bureaucracy, Bureaucratization and Debureaucratization, Administrative Science Quarterly 4 (1959), S. 302–320; ders., Problems of Emerging Bureaucracies in Developing Areas and New States, in: *B. F. Hoselitz/W. E. Moore*, Industrialization and Society, o. O. (UNESCO-Mouton) 1963, S. 159–174; *J. La Palombara* (Hrsg.), Bureaucracy and Political Development, Princeton, N. J., 1963; *L. W. Pye*, The Political Context of National Development, in: *I. Swerdlow* (Hrsg.), Development Administration: Concepts and Problems, Syracuse, N. Y., 1963, S. 25–43; *A. Diamant*, Bureaucracy in Development Movement Regimes: A Bureaucratic Model for Developing Societies (mir vorliegend als hektographiertes "occasional paper" der Comparative Administration Group der American Society for Public Administration, Oct. 1964), insbes. S. 75, 79 f.

[36] Hierzu und zum folgenden auch: *N. Luhmann,* Grundrechte als Institution: Ein Beitrag zur politischen Soziologie, Berlin 1965, S. 151 ff.

[37] Vgl. *J. A. Schumpeter,* Kapitalismus und Demokratie, Dt. Übers., Bern 1946, S. 427 ff., und als einen interessanten Versuch der Nachkonstruktion dieser wahltaktischen Rationalität mit Hilfe der Modelle der klassischen ökonomischen Theorie *A. Downs,* An Economic Theory of Democracy, New York 1957.

[38] Von Entscheidungsprogrammen spricht man im allgemeinen nur, wenn eine Planung unbestimmt oft wiederholbarer Problementscheidungen vorliegt. Der Begriff der Planung wird deshalb hier als Oberbegriff gebraucht, der auch komplexe Einzelfallplanungen einschließt, sofern die Voraussetzung der Reflexivität erfüllt ist.

[39] Dies ist im übrigen eines der Argumente, mit denen die Notwendigkeit des Rechtsstaates auch soziologisch begründet werden kann. Vgl. näher *N. Luhmann,* Gesellschaftliche und politische Bedingungen des Rechtsstaates, in diesem Band S. 53 ff.

[40] Eine Interpretation der juristischen Entscheidungsarbeit unter diesem Gesichtspunkt habe ich vorgelegt in: Recht und Automation in der öffentlichen Verwaltung, a.a.O. (Anm. 13), S. 49 ff.

[40a] Vgl. dazu auch die allgemeine Erörterung des Verhältnisses von Organisationstheorie und politischer Theorie bei *H. Kaufman,* Organization Theory and Political Theory, The American Political Science Review 58 (1964), S. 5–14.

[41] Auch *Simon* versteht in seiner Organisationstheorie individuelle Persönlichkeit als Komplex von Entscheidungsprämissen. Das zeigt sich zum Beispiel an der Art, wie er Fragen der Loyalität, der Identifikation und der Ausbildung behandelt. Vgl. Das Verwaltungshandeln, a.a.O. (Anm. 10), S. 131 ff.; *Simon/Smithburg/Thompson,* a.a.O. (Anm. 4), S. 55 ff., 366 ff.

[42] In diesem Rahmen wäre z. B. die klassische These einer Kongruenz von Hierarchie und Zweck/Mittel-Schema (vgl. oben S. 274 f.) kritisch zu diskutieren. Auch in der neueren Organisationstheorie findet man entschiedene Vertreter dieses Gedankens einer Parallelität von Organisationsstruktur und Programmstruktur. Vgl. z. B. *J. G. March/H. A. Simon,* Organizations, New York–London 1958, S. 150, 194 ff.; *W. R. Dill,* Administrative Decision-Making, in: *S. Malick/E. H. Van Ness* (Hrsg.), Concepts and Issues in Administrative Behavior, Englewood Cliffs, N. J., 1962, S. 29–48; *Gäfgen,* a.a.O. (Anm. 19), S. 213; *M. Irle,* Soziale Systeme: Eine kritische Analyse der Theorie von formalen und informalen Organisationen, Göttingen 1963, S. 99. Andererseits fehlt es an kritischen Stimmen nicht –, vgl. z. B. *W. R. Scott,* Theory of Organizations, in: *R. E. L. Faris* (Hrsg.), Handbook of Modern Sociology, Chicago 1964, S. 485–529 (494 f.). In der Tat kann diese Auffassung dem gesamten Bereich der juristischen Entscheidungsarbeit kaum gerecht werden, weil sie allein auf Zweckprogramme und nicht auf Konditionalprogramme abgestellt ist.

[43] Bekanntlich gibt es aber in beiden Bereichen, in der Jurisprudenz ebenso wie in den Wirtschaftswissenschaften, Ansätze zu »realistischen« Entscheidungstheorien, die auch Gedankengut zu einer Theorie politischer Planung beizusteuern vermögen. Man denke an die namentlich in den Vereinigten Staaten gepflegten Doktrinen des "legal realism" und an die behavioristisch orientierten Forschungen über den Entscheidungsprozeß in Wirtschaftsunternehmen.

[44] Das ist der Sinn der These *Herbert A. Simons,* daß eine entscheidungstheoretische Organisationswissenschaft das Ideal des "optimizing behavior" aufgegeben und sich mit "satisfycing behavior" begnügen müsse. Vgl. Models of Man, Social and Rational: Mathematical Essays on Rational Human Behavior in a Social Setting, New York–London 1957, insbes. S. 170 ff., 241 ff.

[45] Themen dieser Art tauchen in der Literatur oft unter den Stichworten Korruption und Nepotismus auf. Das erfaßt jedoch die Tatsache nicht ganz, daß diese Beziehungen sehr oft durch gesellschaftlich fest institutionalisierte Erwartungen (z. B. solche der »Dankbarkeit«) gesteuert werden, die ihre eigene Moralität besitzen und von den Beteiligten als zwingend (und nicht als heimlich begangenes Unrecht) erlebt werden.

[46] Vgl. z. B. *R. L. Chapman/J. L. Kennedy/A. Newell/W. C. Biel,* The Systems Research Laboratory's Air Defense Experiments, Management Science 5 (1959), S. 250–269; *A. O. Hirschman/Ch. E. Lindblom,* Economic Development, Research and Development, Policy Making: Some Converging Views, Behavioral Science 7 (1962), S. 211–222; *W. R. Dill/N. Doppelt,* The Acquisition of Experience in a Complex Management Game, Management

Science 10 (1963), S. 30–46; *K. W. Deutsch,* The Nerves of Government: Models of Political Communication and Control, New York–London 1963, S. 94 ff., S. 163 ff.; *V. Cangelosi/W. R. Dill,* Organizational Learning: Observations Toward a Theory, Administrative Science Quarterly 10 (1965), S. 175–203.

47 Vgl. z. B. *March/Simon,* a.a.O., S. 172 ff.; *T. Burns/G. M. Stalker,* The Management of Innovation, London 1961; *R. L. Kahn/L. M. Wolfe/R. P. Quinn/D. J. Snoek,* Organizational Stress: Studies in Role Conflict and Ambiguity, NewYork–London–Sydney 1964, S. 125 ff.; *V. A. Thompson,* Bureaucracy and Innovation, Administrative Science Quarterly 10 (1965), S. 1–20; *J. Q. Wilson,* Innovation in Organization: Notes Toward a Theory, in: *J. D. Thompson* (Hrsg.), Approaches to Organizational Design, Pittsburgh 1966, S. 193–223; *A. L. Schiff,* Innovation and Administrative Decision Making: The Conservation of Land Resources, Administrative Science Quarterly 11 (1966), S. 1–30.

48 Sehr bedeutsam und offen ist auch die Frage, ob Marktorientierung oder Planorientierung die Innovation in wirtschaftlichen Organisationen stärker stimuliere. Sie wurde im "Round Table"-Treffen der International Political Science Association in Jablonna (19.–21. 9. 1966) ohne Ergebnis diskutiert.

49 Seit Selznicks Untersuchung eines Falles personeller "cooptation" von Umweltinteressen in die Verwaltung ist nicht zu übersehen, daß auch die widerspruchsvolle *personelle* Besetzung einer Behörde mit Exponenten divergierender Gesinnungen, Ausbildungen oder Interessen eine rationale politische Strategie der Verschiebung und Verkleinerung von Konflikten sein kann. Vgl. *P. Selznick,* Foundations of the Theory of Organization, American Sociological Review 13 (1948), S. 25–35 (33 ff.); ders., TVA and the Grass Roots, Berkeley–Los Angeles 1949, insbes. S. 13 ff., 259 ff.; ferner *J. D. Thompson/W. J. McEwen,* Organizational Goals and Environment: Goal-Setting as an Interaction Process, American Sociological Review 23 (1958), S. 23–31 (27 f.).

50 Daß auch politische Systeme, die ihren "input" stärker kontrollieren, eine Verwaltung brauchen, die Widersprüche in den Plänen übernehmen und abarbeiten kann, zeigt am Beispiel der Sowjetunion eine interessante Studie von *A. G. Frank,* Goal Ambiguity and Conflicting Standards: An Approach to the Study of Organization, Human Organization 17 (1958/59), S. 8–13.

51 Zum Gegensatz manifester und latenter Funktionen grundsätzlich *R. K. Merton,* Social Theory and Social Structure, 2. Aufl., Glencoe, Ill., 1957, insbes. S. 60 ff., oder *M. J. Levy,* The Structure of Society, Princeton, N. J., 1952, S. 83 ff. Als interessante Beiträge ferner *W. E. Moore/M. M. Tumin,* Some Social Functions of Ignorance, American Sociological Review 14 (1949), S. 787–795; *L. Schneider,* The Role of the Category of Ignorance in Sociological Theory: An Exploratory Statement, American Sociological Review 27 (1962), S. 492–508; *P. L. Berger,* Invitation to Sociology: A Humanistic Perspective, Garden City, N. Y., 1963, S. 25 ff.; *A. W. Gouldner,* Theoretical Requirements of the Applied Social Sciences, American Sociological Review 22 (1957), S. 92–102, und unter dem Gesichtspunkt einer langfristigen sozialwissenschaftlichen Rationalisierung besonders *H. Schelsky,* Über die Stabilität von Institutionen, besonders Verfassungen: Kulturanthropologische Gedanken zu einem rechtssoziologischen Thema, Jahrbuch für Sozialwissenschaft 3 (1952), S. 1–21 (13 ff.), sowie *R. K. Merton,* Social Problems and Sociological Theory, in *R. K. Merton/R. A. Nisbet* (Hrsg.), Contemporary Social Problems: An Introduction to the Sociology of Deviant Behavior and Social Disorganization, New York–Burlingame 1961, S. 697–737 (708 ff.).

52 Siehe z. B. *B. R. Clark,* Adult Education in Transition: A Study of Institutional Insecurity, University of California Publications in Sociology and Social Institutions 1, 2 (1956), S. 43–202, und vor allem *H. Peters,* Das Verhältnis von Wertsystem und Sozialwissenschaften innerhalb der beruflichen Sozialarbeit, Soziale Welt 16 (1965), S. 246–259.

53 Vgl. *A. Newell/H. A. Simon,* Heuristic Problem Solving, Operations Research 6 (1958), S. 1–10, 499–500; *H. A. Simon,* The New Science of Management Decision, New York 1960, S. 21 ff.; *H. Greniewski,* Intention and Planning: A Primer of Cybernetics of Planning, Management Science 11 (1965), A S. 763–782.

54 Vgl. grundlegend *E. Forsthoff,* Die Verwaltung als Leistungsträger, Stuttgart–Berlin 1938, und ders., Rechtsfragen der leistenden Verwaltung, Stuttgart 1959; ferner *H. Huber,* Recht, Staat und Gesellschaft, Bern 1954; *W. Loschelder/H. Klüber,* Die Wahrung der öffentlichen

Sicherheit und Ordnung in ihrem Verhältnis zur Leistungsverwaltung, Deutsches Verwaltungsblatt 72 (1956), S. 819; *W. Lepsien,* Prinzipien der Leistungsverwaltung, Diss. Münster 1961.

[55] Es muß jedoch angemerkt werden, daß diese verschiedenen Entgegensetzungen sich im juristischen Sprachgebrauch nicht voll decken, daß es z. B. zahlreiche »begünstigende Verwaltungsakte« gibt, die nicht Geld oder geldwerte Güter auf Kosten anderer zuteilen, sondern lediglich eine Ausnahme von einem an sich bestehenden Verbot gewähren.

[56] So ist in der Bundesrepublik seit ihrer Gründung eine starke Tendenz zur Abwälzung von Entscheidungen, die politischer Planung und Verantwortung bedürften, auf die Justiz zu beobachten, was auf ein Unterfunktionieren der politischen Prozesse schließen läßt. Vgl. dazu *W. Weber,* Spannungen und Kräfte im westdeutschen Verfassungssystem, 2. Aufl., Stuttgart 1958, insbes. S. 96 ff., und *F. Werner,* Das Problem des Richterstaates, Berlin 1960. Diese Tendenz wird durch die in Juristenkreisen verbreitete Auffassung gestützt, daß es Rechtsprobleme gibt, die so schwierig sind, daß sie durch Gesetzgebung gar nicht gelöst werden können. Als Untersuchungen rechtspolitischer Einzelprobleme, die der vorherrschenden Tendenz zum Richterrecht entgegentreten, vgl. *F. Becker/N. Luhmann,* Verwaltungsfehler und Vertrauensschutz: Möglichkeiten gesetzlicher Regelung der Rücknehmbarkeit von Verwaltungsakten, Berlin 1963, und *N. Luhmann,* Öffentlich-rechtliche Entschädigung rechtspolitisch betrachtet, Berlin 1965.

[57] Vgl. hierzu die ausgiebige Diskussion des staff-line-Problems in den Vereinigten Staaten. Einführend *F. Morstein Marx,* Zum Ursprung des Stabsbegriffs in den Vereinigten Staaten: Zuwanderung und Anpassung, Verwaltungsarchiv 55 (1964). S. 97–150. Repräsentativ für die Diskussion in der industriellen Verwaltungslehre Ernest Dale, Planning and Developing the Company Organization Structure, New York 1952, insbes. S. 83 ff. Einen lebendigen Erfahrungsbericht findet man bei *M. Dalton,* Men Who Manage, New York–London 1959. Über Planungsstäbe von Gewerkschaften siehe auch *H. L. Wilensky,* Intellectuals in Labor Unions: Organizational Pressures on Professional Roles, Glencoe, Ill., 1956. Man kann vielleicht resumieren, daß das Prinzip der »Einheit der Leitung« nicht mehr als alleinseligmachende Regel gilt, daß aber die Anforderungen an die Komplexität der Organisation und an das Verhalten der Beteiligten beträchtlich wachsen, wenn man es aufgibt oder abschwächt.

[58] Allerdings auf dem Hintergrund besonderer gesellschaftlicher Bedingungen, die sich nicht kopieren lassen. Siehe dazu etwa *H. H. Dale,* The Higher Civil Service in Great Britain, o. O. (Oxford U. P.), 1941.

Zweck – Herrschaft – System

Grundbegriffe und Prämissen Max Webers

I.

Das Bürokratiemodell *Max Webers* ist ein vertrauter und bewährter Erkenntnisbesitz unserer Organisationsforschung. Und auch die Einsicht, daß die Rationalisierung des öffentlichen Lebens sich unaufhaltsam und auf allen Gebieten durch bürokratische Verwaltung vollzieht, hat sich durchgesetzt. Sie bedarf keiner Empfehlung mehr. Die Auseinandersetzung mit dieser Konzeption, das Hin- und Herwenden ihrer Begriffe, Versuche des Umbaus, der Ergänzung, der empirischen Kontrolle sind Gegenstand laufender wissenschaftlicher Arbeit. Dieses Jahr, in dem der Geburtstag Webers zum hundertsten Male wiederkehrt, wird daher kein Jahr des Anstoßes sein. Eher scheint es ein Jahr des Gedenkens und der feierlichen Würdigung zu werden.
Die Auseinandersetzung mit Max Weber wird weder in der Detailforschung noch im geschichtlichen Rückblick auf Person und Werk lebendig bleiben. Einer großen Aussage kann man nur von ihren Denkvoraussetzungen her gerecht werden. Die letzten, undefinierten Bezugsbegriffe einer Theorie bleiben immer in ein gewisses Dunkel gehüllt. Oft hat die Kraft einer Darstellung gerade dieses Dunkel zur Voraussetzung. Dann kann sich in der Einzelforschung ein Wandel der Orientierung anbahnen, der lange Zeit unbemerkt bleibt. Man wird durch einprägsame Begriffe und Vorstellungskombinationen getäuscht und übersieht, daß der Bezugsrahmen der Begriffe sich verschoben hat und sie selbst dadurch einen anderen Sinn bekommen haben. Daher ist die Frage berechtigt, ob Webers Selbstverständlichkeiten noch unsere Selbstverständlichkeiten sind, ob wir seine Kategorien noch in seinem Sinne verstehen. Eine Kritik an Weber müßte, wollte sie maßvoll und gerecht bleiben, seine Absichten und seine Denkansätze hinnehmen. Ein Gespräch mit ihm sollte gerade seine Prämissen zum Gegenstand haben.
Weber legt, was heute wohl allgemein akzeptiert wird, der Soziologie den Begriff des sozialen Handelns zugrunde, damit ein Handeln bezeichnend, das seinem gemeinten Sinn nach auf das Verhalten anderer bezogen ist. Diese Sinnbeziehung legt das begriffliche Fundament, auf welches Weber seine Typen des Handelns und, auf einer höheren Ebene der Komplexität, seine Typen der sozialen Beziehungen aufbaut: Handlungstypen und Beziehungstypen unterscheiden sich demnach als Auslegungen dieser Sinnbeziehung, als Typen der Handlungsorientierung.
Für die Wahl der differenzierenden, typenbildenden Gesichtspunkte gewinnt Weber aus seinem Handlungsbegriff keine schlüssigen Direktiven [1]*. Er konstruiert seine Typen nicht im Wege einer theoretisch rückversicherten Klassifikation, sondern unter freier Verwendung eines Gegensatzes von traditionaler, emotionaler und rationaler Orientierung. Dabei fließen als selbstverständlich gewisse Annahmen über Rationalität des Handelns ein, welche die weiteren Untersuchungen in eine bestimmte Richtung führen und Webers Urteil über die Bürokratie als Instrument rationaler Herrschaft

* Anmerkungen siehe S. 107–112.

begründen helfen. Diese Annahmen, die in Webers Gesamtwerk eine zentrale Stellung haben, sind Gegenstand unserer Überprüfung.

Der Zugang zu ihnen wird durch die nicht sehr glückliche Unterscheidung von Zweckrationalität und Wertrationalität erschwert. Zweckrational nennt Weber ein Handeln, das als Mittel für erstrebte und abgewogene eigene Zwecke motiviert ist; wertrational ein Verhalten, das rein als solches unabhängig von Erfolgen geschätzt wird. In der Erläuterung dieser Unterscheidung [2] betont Weber jedoch, daß auch die Entscheidung über einen Zweck wertrational durch Glauben an den Eigenwert des Zweckes motiviert sein kann. Die Unterscheidung drückt aus, daß nicht alles Handeln an Zwecken orientiert ist und daß nicht alle Zwecke wertrational, sondern manche auch affektuell oder traditional bestimmt sind. Aber diese Randfälle, in denen Zweckrationalität und Wertrationalität auseinanderfallen, sind, wie Weber selbst beiläufig sieht, nicht eigentlich mehr rationales Verhalten. Die Unterscheidung bringt keine letzte Klarheit in die Orientierungsstruktur rationalen Handelns. Diese besteht einfach darin, daß der Handelnde sein Handeln kausal auslegt, es als Bewirken einer spezifischen Wirkung versteht und entweder die Ursache (das Handeln selbst) oder die Wirkung (als vorgestellten Zweck) nach Wertgesichtspunkten auswählt. Kausalauslegung und Werthorizont bedingen sich wechselseitig [3] und machen zusammen, aber nicht als gegensätzliche Typen, die Rationalstruktur des Handelns aus. Der Zweckbegriff bezeichnet lediglich spezifische Wirkungen des Handelns, die für so wertvoll gehalten werden, daß ihretwegen andere Folgen des Handelns ignoriert oder in Kauf genommen werden können.

Diese Paraphrase zu Max Webers Begriff des rationalen Handelns erscheint zunächst als eine leichte, klarstellende Korrektur, solange man die Einzelhandlung vor Augen hat. Ihre Tragweite zeigt sich erst, wenn man zu einer höheren Ebene der Komplexität aufsteigt und Handlungssysteme untersucht, an denen mehrere Personen beteiligt sind.

Seit den Zeiten Max Webers ist, namentlich durch die Entwicklung der Wirtschaftswissenschaften, eine Schwierigkeit deutlicher bewußt geworden: daß Rationalität auf der Ebene des Einzelhandelns nicht dasselbe ist wie Rationalität auf der Ebene des sozialen Systems. Anders gefaßt: Die Rationalität eines sozialen Systems kann nicht allein dadurch gesichert werden, daß alle Beteiligten rational handeln. Sie setzt systemeigene Sinnkombinationen, vielleicht sogar ganz andersartige Kategorien des Verständnisses voraus. Bei Weber selbst erscheint dieses Problem nur sehr indirekt und in einer besonderen Form, nämlich darin, daß er bei der Analyse sozialer Systeme von Zweck/Mittel-Kategorien zu Kategorien der Herrschaft überwechselt. Das Zweck/Mittel-Schema wird zwar als Grundform der Handlungsrationalität nicht aufgegeben, aber Weber trägt der Tatsache Rechnung, daß die meisten sozialen Systeme, vor allem: politische Systeme, nicht auf spezifische Zwecke und spezifische Mittel festgelegt sind, sondern ihre Zwecke und Mittel ändern können. Sie gelten ihm als rational, sofern sie Mittel finden, ihre *jeweiligen* Zwecke zu erfüllen. Ihre theoretische Erfassung setzt daher auch nicht mit einer Charakterisierung ihrer besonderen Zwecke an, sondern bei einem Mittel, das so generalisiert ist, daß es verschiedenen und wechselnden Zwecken dienen kann: der Herrschaft.

Die Rationalität der Herrschaft mißt sich an ihrer Eignung als Mittel für beliebige, änderbare Zwecke. Diese Eignung beruht darauf, daß Herrschaft als zuverlässige Willensübertragung durch Befehl verstanden wird, die aus angebbaren Gründen und in gewissen Grenzen im voraus akzeptiert wird. Wer Herrschaft ausübt, ist in der Lage, seine Zwecke zu Zwecken anderer zu machen. Und nicht nur das; er kann auf Grund dieser Chance neuartige Zwecke konzipieren, die er allein niemals erfüllen könnte. Er kann Rationalität potenzieren dadurch, daß er *generell* in der Lage ist, anderen ihre Entscheidungsprämissen zu diktieren. Ganz folgerichtig sind es deshalb letztlich die Gründe und Grenzen dieser Pauschalakzeptierung, der »Legitimität« der Herrschaft, von denen die Rationalisierbarkeit eines sozialen Systems abhängt. Die Typen der Herrschaftslegitimierung, die Weber in Anlehnung an die Typen der Handlungsorientierung (kennzeichnenderweise aber unter Auslassen der reinen Zweckrationalität) konzipiert, nämlich rationale, traditionale und charismatische Legitimation, bestimmen die erreichbare Rationalität einer sozialen Ordnung. Die rationale Legitimation ist genau auf die Eignung der Herrschaft als Mittel abgestellt. Sie besteht rein formal im Glauben an ein regulativ bedingtes und begrenztes Recht zum Befehl: zur allgemeinen Regelsetzung und zur konkreten Anweisung. Die Rationalisierung der Weltzivilisation vollzieht sich als legale Herrschaft über und durch einen bürokratischen Verwaltungsstab.

Eine Konzeption von so eindrucksvoller Geschlossenheit läßt sich von innen heraus nicht widerlegen. Geht man auf ihre Prämissen ein, bleibt man in ihr gefangen. Die zwei maßgebenden Prämissen: Das Zweck/Mittel-Schema und die Befehlsautorität sowie ihre Verbindung durch die Vorstellung der Herrschaft als generalisiertes Mittel wird man heute jedoch nicht mehr unbefangen übernehmen können. Es versteht sich nicht mehr von selbst, daß das Zweck/Mittel-Schema als Modell der *Handlungs*rationalität im gleichen Sinne auch die Rationalstruktur sozialer *Systeme* beschreibt. Und weiter wäre zu überprüfen, ob der Befehl wirklich diejenige Kommunikationsform ist, welche typisch und vor allen anderen die Rationalisierung trägt. Schließlich ist es eine offene Frage, was mit der verbindenden Brücke zwischen Zweckmodell und Befehlsmodell: mit der Bezeichnung der Herrschaft als Mittel, überhaupt gewonnen ist. Welchen Erkenntniswert hat die Charakterisierung als Mittel noch, wenn man jede Aussage über einen spezifischen Zweck vermeidet?

Zweck/Mittel-Orientierung, Befehlsgebung und Legitimation der Herrschaft werden bei Weber, wie überhaupt in der klassischen Organisationstheorie, als *rein interne* Vorgänge in organisierten Systemen aufgefaßt. Die Problematik im Verhältnis des Systems zu seiner Umwelt wird ignoriert; und damit werden auch die Rückwirkungen übersehen, die sich aus Umweltbeziehungen für die interne Organisation und für rationales Verhalten im System ergeben. Dahinter steht die Prämisse: daß es nur eine richtige, idealtypische oder optimale Form innerer Systemrationalität gibt und daß mit dem Erreichen dieser inneren Rationalität sich zugleich eine harmonische Beziehung zur Umwelt einstellt. Diese Prämisse, die es erlaubte, die Systemumwelt in der Theorie zu vernachlässigen, scheint in der neueren Organisationsforschung mehr und mehr aufgegeben zu werden. Wir wollen versuchen, Webers klassisches Bürokratiemodell mit dieser neueren, zu sehr viel komplizierteren Vorstellungen fortschreitenden Entwicklung zu konfrontieren.

II.

Die Organisationsforschung, die erst nach dem Tode Max Webers in breitem Umfange einsetzte, ist an den angezeigten Grundfragen nicht achtlos vorübergegangen. So

schwierig es ist, den Stand der Forschung in wenigen allgemeinen Wendungen zu charakterisieren, so sicher ist eines: daß die Begriffe Zweck und Mittel und die Begriffe Befehl und Gehorsam ihre axiomatische Stellung als definierende Grundbegriffe verloren haben. Das heißt nicht ohne weiteres, daß die faktische Bedeutung der Orientierung an Zwecken oder Befehlsrechten geleugnet oder herabgesetzt würde – obwohl auch starke Tendenzen in dieser Richtung vorhanden sind; gemeint ist zunächst vielmehr nur ein theoretisches Revirement von Begriffen. Als dessen Folge werden Zweckorientierung und Befehlsgebung nicht mehr als letzte Grundbegriffe verwendet, die den Forschungsbereich der Wissenschaft definieren, so daß kein Tatbestand Beachtung finden kann, der sich nicht auf Zwecke oder Befehle zurückführen läßt; sondern sie werden als Variablen behandelt, deren faktisches Vorkommen, deren Funktion und deren Beziehung zu anderen Variablen Gegenstand der empirischen Forschung sind.
Diese Entwicklung hat sich nicht in kritischer Auseinandersetzung mit Max Weber vollzogen; vielmehr haben die Fronten sich zwischen der klassischen, hauptsächlich betriebswissenschaftlichen Organisationslehre und einer soziologischen Industrieforschung gebildet [4], die vornehmlich in den Vereinigten Staaten gepflegt wird und zunächst sehr wenig von Weber beeinflußt war. Es lohnt sich, über diese Kontroverse kurz zu berichten, weil in ihrem Verlauf jene Annahmen erschüttert wurden, von denen Weber ausging.
Die klassische Organisationslehre [5] hatte ihren Bemühungen um richtige, wirtschaftliche Organisation ein verhältnismäßig einfaches Begriffsbild zugrunde gelegt, das wir kurz als »Zweckmodell« der Organisation bezeichnen wollen: Organisationen werden als Systeme angesehen; ein System wird als Ordnung von Beziehungen verstanden, durch welche Teile zu einem Ganzen verknüpft werden; und das Verhältnis des Ganzen zu seinen Teilen wird durch das Zweck/Mittel-Schema interpretiert. Alle Teile des Systems haben sich als Mittel zum Zweck des Ganzen auszuweisen, und diese Charakterisierung ist zugleich Bedingung wissenschaftlicher Relevanz. Was sich nicht einfügt, wird als Störung gebucht, kann aber mit den relativ einfachen Denkmitteln des Zweckmodells nicht weiter erforscht werden.
Innerhalb dieses theoretischen Rahmens werden zwei verschiedene Versionen vertreten: Für die eine handelt es sich beim Organisationszweck um einen voll konsentierten Zweck, der alle Mitglieder auf Grund ihrer besonderen Interessen oder nach Diskussion überzeugt. Die andere sieht den Organisationszweck als Zweck eines Unternehmers oder Herrschers, der in der Lage ist, Hilfskräfte zu rein instrumentalem Handeln zu motivieren. Max Weber neigt deutlich zur zweiten Auffassung. Seine Wahl verrät gesunden, realistischen Blick, der ihn davor bewahrt, die »natürlichen« Konsenschancen zu überschätzen. Sie läßt sich innerhalb des klassischen Bezugsrahmens nicht kritisieren. Die Bedenken richten sich vielmehr gegen die Überschätzung der Zweck/Mittel-Orientierung als Strukturgesetz sozialer Systeme, also gegen den Ausgangspunkt der klassischen Theorie und damit gegen die Fragestellung, innerhalb derer Weber seine Variante wählt.
Nach dem Einsetzen empirischer Verhaltensforschung in Organisationen, an deren Ingangbringen Max Weber selbst maßgeblich beteiligt war [6], wurde bald deutlich, daß das faktische Verhalten in großen Arbeitssystemen nicht eindeutig von einem gemeinsamen Zweck aus zu begreifen ist. Das wirkliche Handeln in Organisationen zeigt eine Ordnung, in welcher der Organisationszweck zwar eine wesentliche Komponente, nicht

aber die allein entscheidende Grundlage ist. Man hatte natürlich immer gewußt, daß Menschen nicht all ihre Kräfte für die amtlich proklamierten Zwecke einsetzen, sondern mitunter bequem sind, Leistungen zurückhalten, Fehler begehen, gegen Vorschriften verstoßen. Neu und revolutionierend war jedoch die Entdeckung, zu der die berühmten Experimente von *Elton Mayo* und seinen Mitarbeitern in den Hawthorne-Werken der Western Electric Company führten [7]: daß diese Abweichungen einer sozialen Ordnung entsprachen, erwartet wurden und oft geradezu pflichtgemäß geschahen.

Aus dieser Erkenntnis konnte man verschiedenartige Folgerungen ziehen. Zunächst lag der Versuch nahe, die aufgefundene »informale Organisation« so zu beeinflussen, daß sie voll und ganz in den Dienst der formalen Organisationszwecke trat. Man kann heute sagen, daß diese Versuche der sogenannten "human-relations"-Bewegung gescheitert sind, und zwar daran gescheitert sind, daß sie ihre eigene Entdeckung rückgängig machen wollten. Dieser Fehlschlag beweist mithin nur die Tragweite der ursprünglichen Einsicht: daß die »informale Organisation« sich weder aus dem Organisationszweck ableiten noch auf ihn zurückführen läßt.

Dagegen hat die These, daß der Organisationszweck und seine Derivate nur ein Teil der Struktur einer Arbeitssituation sind, sich als außerordentlich fruchtbar erwiesen. Sie hat zu einer Reihe von wesentlichen Korrekturen am klassischen Bild der »zweckmäßigen« Organisation geführt, die sich unter folgenden Gesichtspunkten zusammenfassen lassen:

a) *Nicht alle Zwecke sind* in dem Sinne *»instruktiv«*, daß sich aus ihnen richtige Mittel, geschweige denn einzig-richtige Mittel, ableiten ließen. Das Gemeinwohl als Staatszweck, das Erringen politischer Macht als Parteizweck, die gesellschaftliche Betreuung ausländischer Studenten als Vereinszweck sind in unterschiedlichem Maße instruktive Entscheidungsrichtlinien, legen aber niemals Mittel eindeutig fest. Das, was als Organisationszweck proklamiert wird, ist oft nur eine vage, vieldeutige Rechtfertigungsvorstellung, die dem Handeln im einzelnen große Freiheit läßt und mehr dazu bestimmt ist, es gegen Angriffe zu schützen, als es anzuleiten [8]. Das Ausmaß, in welchem das Handeln durch den Organisationszweck wirklich programmiert wird, ist von Organisation zu Organisation verschieden.

b) Daß die praktische Bedeutung der Zweckorientierung variabel ist, bedeutet zugleich, *daß das Zweck/Mittel-Schema* in hohem Maße durch andere Formen der Rationalisierung *ersetzt werden kann.* So werden Schulen heute kaum noch durch praktisch-instruktive Zwecke mit feststellbaren Folgen (etwa: möglichst viele Schüler durch das Examen zu bringen) rationalisiert, sondern durch einen mit den Zeitströmungen wechselnden Kodex pädagogischen Verhaltens, der nur in sehr unbestimmten Rechtfertigungsvorstellungen (Bildung, Erziehung) zusammengefaßt ist. Die öffentliche Unterstützung der Schulen hängt nicht von dem Erreichen bestimmter Zwecke ab [9]. Webers Unterscheidung von Zweckrationalität und Wertrationalität versuchte, diesem Unterschied Rechnung zu tragen, versteht ihn aber als Typendifferenz und nicht als Verhältnis funktionaler Äquivalenz verschiedener Rationalisierungsmöglichkeiten.

c) Das Zweck/Mittel-Schema *schließt Widersprüche in der Orientierung des Handelns nicht aus,* weil Zwecke das Handeln nicht eindeutig determinieren. Das Gesamtziel dient der unvollkommenen Rationalisierung widerspruchsvoller Unterziele, die von den einzelnen Abteilungen oder Teilgruppen im System als ihre Zwecke verfolgt werden. Interne Konflikte, Ressortstreitigkeiten sind daher überall anzutreffen, da der

Gesamtzweck keine ausreichende Entscheidungsgrundlage bietet [10]. Überwiegend tendiert die Literatur heute dazu, diese »Zweck/Mittel-Verschiebung« als unvermeidlich, gleichwohl aber als eine Art bürokratische Unzulänglichkeit hinzustellen [11].

d) Darüber hinaus ist es möglich, *eine Organisation mit direkt widerspruchsvollen Zielen auszurüsten.* Eine widerspruchsvolle Zweckstruktur bedeutet, daß gegensätzliche, miteinander unvereinbare Handlungen gleichermaßen zulässig sind, so daß die Entscheidung zwischen ihnen praktisch auf nachgeordnete Instanzen delegiert wird. Durch kollidierende Planziele erreicht die sowjetische Verwaltung uneingestanden aber sinnvoll eine starke Dezentralisation und Situationsnähe der Entscheidungen [12]. In ähnlichem Sinne könnte man sagen, daß die teilweise widerspruchsvollen Systemziele von Lehre und Forschung an Universitäten die akademische Freiheit der Professoren zu sichern helfen.

e) Für Bestand und rationales Funktionieren einer Organisation ist es *nicht notwendig, daß alle Beteiligten dem Organisationszweck zustimmen.* Es genügt zumeist partieller Konsens über einige Mittel, insbesondere über das jeweils erforderliche eigene Handeln des Zustimmenden [13]. Nicht alle Teilnehmer müssen alles kennen und billigen.

f) Anders als im individuellen Handeln ist deshalb bei organisierten Systemen *der angegebene Zweck typisch nicht Motiv für das Handeln* der Beteiligten. Zwecksetzung und Motivation können getrennt werden, wo die Motivation generell, z. B. durch Geldzahlung, sichergestellt werden kann. Wenn der Organisationszweck außerdem noch motivieren soll, was bei manchen Freizeitvereinen der Fall ist, ergeben sich besondere, zusätzliche Organisationsprobleme, welche die Rationalisierung der Organisation *erschweren* [14]. Der Zweck wird durch die gebotene Rücksicht auf die Motivation der Mitglieder inhaltlich immobilisiert und die laufende Anpassung der Organisation an die Umwelt dadurch behindert [15].

g) *Organisationszwecke,* selbst »letzte«, »oberste« Zwecke können *modifiziert, umgedeutet oder sogar formal geändert werden,* ohne daß die Identität der Organisation deswegen aufgegeben und eine neue Organisation gegründet werden müßte [16].

h) Die Zweckerfüllung allein kann die *Erhaltung eines organisierten Systems nicht sicherstellen.* Daneben sind eine Reihe weiterer Leistungen erforderlich, die teils »latente« Funktionen erfüllen, teils als Einzelhandlungen zwar zweckintentional vollzogen werden, aber nicht auf den Organisationszweck bezogen sind. Sogar der Organisationszweck selbst erfordert zu seiner plausiblen, akzeptablen »Darstellung« Handlungen, die nicht als Mittel der Zweckerfüllung dienen, sondern Kräfte von der direkten Zweckbedienung abziehen [17]. Früher hatte man dieses Problem dadurch zu lösen versucht, daß man alle Aufwendungen zur Erhaltung des Systems als »Kosten« der Mittel in Rechnung stellte. Das hat jedoch nur Sinn, wenn eine eindeutige Kausalbeziehung dieser Aufwendungen zum Systemzweck nachweisbar ist und wenn die Kosten vergleichbar sind. Daran fehlt es zumeist. Deshalb wird heute überwiegend anerkannt, daß die Bestanderhaltung neben der Zweckerfüllung ein selbständiges Problem stellt, ohne daß es gelungen wäre, eine theoretisch befriedigende Formel für das Verhältnis beider Probleme zu finden [18].

Diese einzelnen Aspekte der Zweckkritik ergänzen und stimulieren sich wechselseitig. Führt man sich ihre Verflechtung vor Augen, dann schließen sie sich zu einem Bilde von innerer Konsequenz zusammen. Die Zweckkategorie bezeichnet die intendierte Rationalität des Handelns. In Zweck/Mittel-Begriffen expliziert sich das Handeln selbst.

Will man jedoch das Handeln zum Gegenstand einer kritischen wissenschaftlichen Untersuchung machen, kann man sich nicht von vornherein an die Kategorien seines Selbstverständnisses binden; dadurch schnitte man sich die Möglichkeit einer Betrachtung von außen ab. Vielmehr wird die wissenschaftliche Analyse einen eigenen begrifflichen Bezugsrahmen suchen müssen, der es ihr erlaubt, die Orientierung des Handelns an Zweck und Mittel als variabel zu behandeln. Die oben zusammengestellten Aspekte der Zweckkritik sind im Grunde Aspekte dieser Variabilität; sie besagen, daß die Orientierung an Zweck und Mittel in ihrem faktischen Vorkommen, ihrer sachlichen Widerspruchsfreiheit und ihrer sozialen Konsensfähigkeit veränderlich ist.
Als Bezugsrahmen für die Analyse dieser Variabilität stand zunächst, von *Marx* bis *Mannheim*, ein Kausalschema zur Diskussion, das die Ursachen der Zwecksetzung in ihren gesellschaftlichen Bedingungen aufklären und die Zwecke dadurch als Ideologie entwerten sollte. An dessen Stelle ist heute weithin die funktionale Systemtheorie getreten, welche die Funktion der Zweck/Mittel-Orientierung für den Bestand sozialer Systeme zum Angelpunkt ihrer Untersuchungen macht. Bevor wir uns dieser Konzeption zuwenden, müssen wir jedoch das zweite, komplementäre klassische Modell der Organisation, das Befehlsmodell der Autorität, heranziehen und überprüfen. Denn der Ausweg vor den Problemen des Zweckmodells, den Max Weber gesucht hat: der Rückgriff auf das Befehlsmodell, hat ebenfalls seine Gefahren.

III.

Max Weber selbst hat dem Zweckmodell schon nicht mehr blind vertraut. Das nimmt nicht wunder, wenn man bedenkt, daß zu seiner Zeit die Bindungen zwischen Philosophie und Wissenschaft noch enger geflochten waren als heute und daß ihm das Jahrhunderte währende Ringen der Philosophie um den Wahrheitsanspruch der Zweckkategorie nicht unbekannt gewesen ist. Vor allem rechnet Weber mit der Vielfältigkeit und der Änderbarkeit von Zwecksetzungen. An die Stelle *inhaltlicher Zweckangaben* tritt die *Pauschalakzeptierung* etwaiger Zwecke, die ein Herrscher setzt. Ein auf diese Weise generalisierter (und damit problementlasteter) Zweckbegriff ist mit dem Begriff des Befehls kombiniert. Ein soziales System wird danach rational, wenn sichergestellt ist, daß es innerhalb bestimmter Grenzen, die seine Eignung als Mittel bestimmen, die Zwecke verwirklicht, die der Herr angibt. Die Mittel sind an den Zweck nicht mehr durch logische Deduktion gebunden, sondern durch Befehl.
Weber verbindet eine nicht zu Ende gedachte Kritik der Zweck/Mittel-Rationalität mit einem starken Vertrauen in den Befehl als willensübertragende Kommunikationsform. Im vorigen Abschnitt haben wir gesehen, daß die Kritik des Zweckmodells inzwischen über Weber hinausgeführt worden ist; nun soll gezeigt werden, daß auch die Geltung des Befehlsmodells durch die neuere Forschung erschüttert worden ist.
Auch hier hat sich die wissenschaftliche Entwicklung im kritischen Abbau der Position der klassischen Organisationslehre vollzogen. Deren Kern läßt sich am besten als Parallelschaltung von Zweck/Mittel-Struktur und hierarchischem Aufbau kennzeichnen: An der Spitze der Organisation werden die Zwecke gesetzt. Die Handlungen, die als Mittel dazu erforderlich sind, werden Untergebenen als Aufgabe zugewiesen. Diese delegieren ihrerseits Unteraufgaben an Unterinstanzen usw., bis der Boden der Hierarchie,

das reine Ausführungshandeln, erreicht ist. Weil die Zwecke den Mitteln vorgeordnet sein sollen, und um diese Vorordnung zur Geltung zu bringen, müssen Vorgesetzte den Untergebenen vorgeordnet werden. Die maßgebenden Kommunikationen laufen danach auf vertikaler Linie, und zwar von oben nach unten. Sie bilden, sei es als Regelsetzung, sei es als Einzelanweisung, das tragende Gerüst der Organisation. Deren Rationalmodell hat die Form einer Kompetenzordnung für Befehlsgebung und Befehlsausführung. Ein System nähert sich diesem Ideal, wenn es die dafür erforderlichen Arbeitseinstellungen erzeugen und Reibungen aus dem menschlich-sozialen Lebensbereich ausschalten kann. Dazu dienen die wesentlichen Komponenten des Weberschen Idealtyps bürokratischer Herrschaft, insbesondere: Ernennung des »Beamten« von oben, Trennung von Arbeit und Haushalt, Unpersönlichkeit der Amtsführung (oder, wie man heute sagt: institutionalisierte Rollentrennung), Fachschulung, Regelorientierung und besonders: eine an diese Einstellungen gebundene soziale Schätzung, die für deren menschliche Härten entschädigt.

In diesen Vorstellungskreis hat die empirische Organisationsforschung eine Reihe von Breschen geschlagen [19]. Schon die klassische Theorie enthielt einige Selbstkorrekturen. Diese Zugeständnisse: daß es »auch« kollegiale Beziehungen oder gar ein genossenschaftliches Gegenprinzip gebe, daß zur Befehlsausführung rechte Gesinnung und gute Moral erforderlich seien und daß der Befehl oben nur allgemein gefaßt werden könne, auf dem Wege nach unten also spezifiziert und damit verändert werden müsse, haben das Gesamtbild jedoch nicht retten können. Die neuere Forschung ist darüber hinweggeschritten. Ihre kritische Zersetzung der klassischen Konzeption darf auch nicht nur als Abneigung gegen den scharfen »preußischen« Ton oder als demokratische Maskerade verstanden werden. Sie wendet sich vielmehr grundsätzlich gegen die Strukturierung von Organisationen durch einen einzigen Kommunikationstyp.

Auch hier ist man von verschiedenen Standpunkten aus auf dasselbe Problem gestoßen:

a) Das Befehlsmodell *legt der Rationalisierung den Standpunkt eines einzigen Teilnehmers:* des Gründers, Unternehmers, Herrschers *zugrunde.* Die Organisation ist gleichsam die Verlängerung seiner Handlungsrationalität. Wirkliches Handeln ist jedoch bei allen Teilnehmern teils rational, teils nichtrational. Eine Organisation kann nicht vom Handlungsstandpunkt eines einzelnen Teilnehmers, sondern nur als Koalition sämtlicher Mitglieder rationalisiert werden [20].

b) Der wachsende Bedarf an spezialisiertem Fachwissen bringt es mit sich, *daß Untergebene oft sachverständiger sind als ihre Vorgesetzten.* Während dieses Problem an einer Stelle, nämlich bei der politischen Kontrolle der Verwaltung durch Laien, schon längst und vor allem auch von Max Weber gesehen wurde [21], wird es in voller Breite erst in jüngster Zeit diskutiert [22]. Durch überlegenen, wenn auch eng spezialisierten Sachverstand droht der Untergebene dem Vorgesetzten zu entgleiten; er kann nicht mehr durch Befehl, sondern muß durch neuartige Formen der vertikalen Kooperation in die Organisation eingegliedert werden.

c) Neben den speziellen Sachverstand treten andere Quellen der Verselbständigung des Untergebenen, vor allem der *eigene Außenverkehr*, der vom Vorgesetzten nicht mehr voll eingesehen werden kann. Während nach dem traditionellen Organisationsbild, das gewöhnlich in Adressen und Unterschriften noch fiktiv aufrechterhalten wird, aller Außenverkehr über die Spitze geleitet wird, müssen faktisch größere Organisationen, namentlich Verwaltungsorganisationen, ihre Außenkontakte weitgehend delegieren. Das bedeutet, daß auch die detaillierten Fakten- und Umweltkenntnisse, ja selbst die »guten Beziehungen« des Untergebenen zu einer spezifischen Schicht der Umwelt dem Vorgesetzten oft fehlen (er reicht dafür in eine andere, *»höhere«* Schicht der Umwelt hinein) und daß die Ausnutzung dieser Kenntnisse und Beziehungen nicht einfach befohlen werden kann [23]. Persönliche Beziehungen sind Arbeitsmittel im notwendigen Privatbesitz. Sie lassen sich nicht wie die Betriebsmittel, die Max Weber im Auge hatte, in das Eigentum des bürokratischen Systems überführen.

d) Wenn nicht aller Umweltverkehr über die Spitze geleitet werden kann, dann kann auch nicht jede Umweltanpassung, jede Neuerung von der Spitze erwartet werden. Die *Lernfähigkeit* unterer Stellen gewinnt an Interesse und wird zum Gegenstand besonderer organisatorischer Überlegungen [24]. Auch sie entzieht sich dem Befehl.

e) Unterschiedlicher Außenverkehr auf den einzelnen hierarchischen Ebenen ist kein Zufall, sondern sinnvoller Ausdruck *funktionaler Differenzierung in der Vertikale.* Die klassische Theorie hatte alle funktionale Differenzierung als »Arbeitsteilung« in die Horizontale verlegt und deshalb die vertikale Linie für homogen gehalten. Der Gegensatz von oben und unten drückte sich somit als Gegensatz von Befehl und Ausführung, von Denken und Handeln aus, aber nicht in der Thematik der Entscheidungen. Deshalb konnte man annehmen, daß eine reibungslos funktionierende Befehlskette die einzelnen Ebenen aufeinander einspielen würde. Diese Prämisse zerfällt, wenn man mit *Parsons* [25] zu der Einsicht kommt, daß »qualitative Brüche« in der Hierarchie ihren guten Sinn haben, weil eine Organisation im Verhältnis zu ihrer Umwelt so verschiedenartige Funktionen erfüllen muß, daß sie nicht in einer einzigen Wechselbeziehung rationalisiert werden können. Dann lassen sich die einzelnen hierarchischen Ebenen nicht mehr voll aufeinander zurückführen, sondern bilden relativ selbständige Teilsysteme, die je eigene Beiträge zum Ganzen erbringen.

f) Ganz ähnlich wirkt ein weiterer Zug moderner Organisation: die Rationalisierung der *Kooperation auf horizontaler Ebene*, deren Prototyp das Fließband ist, die aber auch für die kollegiale Zusammenarbeit bei der Ausarbeitung von Entscheidungen zunehmend Bedeutung gewinnt. Das alte Dienstwegdogma mit seinen begrenzt konzedierten Ausnahmen beherrscht den Alltag nicht mehr. Routineverkehr zwischen Angehörigen mehrerer Abteilungen ist zum Bestandteil organisatorischer Planung geworden. Die Weisung des höchsten gemeinsamen Vorgesetzten wird durch die Einigung aller »zu beteiligenden« Untergebenen entbehrlich. Der Vorgesetzte tritt nur noch als Helfer in besonderen Schwierigkeiten, bei unlösbaren Konflikten, als Lückenbüßer [26] in Erscheinung oder wenn sein Status zur Ratifikation oder zur Darstellung von Entscheidungen nach außen benötigt wird [27].

g) Als Folge dieser Gewichtsverlagerung *verlagert sich auch die Initiative* für Kontakte zwischen Vorgesetzten und Untergebenen stark von oben nach unten. Befehle aus heiterem Himmel werden mehr und mehr zu angeregten, erbetenen, vom Empfänger ausgearbeiteten Befehlen. Damit gewinnt auch der *Berichtsweg von unten nach oben* verstärktes Interesse. Seine Effektivität wird zum Angelpunkt für die Leistungsfähigkeit des Systems. Bei näherem Zusehen hat sich überdies herausgestellt, daß die traditionellen Mittel, Befehlsautorität zu stärken, zugleich die Berichterstattung verzerren, weil sie die Untergebenen zu Erwägungen des Selbstschutzes motivieren, welche die Berichte nach oben trüben [28].

h) Je höhere Ansprüche an die Entscheidungsqualität gestellt werden, desto stärker müssen die *Vorgänge vor der formalen Entscheidung* interessieren. In dieser Richtung ist der Boden für weitere Forschung aufgelockert worden durch die Einsicht, daß es praktisch keine optimalen (ausschließlich richtigen) Entscheidungen gibt [29] und daß sich demzufolge Unterschiede der Organisationsstruktur und der vorbereitenden Informationsverarbeitung auf das Brauchbarkeitsniveau der Entscheidungen auswirken müssen [30]. Gegenüber diesen wichtigen Organisationsfragen erscheinen die Probleme der Durchsetzung einer einmal getroffenen Entscheidung, sei es durch Befehl, sei es ohne Befehl, als verhältnismäßig belanglos.

i) Diese Akzentverschiebung von der Entscheidungsbefolgung zur Entscheidungsfindung berührt sich mit einer an ganz anderer Stelle gefundenen und gepflegten These: daß *formal zugewiesene Befehlskompetenz und faktischer Einfluß auf Entscheidungen weit auseinanderfallen können*, daß die formale Hierarchie also nicht ohne weiteres die wirkliche Machtstruktur einer Organisation widerspiegelt [31].

j) *Höherer Status* wird nun nicht mehr rein formal als Folge der Zuweisung von Befehlsrechten gesehen, sondern als *multifunktionale Einrichtung*, die z. B. auch Persönlichkeitsinteressen befriedigt, auch Außenverkehr erleichtert, auch Schutz in schwierigen Vermittlungsrollen gewährt. Er wird in zahlreichen Symbolen dargestellt, unter denen das Befehlen als Ausdruckshandeln eine sehr geringe Rolle spielt.

k) Überhaupt zeigt empirische Beobachtung deutlich, daß *ausdrückliche Befehle* als faktisches Kommunikationsverhalten ziemlich *selten* sind – und wenn eine Mitteilung als Befehl gemeint war, so ist bei der gebotenen Höflichkeit aller Äußerungen noch lange nicht gesagt, daß sie auch als solcher aufgefaßt wird [32].

l) In der ursprünglichen Konzeption des Befehls lagen Informations- und Motivationsfunktionen ungetrennt beieinander. Ein Befehl sollte nicht nur Nachricht, sondern zugleich Antrieb sein. Für moderne Organisationen ist jedoch typisch, daß sie die *Motivationsaufgabe* vom Organisationszweck ebenso wie *vom Fluß der notwendigen Arbeitsinformationen abtrennen* und generell – nämlich durch die Vorteile der Systemmitgliedschaft – sicherstellen. Der Vorgesetzte kann sich daher von der Antreiberfunktion weitgehend distanzieren [33] und es vermeiden, sie in seinem Verhalten zum Ausdruck zu bringen. Es genügt, wenn er die Verhaltenserwartungen formuliert, die formale Geltung haben sollen. Die Folgen offener Mißachtung kennt jeder. Es scheint überdies, wie unzählige Forschungen über richtigen Führungsstil zeigen, ausgesprochen schwierig zu sein, eine Mittlerrolle in der Hierarchie zugleich mit Antreiberfunktion zu erfüllen [34].

m) Das Zweckmodell hatte versucht, das *Konsensproblem* zu konzentrieren: Lediglich über einen spezifischen Zweck brauchte in der Organisation und mit der Umwelt Konsens hergestellt zu werden, um die Erhaltung des Systems zu sichern. Daher konnte dem Befehl als einer Kommunikationsform, die Konsens voraussetzt, nicht aber fördert, eine so prominente Stellung gewährt werden. Je schwächer und unbestimmter, je weniger instruktiv die Zweckstruktur eines Systems ist, desto notwendiger wird es, innerhalb und außerhalb der Organisation möglichst breiten Konsens als Handlungsgrundlage zu gewinnen, die Zustimmung möglichst vieler Sachverständiger und Interessenten für ein Vorhaben zu erhalten. Strategien der Konsensmehrung sind eine wesentliche Komponente im Entscheidungsprozeß von Verwaltungen. Ihre erfolgreiche Anwendung läßt sich ebensowenig wie Konsens selbst befehlen.

n) Als letzter Punkt bleibt eine wichtige Frage anzurühren, die mit der Entdeckung von Widersprüchen im Zweck/Mittel-Schema korrespondiert, daß nämlich zweifelhaft geworden ist, *ob ein genaues Kopieren aller Regeln und Befehle im wirklichen Verhalten funktional sinnvoll* ist [35]. Daß Befehle nicht wörtlich, sondern mit Verstand ausgeführt werden sollten, ist eine alte Forderung. Auch die These, daß Verstöße einen positiven Wert haben, sofern sie Anlaß zu symbolisch-dramatischen Strafaktionen bieten, welche die herrschenden Normen bestätigen, geht mindestens auf *Durkheim* [36] und *Mead* [37] zurück. Dazu sind in jüngster Zeit weitere Thesen gestoßen, etwa die, daß Widersprüche im Regelwerk oder Toleranz bei Verstößen taktische Verhaltensmöglichkeiten eröffnen, die im Gesamtsystem günstige Folgen haben können [38], und daß aus Gründen der Außendarstellung manche fiktiven Normen und Befehle erforderlich sind, die, wollte man sie für Realität nehmen, ernstliche Verwirrung stiften würden [39]. Letztlich ergibt sich aus der allgemeinen Einsicht, daß jedes System einer Fülle verschiedenster, widerspruchsvoller Anforderungen genügen müsse, daß auch die Nichterfüllung bestimmter Regeln und Weisungen, sofern nur die Autorität geschont wird, positive Funktionen im System erfüllen kann [40].

Diese vielen Argumente gegen das Befehlsmodell der Autorität stammen nicht aus dem Köcher einer einzigen Theorie. Ihr Zusammenhang muß erst ins Bewußtsein gehoben werden. Bemüht man sich um ihren gemeinsamen Nenner, dann erscheint ein zugrunde liegendes Argument: Der Befehl, die unmittelbare Übersetzung von Autorität in Kommunikation, ist als Strukturkategorie viel zu einfach, um den komplexen Voraussetzungen der Erhaltung und Rationalisierung eines sozialen Systems genügen zu können. Organisationsbemühungen, die sich reibungslose Befehlsgebung und Befehlsausführung zum Ziel setzten, würden in dem Maße scheitern, als sie sich ihrem Ziel näherten, weil sie andere wichtige Systembedürfnisse vernachlässigt hätten.

Die empirische Organisationsforschung der letzten Jahrzehnte hat durch ihr zunächst ganz theorieloses Interesse für faktisches Verhalten und seinen guten Sinn den Vorstellungshorizont der Organisationswissenschaft immens erweitert und Probleme eines Kompliziertheitgrades aufgedeckt, den man sich selbst heute selten klar macht. Sicher ist indes, daß die einfachen, der normalen Lebensorientierung abgelesenen Kategorien von Zweck und Mittel oder Befehl und Gehorsam als Mittel zur Ordnung unserer Vorstellungen und unserer Handlungen versagen. Es handelt sich bei ihnen im Grunde um Vorstellungen einfacher, linearer Kausalität von der Art: A bewirkt B. Sie reichen als Denkmittel zum Erfassen hochkomplexer Vorgänge wie der Bedingungen faktischen menschlichen Verhaltens in großen Organisationen nicht aus. Die meisterhafte Vollendung der klassischen Organisationskonzeption mit diesen einfachen Mitteln durch Max Weber fasziniert uns, weil wir wissen, daß wir sie kritisieren, nicht aber, wie wir sie ersetzen können.

IV.

Während die Kritik des Zweckmodells und des Befehlsmodells sich auf ziemlich breite Grundlagen in der neueren Forschung stützen konnte, wird es schwieriger, für weitere Schritte der Präzisierung, für die Skizze einer sich abzeichnenden Alternative zu Webers Gesamtkonzeption rationaler Bürokratie sichere Anhaltspunkte zu finden. Die moderne Organisationsforschung ist auf mehrere Wissenschaften verteilt und von jeder theoretischen Geschlossenheit weit entfernt. Man kann eben deshalb nicht sagen, daß Webers Bürokratiemodell überholt sei.

Dennoch läßt die Zusammenstellung einer Reihe von Einzelattacken, die wir vorgenommen haben, vermuten, daß eine in hohem Grade gemeinsame Urteilsbasis schon existiert [41]. Der Vollendungsgrad, in dem uns bei Weber eine Variante der klassischen Organisationstheorie entgegentritt, sollte eine Aufforderung sein, uns für ein Grundsatzgespräch mit dieser Konzeption besser zu rüsten. Dafür könnte ein gedanklicher Ansatz bedeutsam werden, der sich unter dem Kennwort »funktionale Systemtheorie« zur Diskussion stellen läßt.

Die Unzulänglichkeit einfacher Kausalbeziehungen zur Erfassung komplexer Vorgänge hat das Interesse am Systembegriff wachsen lassen und beginnt, ihn umzuprägen. Noch wird zwar allgemein der Systembegriff im traditionellen Sinne definiert als Netz von Beziehungen, die Teile zu einem Ganzen zusammenordnen. Unter dieser Vorstellung rein interner Ordnung von Teilen zu einem Ganzen drängt jedoch eine ganz andersartige Systemauffassung ans Licht. Sie sieht den Sinn der Systembildung nicht nur in einer rein internen Ordnung von Teilen, sondern in der Auseinandersetzung des Systems mit seiner Umwelt, deren Problematik überhaupt erst vorzeichnet, welche interne Ordnung sich bewähren kann und deshalb gegenüber Bedrohung aus der Umwelt erhalten werden muß. Sie hat ihr Leitbild im lebenden Organismus [42], ist aber inzwischen so weit formalisiert worden, daß ihr Anwendungsbereich nicht mehr auf die Biologie beschränkt bleibt; z. B. stellt die Auffassung des Betriebs als soziales System dessen Organisation unter das Kriterium der Umweltbewährung. Ebenso kann die öffentliche Verwaltung im politischen Zusammenhang und in der Interessenumwelt, in der sie wirkt, auf ihre Bestands- und Rationalisierungsvoraussetzungen hin analysiert werden.

Diese Umstellung schiebt das alte ontologische Grundproblem: wie etwas Einheit sein und doch aus je anderen Teilen bestehen könne [43], beiseite. Sie ersetzt die unlösbare substantielle Identitätsproblematik durch eine neuartige funktionale und zugleich eminent praktische Fragestellung: wie es möglich ist, in einer veränderlichen, nicht beherrschbaren Umwelt bestimmte Systemstrukturen invariant zu halten und dadurch Identität herzustellen und zu erhalten. Statt der rein inneren Rationalität widerspruchsfreier Ordnung rückt die Problematik der Erhaltung eines Systems in einer »schwierigen« Umwelt in den Mittelpunkt des wissenschaftlichen Interesses, das damit in hohem Maße zugleich ein praktisches Interesse wird. Die Systemstruktur, z. B. die Art der inneren Differenzierung, wird als ein Leistungszusammenhang begriffen, der so geordnet ist, daß er sich selbst trotz Abhängigkeit von einer mehr oder weniger rücksichtslosen Umwelt konstant halten kann. Systeme sind umweltoffene, umweltempfindliche, Eindrücke verarbeitende und kompensierende Leistungseinheiten.

Die Theorie umweltoffener Systeme ist inzwischen zu einer Reife gelangt, die es ermöglicht, das alte Ideal der determinierten Systeme abzubauen. Determinierte Systeme waren das Ideal des ontologischen Denkens, weil sie nur je einen Seinszustand annehmen können (und alle anderen ausschließen). Auf Änderungen der Umwelt, die sie betreffen, können sie in nur einer und daher stets vorhersehbaren Weise reagieren. Sie lassen sich somit von außen präzise steuern. Ihr Prototyp ist die Maschine [44]. Durch ihre Determiniertheit sind sie jedoch unelastisch. Sie setzen eine eindeutig auf sie zugeschnittene Umwelt voraus, die ihnen in genau vorgezeichneter Weise betriebsnotwendige Unterstützung liefert. In einer indifferenten oder gar feindseligen Umwelt können sie nicht bestehen.

Das Scheitern unzähliger Experimente in Kleingruppen und in Wirtschaftsbetrieben, durch welche physische, soziale oder organisatorische Bedingungen verändert und dadurch höhere Produktion erzielt werden sollten, hat gelehrt, daß soziale Systeme nicht so determiniert sind, daß ein spezifischer Anstoß zu einem spezifischen Ausstoß führt [45]. So kann eine Arbeitsgruppe auf Änderung des Führungsstils, z. B. von »autokratischer« zu »demokratischer« Führung, sowohl durch bessere als auch durch schlechtere Leistung reagieren. Völlig konträre Reaktionen, Liebe und Haß, Tausch und Kampf, können unter dem Gesichtswinkel der Erhaltung invarianter Systemstrukturen funktional äquivalent sein. Das System hat typisch mehrere Alternativen zur Wahl, durch welche es Umweltänderungen abfangen und neutralisieren kann. Gerade auf dieser Elastizität beruht seine Stabilität, beruht seine Möglichkeit, günstige Existenzbedingungen zu finden. Das System verfährt in seinen Umweltbeziehungen selektiv und kann sich dadurch auch dann invariant halten, wenn die Umwelt es nicht ist. Es hebt die alte ontologische These auf, daß aus Nichts nichts werden könne.

Als theoretisches Modell, das dieser begrenzten Selbststeuerung eines umweltoffenen Systems Rechnung zu tragen sucht, ist in letzter Zeit das sogenannte Input/Output-Modell entwickelt worden [46]. Es besagt, daß Kausalprozesse nicht auf genau vorgeschriebener Route durch das System hindurchlaufen, sondern daß das System Eindrücke aus der Umwelt in einem bestimmten Sinne, namentlich unter dem Gesichtspunkt der Selbsterhaltung, aussucht, verarbeitet und das Ergebnis an die Umwelt zurückgibt, um sich auf diese Weise seine Existenzbedingungen in einer problematischen Umwelt zu sichern. Das System kann in gewissen Grenzen, die ihm die Umwelt diktiert, die empfangenen Leistungen auswählen unter dem Gesichtspunkt, was es zu seiner Produktion braucht; und es kann die Produktion auswählen unter dem Gesichtspunkt, was es als Mittel erhalten und was es als Ergebnis absetzen kann. Input und Output sind wechselseitig füreinander Gesichtspunkte der Selektion. Dadurch besitzt das System eine begrenzte und strukturierte Freiheit, in deren Rahmen es verschiedene Strategien der Selbsterhaltung anwenden kann.

Wenn man von dieser Systemkonzeption ausgeht, kann man darauf verzichten, das Zweck/Mittel-Schema und das Befehlsmodell der Autorität als definierende Grundbegriffe zu verwenden. Man kann der Tatsache der Zweckorientierung und der Tatsache verbindlicher Kommunikation in solchen Systemen unvoreingenommen gegenübertreten und sie als Variablen behandeln, die eine spezifische Funktion im System erfüllen. Daneben können auch andere Phänomene, vor allem die der sogenannten informalen Organisation, berücksichtigt werden, die sich weder auf einen Zweck noch auf einen Befehl zurückführen lassen.

Die Funktion des Zweckes besteht darin, die Leistungen zu bezeichnen, die das System an seine Umwelt abführen muß, um sich zu erhalten [47]. Dies ist nicht die einzige und nicht immer die vorherrschende Selbsterhaltungsstrategie. Es gibt soziale Systeme, die sich hauptsächlich durch Kampf erhalten und dabei stark wechselnde Ziele verfolgen. Andere Systeme – und dazu rechnen z. B. Kirchen, Schulen und in starkem Maße auch Staatsverwaltungen – werden nicht wegen spezifischer Leistungserfolge, sondern deshalb von ihrer Umwelt unterhalten, weil ihr Dasein in den Grenzen typischer Verhaltenserwartungen von maßgebenden Teilen der Umwelt geschätzt oder für unvermeidlich gehalten wird. In solchen Fällen ist Zweckrationalität typisch schwach ausgebildet. Für diese Systeme wäre es nicht rational, all ihre Anstrengungen auf die Erfüllung eines spezifischen Zweckes oder einer deutlich konzipierten Gruppe von Zwecken zu verwenden, weil ihre Bestandsbedingungen durch einen Zweck nicht adäquat repräsentiert werden können, so daß die exklusive Zweckverfolgung zur Vernachlässigung lebenswichtiger anderer Pflichten oder Rücksichten führen müßte. Schließlich gibt es auch Systeme, Industrieunternehmen zum Beispiel, die in der Regel davon ausgehen können, daß ihre Existenz gesichert ist, wenn sie ihren Zweck erfüllen. Sie können gleichsam all ihre Probleme in einem handlichen, instruktiven Zweck zusammenfassen, der Aufschluß über geeignete Mittel gibt. Sie können der schwierigen Bestandsproblematik eine Zweckformel substituieren und müssen nur von Zeit zu Zeit kontrollieren, ob der Zweck noch »stimmt«, d. h. seine Funktion noch erfüllt. Diese Auffassung der Systemfunktion von Organisationszwecken erklärt zugleich die einzelnen, oben zusammengestellten Aspekte der Kritik des Zweckmodells: daß die Zweckorientierung variabel und ersetzbar ist und daß sie, wenn sie zu einer widerspruchsfreien Vorzugsordnung spezifischer Handlungsfolgen präzisiert wird, damit das System auf seine Beziehungen zu einer spezifischen Umwelt von Leistungsabnehmern ausrichtet und es deshalb im Verhältnis zu seinen Mitgliedern durch besondere, kompensatorische Einrichtungen ausbalancieren muß.

Ebenso wie die Zweckorientierung erhält auch die Autoritätsausübung und, in einem engeren Sinne, der Befehl als Kommunikationsform durch die Theorie umweltoffener Systeme einen begrenzten Platz und eine eindeutige Funktion zugewiesen. Autorität besitzt jede Kommunikation, die ohne Prüfung ihrer Richtigkeit als Entscheidungsprämisse übernommen wird [48]. Das können horizontale oder vertikale Kommunikationen sein, Kommunikationen von oben nach unten und von unten nach oben, ja selbst Kommunikationen der Umwelt an das System. Unkritische Übernahme fremder Informationen ist die Normalform der Zusammenarbeit im Entscheiden, der typische Verwaltungsvorgang. Ohne sie würde jeder alles beurteilen müssen. Es käme keine Arbeitsteilung im Entscheiden zustande, welche die Leistungsfähigkeit informationsverarbeitender, entscheidender Systeme (Bürokratien) über die des Einzelkopfes hinaushebt.

Formal ist solche Autorität immer dann, wenn ihre Annahme durch eine Regel der formalen Organisation gedeckt ist, so daß dem Annehmenden aus seinem unkritischen Verhalten kein Vorwurf gemacht werden kann. Formale Autorität entlastet den Annehmenden von seiner Verantwortlichkeit (was die Pflicht zur Gegenvorstellung bei *erkannten* Fehlern natürlich nicht ausschließt). Formale Autorität setzt keinen Vorgesetztenstatus voraus; vielmehr ist häufig die Zusammenarbeit von Kollegen formal so programmiert, daß der eine die Entscheidung des anderen als auslösendes Zeichen für seinen eigenen Beitrag betrachten kann, ohne sie sachlich überprüfen zu müssen [49]. Auch Vorgesetzte bedienen sich normalerweise dieser formalen Autorität, um den Leistungsfluß, die Informationsverarbeitung, in ihrer Organisationseinheit in Gang zu halten und Probleme, die auftreten, zu entscheiden.

Der Befehl hat eine ganz andere Funktion. Er stellt die normale, unpersönliche Arbeitsbeziehung in Frage, die auf der gemeinsamen Absicht, die Mitgliedschaft im System fortzusetzen, beruht, und stellt den Empfänger vor die Alternative: entweder zu gehorchen oder auszuscheiden. Der Befehl definiert die Situation daher immer persönlich, indem er den Empfänger in seinem Mitgliedschaftsverhältnis anspricht. Durch

Befehl wird im Problemfalle die dienstliche Verhaltenserwartung in die persönliche Situation des einzelnen Mitglieds hineingesetzt. Dieses muß bilanzieren und für sich allein überlegen, ob die Erhaltung seiner Mitgliedschaft ihm ein solches Opfer wert ist. Da es in einem System nur eine Mitgliedschaft gibt, kann diese Frage nicht beliebig von jedermann gestellt werden. Das Recht zu ihr muß zentralisiert werden, weil anderenfalls widerspruchsvolle Verhaltenserwartungen auf diese Weise sanktioniert werden könnten. Der Befehl ist ein Vorgesetztenprivileg, aber nicht als ein Arbeitsmittel des Alltags, sondern weil er den Zugang zur äußersten Entscheidung in seiner Organisation eröffnet: zur Entscheidung über die Fortsetzung der Mitgliedschaft.

V.

Was den Gedankengang des letzten Abschnitts von Max Weber trennt, ist der zugrunde gelegte Begriff des umweltoffenen Systems. Der Systembegriff spielt in Webers Terminologie keine wesentliche Rolle. In der Genealogie seiner Begriffe Handeln, soziales Handeln, soziale Beziehung, Verband, scheint er entbehrlich zu sein. Verband wird als eine bestimmte Art von sozialer Beziehung, also als »ein seinem Sinngehalt nach aufeinander gegenseitig eingestelltes und dadurch orientiertes Sichverhalten mehrerer« [50] definiert. Die Problematik des Verbandes wird infolgedessen in der Sicherung der Verläßlichkeit dieser wechselseitigen Orientierung des Handelns, also in der Garantie einer legitimen Ordnung oder, wie man heute sagen würde, in der Institutionalisierung von Rollenerwartungen gesehen. Zur Sicherung dieser internen Erwartungsordnung, die nur im Sonderfall des Betriebsverbandes durch einen gemeinsamen Zweck bestimmt wird, ist ein Leiter oder Herrscher erforderlich, der in allen größeren Verbänden sich zur Verlängerung seiner eigenen Potenz eines Verwaltungsstabes bedient. Die Legitimation der Herrschaft wird somit als rein interner Ordnungsvorgang zur kritischen Variable für die Erhaltung des Verbandes, die Art der Legitimation zum ausschlaggebenden Moment der Frage, ob und in welchem Sinne der Verband rational organisiert werden kann. In dieser Überlegungsreihe ist der Systembegriff deshalb entbehrlich, weil seine traditionelle, zu Webers Zeiten unbestrittene Fassung ebenfalls nichts weiter besagt als eine interne Ordnung von Teilen zu einem Ganzen.

Diese Blickrichtung auf interne Vorgänge der Ordnungsgarantie, Legitimation und Rationalisierung einer Verbandsordnung hat Weber eine wichtige Konsequenz seines Ausgangspunktes übersehen lassen: daß auch die Mitglieder eines Verbandes als Personen zur Umwelt gehören und nicht etwa Teile des Verbandssystems sind. Wenn man die alte Vorstellung aufgibt, daß soziale Kollektiva aus Personen »bestehen« und sie statt dessen mit Weber auf Handlungen als elementare Einheiten gründet, ist die Folgerung unvermeidlich, daß konkrete Personen nie ganz in einem Sozialsystem aufgehen, sondern stets nur mit einzelnen Handlungen in bestimmte Sozialsysteme verstrickt sind. Alle Beziehungen des Sozialsystems, die nicht nur diese spezifischen Handlungen betreffen, sondern volle Personen als Aktionssysteme eigener Art angehen – und das sind vor allem die Prozesse der Motivation und der Legitimation –, müssen daher als *externe* Beziehungen des Sozialsystems, nämlich als Beziehungen zur besonderen Umwelt seiner Mitglieder, behandelt werden.

Daß Weber und mit ihm die noch heute vorherrschende Auffassung [51] diese Konsequenz nicht ziehen, hat symptomatische Bedeutung. Zweckmodell und Befehlsmodell setzen im Grunde voraus, daß der Mensch als volle Persönlichkeit *im* sozialen System lebt und sich mit dessen Handlungsgrundlagen identifiziert. Distanz, Indifferenz und mangelnde Integration sind von dieser Konzeption aus gesehen Perfektionsmängel, die zu beseitigen man anstreben sollte. Je mehr Eifer für die gemeinsame Sache, desto besser [52]. Da aber die Leistungsmotivation faktisch immer unvollkommen ist, zieht sich die Wissenschaft unter den klassischen Denkvoraussetzungen auf eine normative, aufgabentheoretische oder idealtypische Aussagenform zurück und verzichtet auf eine volle Erfassung der Bedingungen und Funktionen des faktischen Verhaltens. Die traditionelle, nach innen gerichtete Systemkonzeption, ihre Auslegung durch das Zweck/Mittel-Schema und das Befehlsmodell der Autorität, die normative, zweckrationale oder methodisch eingeschränkte Theorieform sowie die Behandlung von Mitgliederpersonen als »Teile« des sozialen Systems sind durch dieses harmonisierende Vorurteil zusammengekettet. Eine Organisationstheorie, welche dieses Vorurteil an allen Stellen durchbricht, fehlt zur Zeit, so viele kritische Gesichtspunkte auch zusammengetragen worden sind. Sie läßt sich aber aus dem Begriff des umweltoffenen Systems entwickeln. Der Ausgangspunkt dafür ist im vorigen Abschnitt in einfachster Form skizziert worden. Umweltoffene Systeme stehen in Leistungsbeziehungen zu ihrer Umwelt und erhalten sich durch die Art, wie diese Beziehungen organisatorisch verknüpft sind. Dabei sind sie nicht an die Form des Leistungstausches gebunden; das heißt: Sie brauchen ihre Leistungen nicht genau den Partnern zu gewähren, auf deren Unterstützung sie angewiesen sind. Vielmehr gibt es Techniken der Übertragung von Vorteilslagen und Einflußchancen von einem Umweltausschnitt in einen anderen. Unter ihnen sind die bedeutendsten Macht und Geld. Das System kann seinen Einfluß auf *eine* Umwelt in einer *anderen* als Tauschobjekt benutzen. Es kann seinen Einfluß auch durch allgemeine Anerkennung, durch Vertrauen oder auch generelle Sanktionsmittel stabilisieren, ohne sogleich entscheiden zu müssen, wozu es ihn verwenden will. Es kann durch Generalisierung von Chancen eine gewisse Dispositionsfreiheit erreichen, die als solche den Zeithorizont seiner Planung und seine Handlungsmöglichkeiten nach allen Seiten hin vergrößert.

Diese besondere Systemleistung: das Inbeziehungsetzen von speziellen Bedürfnissen und Leistungsbereitschaften, die einander direkt nicht begegnen und befriedigen können, entfalten ihren vollen Sinn erst in einer stark differenzierten Gesellschaftsordnung. Deshalb wird mit Recht betont, daß bürokratische Organisation eine differenzierte Umwelt voraussetze [53]. Man kann darüber hinausgehen und sagen, daß ein System sich nur dadurch invariant halten kann, daß es mit verschiedenen Umwelten verkehrt. Die Systemidentität setzt diese Differenzierung voraus und ist ohne sie nicht denkbar.

Die Mindestform der Umweltdifferenzierung ist die zwischen Mitgliedern und Nichtmitgliedern. In den Beziehungen zu Mitgliedern und zu Nichtmitgliedern finden sich typisch andersartige Formen des Einflusses und der Einflußgeneralisierung und andersartige Prozesse der Grenzdefinition und des Konstanthaltens der Systemstrukturen. Auf diese Weise kann das System nichtkombinierbare Einflußmittel, z. B. Loyalitätsappelle und Drohungen, Überredung und Bezahlung gleichzeitig, aber mit je anderen Adressaten verwenden [54]. Bei weiterer Ausarbeitung lassen sich verschiedene Organisationstypen unterscheiden je nachdem, wie sie ihre Umwelt differenzieren: die öffentliche Verwaltung z. B. nach den Entscheidungsabnehmern, der Öffentlichkeit im allgemeinen, den Quellen politischer und finanzieller Unterstützung und den arbeitenden Mitgliedern; das Industrieunternehmen nach Kapitalmarkt, Einkaufsmarkt, Absatzmarkt und Mitgliedern [55].

Statt diesen Gedanken weiter zu verfolgen, wollen wir abschließend zu Max Weber selbst zurückkehren, um zu prüfen, in welchem Umfange die wesentlichen Strukturmerkmale seines Bürokratiemodells in den erweiterten Bezugsrahmen der funktionalen Theorie umweltoffener Systeme eingefügt werden können. Dazu ist erforderlich, daß man die zentralen Themen der Weberschen Konzeption: Ordnungsgarantie, Rationalisierung und Legitimation der Herrschaft als System/Umwelt-Prozesse und nicht als rein interne Vorgänge begreift.

Um beim letzten Thema zu beginnen: Die Legitimation der Herrschaft ist für Weber die kritische Variable im Verhältnis des Mitglieds zum System. Weber sieht den Beitrag des Mitglieds im wesentlichen als gehorsames Verhalten. Damit werden Fragen der Leistungsmotivation an die Seite geschoben und vernachlässigt [56] gegenüber der Frage, in welcher Form und in welchen Grenzen Gehorsam zur Verfügung steht. So stößt Weber direkt auf das zentrale Problem der Generalisierung der Autoritätsbeziehung. Durch Anerkennung einer generellen Autorität, verbindliche Befehle zu erteilen (wir würden allgemeiner sagen: Entscheidungen zu treffen), verpflichten die Mitglieder sich zu im voraus nicht spezifizierten Handlungen. Sie ermöglichen dadurch, daß das System den sich ändernden Bedingungen *anderer* Umwelten durch wechselnde Entscheidungen und Leistungen laufend folgt und diese Anpassung im voraus generell planen kann.

Die Vorstellung generalisierter Autorität liegt unausgesprochen auch der bekannten Unterscheidung von den drei reinen Typen der legitimen Herrschaft, der traditionellen, der charismatischen und der legalen (oder rationalen) Herrschaft, zugrunde. Sie unterscheiden sich durch verschiedenartige Grenzen der Generalisierung und damit: der Variationsfähigkeit, die zugleich als Grenzen des sozialen Systems gegenüber den Mitgliederpersonen zu verstehen sind. Die legale Herrschaft ist nur durch gesetzte formale Regeln, also variabel begrenzt. Sie ist die rationalste, weil elastischste Form; nach Weber: weil sie Gehorsam als Mittel für jeden beliebigen Zweck verfügbar macht; nach der Systemtheorie: weil sie die besten Möglichkeiten gewährt, das System an seinen anderen Grenzen, im Verhältnis zu den Nichtmitgliedern, bestandssicher und anpassungsfähig zu erhalten.

Man wird diese Einsicht dahin zusammenfassen dürfen, daß ein bürokratisches System im Verhältnis zu seinen Mitgliedern rational ist, wenn es zur Anerkennung von Entscheidungen motivieren kann, die im Verhältnis zu Nichtmitgliedern nötig werden; mit anderen Worten: wenn die Beziehung zu den Nichtmitgliedern (sei sie auf spezifische Zwecke gebracht oder nicht) das System strukturiert und den Variationsspielraum im Verhältnis zu den Mitgliedern bestimmt.

Das Bürokratiemodell Max Webers steht ganz im Dienste dieser Perspektive. Seine wesentlichen Merkmale: hierarchische Organisation mit externer Vorgesetztenernennung, Trennung von Arbeitsplatz und Familie, von Arbeitsmittel und Eigentum, lebenslängliche, berufsmäßige Spezialisierung für diese Arbeit, Unpersönlichkeit der Orientierung lassen sich auf eine Formel bringen: Sie befreien das System von der Rücksicht auf die Motivationsstruktur der Mitglieder mit ihren persönlichen und sozialen Bedingtheiten. Generalisierung und Rollentrennung sind die sozialen Mechanismen, die dazu verhelfen, daß das bürokratische System einseitig durch die Grenze zu den Nichtmitgliedern beherrscht wird.

Um so erstaunlicher ist, daß Weber die Probleme dieser alles beherrschenden Außengrenze nicht näher ausarbeitet [57]. Er verläßt sich auf die richtige Zwecksetzung durch den Herrscher. Und er verläßt sich auf das uneingeschränkte Funktionieren des »Apparates« der Mitglieder, durch welches das System gegenüber den Nichtmitgliedern voll operationsfähig wird, was auch dieser Außengrenze ihre Problematik nimmt.

Wir sehen nun, daß die Annahme des klassischen Modells der Zweckrationalität und das Abstreifen aller Schwierigkeiten im Verhältnis zu den Mitgliedern durch die idealtypische Modellbildung zu einer schwerwiegenden Verzeichnung führt. Weber hat infolge seiner methodischen und sachlichen Ausgangspunkte kein Verständnis für Gleichgewichtsfragen [58]. Die Abwertung der Probleme *einer* Systemgrenze nimmt *allen* Grenzen ihre Bedeutung, weil das Verhalten nach außen dann nicht mehr als behindert und schwierig erscheinen kann. So kommen die wirklichen Verhaltens- und Entscheidungsschwierigkeiten in bürokratischen Organisationen, die Probleme des Ausgleichs komplexer, kollidierender Anforderungen in einem relativ weiten Zeithorizont, nicht zur Sprache; und die vielen operativen Taktiken und Schliche, mit denen der Bürokrat in diesem Spannungsfeld manövriert, um tragfähige und ungefährliche Handlungsgrundlagen zusammenzubekommen – Weber selbst behandelt z. B. die Tendenzen zur Geheimhaltung – geraten in ein schlechtes Licht.

Webers bleibende Einsichten liegen in der Entdeckung des Zusammenhanges verschiedener sozialer Prozesse der Einstellungsgeneralisierung und der Rollentrennung, die für die moderne Bürokratie bezeichnend sind. Diese Einsichten lassen sich von den Prämissen der klassischen Organisationslehre ablösen, aus den methodologischen Grenzen der Idealtypenbildung herausnehmen und in eine komplexer angelegte funktionale Theorie umweltoffener Systeme überführen. Generalisierung und Rollentrennung sind wichtige Mechanismen des Ausgleichs von Anforderungen verschiedener Umwelten, die es zugleich erlauben, Systemstrukturen invariant zu halten, auch wenn das System seine Umwelt nicht voll beherrschen kann. Wenn diese Umdeutung vollzogen wird, kann man hoffen, dem faktischen Verhalten in Bürokratien näherzukommen, als es Max Weber möglich war.

Anmerkungen

1 Diese Lücke versucht *Talcott Parsons* zu schließen. Er gewinnt aus der Unterscheidung von Handelndem und Situation einerseits und der Unterscheidung von Innen und Außen, die mit jedem Handlungssystem gegeben ist, andererseits ein Schema von vier funktionalen Problemen, die jedes System lösen muß. Seine bedeutsame These ist: daß diesen vier Systemproblemen vier Orientierungsdimensionen (pattern variables) entsprechen, welche die Einstellungsmöglichkeiten eines Handelnden vollständig (!) definieren, nämlich specificity-diffuseness, neutrality-affectivity, universalism-particularism, quality-performance. Vgl. dazu *Talcott Parsons/Robert F. Bales/Edward A. Shils,* Working Papers in the Theory of Action, Glencoe, Ill., 1953, insbes. S. 63 ff., 163 ff., und *Talcott Parsons,* Pattern Variables Revisited: A Response to Robert Dubin, Am. Soc. Rev., 25, 1960, S. 467–483. Die ursprüngliche Anlehnung an die Webersche Typologie des Zweckrationalen, affektuellen und traditionalen Handels ist in der Endform der Parsonsschen Begriffe kaum noch zu erkennen.

[2] Wirtschaft und Gesellschaft, 4. Aufl., Tübingen 1956, S. 13.

[3] Das habe ich in: Wahrheit und Ideologie, Der Staat, 1, 1962, S. 431–448, neugedruckt in: ders., Soziologische Aufklärung, Köln–Opladen 1970, zu zeigen versucht.

[4] Als Darstellung dieses Gegensatzes s. *Renate Mayntz*, Die Organisationssoziologie und ihre Beziehungen zur Organisationslehre, in: *Erich Schnaufer/Klaus Agthe* (Hrsg.), Organisation, Berlin–Baden-Baden 1961, S. 29–54.

[5] Eine ausgereifte Darstellung ihrer Thesen findet sich in der deutschen Literatur bei *Erich Kosiol*, Grundlagen und Methoden der Organisationsforschung, Berlin 1959. Für die angelsächsische Literatur ist repräsentativ: *Luther Gulick/Lyndall Urwick* (Hrsg.), Papers on the Science of Administration, New York 1937.

[6] Vgl. seine Methodische Einleitung für die Erhebungen des Vereins für Sozialpolitik über Auslese und Anpassung (Berufswahlen und Berufsschicksal) der Arbeiterschaft der geschlossenen Großindustrie (1908), in: Gesammelte Aufsätze zur Soziologie und Sozialpolitik, Tübingen 1924, S. 1–60.

[7] S. den detaillierten Bericht von *Fritz J. Roethlisberger/William J. Dickson*, Management and the Worker, Cambridge, Mass., 1939.

[8] In diesem Sinne wird im Anschluß an *James G. March/Herbert A. Simon*, Organizations, New York–London 1958, S. 155 ff., vielfach zwischen operational und nonoperational goals unterschieden. Vgl. dazu auch *Philip Selznick*, An Approach to a Theory of Bureaucracy, Am. Soc. Rev., 8, 1943, S. 47–53 (48 f.); *Charles Perrow*, The Analysis of Goals in Complex Organizations, Am. Soc. Rev., 26, 1961, S. 854–866; *Renate Mayntz*, Soziologie der Organisation, Reinbek 1963, S. 66 ff., und unter dem Blickwinkel neuerer Methoden rationaler Entscheidungsprogrammierung auch Roland *N. McKean*, Efficiency in Government Through Systems Analysis, with Emphasis on Water Resources Development, New York 1958, S. 25 ff.

[9] Zu den internen Konsequenzen dieses Mangels an Zweckprogrammierung vgl. *Peter Nokes*, Purpose and Efficiency in Humane Social Institutions, Hum. Rel., 13, 1960, S. 141–155.

[10] Als theoretische Ausarbeitung dieses Gedankens vgl. *Walter Firey*, Informal Organization and the Theory of Schism, Am. Soc. Rev., 13, 1948, S. 15–24. Vgl. auch *March/Simon*, a.a.O., S. 124 ff.

[11] Vgl. *Robert K. Merton*, Bureaucratic Structure and Personality, Soc. Forc., 18, 1940, S. 561 bis 568, neu gedruckt in: ders., Social Theory and Social Structure, 2. Aufl., Glencoe, Ill., 1957, S. 195–206; *Peter M. Blau*, Bureaucracy in Modern Society, New York 1956, S. 93 ff.; *David L. Sills*, The Volunteers, Glencoe, Ill., 1957, S. 64 ff., und als Versuch einer empirischen Kontrolle mit negativem Ergebnis: *Roy G. Francis/Robert C. Stone*, Service and Procedure in Bureaucracy, Minneapolis 1956, insbes. S. 37 ff.

[12] S. dazu *Andrew Gunder Frank*, The Organization of Economic Activity in the Soviet Union, Weltwirtsch. Arch., 78, 1957 I, S. 104–156; ders., Goal Ambiguity and Conflicting Standards: An Approach to the Study of Organization, Hum. Org., 17, 1958/59, S. 8–13; *David Granick*, Management of the Industrial Firm in the USSR, New York 1954, S. 266. Vgl. auch die Übertragung dieses Gedankens auf das spanische Weltreich bei *John L. Phelan*, Authority and Flexibility in the Spanish Imperial Bureaucracy, Adm. Sc. Quart., 5, 1960, S. 47–65. Unabhängig davon kommen auch *Ralph H. Turner*, The Navy Disbursing Officer as a Bureaucrat, Am. Soc. Rev., 12, 1947, S. 342–348, und *Edward C. Banfield*, Ends and Means in Planning, Int. Soc. Sc. Journ., 11, 1959, S. 361–368, zu ähnlichen Ergebnissen. Diese Analysen müssen vor dem Hintergrund der allgemeinen anthropologischen Erkenntnis gelesen werden, daß soziale Systeme in hohem Maße Wertwidersprüche tolerieren und verarbeiten können, ohne in ihrem Bestand gefährdet zu werden. Dafür als Beispiel *Emilio Willems*, Innere Widersprüche im Gefüge primitiver Kulturen, Köln. Zeitschr. f. Soz. u. Sozialpsych., 8, 1956, S. 206–223.

[13] So mit seltener Eindeutigkeit *Chester I. Barnard*, The Functions of the Executive, Cambridge, Mass., 1938, S. 137 f.

[14] *Peter B. Clark/James Q. Wilson*, Incentive Systems: A Theory of Organization, Adm. Sc. Quart., 6, 1961, S. 129–166, behandeln die Motivationsfunktion des Organisationszweckes als Variable und bilden unter diesem Gesichtspunkt verschiedene Organisationstypen. S. ferner *Richard M. Cyert/James G. March*, A Behavioral Theory of the Firm, Englewood Cliffs,

N. J., 1963, S. 26 ff., und dieselb., A Behavioral Theory of Organizational Objectives, in: *Mason Haire* (Hrsg.), Modern Organization Theory, New York–London 1959, S. 76–90. Auch die neuere rationale Organisationstheorie sucht die Motivationsfragen für gesonderte Behandlung durch die »Koalitionstheorie« auszuklammern. Vgl. z. B. *Jacob Marschak*, Elements for a Theory of Teams, Man. Sc., 1, 1955, S. 127–137 (128), und *Horst Albach*, Entscheidungsprozeß und Informationsfluß in der Unternehmensorganisation, in: *Schnaufer/Agthe*, a.a.O., S. 355–402 (380 ff.).

15 Als Untersuchung eines solchen Falles vgl. die Darstellung der Townsend-Bewegung für Altersversorgung in den USA von *Sheldon L. Messinger*, Organizational Transformation: A Case Study of a Declining Social Movement, Am. Soc. Rev., 20, 1955, S. 3–10.

16 Als Beispiele für die Behandlung der Zweckänderung in der neueren Organisationswissenschaft vgl. *Peter M. Blau*, The Dynamics of Bureaucracy, Chicago 1955, S. 193 ff.; *Sills*, a.a.O., S. 254 ff.; *Harry M. Johnson*, Sociology, New York 1960, S. 284 ff.; *Mayntz*, a.a.O. (1963), S. 66 ff.

17 Zum Widerspruch von Zweckerfüllung und Zweckdarstellung im allgemeinen vgl. *Erving Goffman*, The Presentation of Self in Everyday Life, Edinburgh 1958, insbes. S. 20 ff., und am konkreten Beispiel amerikanischer Krankenhäuser *Charles Perrow*, Organizational Prestige: Some Functions and Dysfunctions, Am. Journ. Soc., 66, 1961, S. 335–341.

18 Als Beispiel für diesen Stand der Diskussion vgl. etwa *Banfield*, a.a.O.; *Albert H. Rubenstein/Chadwick Haberstroh* (Hrsg.), Some Theories of Organization, Homewood, Ill., 1960, S. 324; *Victor A. Thompson*, Modern Organization. New York 1961, S. 179; *Knut Bleicher*, Grundsätze der Organisation, in: *Schnaufer/Agthe*, a.a.O., S. 149–164 (150), und für die Kleingruppenforschung, die diese Doppelorientierung entwickelt hat; *Kenneth D. Benne/Paul Sheats*, Functional Roles of Group Members, Journ. Soc. Iss., 4, 1948, S. 41–49, mit zahlreichen Nachfolgern.

19 Als Ansätze zur Hierarchiekritik aus den zwanziger Jahren vgl. *Henry C. Metcalf/Lyndall Urwick* (Hrsg.), Dynamic Administration: The Collected Papers of *Mary Parker Follett*, London–Southampton 1941, und *Walter Jost*, Das Sozialleben des industriellen Betriebs, Berlin 1932, S. 52 ff.; für den heutigen Stand der Diskussion vgl. *Hans Paul Bahrdt*, Industriebürokratie, Stuttgart 1958; *Rainer M. Lepsius*, Strukturen und Wandlungen im Industriebetrieb. München 1960, S. 19, 27 ff.; *Helmut Schelsky*, Der Mensch in der wissenschaftlichen Zivilisation, Köln–Opladen 1961, S. 20 ff.; *Victor A. Thompson*, Modern Organization, New York 1961; *William Delany*, The Development and Decline of Patrimonial and Bureaucratic Administrations, Adm. Sc. Quart., 7, 1963, S. 458–501. Eine direkt treffende Kritik des traditionellen Befehlsmodells der Autorität findet sich bei *Harvey Leibenstein*, Economic Theory and Organizational Analysis, New York 1960, insbes. S. 162 ff.

20 In diesem Argument ist nicht die Organisationssoziologie, sondern die rationale Organisationstheorie am weitesten vorangeschritten. Vgl. z. B. *Herbert A. Simon*, Models of Man, New York–London 1957, S. 174; *Cyert/March*, a.a.O. (1963 und 1959). Die Organisationssoziologie ist durch ihre Unterscheidung von formaler und informaler Organisation und die korrespondierende Entgegensetzung von rationaler und emotionaler Logik an dieser Einsicht gehindert worden. Dazu *Martin Irle*, Soziale Systeme, Göttingen 1963, insbes. S. 17, 70.

21 Vgl. z. B. Wirtschaft und Gesellschaft, a.a.O., S. 581 f.

22 Daß *Weber* den Unterschied der bürokratischen zur fachlich-professionellen Orientierung nicht gesehen hat, ist in seiner grundsätzlichen Bedeutung zuerst von *Parsons* erkannt und herausgestellt worden. Vgl. seine Einleitung zu der von ihm herausgegebenen englischen Übersetzung: *Max Weber*, The Theory of Social and Economic Organization, London–Edinburgh–Glasgow, 1947, S. 52 f. Zum überlegenen Sachverstand des Untergebenen vgl. ferner: *Thompson*, a.a.O.; *Peter Drucker*, Management and the Professional Employee, Harv. Bus. Rev., 30, 1952, S. 84–90; *Joseph R. Gusfield*, Occupational Roles and Forms of Enterprise Am. Journ. Soc., 66, 1961, S. 571–580; *Peter M. Blau/W. Richard Scott*, Formal Organizations, San Francisco 1962, S. 244 ff. Besonders auffallend, aber untypisch, zeigt sich dieses Problem in Forschungsorganisationen. Dazu vgl. *Paula Brown*, Bureaucracy in a Government Laboratory, Soc. Forc., 32. 1954, S. 259–268; *Robert S. Weiss*, Processes of Organization, Ann Arbor, Mich., 1956; *Simon Marcson*, The Scientist in American Industry, New York 1960.

[23] Vgl. dazu das Beispiel der innerbetrieblichen Stellung des Reisenden bei *Carl Dreyfuss*, Beruf und Ideologie der Angestellten, München–Leipzig 1933, S. 89 ff.

[24] Vgl. z. B. *John L. Kennedy*, The System Approach: Organizational Development, Hum. Fact., 4, 1962, S. 25–52, oder aus der Kommunikationsnetz-Forschung: *Rocco Carzo, Jr.*, Some Effects of Organization Structure on Group Effectiveness, Adm. Sc. Quart., 7, 1963, S. 393–424.

[25] *Talcot Parsons*, Some Ingredients of a General Theory of Formal Organization, in: *Andrew W. Halpin* (Hrsg.), Administrative Theory in Education, Chicago 1958, S. 40–72, neu gedruckt, in: *Parsons*, Structure and Process in Modern Societies, Glencoe, Ill., 1960, S. 59–96.

[26] Diese Vorstellung findet sich bereits bei *Kurt Sieben*, Grundplan der wissenschaftlichen Betriebsführung im Bergbau, Berlin 1928, S. 131.

[27] Vgl. dazu z. B. *Bahrdt*, a.a.O., S. 28 ff., 98 f.; *Peter M. Blau*, Formal Organization: Dimensions of Analysis, Am. Journ. Soc., 63, 1957, S. 58–69 (60 f.), und für das wachsende Interesse an horizontalen Beziehungsordnungen im allgemeinen *Eliot D. Chapple/Leonard R. Sayles*, The Measure of Management, New York 1961, S. 18 ff.; *Henry A. Landsberger*, The Horizontal Dimension in Bureaucracy, Adm. Sc. Quart., 6, 1961, S. 229–332.

[28] Als Beispiele aus der umfangreichen Literatur vgl. *Roethlisberger/Dickson*, a.a.O., S. 458, 581 ff.; *Arthur R. Cohen*, Upward Communication in Experimentally Created Hierarchies, Hum. Rel., 11, 1958, S. 41–53; *Norman H. Berkowitz/Warren G. Bennis*, Interaction Patterns in Formal Service-oriented Organizations, Adm. Sc. Quart, 6, 1961, S. 25–50; *Blau/Scott*, a.a.O., S. 121 ff., 242 ff.

[29] Vgl. dazu *Luhmann*, Kann die Verwaltung wirtschaftlich handeln? VerwArch., 51, 1960, S. 97–115.

[30] S. als Beispiel die beiden Aufsätze von *Richard M. Cyert/James G. March*, Organizational Structure and Pricing Behavior in an Oligopolistic Market, Am. Econ. Rev., 45, 1955, S. 129–139, und: Organizational Factors in the Theory of Oligopoly, Quart, Journ. Econ., 70, 1956, S. 44–64. Vgl. auch die korrigierenden Bemerkungen in *Cyert/March*, a.a.O. (1963), S. 44 ff.

[31] An neueren Erörterungen dieses Themas vgl. *Renate Mayntz*, Die soziale Organisation des Industriebetriebes, Stuttgart 1958, S. 59 ff.; *Melville Dalton*, Men Who Manage, New York–London 1959, insbes. S. 18 ff.; *John M. Pfiffner/Frank P. Sherwood*, Administrative Organization, Englewood Cliffs, N. J., 1960, S. 22 ff.; *Michel Crozier*, Les relations de pouvoir dans un système bureaucratique, Soc. du Trav., 2, 1960, S. 61–75.

[32] S. dazu die interessante Feststellung von *Tom Burns*, The Direction of Activity and Communication in a Departmental Executive Group, Hum. Rel., 7, 1954, S. 73–97 (95), daß nur in etwa der Hälfte der Fälle, in denen ein Vorgesetzter eine Weisung oder eine förmliche Entscheidung zu geben meinte, sein Verhalten von den Untergebenen auch entsprechend verstanden wurde.

[33] Zu dieser Feststellung ist namentlich die neuere deutsche Betriebssoziologie gekommen – vgl. *Bahrdt*, a.a.O.; *Lepsius*, a.a.O., S. 19, 27 ff.; *Heinrich Popitz/Hans Paul Bahrdt/Ernst August Jüres/Hanno Kesting*, Technik und Industriearbeit, Tübingen 1957, S. 211 f. –, während die amerikanische Forschung noch gute Hoffnungen auf indirekt wirkende Motivationsmittel des geschulten Vorgesetzten setzt.

[34] Vgl. die klassischen Studien von *Burleigh B. Gardner/William F. Whyte*, The Man in the Middle: Position and Problems of the Foreman, Appl. Anthrop., 4, 1945, S. 1–28, und *Fritz J. Roethlisberger*, The Foreman, Master and Victim of Double Talk, Harv. Bus. Rev., 23, 1945, S. 283–298.

[35] S. dazu allgemein: *Lewis A. Coser*, Some Functions of Deviant Behavior and Normative Flexibility, Am. Journ. Soc., 68, 1962, S. 172–181.

[36] Vgl. *Emile Durkheim*, De la division du travail social, 7. Aufl., Paris 1960, S. 35 ff., und ders., Les règles de la méthode sociologique, 8. Aufl., Paris 1927, S. 80 ff.

[37] Vgl. *George Herbert Mead*, The Psychology of Punitive Justice, Am. Journ. Soc., 23, 1918, S. 557–602 (591 f.).

[38] S. grundsätzlich *Talcott Parsons*, The Social System, Glencoe, Ill., 1951, S. 299 ff., 322 ff.; ferner *Alvin W. Gouldner*, Patterns of Industrial Bureaucracy, Glencoe, Ill., 1954, S. 45 ff.,

172 ff.; ders., Wildcat Strike, Yellow Springs, Ohio 1954, S. 18 ff.; *Peter M. Blau*, The Dynamics of Bureaucracy, Chicago 1955, insbes. S. 28 ff.; *Johnson*, a.a.O., S. 301 ff.; *Blau/Scott*, a.a.O., S. 141 ff.

39 Über solche organisatorischen Fiktionen vgl. allgemein *Robert Dubin*, Human Relations in Administration, 2. Aufl., Englewood Cliffs, N. J., 1961, S. 433 ff.

40 S. als grundsätzliche Behandlung dieser Frage *Gideon Sjoberg*, Contradictory Functional Requirements and Social Systems, Journ. Confl. Res., 4, 1960, S. 198–208.

41 Diese Feststellung sollte nicht verwechselt werden mit der viel grundsätzlicheren These *Talcott Parsons'*, daß *Max Webers* Konzeption des sozialen Handelns und seiner Orientierungsformen Ausdruck einer allgemeinen Theorie des Handlungssystems und insbes. des sozialen Handlungssystems sei. Vgl. namentlich *Talcott Parsons*, The Structure of Social Action, Glencoe, Ill., 1937. Diese Annahme ist vorausgesetzt, wenn wir im folgenden prüfen, in welchen Punkten die Systemtheorie, durch *Parsons* selbst maßgebend beeinflußt, über *Max Weber* hinaus entwickelt worden ist.

42 Damit ist nicht auf die alte »organische« Korporationslehre angespielt, gegen die *Weber* (Wirtschaft und Gesellschaft, a.a.O., S. 7 f.) mit guten Gründen Stellung bezogen hatte, sondern auf den Erfolg neuerer, strenger konzipierter Modelle der Biologie. Eine der Brücken, über die sie auf die Sozialwissenschaften einwirkten, war sicher die Verbindung von *L. J. Henderson* und *Talcott Parsons*. Vgl. dazu *Parsons'* Bericht, in: Some Comments on the State of the General Theory of Action, Am. Soc. Rev., 18, 1953, S. 618–631 (619). Außerdem hat der Ausbau biologischer Gleichgewichtsvorstellungen zu einer Allgemeinen Systemtheorie durch *Ludwig von Bertalanffy* erheblichen Einfluß gewonnen. Vgl. z. B.: Zu einer allgemeinen Systemlehre, Biologia Generalis, 19, 1949, S. 114–129, und: An Outline of General System Theory, Brit. J. Philos. of Sc., 1, 1950, S. 134–165.

43 In der traditionellen ontologischen Metaphysik dient der Systembegriff – ebenso wie in anderer Weise der Hierarchiebegriff oder der Bewegungsbegriff – der Verunklärung der gefährlichen Frage der Eleaten: wie Seiendes unter Ausschluß des Nichtseins existieren könne.

44 Gegen die Analogie von sozialen Systemen und Maschinen (oder Apparaten), die auch bei *Weber* zumindest im bildhaft-metaphorischen Sprachgebrauch anklingt, ist man viel zu Felde gezogen, um die Menschlichkeit des Menschen zu retten. Der fehlerhafte Angelpunkt der Analogie ist aber selten erkannt und deshalb selten verworfen worden. Er liegt nicht im Mechanischen der Bewegung, sondern darin, daß alle Teile der Maschine einem einzigen Zweck zugeordnet sind, während soziale Systeme multifunktional gebildet und rationalisiert werden müssen.

45 In so allgemeiner Fassung wird die Ablehnung des alten Determinismus noch selten vertreten. Sie findet sich kennzeichnenderweise zuweilen im Rahmen von Ausarbeitungen des Input/Output-Modells, auf das wir weiter unten noch eingehen werden, z. B. bei *John B. Knox*, The Sociology of Industrial Relations, New York 1955, oder bei *Chris Argyris*, The Integration of the Individual and the Organization, in: *Chris Argyris* u. a., Social Science Approaches to Business Behavior, Homewood, Ill., 1962, S. 57–98 (63).

46 Als Beispiele für die Übertragung dieses der Technik und der Biologie entnommenen Modells auf organisierte Sozialsysteme vgl. *Karl W. Deutsch*, On Communication Models in the Social Sciences, Publ. Op. Quart., 16, 1952, S. 356–380; *Knox*, a.a.O., S. 144 ff.; *David Easton*, An Approach to the Analysis of Political Systems, World Pol., 9, 1957, S. 383–400; *Chris Argyris*, Personality and Organization, New York 1957, insbes. S. 248 ff.; *Ralph M. Stogdill*, Individual Behavior and Group Achievement, New York 1959, S. 13 f., 196 ff., 278 ff.; *Gabriel A. Almond*, Introduction: A Functional Approach to Comparative Politics, in: *Gabriel A. Almond/James S. Coleman* (Hrsg.), The Politics of the Developing Areas, Princeton, N. J., 1960, S. 3–64; *P. G. Herbst*, A Theory of Simple Behavior Systems, Hum. Rel., 14, 1961, S. 71–94, 193–239.

47 Die Beziehung der Zweckerfüllung auf die »externe« Bestandsproblematik eines Handlungssystems findet namentlich in *Parsons'* Systemtheorie Ausdruck. Vgl. z. B. *Talcott Parsons*, General Theory in Sociology, in: *Robert K. Merton/Leonard Broom/Leonard Cottrel, Jr.* (Hrsg.), Sociology Today, New York 1959, S. 3–38 (6 f.). Als weitere Belege für diese noch nicht sehr verbreitete Einsicht vgl. etwa *Milton G. Weiner*, Observations on the Growth of Information-Processing Centers, in: *Albert H. Rubenstein/Chadwick J. Haberstroh*, Some

Theories of Organization, Homewood, Ill., 1960, S. 147–156 (153), oder *S. N. Eisenstadt*, Bureaucracy and Bureaucratization, Curr. Soc., 7, 1958, S. 99–164 (113 f., 116 ff.).

48 Das ist, in etwas veränderter Fassung, *Max Webers* Begriff der Herrschaft. *Weber* definiert Herrschaft durch Gehorsam und Gehorsam dadurch, daß der Gehorchende sich lediglich an der Tatsache des Befehls und nicht an dessen eigenem Wert oder Unwert orientiert. Vgl. Wirtschaft und Gesellschaft, a.a.O., S. 122 f. Neuere Fassungen dieses Begriffs lassen jedoch die Beschränkung auf Befehle als Kommunikationsform und die Voraussetzung einer Rangdifferenz mit Überordnung der Autoritätsperson weg. Vgl. z. B. *Chester I. Barnard,* The Functions of the Executive, Cambridge, Mass., 1938, S. 161 ff., und *Herbert A. Simon,* Das Verwaltungshandeln, Dt. Übersetzung, Stuttgart 1955, S. 8 f., 80 ff.

49 Vgl. zu dieser Möglichkeit, abgeleitete, nichthierarchische Autorität durch »konditionale Programmierung« des Entscheidens zu schaffen, *Luhmann,* Lob der Routine, in diesem Band S. 113 ff.

50 Wirtschaft und Gesellschaft, a.a.O., S. 26 i. V. m. S. 13.

51 Einen wesentlichen Einbruch hat allerdings der soziologische Rollenbegriff erzielt, der ein distanziertes, vermitteltes Verhältnis des Menschen zum sozialen System ausdrückt. Dazu Gutes bei *Helmut Plessner,* Soziale Rolle und menschliche Natur, in: Erkenntnis und Verantwortung, Festschrift für Theodor Litt, Düsseldorf 1960, S. 105–115. Für *Weber* selbst waren methodologische Erwägungen über Notwendigkeit begrifflicher Abstraktion und die radikale Trennung von Soziologie und Psychologie dafür bestimmend, daß die menschliche Persönlichkeit als ganze in der Soziologie keinen Platz findet. Daß die Wissenschaft den Menschen nur ausschnitthaft würdigt, verdunkelte hier das ganz andere Problem der ausschnitthaften Beteiligung des Menschen an sozialen Systemen.

52 Während die sozialphilosophische Kritik solcher Tendenzen alt und bekannt ist, erheben sich in der Organisationswissenschaft selten Stimmen gegen das allgemeine Bemühen, die Leistungsmotivation mehr und mehr zu verbessern. Einige einsichtige Bemerkungen bei *Robert Dubin,* in: *Robert Tannenbaum/Irving R. Weschler/Fred Massarik,* Leadership and Organization, New York–London–Toronto 1961, insbes. S. 413.

53 Vgl. z. B. *Eisenstadt,* a.a.O., S. 110 ff.

54 Diesen wichtigen Gedanken betont *Amitai Etzioni,* A Comparative Analysis of Complex Organizations: On Power, Involvement, and their Correlates, New York 1961, S. 6 ff.

55 Eine ähnliche Typologie unter dem Gesichtspunkt, welcher Umweltausschnitt hauptsächlich von der Organisation profitiert, schlagen *Blau/Scott,* a.a.O., S. 40 ff., vor. Vgl. dazu auch *Robert V. Presthus,* Weberian v. Welfare Bureaucracy in Traditional Society, Adm. Sc. Quart., 6, 1961, S. 1–24, mit der These, daß es neben dem Weberschen Bürokratiemodell, das an Interessen von Nichtmitgliedern ausgerichtet sei, ein anderes gebe, das trotz ähnlicher Formalstruktur hauptsächlich den Mitgliedern selbst diene.

56 Die Gründe dafür liegen z. T. in der schon erwähnten radikalen Trennung von Soziologie und Psychologie, die *Weber* zu einem unpsychologischen Motivationsbegriff führt, der durch idealtypische Konstruktion verständlicher Handlungsgründe ins Relief treten soll. Im übrigen ist die wichtige Unterscheidung von Mitgliedschaftsmotivation und Leistungsmotivation erst durch die Entdeckung »informaler« Motivationsstrukturen notwendig geworden, also jüngeren Datums. Vgl. *Barnard,* a.a.O., S. 227 ff., oder *Leibenstein,* a.a.O., S. 174 ff.

57 Die Ausführungen über Regelung der Vertretungsgewalt (z. B. Wirtschaft und Gesellschaft, a.a.O., S. 25) mit der Folge, daß das Handeln eines Mitglieds unter bestimmten Umständen allen zugerechnet wird, sind allerdings ein wichtiger Beitrag. Aber auch hier fehlt die entscheidende *funktionale* Einsicht über den Sinn dieser Regel als Mechanismus der *Effektübertragung* von einer Umwelt in eine andere.

58 Das ist auch *Parsons* aufgefallen. Vgl. Introduction, a.a.O., S. 12.

Lob der Routine

Die Routine genießt trotz ihrer weiten Verbreitung in modernen Großorganisationen kein besonderes Ansehen. Wer etwas auf sich hält, versucht, sich über die alltägliche Routine zu erheben und die individuelle Eigenart seines Denkens und Handelns herauszustellen. Nur jenseits der Routine kann er sich selbst darstellen. Lieber greift er zu entlegenen Vorstellungen oder modischen Gesten als im immer schon Gewesenen und Geläufigen zu versinken. Selbst Vorgänge, die organisatorisch längst routiniert sind, wie die Mode oder die Erholung, treten als Feind des langweiligen Einerleis der Routine auf. Kein Wunder also, daß auch die wissenschaftliche Forschung dem Gegenstand bisher kaum Probleme abzugewinnen vermag.

Wenn jedoch die Abwechslung selbst routinemäßig programmiert werden kann, wenn eine Routine ihre Nahrung daraus zieht, andere Routinen zu unterbrechen, wenn Not routinemäßig behoben werden kann [1*] und schließlich sogar Hysterie Routine wird [2], drängen sich dem Betrachter dieses Schauspiels Fragen auf. Die Unwürdigkeit des Objektes darf ihn nicht länger hindern, ein angemessenes Verständnis zu suchen. Auch die faktische Verbreitung und Unentbehrlichkeit der Routine legen eine Beschäftigung mit diesem Gegenstand nahe. Es ist Sache der Verwaltungswissenschaft, sich eines solchen Problems anzunehmen. Obwohl man auch in Produktionsorganisationen, Dienstleistungsbetrieben, Wohltätigkeitsvereinen und Ehen Routinen beobachten kann, bleibt die rationale Programmierung von Routineentscheidungen doch Sache der Verwaltung, sei es der privaten Unternehmensverwaltung, sei es der öffentlichen Verwaltung. Darüber hinaus hat es den Anschein, daß der bisherige Begriff von Routine der Sache selbst, ihrer elastischen, vielfältigen Verwendbarkeit ebenso wie ihrer faktischen Bedeutung nicht gerecht würde. Es könnte sein, daß wir hier vor einem jener Vorurteile stehen, die den Zugang zur Verwaltungswissenschaft verstopfen.

Mit diesem Verdacht als Hintergedanken wollen wir uns der Sache nähern. Eine Charakterisierung der geläufigen Routinevorstellung wird das Bedürfnis nach einem anderen begrifflichen Bezugsrahmen deutlich machen. Wir werden versuchen, ihn in einer verwaltungswissenschaftlichen Theorie zu finden, die die Verwaltung als ein System von Entscheidungstätigkeiten auf ihre Bestandsbedingungen hin untersucht. Von da aus werden sich neue Perspektiven gewinnen lassen für die Behandlung der Funktion von Routineprogrammen des Entscheidens. Im Blick auf die Funktion lassen sich Routineprogramme und Zweckprogramme vergleichen, lassen sich Struktur und Anwendungsmöglichkeiten der Routine verdeutlichen, und das führt schließlich zu den problematischen Folgen der Routineprogrammierung und zu den Auswegen und Kompensationen, die daran anknüpfen.

* Anmerkungen siehe S. 138–142.

Hesse, JZ 82, 272

I. Die lästige Routine

Der geläufige Routinebegriff führt sowohl in der Industrieforschung als auch in der Bürokratieforschung ein Grenzdasein. Er bezeichnet den Punkt, wo Rationalität lästig wird.

Diese Stellung des Routinebegriffs ergibt sich aus den klassischen Überlegungen über Sinn und Vorzüge der Arbeitsteilung. Sollen laufende Bedürfnisse, zumal der materiellen Versorgung, durch Arbeitsteilung befriedigt werden, so setzt das eine Reihe von gedanklichen und praktischen Vorbereitungen voraus. Das Bedürfnis wird als Dauerzweck eines kooperativen Systems formuliert, so daß die notwendigen Mittel der Zweckerfüllung sichtbar werden. Diese Mittel werden als Unterzwecke oder Teilaufgaben ausgeworfen und solange weitergespalten, bis hochdetaillierte Kleinstaufgaben entstehen, die einen einzelnen Mitarbeiter gerade noch voll beschäftigen. Je größer das System ist, desto spezieller können diese Kleinstaufgaben definiert werden, und desto häufiger wiederholen sich im Arbeitsvollzug die einzelnen Handlungen. Die kontinuierliche Verrichtung derselben Tätigkeit läßt die speziellen Fähigkeiten dafür wachsen; sie verringert den Verlust an Zeit und Energie, der durch Umstellung von einer Tätigkeit auf andere eintritt, und sie entlastet die Personalanforderungen des Systems: Es benötigt keine komplizierten Fähigkeitskombinationen mehr, die Anlernzeiten verkürzen sich. Das Ergebnis ist Routinearbeit. Routine ist in diesem Verständnis also kein in sich selbst sinnvoller Planungsbegriff, sondern die Bezeichnung für ein Resultat rationeller Arbeitsteilung.

Beim Anblick dieses Resultates werden die nachteiligen Folgen einer solchen Ordnung bewußt und der Routine zugerechnet. Die Industrieforschung hat zahlreiche sozialpsychologische Untersuchungen durchgeführt, um die psychische Last der Routine zu mindern. Sie empfiehlt im wesentlichen zwei Maßnahmen: auf die Möglichkeiten der »informalen« Gruppenbildung zu achten zur Bindung unbeschäftigter Gefühle und Sozialbedürfnisse; und die Aufgaben des einzelnen zu erweitern, um sein Interesse zu wecken [3]. Diese Vorschläge laufen auf ein Zurückdrehen des Arbeitsteilungsprozesses hinaus, das in Einzelfällen durchaus sinnvoll sein kann, in großem Stil jedoch kaum durchgeführt werden kann, ohne den Rationalitätsgrad der Arbeitsteilung zu schwächen.

In ähnlicher, wenn auch weniger ausgearbeiteter Weise hat die Bürokratieforschung das Routineproblem angefaßt. Auch bei ihr schlägt im Begriff der Routine Rationalität in Pathologie um. Rationale, wirtschaftliche, gerechte, gleichmäßige und gesetzliche Verwaltung fordern ein hohes Maß an regulativer Steuerung der Entscheidungsprozesse. Die Handhabung dieser Regeln wird für den Beamten durch Arbeitsteilung zur Sache der Routine und zum Selbstzweck. Er engt seinen Horizont auf seine Routine ein – wie anders sollte er die Vorzüge der Spezialisierung ausschöpfen! – und wendet sie infolgedessen auch in Fällen an, die ein Problem enthalten und eigentlich neu entschieden werden müßten. Diese bedauerliche Neigung kann durch die Schwäche der menschlichen Natur, den eigentümlichen Berufshabitus des Beamten, sein extremes Sicherheitsbedürfnis oder auch durch die einschläfernde Wirkung der Routine selbst erklärt werden. Und dann kommt es zu Ermahnungen.

Ein typisches Kennzeichen dieser Behandlung des Problems ist, daß die Nachteile der Routine behandelt, untersucht und kuriert werden, ohne daß die Rationalstruktur der

Organisation als Bedingung des Problems mit in die Betrachtung gezogen würde. Wird der Routinebegriff auf diese Weise als Grenzbegriff zwischen die Rationalstruktur und ihre pathologischen Folgen gestellt, so besteht die Gefahr, daß er, statt zu vermitteln, beide Bereiche gegeneinander isoliert. Die rationale Organisationsanalyse wird beim Resultat Routinearbeit enden. Die Sozialpsychologie oder die politische Wissenschaft wird die Routine von da her als Gegebenheit übernehmen, ohne sie in ihren Strukturbedingungen zu überprüfen. Ein solches Trennungsdenken liegt um so näher, als verschiedene Fachdisziplinen beteiligt sind, die einander unkritischen Respekt schulden: Die Organisationslehre befaßt sich mit dem richtigen Handeln in der Organisation, die Organisationssoziologie mit den nichtbedachten Folgen dieses Handelns [4]. Wir werden noch auf die Frage stoßen, ob hier nicht eine zu enge Rationalvorstellung, nämlich die der reinen Zweckrationalität, nachwirkt. Vorläufig sei nur festgehalten, daß die herkömmliche Verwendung des Routinebegriffs diese Trennung von zweckrationaler und empirischer Organisationswissenschaft fixiert.

Ein zweiter Einwand heftet sich an das Merkmal der Handlungswiederholung, das den Routinebegriff definiert. Wie oft und in wie rascher Folge muß sich ein und dasselbe Handeln wiederholen, damit es die Bezeichnung als Routine verdient? Die Grenzen sind offenbar unbestimmt. Sicher liegt Routine vor, wenn nur eine einzige Handlung aufgegeben ist, ein bestimmter Griff an der Maschine und natürlich auch, wenn es sich um eine immer gleiche Folge von Griffen handelt. Die Grenzen beginnen jedoch zu verschwimmen, wenn mehrere Handlungsreihen aufgegeben sind, von denen bald diese, bald jene fällig wird; man denke an einen Registrator, der bald Eingänge einträgt, bald Wiedervorlagen heraussucht, bald Auskünfte über den Verbleib von Akten erteilt. Man kann das Bild beliebig anreichern, so daß eine spezifische Handlungsreihe nur noch einmal am Tage, einmal in der Woche, einmal im Monat oder gar in ganz unbestimmter Zeitfolge zum Zuge kommt. Der übliche Routinebegriff ermöglicht es kaum, eindeutig festzustellen, wo hier die Routine aufhört. Das Merkmal der Handlungswiederholung, das doch das Wesen der Routine bezeichnen soll [5], gestattet keine präzise Abgrenzung des Tatbestandes.

Dieser Mangel kann vielleicht in Kauf genommen werden, solange der Routinebegriff lediglich ein typisches Handlungsbild andeutet, das sich abzeichnet, wenn der Handlungsspielraum so eingeengt wird, daß sich die Vorteile der Spezialisierung gewinnen lassen. Man wird dann sagen, daß ein Routinehandeln immer vorliegt, wenn Handlungen sich so oft wiederholen, daß der Handelnde sich habituell und in seinen Fähigkeiten darauf einstellen kann. Damit stehen wir vor dem dritten und wichtigsten Punkt unserer Kritik. Der übliche Routinebegriff begründet die Vorteile der Routine rein individualpsychologisch. Er verkennt natürlich nicht, daß eine große Organisation und ein kompliziertes Schema der Arbeitsteilung erforderlich sind, um Routineprogrammierungen und routinemäßige Durchführung von Aufgaben zu ermöglichen, um die möglichen Gewinne der Spezialisierung zu ernten. Die Gewinne ergeben sich jedoch letztlich aus einer zweckmäßig verengten Entwicklung und Einsetzung von Handlungsfähigkeiten des Einzelmenschen; und sie finden an der geistigen und manuellen Konstitution des Menschen ihre Grenzen. Mit anderen Worten: Die im Routinebegriff gemeinte Leistungsrationalisierung findet in der Einzelperson statt und auf ihre Kosten. Der Routinebegriff ist kein Planungsbegriff des sozialen Systems. Dessen Organisation ist auf richtige Verteilung von Aufgaben und auf Vereinfachung der Koordinierungsvorgänge beschränkt (wenn man von Motivations- und Kontrolleinrichtungen, die hier nicht interessieren, absieht).

Diese Konzeption stammt aus den Organisationslehren des Militärwesens und der industriellen Produktion. Sie beschränken die Organisation auf Strukturentscheidungen, ergänzen sie jedoch durch sorgfältige Zeit- und Bewegungsstudien, die sich die Routinehandlung selbst ansehen und ihren Vollzug bis ins letzte rationalisieren.

In Organisationen, die Entscheidungen produzieren (Verwaltungen), herrschen jedoch völlig andere Bedingungen. Entscheidungstätigkeiten können nicht wie manuelle Verrichtungen geteilt und zusammengestückt werden, allein schon deshalb nicht, weil Entscheidungsbeiträge mitgeteilt werden müssen und das Verständnis der Mitteilung eine, wenn auch abgekürzte, Wiederholung der Vorentscheidung erfordert. Schon aus diesem Grunde liegt das Spezialisierungsproblem und damit auch das Routineproblem in Verwaltungen anders als in Produktionsbetrieben. Außerdem ist das Wiederholen von Entscheidungen etwas ganz anderes als das Wiederholen von Herstellungshandlungen. Die rationelle Sachverrichtung im Herstellungsprozeß ist erst nach einiger Übung und stetiger Wiederholung durch denselben Arbeiter erreichbar. Dagegen ist die Wiederholung derselben Entscheidung durch jedermann überhaupt kein Problem. Die Schwierigkeit besteht hier darin, zu erkennen, daß ein anderer Fall gleich liegt, also die gleiche Entscheidung rechtfertigt; und diese Erkenntnis wird auch dem, der den ersten Fall entschieden hatte, je nach den Umständen Mühe machen. Der Spezialisierungsgewinn wird sich also nicht in gleicher Weise aus der Einzelperson herausholen lassen wie bei industriellen Fertigungsprozessen. Er wird sehr viel komplexer vermittelt. Vor allem ergibt er sich aus der Spezialisierung des Informationsbesitzes und Entscheidungsgedächtnisses. Dessen Potential hängt von der Abstraktion der verarbeiteten Daten, also von den jeweiligen Entscheidungsprogrammen, ab. Gute Entscheidungsprogramme erleichtern auch das Herausfinden von Gleichheiten in Informationen und Entscheidungen sowie die Kooperation im Entscheiden: die Verständigung. Die Qualität eines Entscheidungsprogrammes wird aus der Art seiner Abstraktion folgen und für die Datenordnung wichtiger sein als die Übung im Vollzug gleicher Denkakte durch dieselbe Person. Deshalb hat die Programmplanung für Entscheidungssysteme eine ganz andere, viel tiefer dringende Bedeutung als für Produktionssysteme.

Wenn wir in der Verwaltung nach einem Äquivalent der Routinevorstellung suchen, welche die industriellen Produktionsorganisationen ausgebildet haben, dürfen wir die Analogie also nicht zu oberflächlich ansetzen und uns nicht auf eine äußerliche Übertragung des Vorstellungsbildes vom repetierenden Handeln beschränken. Vielmehr treffen wir den Sachverhalt besser, wenn wir Routine als eine bestimmte Art von Entscheidungsprogramm definieren. Damit lösen sich zugleich die angedeuteten Schwierigkeiten des üblichen Begriffs: Der Begriff des Entscheidungsprogramms ist besser geeignet, die Theorie des rationalen Handelns mit der Theorie des faktischen Verhaltens zu verbinden. Er setzt das Ausmaß der Wiederholung als variabel, also nicht als definierendes Merkmal des Begriffes, an. Er läßt sich nicht nur individualpsychologisch, sondern auch als Planungsbegriff auf jeder Systemebene verwenden und eignet sich sowohl für Verwaltungen als auch für Produktionsorganisationen.

II. Die Programmierung von Entscheidungen

Ein Bedürfnis nach Entscheidungsprogrammen tritt nur unter bestimmten sozialen und organisatorischen Voraussetzungen auf, nämlich dann, wenn Entscheidungstätigkeiten zu einem System zusammengefaßt sind, das von Veränderungen in der Umwelt relativ unabhängig fortbesteht, also Grenzen gegen die Umwelt definiert und invariant hält. Die Programmierung von Entscheidungen dient dazu, gleichmäßige Zustände oder Wirkungen des Systems zu sichern, die nicht von jeder Schwankung in der Umwelt durcheinandergeworfen werden, sondern nur auf spezifische, ausgesuchte Informationen durch Anpassung reagieren. Der Begriff des Entscheidungsprogrammes, der von Simon [6] dem Fach der automatischen Datenverarbeitung entnommen und in die Verwaltungswissenschaft übertragen worden ist, erweist sich damit als wesentliches Hilfsmittel für die Erfassung der Verwaltung als grenzerhaltendes soziales System, für einen Gedanken, der aus der soziologischen Theorie Talcott Parsons' [7] stammt.

Jede Verwaltungseinheit, eine Staatsverwaltung, eine Behörde oder ein einzelnes Referat, eine Unternehmensverwaltung oder eine Gewerkschaftszentrale oder das Büro eines Vereins zur Bekämpfung der Luftfeuchtigkeit, kann als ein soziales System beschrieben werden, dessen Handlungen aus Entscheidungen, und das heißt: aus Kommunikationen, bestehen. Die Verwaltung lebt in einer überwiegend verbalen Umwelt. Sie erhält Informationen, verarbeitet sie und teilt das Ergebnis anderen Stellen mit. Dabei verfährt sie weder beliebig, noch marschieren die Informationen auf streng gebundener Route durch sie hindurch. Der Informationsverarbeitung liegt vielmehr eine besondere Art von Informationen als generalisierte, vom Einzelfall abstrahierte Struktur zugrunde, nämlich die Entscheidungsprogramme. Sie befreien die Verwaltung im Interesse einer Kontrolle des Informationsflusses von der unmittelbaren Umweltabhängigkeit. Weder hat die eingehende Information, also der Umweltanlaß, die absolute Herrschaft, noch die herausgehende Kommunikation, also das Umweltresultat oder der Zweck [8]. Entscheidungsprogramme werden vielmehr so gewählt, daß Eingänge und Ausgänge wechselseitig füreinander Gesichtspunkte der Selektion sind. Die Verwaltung sucht ihre Informationen im Rahmen ihrer Kommunikationsmöglichkeiten und ihre Kommunikationen im Rahmen ihrer Informationsmöglichkeiten. Sie hat, um Gehlens Ausdruck für einen genau analogen Sachverhalt beim Einzelmenschen zu verwenden, die Chance des Führungswechsels [9]: Sie kann sich bald von dem, was sie an Mitteilungen bekommt, und dem, was »dahinter steht«, bald von dem, was ihr an Entscheidungen abgenommen wird, leiten lassen. Dadurch besitzt sie begrenzte Freiheit und kann insofern als relativ selbständiges System behandelt werden.

Eine solche Koordination wechselseitiger Selektivität funktioniert nur unter bestimmten strukturellen Voraussetzungen. Es wäre nicht sinnvoll, die erste Information für die Wahl einer Kommunikationsmöglichkeit, diese für die Suche nach neuen Informationen, diese wieder für die Wahl anderer Kommunikationsmöglichkeiten usw. als Leitfaden zu nehmen; so käme die Informationsverarbeitung zu keinem Abschluß. Sie würde ins Oszillieren geraten und sich von ihren Ausgangspunkten beliebig weit entfernen können. Es müssen also Grenzen der Variation definiert werden. Das ist die Funktion von Entscheidungsprogrammen. Durch sie kann ein System in bestimmte Grenzen gewiesen werden und ein individuelles Gesicht bekommen. Die strukturelle Invarianz eines Entscheidungsprogrammes ist natürlich keineswegs eine absolute und

unveränderliche Systemkomponente, kein Wesensgesetz. Für ihre Funktion als Struktur ist lediglich erforderlich, daß sie nicht in dem beschriebenen täglichen Prozeß der Informationsverarbeitung selbst geändert werden kann. Über ihre Änderung wird an anderen, zumeist »höheren« Stellen entschieden – eine Entscheidung, die im übrigen selbst durchaus programmiert werden kann, so daß sich ein sehr komplizierter Aufbau von Programmverschachtelungen denken läßt.
Wenn wir dieses Informations-Kommunikationsmodell der Verwaltung zugrunde legen, wird ersichtlich, daß die Programmdefinition an zwei (und nur an zwei) Punkten ansetzen kann. Sie kann bestimmte Informationen als auslösende Signale für die Wahl von bestimmten Kommunikationen festlegen; und sie kann umgekehrt bestimmte Kommunikationen invariant setzen, um von dort her die relevanten Informationen ermitteln zu können. Der erste Fall trifft den Sachverhalt, den man gemeinhin als Routine bezeichnet. Der zweite ordnet den Entscheidungsgang im Sinne des Zweck/Mittel-Schemas. Beide Möglichkeiten sind, als Ordnungsstrukturen im allgemeinen Sinne gesehen, zueinander funktional äquivalent [10]. Im einzelnen unterscheiden sie sich jedoch erheblich. Dieser Unterschied muß herausgearbeitet werden, weil sich von da her erst die spezifische Funktion der Routine erfassen läßt.

III. Zweckprogramme und Routineprogramme

Der Unterschied von Zweckprogrammen läßt sich auf den zeitlichen Richtungssinn, die »Asymmetrie«, des Informationsflusses zurückführen. Informationen kommen von außen, werden dann bearbeitet und verlassen darauf als Kommunikationen das System. Den Film rückwärts laufen zu lassen, gäbe keinen verständlichen Sinn. Weil der Eingang der Informationen *vor* der Systemtätigkeit liegt, kann man die Systemtätigkeit von ihm abhängig machen. Die Frage des Zeitpunktes kann dabei offenbleiben, wenn man das Programm bedingt formuliert: Jedesmal *wenn* eine Information A eintrifft, ist die Kommunikation B zu geben. Im Gegenfall, bei der Zweckprogrammierung, ist eine solche Zeitindifferenz nicht möglich. Es würde dem System jede Aktivität freistellen (es also nicht programmieren), wollte man ihm lediglich eine spezifische Kommunikation vorschreiben, den Zeitpunkt dafür aber unbegrenzt offenlassen.
Dieser Unterschied ist bedeutsam für die Frage, wie Konstanz und Variabilität, strikte Festlegung und Flexibilität, Umweltabhängigkeit und Autonomie sich in beiden Programmformen mischen.
Zweckprogramme verbinden eine sachlich allgemein gehaltene Wirkungsvorstellung mit einer bestimmten zeitlichen Situation. Fehlt jede Zeitvorstellung, so hat man nicht eigentlich Zwecke, nämlich angestrebte konkrete Wirkungen, sondern Zweckideen oder Werte vor sich, die nicht der Entscheidungsprogrammierung, sondern der Systemrechtfertigung dienen [11]. Ohne jeden Situationsbezug, als Gemeinwohl, Bildung, Straßenbau »an sich«, sind Zwecke nicht instruktiv, also nicht geeignet, als Leitfaden für das Auffinden und Beurteilen von Mitteln zu dienen. Die Flexibilität der Zwecke besteht darin, daß sie durch verschiedene Kommunikationen des Systems erfüllt werden können, was sehr unterschiedliche Informationen relevant werden läßt. Der Wahlbereich kann je nach Abstraktion der Zweckformel mehr oder weniger weiten Umfang haben. Er läßt sich über die Zweckformel steuern und kann auch durch zusätzliche Vorschrif-

ten über zulässige und unzulässige Mittel eingeengt werden. Stets ist er begrenzt. Aber innerhalb dieser Grenzen liegt ein Spielraum verschiedener Entscheidungsmöglichkeiten, die alle brauchbar, das heißt: durch das Programm gedeckt sind [12]. Die Zweckprogrammierung hat den Sinn, diese begrenzte Beweglichkeit des Systems zu eröffnen. Das System wird durch seinen Zweck, der zugleich die Abnahmefähigkeit seiner Entscheidungen definiert, im großen und ganzen am Seil geführt, aber doch nicht auf genau vorgezeichneter Spur. Es bleibt, um seiner spezifischen Eigenleistung und Verantwortung willen, relativ autonom.

Routineprogramme haben auch, aber in ganz anderem Sinne, die Funktion, das System von der Umwelt zu distanzieren und relativ invariant zu setzen. Sie regulieren einen Entscheidungsablauf unabhängig vom Zeitpunkt durch konditionale Formulierung. Sie definieren bestimmte Anlaß-Informationen, die bestimmte Kommunikationen des Systems auslösen sollen, *wenn* sie eintreffen, lassen jedoch offen, wann und wie oft solche Anlässe auftreten. Ein Polizist hat den Verkehr an einer Kreuzung zu regeln, jedesmal wenn sich eine vorher definierte kritische Situation ergibt, wann auch immer das geschieht, und ob es sich um Möbelwagen, Radfahrer oder Hochzeitskutschen handelt, um den Studienrat, der zur Schule fährt, oder um den Chauffeur des Regierungspräsidenten, der zur Tankstelle will. Und was für den Verkehrsteilnehmer Episode bleibt in ganz verschiedenen Erlebnisfolgen, überträgt der Polizist in regelmäßige, verläßliche Programmausführung.

Das Programm wird auf diese Weise umweltabhängig und doch invariant definiert. Es bleibt identisch und wird gleichmäßig gehandhabt, obwohl die informierende Umwelt nicht kontrolliert und beeinflußt werden kann, obwohl sie die auslösenden Informationen unregelmäßig und in unvorhersehbarer Weise streut. Nur die Möglichkeit der Bildung *allgemeiner Erwartungen* in bezug auf die Umwelt ist vorauszusetzen. Im übrigen kann die Umwelt so unstabil sein, wie sie will; das System übersetzt Unregelmäßigkeit in Regelmäßigkeit [13].

Das Problem, aus nicht genau bekannten und unregelmäßigen Ereignissen eine regelmäßige Arbeit zu ziehen, erscheint im Inneren der Verwaltung als Schwierigkeit der *Arbeitsverteilung* und wird in dieser Problemfassung lösbar [14]. Bei konditionaler Programmierung erfolgt der Anstoß zur Tätigkeit durch Informationen der Umwelt, deren Zeitpunkt und Häufigkeit im einzelnen nicht voraussehbar sind. Daher ist es nicht einfach, Arbeitspensen genau auszurechnen und gerecht auszugleichen. Es gibt saisonbedingte Schwankungen, Überstunden und leere Aktenböcke. Im großen und ganzen wird dieses Problem durch eine Art statistische Voraussicht und durch mehr oder weniger grobe Erfahrungssätze gelöst, ergänzt durch ad-hoc-Entscheidungen über Entlastungen und zusätzliche Arbeitsleistungen. Dazu ist eine gewisse Mobilität der Arbeitskräfte erforderlich, die ihrerseits mit typischen Behinderungen zu rechnen hat: mit Unwilligkeit bei Sonderleistungen und beim Aushelfen und mit den Grenzen, die Spezialisierung und Abteilungsgliederung dem Austausch von Arbeitskräften ziehen. Schließlich können periodische Arbeitsstöße auch durch ein Nacheinander der Bearbeitung abgefangen werden, was nach außen und vom Einzelfall her gesehen als Langsamkeit erscheint. So pflanzen sich die Unregelmäßigkeiten des Anstoßes in dritte und vierte Folgeprobleme fort, bis sie völlig ausgeglichen sind. Es interessieren hier nicht die Einzelheiten dieser Egalisierungstechnik und ihr Zusammenhang mit der Organisationsstruktur, sondern die Tatsache, daß eine Stabilisierung der Arbeitsleistung mög-

lich ist, die keinen Einfluß auf die Umweltverläufe voraussetzt, sondern ihre Grundlage lediglich aus einer laufend korrigierten Ordnung der eigenen Erwartungen gewinnt.
Diese Funktion einer statistischen (also nicht machtmäßigen) Umweltkontrolle bleibt unsichtbar, wenn man sich auf eine rein statische Betrachtungsweise beschränkt oder lediglich den einzelnen Entscheidungsablauf betrachtet. Die Einzelentscheidung macht dann einen fast vollständig determinierten, auf jeden Fall problemlosen Eindruck. Sie erscheint als bloße Durchführung von etwas, was bereits anderswo vorentschieden ist. So richtig das sein kann, so sehr täuscht dieser Eindruck. Er entsteht lediglich dadurch, daß für die Analyse des Problems der Routine eine falsche Ebene gewählt worden ist: das »psychologische« Entscheidungsproblem der Einzelperson und nicht die Dynamik der System/Umwelt-Beziehung. Auf diese Systemperspektive muß sich die Verwaltungswissenschaft umstellen, wenn sie das Routineproblem in den Griff bekommen will. Dann zeigt sich als Funktion der Routineprogrammierung, eine möglichst präzise Entscheidungsplanung im System gegen die Wechselfälle einer unkontrollierbaren, nach eigenen Gesetzen ablaufenden Umwelt abzusichern. Routine macht das Verwaltungssystem zeitlich, aber nicht sachlich, umweltindifferent. Gesamtgesellschaftlich gesehen ermöglicht Routineprogrammierung ein hohes Maß an Differenzierung und Interdependenz zugleich, indem jedes System sich konditional an Ereignissen in anderen Systemen orientiert, ohne deren Freiheit in der Bestimmung von Ereignisfolgen und Ereignisfunktionen anzutasten. Auf dieser Ebene der Betrachtung wird deutlich, daß Routine nicht nur als arbeitstechnische Erleichterung geistiger oder manueller Prozesse, sondern als koordinierende Einrichtung, als praktische Lösung des Widerspruchs von Systemautonomie und Interdependenz, ihre faktische Bedeutung in einer differenzierten und durchorganisierten Gesellschaft verdient.
Bevor wir diesen Gedanken weiter ausarbeiten, müssen noch einige Überlegungen dem Verhältnis von Routineprogrammen und Zweckprogrammen gewidmet werden. Die Unterscheidung selbst macht bereits eines ganz deutlich: Es hat keinen Sinn, in Routineprogrammen nach selbständigen Zwecken zu suchen oder dem routinemäßig Entscheidenden eine Orientierung an »übergeordneten Zwecken« zu empfehlen, wie es so oft geschieht. Das hieße ihn mit widerspruchsvollen Entscheidungskriterien ausrüsten. Wenn auf Antrag unter bestimmten Voraussetzungen eine Rente zu bewilligen ist, so wäre es unnütz und verwirrend, sich dabei zusätzlich noch einen Zweck vorzustellen. Wenn der Zweck wirklich in Funktion träte, das heißt: Suchprozesse nach anderen Möglichkeiten der Zweckerfüllung, Alternativen, besseren Mitteln auslöste, würde er das Routineprogramm durcheinanderbringen. Der Entscheidende käme dann auf den Gedanken, den Unterhalt des Rentenbeziehers auf andere Weise, etwa durch seine Verwandten, durch Arbeitsvermittlung etc. sicherzustellen. Und wohin käme man, wenn ein Soldat, dem eine Wenn/Dann-Weisung erteilt ist, über Zwecke nachdächte.
Da sich Proteste gegen diese Auffassung nicht lange zurückhalten lassen, müssen wir gleich zwei wesentliche Modifikationen anschließen [15]. Es sei nicht bestritten, daß Zwecke als Decorum für die Außenansicht, für die »Darstellung« von Routineprogrammen, ihren Sinn behalten. Es ist immer gut, wenn man sich auf einen Zweck berufen kann, falls man angegriffen wird; und man kann mit Zwecken um Verständnis und Unterstützung für das System werben. Aber das heißt nicht, daß sie in Routineprogrammen ohne weiteres als operatives Kriterium zugelassen würden. Der Aus-

druckswert der Zwecke muß von ihrer Programmfunktion unterschieden werden. Beide erfordern oft ganz verschiedene Zweckformeln [16].

Eine zweite Abschwächung hängt mit dem Problem der »Programmverschachtelung« zusammen, das wir oben bereits angeführt haben. Es kann sein und wird häufig so sein, daß die Festlegung von Routineprogrammen als solche programmiert ist; und dies kann durch Zweckprogramme geschehen. Bei dieser zweckprogrammierten Entscheidung erscheint dann das gesamte Routineprogramm: die jährliche Aufnahme von Kindern in Schulen, die Altersversorgung bestimmter Schichten, die Zulassung von Kraftfahrzeugen zum Verkehr, als ein Mittel – und das heißt: als eine Handlungsgruppe, die im Variationsbereich eines bestimmten Zweckes auch anders geregelt werden könnte. Bei der Abwägung von äquivalenten Routineprogrammen hat es seinen guten Sinn, sich an bestimmten Zweckvorstellungen zu orientieren, um zum Beispiel zu ermitteln, welches Verfahrenssystem bei der Zulassung von Kraftfahrzeugen im Vergleich zu anderen den Vorzug verdient. Aber es wäre verfehlt, bei der Einzelzulassung zu prüfen, wozu der Buchhalter Meier seinen alten Volkswagen zugelassen erhalten soll – es sei denn, daß *sein* Zweck als Umweltdatum und auslösende Information in das Routineprogramm eingebaut ist.

Um beide Programmtypen sinngemäß organisieren zu können, ist es also wichtig, sie in ihrer Eigengesetzlichkeit und in ihrem unterschiedlichen Entscheidungsstil zu erkennen und auseinanderzuhalten, auch und gerade dann, wenn sie im Wege der Programmverschachtelung kombiniert werden. Die hierarchische Verschachtelung von Routineprogrammen und Zweckprogrammen wird damit als eine Möglichkeit erkennbar, durch die sich die Verwaltung als ein differenziertes System umweltabhängig und doch elastisch organisieren kann, und dies nach beiden Seiten: den Informationsquellen und den Entscheidungsabnehmern gegenüber. Die Verwaltung bindet ihre Routineprogramme an bestimmte Umweltinformationen, aber nicht an bestimmte Zeitpunkte, und wählt diese Programme selbst nach Maßgabe von Zweckprogrammen, die ihrerseits wieder variabel sind im Rahmen der allgemeinen System/Umwelt-Politik, die der Anpassung des Systems an wechselnde Umweltbedürfnisse und -bereitschaften dient. Dieser Aufbau der Programmstruktur wird, von der Entscheidungskompetenz her gesehen, oft dem hierarchischen Aufbau der Organisationen entsprechen [17]. Das bedeutet, daß Verwaltungen auf ihren einzelnen hierarchischen Ebenen in sehr verschiedenem Sinne und nach verschiedenen Richtungen hin umweltoffen, gebunden bzw. frei sind. Daraus ergibt sich weiter, daß in einem solchen System die Koordination der Programme Sache der hierarchischen Kommunikation ist. Die so schwierige, oft durch Nebenerwägungen belastete und verzerrte vertikale Kommunikation wird damit zum kritischen Punkt des Systems.

Komplizierte Strukturen dieser Art lassen sich schlechterdings nicht mehr als einfache Zweck/Mittel-Beziehungen darstellen, wie es die klassische Organisationstheorie tat. Deren exklusive Orientierung am Zweckmodell muß zugunsten eines Systemmodells der Verwaltung aufgegeben werden [18]. Nur dann läßt sich die Routineorientierung aus der Überlagerung durch das Zweckdenken befreien und in ihrer spezifischen Funktion klären.

Die Funktion von Routineprogrammen rechnet mit einer festen Koppelung von auslösenden Informationen und ausgelösten Kommunikationen. Die Verbindung von Signal und Reaktion ist invariant. Daran kann nicht gerüttelt werden, denn davon hängt die Vorhersehbarkeit und Berechenbarkeit von nicht situationsgebundenen Entscheidungen ab. Anders als bei Zweckprogrammen beruht die systemerhaltende Funktion der Routine nicht auf Flexibilität in der Auswahl verschiedener Handlungsmöglichkeiten als Mittel, sondern auf der Indifferenz gegenüber einer unberechenbaren Zeitfolge von Informationen.

In diesem Sinne liegt allen Entscheidungen, die »zwingendes Recht« anwenden, eine Routineprogrammierung zugrunde. Die zwingende Norm ist ein Entscheidungsprogramm, das regelt, welcher Tatbestand welche Entscheidung auslöst. Dadurch werden Entscheidungen fest auf Tatbestände montiert. Die rechtsanwendende Tätigkeit eines Juristen unter den Systembedingungen des positiven Rechts ist Routinearbeit. Damit ist noch nichts über den Grad der Entscheidungsschwierigkeit ausgemacht, wohl aber ein Hinweis für die nähere Charakterisierung der typischen Entscheidungsschwierigkeiten des Juristen gegeben; und außerdem eine Feststellung über den eigentümlichen Rechtsstil des neuzeitlichen Staates getroffen. Der Staat ist souverän, das heißt: seine Rechtsetzung ist zweckentbunden. Positives Recht und Ethik mußten getrennt werden, damit Routineprogramme und Zweckprogramme getrennt werden konnten. Schließlich wird das positive Recht im »Rechtsstaat« ideologisch und institutionell hochgespielt und so die Möglichkeit geschaffen, gewisse Routineprogramme durch Instanzen entwerfen zu lassen, die nicht zweckprogrammiert handeln. So kommen Rechtsstaat und Sozialstaat in ein ausgewogenes Gleichgewicht, und die Verwaltung handelt nach einem sorgfältig abgestimmten Zusammenspiel von Routineprogrammen und Zweckprogrammen. Die Charakterisierung gilt jedoch nur für Staaten westlicher Prägung, während die Verwaltungen im Osten sehr viel stärker unter Zweckprogrammen arbeiten, deshalb auch zeitgebundener und situationsnäher entscheiden.

Ist die invariante Korrelation von Informationen und Kommunikationen, Signal und Reaktion, Tatbestand und Entscheidung eine Grundvoraussetzung für juristische oder nichtjuristische Routine, so bedeutet sie doch keineswegs eine vollständige Bindung und Unbeweglichkeit des Entscheidungsganges. Die Routineprogrammierung hat die Möglichkeit, im Entscheiden selbst sekundäre Elastizitäten vorzusehen. Die relative Invarianz des Systems gegenüber seiner Umwelt ist nicht nur durch die Programmform: durch konditionale und selektive Indifferenz gegen Zeitpunkte und Ereignisfolgen, gesichert; sie kann zusätzlich und sekundär noch im Einzelprogramm verankert werden. Trotz fester Verbindung von Information und Kommunikation kann das Programm die auslösende Information oder die daran angehängte Kommunikation oder beides mit einer gewissen Unbestimmtheit vorschreiben – was natürlich an der Bestimmtheit der Korrelation selbst nichts ändert. Routineprogramme haben somit durchaus Raum für ein begrenztes Ermessen. Freilich bleibt dieses Ermessen abhängig von der Zulassung durch das Programm und unterscheidet sich also wesentlich von den Freiheiten unprogrammierter Entscheidungen ebenso wie von dem Entscheidungsspielraum, der durch Zweckaufgaben für die Wahl von Mitteln eröffnet wird.

Ein Routineprogramm ist, wie wir sahen, nach zwei Richtungen hin im Ausmaß seiner

Durchzeichnung variabel: Es kann die zu erwartende Information unbestimmt charakterisieren, und es kann den Inhalt der darauf fälligen Entscheidung in Einzelheiten offenlassen. Wir wollen beide Möglichkeiten nacheinander erörtern.

Die Informationserwartungen des Systems müssen schon deshalb von einer gewissen Unbestimmtheit sein, weil es sich um systemeigene Vorzeichnungen und nicht um die Umweltereignisse selbst handelt. Durch ihre Informationserwartungen implizieren Routineprogramme eine hochgradig vereinfachte, schematische Umweltdarstellung [19]. Auf diese Weise wird dem Entscheidenden die Situation vereinfacht und seine Tätigkeit nach Möglichkeit auf ein Erkennen von Zeichen reduziert. Diese Zeichen sollen ihm die Umwelt in ihrer vielfältigen Lebendigkeit als Orientierungsgrundlage ersetzen.

Dabei kann die Verwaltung im allgemeinen nicht damit rechnen, daß die Umwelt selbst ihre Ereignisse und Informationen in der Systemsprache, als Auslösungszeichen, darstellt und sie somit unter die Normen des Programms subsumiert. Das ist vielmehr ein Teil der Entscheidungsleistung des Systems. Nur diese Freiheit eigener Subsumtionstätigkeit macht es nämlich möglich, an das Ergebnis der Subsumtion die Entscheidung unmittelbar und zwingend anzuhängen. Gäbe das System die Subsumtionsfunktion nach außen ab, müßte es zum Beispiel die Behauptung der Bedürftigkeit für Bedürftigkeit »im Sinne von § ...« nehmen, so müßte es sich statt dessen die Freiheit zu entscheiden oder nicht zu entscheiden vorbehalten – oder es verlöre den Charakter eines selbständigen Systems und könnte von außen präzise gesteuert werden.

Daß die Umwelt nicht nach Maßgabe ihrer Selbstdarstellung, sondern nach einer ihr fremden Kategorisierung von Informationen behandelt wird, ist ein erster Schritt zur Empfangselastizität des Systems. Der zweite besteht darin, daß die Informationserwartungen *generell* formuliert werden, so daß das System ganz verschiedene Daten und Ereignisse als äquivalent behandeln kann: den Mercedes des Metzgermeisters X wie den Volkswagen des Buchhalters Y. Es braucht für vielfältige Ereignisse daher nur eine begrenzte Anzahl von Reaktionsmustern bereitzuhalten [20]. Durch Änderung des Abstraktionsgrades seiner Aufnahmekategorien kann es die eigene Indifferenz gegen Unterschiede der Umwelt regulieren.

Müssen externe und konkrete Daten nach internen und allgemeinen Vorzeichnungen behandelt werden, so kann ein gewisses Maß an Zweifel über die richtige Subsumtion nicht ausbleiben. Die Einplanung, Pflege und Ausnutzung dieser Zweifel ist eine dritte Form, die Empfangselastizität des Systems zu erhöhen. Im deutschen Verwaltungsrecht werden diese Entscheidungsschwierigkeiten unter dem Kennwort »unbestimmter Rechtsbegriff« erörtert. Bei der Auslegung eines solchen Begriffes sind offene Zweifel typisch nicht legitimierbar, können also auch nicht eingestanden, geschweige denn rationalisiert werden; denn die feste Korrelation von Information und Entscheidung fordert, daß alle Umweltinformationen entweder auslösendes Signal sind, oder es nicht sind. Das Routineprogramm kann deshalb nicht mehrdeutig gemeint sein, ohne zu sich selbst in Widerspruch zu geraten. Die Zweifel müssen also versteckt bzw. als bloß subjektive Entscheidungsschwierigkeiten behandelt werden. Sie müssen durch Auslegung des Programms gelöst werden, wobei zu unterstellen ist, daß die einzig richtige Antwort im Programm enthalten war und nur ans Licht gezogen zu werden braucht.

Faktisch können solche Zweifel natürlich auch in das Programm hineingesät und dann benutzt werden, um die Anwendung des Programms von programmfremden Gesichtspunkten her zu steuern, etwa durch Orientierung an allgemeinen Systemerhaltungsinteressen oder an Zwecken, die selbst nicht Bestandteil des Routineprogramms sein können. Der Gewinn an Elastizität und Situationsanpassung, der so erzielt werden kann, ist beträchtlich. Die Routineprogrammierung erzeugt auf diese Weise starke und sinnvolle Neigungen zu formal-illegaler Entscheidungsorientierung. So wird der Jurist als Routineverwalter von Stellen, die mit Zweckprogrammen zu arbeiten gewohnt sind, unter Druck gesetzt, seine Normen und Sachverhalte brauchbar, das heißt: situationsgerecht und mehrdeutig, zu praktizieren. Wie bei so vielen Institutionen bringt auch bei Routineprogrammen erst ein leichter Einschuß von strukturwidriger, illegaler Orientierung den vollen Ertrag.

Die zweite Gruppe von Auflockerungsmöglichkeiten bezieht sich statt auf die eingehende Information auf die herausgehende Kommunikation: die Entscheidung. Die Entscheidung muß, ebenso wie die auslösende Information, im Routineprogramm bezeichnet sein; anders ist eine feste Korrelation von Eingang und Ausgang nicht herstellbar. Aber in der Art, wie die Entscheidung programmiert, wie sehr sie in Einzelheiten durchgezeichnet wird, stecken weitere Chancen der Elastizität.

Zunächst können, ja müssen die Modalitäten der Ausführung in erheblichem Umfange offenbleiben. Kein Gerichtsurteil wird in seinem genauen Text durch Gesetze programmiert. Eine Geldzahlung kann unter bestimmten Bedingungen genau vorgeschrieben werden, ohne daß die Zahlungsfrist geregelt wird; sie bleibt innerhalb angemessener Grenzen offen. Ein Routineprogramm, das Bestände in einem Warenlager kontrolliert, kann vorsehen, daß bei Absinken der Bestände unter bestimmte Mindestsätze nachgekauft wird, aber offengelassen, wo gekauft wird, um damit eine Anpassung an die jeweilige Marktlage zu ermöglichen. Eine solche Öffnung der Routine nach vorn in mehrere Möglichkeiten nimmt kennzeichnenderweise oft Formen der Zweckprogrammierung an. Man kann unser Beispiel der programmierten Lagerkontrolle so auffassen, daß der Zweck des »möglichst wirtschaftlichen« Auffüllens der Lagerbestände, nicht aber die Mittel, nämlich die Einzelheiten des Einkaufs, Programmbestandteil sind. Oder es läßt sich die Anweisung an ein Wohlfahrtsamt entwerfen, in jedem Falle, wenn das Einkommen eines Bürgers unter einen gewissen Midestsatz sinkt, der Not abzuhelfen, ohne daß die Art und Weise, in der das zu geschehen hätte, genau festgelegt würde; sie kann sich nach den Bedürfnissen des Einzelfalles richten.

Diese Elastizität nach vorn ist gemeint, wenn das deutsche Verwaltungsrecht den Problemkreis des pflichtmäßigen »Ermessens« von dem des »unbestimmten Rechtsbegriffes« absondert. Das Ermessen ist mehrdeutig programmiert. Seine unterschiedliche Handhabung braucht sich nicht unter harmonisierenden Formeln zu verbergen.

Die Möglichkeit, Zweckprogramme als untergeordnete Bestandteile in Routineprogramme einzugliedern, hat viel zu einer unklaren Vermischung und Verwechslung beider Programmtypen beigetragen [21]. Die Unterscheidung muß jedoch trotz der Möglichkeit einer Programmverbindung – und gerade, um sie klären zu können – bewußt gehalten werden. Außerdem ist sie notwendig, damit die Programmverbindung nicht mit der Programmverschachtelung, die wir oben behandelt haben, verwechselt wird. Bei der Programmverschachtelung handelt es sich darum, daß über die Wahl eines geeigneten Routineprogramms im Rahmen eines Zweckprogramms entschieden wird. Eine Programmverbindung liegt dagegen vor, wenn in die Ausführung eines Routineprogramms Zweckprogramme eingebaut sind zur Kennzeichnung dessen, was im Einzelfall routinemäßig veranlaßt werden soll.

Zweckprogramme tauchen also nicht nur im Rahmen von Routineprogrammen auf. Wenn sie das aber tun, wird sich ihre Formulierung an das Strukturgesetz der Routine halten müssen. Das bedeutet mindestens zweierlei: Die Zweckverfolgung bleibt von auslösenden Informationen abhängig. Sie ist immer dann und nur dann zulässig, wenn ihre Zeichen aufleuchten. Unser Wohlfahrtsamt darf nicht einfach die Not lindern, sondern darf nur »tätig werden«, wenn das Einkommen bei einem »Empfangsberechtigten« 96,50 DM, bei einem »Zweipersonenhaushalt« 137,80 DM usw. nicht überschreitet. Diese Datenkategorien ersetzen die natürliche Situation. Es ist mit ihrer Hilfe, also durch Einordnung in Routineprogramme, möglich, auch Zweckprogramme zu konditionalisieren und von bestimmten historischen Situationen abzulösen.
Zum anderen zwingt das Strukturgesetz der Routine, ein gewisses Gleichgewicht zwischen auslösender Information und Zweckformulierung zu wahren. Die Präzisierung der auslösenden Information verpflichtet typisch auch zu einer Präzisierung des ausgelösten Zweckhandelns. Es hätte wenig Sinn, wenn der Anlaß zum Eingreifen des Wohlfahrtsamtes exakt definiert worden ist, als Tätigkeit einfach Linderung der Not vorzuschreiben. Vielmehr liegt in der Definition des Anlasses zugleich eine Limitierung des Zweckes: Der Lebensstandard muß etwa auf das Niveau gehoben werden, das der Bedürftigkeitsgrenze entspricht. Das Strukturgesetz der Routine ordnet sich die Zweckformel unter.

V. *Homöostatik und Kybernetik*

Der vorige Abschnitt diente der Untersuchung »sekundärer Elastizitäten« in Routineprogrammen. Er sollte darstellen, mit welchen Mitteln eine Entscheidungsleistung des Systems trotz wechselnder und unkontrollierbarer Umweltereignisse konstant gehalten werden kann. Dieses Interesse an problematischen Konstanten in umweltoffenen und umweltabhängigen Systemen ist ein kennzeichnendes Merkmal der neueren Systemtheorie – im Gegensatz zu den älteren ontologischen Systemlehren, die den Systembegriff durch die Begriffe Teil, Ganzes und Beziehung, also ohne jeden Bezug zur Umwelt, definierten.
Auf der Grundlage dieser neueren, um das Konstanzproblem gebauten Systemtheorie sind zwei unterschiedliche Systemmodelle entwickelt worden: das homöostatische und das kybernetische Modell [22]. Beide Modelle bezeichnen Strategien der Systemerhaltung in bezug auf eine unkontrollierbare Umwelt. Wendet man sie im Rahmen unserer Theorie der Verwaltung als System der Informationsverarbeitung an, so ergibt sich eine interessante Feststellung: Die homöostatischen Strategien dienen der Grenzkontrolle gegenüber eingehenden Informationen; die kybernetischen Strategien stabilisieren die andere Grenze des Systems: Sie sichern die Gleichmäßigkeit der Auswirkung von Leistungen, die das System verlassen. Wir wollen diese Funktionsteilung näher erläutern.
Das *homöostatische Modell* entstammt der Biologie und ist von dort auf soziale Systeme übertragen worden. Es bezeichnet die Bedingungen, die erfüllt werden müssen, um einen Systemzustand trotz unterschiedlicher Einwirkungen der Umwelt konstant zu halten – so wie durch bestimmte biologische Prozesse die Körpertemperatur des Menschen konstant gehalten wird, auch wenn die Außentemperatur sich innerhalb

gewisser Grenzwerte ändert. Die Umweltoffenheit der homöostatischen Strategien zeigt sich daran, daß sie nicht etwa eine unempfindliche Starrheit des Systems voraussetzen, sondern störende Umwelteinwirkungen in die interne Organisation einbeziehen und sie dort durch konditional einsetzbare Mechanismen neutralisierender oder substituierender Kausalität abfangen.

In Verwaltungen dienen entsprechende Einrichtungen dazu, die Unebenheiten der Informierung des Systems durch die Umwelt auszugleichen im Interesse einer gleichmäßigen Entscheidungsleistung. Die Kontrolle über das System soll im System zentralisiert werden und nicht denen überlassen bleiben, die das System informieren. Die homöostatischen Strategien beziehen sich also auf den Informationsempfang, die Ansprechbarkeit und Beeinflußbarkeit des Systems von außen. Es gibt sie sowohl in programmierter als auch in nichtprogrammierter Form, sowohl zur Abwehr gezielter Einflußversuche als auch zur bloßen Sortierung der ungeordnet eintreffenden Informationen. Als homöostatische Einrichtung in diesem Sinne fungiert zum Beispiel die Institutionalisierung einer sachlichen, objektiven Einstellung der Systembediensteten zur Umwelt, sowie die hierarchische und die kollegiale Kontrolle dieser Einstellung in der täglichen Praxis. Der gleichen Funktion dient – was im Rahmen dieser Untersuchung allein interessiert – die Empfangsstruktur der Routineprogramme. Homöostatische Kontrollen stecken in der Kategorisierung der erwarteten, programmauslösenden Informationen und in der exklusiven Bindung der Entscheidung an die auslösenden Informationen, so daß es normalerweise nicht möglich ist, dieselbe Entscheidung durch die Hintertür auch mit anderen Informationen zu erwirken oder sie durch nichtprogrammierte Informationen zu verhindern. Schließlich dient auch die Auswahl der Zeichen, die das Programm einrasten lassen, dem Abfangen unergiebiger oder störender Informationen: Die Entscheidungsbedingungen sind häufig so komplex und hintergründig angelegt, daß das System nicht auf die erste beste Nachricht hin entscheiden kann, sondern eine komplizierte Ermittlungstätigkeit einleiten muß, welche die Entscheidung von den Angaben der Umwelt weitgehend unabhängig macht.

Themen dieser Art sind keineswegs neu. Sie sind unter Führung durch normative Begriffe, wie Sachlichkeit, Gerechtigkeit, Gleichheit oder Rechtssicherheit immer schon behandelt worden, und dabei hat natürlich auch die Möglichkeit interessiert, die Durchführung dieser Werte gegenüber den Anfälligkeiten der menschlichen Natur sicherzustellen. Der Verwaltungswissenschaft muß jedoch daran liegen, über das Loben des Guten und das Auswerten von Werten hinauszukommen. Das homöostatische Modell rezipiert alte Lehren, Einsichten und Techniken in die Systemtheorie, so daß sie nicht mehr normativ, sondern in ihrer Funktion verstanden, das heißt im Hinblick auf Möglichkeiten der Substitution, der Ersetzung durch andere Leistungen erforscht werden können.

Die Tragweite der homöostatischen Kontrollen endet dort, wo die Entscheidung das System verläßt. An dieser Stelle setzen die *kybernetischen Kontrollprogramme* ein. Deren Sinn ist: die Entscheidung in ihrer Umweltwirksamkeit zu verfolgen und ihre Wirkung im Interesse eines konstanten Verlaufs notfalls durch neue Entscheidungen zu korrigieren.

Das kybernetische Modell ist der Maschinentechnik im weitesten Sinne abgesehen und von dort her zu einer allgemeinen Systemstrategie erweitert worden. Es regelt nicht die Invarianz des Systems selbst, sondern die Invarianz seiner Auswirkungen in der

Umwelt – so wie ein Heizgerät mit Thermostat die Heizwirkung und nicht die Heizleistung konstant hält. Diese Wirkung hängt in einer eigenwilligen, nicht voll kontrollierbaren Umwelt nicht allein vom System ab. Sie wird von wechselnden Außenursachen mit beeinflußt und verzerrt. Um sie konstant halten zu können, bedarf das System keiner absoluten Herrschaft über alle relevanten Mitursachen; es muß lediglich seine eigene Mitwirkung am Erfolg im Hinblick auf eine gleichmäßige Auswirkung unter wechselnden Bedingungen variieren können. Wie die Homöostatik das Ideal absoluter Unempfindlichkeit, so macht die Kybernetik das Ideal absoluter Herrschaft überflüssig. Beide Ideale entstammen dem substantiellen Denken der ontologischen Metaphysik. Sie tragen der Möglichkeit von elastischen Strategien nicht Rechnung, mit welchen man in spezifischen Hinsichten Invarianzen sicherstellen kann, ohne die Bewegungsfreiheit anderer Systeme wesentlich einzuengen: Ihre wechselnden Auswirkungen werden egalisiert.

Um die richtige Dosierung der eigenen Mitwirkung errechnen zu können, muß das kybernetisch gesteuerte System in die Umwelt eingeschaltet bleiben. Es muß über die von ihm selbst mitbewirkte Umweltlage laufend neu informiert werden. Das geschieht durch ein Verfahren der Rückmeldung von Wirkungen, die als Informationen in das System zurückgebracht werden und dort gegebenenfalls Anlaß geben, die eigene Leistung zu modifizieren.

Solche Strategien können auch in der Verwaltung sinnvoll und programmierbar sein, wenn es darauf ankommt, nicht die Verwaltungsentscheidungen selbst, also die Systemtätigkeit, sondern ihre Wirkungen konstant zu halten [23]. So ist es zum Beispiel vorstellbar, den Schulhausbau oder den Straßenbau im Hinblick auf seine Auswirkungen auf Klassenfrequenzen bzw. Verkehrsdichte zu programmieren, die Entwicklung der Geburten und der Verteilung der Jugend auf Schulsysteme bzw. die Entwicklung und Verteilung des Straßenverkehrs zu beobachten und das Bau- und Benutzungsprogramm laufend daran auszurichten. Die Standards der durchschnittlichen Klassenfrequenzen bzw. Verkehrsdichte, die anzustreben sind, lassen sich in einer solchen Planung abstrakt ändern; dadurch verschiebt sich das Anspruchsniveau der Einzelprogramme, ohne daß sich an der Programmstruktur etwas ändert. Ein anderes aktuelles Beispiel ist die laufende Anpassung der Gehalts- und Versorgungsleistungen an die sinkende Kaufkraft des Geldes. Auch hier können kybernetische Programme der Stabilisierung dienen und die Tagespolitik von der Notwendigkeit entlasten, solche Entscheidungen fallweise auszuhandeln. Die Regelung der Rentenanpassung durch die §§ 1272 ff. der Reichsversicherungsordnung in der Fassung des Gesetzes vom 23. Februar 1957 – BGBl. I S. 45 – ist ein erster Schritt in dieser Richtung.

Sollen kybernetische Strategien der Improvisation entzogen und routinemäßig programmiert werden, so erfordert das eine Definition der auslösenden Informationen und der daran anknüpfenden Entscheidungen. Die Kybernetik fügt sich völlig in das Strukturgesetz der Routine ein und bietet insofern nichts Neues. Es handelt sich um einen typischen Fall konditionaler Programmierung mit der Besonderheit, daß das System die Informationen selbst mitbewirkt hat, die ihm danach als Neuigkeiten wieder eingetrichtert werden. Auf dieser scheinbar paradoxen Selbstbefruchtung beruht eine der bedeutendsten strategischen Erfindungen: die Ausdehnung der Routinekontrolle auf nicht systemeigene Vorgänge, welche auf diese Weise konstant gehalten werden können, ohne daß es einer zentralisierten Herrschaft über alle mitwirkenden Ursachen bedarf. Die Folgen dieser Erfindung für eine hochdifferenzierte Sozialordnung, die eine Vielzahl von relativ autonomen, zweckspezifisch orientierten Leistungssystemen koordinieren muß, sind noch nicht abzusehen. Es wäre nicht undenkbar, daß hier Möglichkeiten einer dezentralisierten, routinemäßigen und doch zentral programmierten Koordination verborgen liegen, die zu einer wesentlichen Entlastung des hierarchischen Aufbaus mit seiner engbegrenzten Kontrollspanne führen bzw., was dasselbe ist, die Differenzierbarkeit der Gesamtordnung wesentlich erhöhen können.

VI. *Koordination durch Routine*

Wenn wir das Problem der programmgesteuerten, dezentralisierten Koordination auch außerhalb der kybernetischen Strategien, für Routine schlechthin, behandeln wollen, müssen wir eine Voraussetzung fallenlassen, durch welche wir uns unsere bisherigen Darlegungen vereinfacht hatten. Wir waren davon ausgegangen, daß Verwaltungseinheiten als Systeme, also mit Hilfe der Innen/Außen-Differenz, analysiert werden können, und haben infolgedessen unter Entscheidungsprogramm eine Gruppe von besonderen Informationen verstanden, die einen Informationsfluß durch ein Einzelsystem steuern. Die Untersuchung bezog sich also jeweils nur auf ein System, sei es ein Referat, eine Abteilung, eine Dienststelle, einen Verwaltungszweig oder die Gesamtverwaltung eines Unternehmens oder eines Staates. Alle anderen Systeme wurden einfach als Umwelt behandelt. Viele Probleme lassen sich jedoch nur dann angemessen explizieren, wenn man *mehrere Systemreferenzen zugleich* im Blick behält. Zu ihnen zählt das Problem der Koordination.

Wir ersparen uns hier eine abstrakte Ausarbeitung des rasch unanschaulich werdenden Problems der mehrfachen Systemreferenz [24]. Statt dessen wollen wir uns an einen allen bekannten Anwendungsfall halten: die Programmierung von Beteiligungspflichten in einer Verwaltungsstelle.

In wohl jeder Verwaltungseinheit, die arbeitsteilig differenziert ist, also aus selbständig entscheidungsberechtigten (zeichnungsberechtigten) Untersystemen (Dezernaten, Referaten) besteht, ist eine feste, möglichst eindeutige Zuständigkeitsordnung vorgeschrieben. Bei aller Sorgfalt in der Abgrenzung läßt sich aber nicht vermeiden, daß das System Entscheidungen treffen muß, die in die Zuständigkeit mehrerer Referate fallen. Eines von ihnen hat dann, weil im Schwerpunkt betroffen, die Federführung; die anderen müssen beteiligt werden.

Unter einfachen Verhältnissen ist es denkbar, daß der Behördenchef selbst oder der höchste gemeinsame Vorgesetzte diese Beteiligung im Einzelfall anordnet. Er bezeichnet, unterstützt von einem systemkundigen Bürobeamten, auf den eingehenden Schriftstücken, die er sämtlich durchsieht, die Stellen, die zu beteiligen sind. Er muß dann jeweils etwas, was zu geschehen hat, selbst auslösen. Die Entscheidungen über die Beteiligung anderer können jedoch auch dezentralisiert getroffen und lediglich in Form eines Routineprogrammes zentral geplant werden. Das Auslösen wird dann vorher festgelegten Informationen überlassen, die *nicht unbedingt von einer Zentrale, dem Vorgesetzten, kommen müssen.* Ein solches Programm kann lauten: jede Stelle habe bei Entscheidungen, welche die Zuständigkeit einer anderen Stelle berühren, diese zu beteiligen. Diese übliche Formel läßt nicht erkennen, um was es sich der Sache nach handelt: um ein zweiteiliges Routineprogramm. Dies wird durch eine leichte Umformulierung deutlich: *Jedesmal wenn* bei der Ausarbeitung von Entscheidungen eingehende Informationen oder herausgehende Kommunikationen Merkmale tragen, die in die Zuständigkeit einer anderen Stelle fallen, *muß* diese beteiligt werden. In dieser aufgegliederten Form läßt sich das Programm leicht verfeinern, zum Beispiel durch nähere Kennzeichnung der auslösenden Informationen – wann ist eine fremde Zuständigkeit berührt? – oder durch nähere Regelung des Beteiligungsverfahrens. Auch läßt sich dann die Frage generell entscheiden, ob jede fremddienliche Information weitergeleitet werden muß oder ob eine Beteiligung nur aus Anlaß herausgehender Kommunikationen und nur nach Maßgabe der darin eingearbeiteten Informationen zu erfolgen hat. In jedem Falle ergeben sich die auslösenden Merkmale aus einer Konfrontierung des Entscheidungsstoffes mit dem Organisationsplan.

Für die Formulierung des Routineprogramms selbst ist entscheidend, daß das Programm keine konkrete Vorzeichnung einzelner Entscheidungsverfahren oder Kommunikationswege zu enthalten braucht. Es kann darauf verzichten, ein starres Kommunikationsnetz wie den »Dienstweg« einzurichten, oder selbst den Dienstweg konditional programmieren, das heißt, unter Bedingungen stellen, die im Einzelfall unten geprüft werden, so daß die Beteiligung des Vorgesetzten der Beteiligung von Kollegen angeglichen wird. Ein abstraktes, konditionales Programm in diesem Sinne wird, obwohl es für alle Referate gleich lautet, faktisch für sie ganz Verschiedenes bedeuten. Aus dem Programm selbst läßt sich nicht ersehen, wie die Akten faktisch laufen, wer typisch wen zu beteiligen hat, wo die Hauptlast der Initiative zur Beteiligung liegt und wo nur auf Anstoß mitgearbeitet zu werden braucht. Auch die Verteilung von Alleinentscheidung, Entscheidung unter Beteiligung anderer und bloßer Mitzeichnung fremder Entscheidungen im Arbeitspensum des Einzelreferates wird das Programm offenlassen. All diese Fragen können für den faktischen Charakter der Arbeit in einem Referat hochbedeutsam sein, die täglichen und die wichtigen Kontakte, die Cliquenbildungen, Konfliktslinien und die Sitzordnung in der Kantine mitbestimmen. Das Programm selbst bleibt dagegen indifferent. Es ist spezifisch unter dem Gesichtspunkt der Koordination entworfen und erfüllt diese Funktion gerade dadurch, daß es als dasselbe Programm für alle Untersysteme und, genaugenommen, von Situation zu Situation Verschiedenes bedeutet. Der Programmschöpfer kann sich auf den Koordinationseffekt verlassen, ohne diese Unterschiede im einzelnen vorauszusehen und in Rechnung stellen zu müssen. Er läuft dann freilich Gefahr, durch ungewollte Nebeneffekte seines Programms überrascht zu werden.

Wenn man diesen Fall der Beteiligungsprogrammierung als Beispiel dafür nimmt, daß ein Entscheidungsprogramm für viele Untersysteme eines Verwaltungssystems in Kraft gesetzt werden kann und damit zugleich deren Beziehungen zueinander steuert, dann läßt sich der Routineprogrammierung ein neuer Aspekt abgewinnen. Sie eröffnet Möglichkeiten der *generalisierten Systemsteuerung*, die spezifische Wirkungen sicherstellen kann unter Indifferenz gegen eine Fülle von Einzelheiten des faktischen Arbeitsablaufes. Zugleich damit können die Entscheidungsschwierigkeiten der untergeordneten Stellen gesteuert werden, indem man ihre Tätigkeit in die Form eines Erkennens programmauslösender Zeichen bringt und dafür Richtlinien erläßt. Alle Entscheidungsschwierigkeiten werden auf Auslegungsschwierigkeiten reduziert. Sie werden dann im wesentlichen davon abhängen, in welchem Maße eingehende Informationen ihr Zeichen

bereits an der Stirn tragen bzw. erst interpretiert, umgedeutet oder auf Maßstäbe bezogen werden müssen. Die Entscheidungsschwierigkeiten dürften sich, einmal auf diesen Nenner gebracht, beurteilen und vergleichen lassen. Sie lassen sich zudem zum Teil auf die Umwelt abwälzen, wenn das System es sich leisten kann, Informationen nur in Form von ausgefüllten Fragebogen entgegenzunehmen.
In der industriellen Produktion ist das berühmte Beispiel für routinemäßige Koordination, die weder Weisungsempfang noch bewußte übergreifende Zweckorientierung in den Einzelhandlungen voraussetzt, das Fließband. Es ist anzunehmen, daß sich in Verwaltungen äquivalente Formen programmierter Kooperation entwickeln lassen. Sie werden vermutlich nicht notwendig die äußere Form des Fließbandes: die starre reihenmäßige Anordnung von Teilbeträgen, übernehmen [25], wohl aber das Prinzip der generell abgestimmten, zweck- und weisungsentlasteten Routineorientierung. Nicht alle Koordination im System muß in der relativ aufwendigen Form einer bewußten Zweck/Mittel-Abwägung im Einzelfall oder einer Fallentscheidung des höchsten gemeinsamen Vorgesetzten erfolgen, wie die klassische Organisationslehre es als selbstverständlich unterstellte [26]. Durch Routineprogramme für den normalen Entscheidungsablauf können die höheren Instanzen sich für ihre eigentliche Aufgabe, die Planung und Kontrolle der Entscheidungsprogramme, entlasten.

VII. *Routine und Autorität*

Im letzten Abschnitt waren wir auf den Gedanken gekommen, daß Routineprogramme die Systemleistung von Einzelfallanweisungen entlasten können. Routine und Weisung sind offenbar zwei verschiedene, zueinander funktional äquivalente Formen der Koordination, die je ihre besonderen Vorzüge und Nachteile haben. Wir wollen den Prämissen und den Konsequenzen dieses Gedankens noch etwas weiter nachspüren; denn das Verhältnis von Routine und Autorität ist in allen Systemen, die als Autoritätshierarchie organisiert sind, von besonderer Bedeutung. Das Problem liegt in der Frage, wie weisungslos abspulende Routine überhaupt möglich ist, ohne mit der notwendigen Einheit der Systemleitung in Konflikt zu kommen.
Es ist gewiß keine neue Erkenntnis, daß allgemeine Regeln viele Einzelfallentscheidungen ersparen können [27]. Dabei kann man sich von der Vorstellung leiten lassen, daß viele Befehle sozusagen gesammelt und auf einmal abgeschossen werden können. Regeln sind, so verstanden, Pauschalbefehle, Klassen möglicher Befehle, die als solche – allerdings mit unvermeidbarer Unbestimmtheit – befohlen werden. Durch diese Interpretation läßt sich unser Problem in die klassische Organisationslehre einfügen, welche Hierarchie als Befehlsordnung begreift. Diese Auffassung ist nicht eigentlich falsch, aber nicht ergiebig genug [28]. Die Kennzeichnung der Routine als befohlen vermag noch keine Beziehung zur eigentümlichen Struktur des Routineverhaltens herzustellen. Sie erklärt nicht, weshalb die Pauschalierung des Befehls gerade die Form des konditionalen Programms mit fester Koppelung bestimmter Informationen und bestimmter Kommunikationen annimmt.
Dafür ist das Bedürfnis nach Ausweitung der Autorität und nach ihrer Ablösung von persönlichen Kommunikationen auf vertikalen Linien entscheidend. Durch Routineprogrammierung *kann nichthierarchischen Kommunikationen eine abgeleitete Autorität*

verliehen werden [29]. Die Autorität wird in diejenigen Informationen ausgelagert, die als Programmauslöser dienen sollen. Der Vorgesetzte kann sich selbst dadurch vervielfältigen, daß er die Kommunikationen anderer bezeichnet, die wie seine eigenen befolgt werden müssen. Üblicherweise wird dieser Vorgang als Delegation angesehen. Dabei denkt man jedoch zunächst nur an die Einrichtung hierarchischer Unterinstanzen, die ihrerseits Autorität in hierarchischer Überordnung und in Befehlsform ausüben. Wenn man jedoch die Vorstellung aufgibt, daß Autorität in Form eines Befehls von oben erscheinen müsse [30], erweitern sich die Anwendungsmöglichkeiten beträchtlich. Autorität wird dann vielgestaltig. Sie kann auch in Kommunikationen investiert werden, die nicht als Befehle, sondern als bloße Nachrichten, unverbindliche Anträge, Vorschläge, Stellungnahmen formuliert werden können. Sie können trotzdem insofern Autorität mit sich führen, als sie Informationen enthalten, die den Empfänger zu bestimmtem Handeln veranlassen.

Abgeleitete Autorität in diesem Sinne kann sowohl Kollegen im System als auch Außenstehenden angehängt werden, die weder Mitglieder im System sind, noch eine andere Aufgabe in ihm erfüllen. Sie kann jedem denkbaren Ereignis von Informationswert anhaften und braucht durchaus nicht dem »gemeinten Sinn« der Kommunikation zu entsprechen. Dadurch wird es möglich, Informationsmengen autoritativ werden zu lassen, die niemals im Kopf eines einzelnen Vorgesetzten versammelt sein könnten. Auf diese Weise läßt sich die Kapazität eines Systems zur Informationsverarbeitung immens ausdehnen, ohne daß das Prinzip der Einheit der Leitung, also die zentrale Steuerung des Systems, aufgegeben werden müßte. Die Vorgesetzten können auf diese Weise entlastet und für Arbeiten auf ihrer eigenen Ebene freigestellt werden. Den Untergebenen erscheinen sie nur noch als »Lückenbüßer« [31], wenn die programmierte Arbeit aus irgendwelchen Gründen stockt und Hilfe benötigt wird, die nur über Vorgesetzte erreichbar ist.

Diese Generalisierung der Autorität, ihre Ablösung von spezifischen, als Weisung gemeinten Kommunikationen des Vorgesetzten, macht letztlich jede beliebige Information autoritätsfähig. Sie muß nur in Systemprogramme als Auslöser eingesetzt werden. Es kommt nicht auf die Herkunft, ihre Überzeugungskraft, die Mitteilungsform oder das Mitteilungsziel an; auch eine besondere persönliche Beziehung zwischen Mitteilendem und Mitteilungsempfänger ist entbehrlich. Solche traditionellen Komponenten des Autoritätserlebens wären überflüssige Einschränkungen der Programmierfreiheit des Systems; sie werden entbehrlich, so wie einst Verwandtschaft als Basis des politischen Vertrauens entbehrlich wurde oder Gold als Basis des Geldwertes. Grenzen der Autoritätsfähigkeit bestehen lediglich in der Unterwerfungsbereitschaft der Systemmitglieder, deren Festlegung Sache des Arbeitskontraktes oder der Eintrittsbedingungen des Systems ist. Innerhalb der so gezogenen Grenzen wird Autorität zur frei plazierbaren Ordnungsleistung, zu einem beliebig einsetzbaren Kapital und damit in mancher Hinsicht dem Geld vergleichbar, das ebenfalls als ein hochabstrahiertes Kommunikationsmittel der generalisierten Systemsteuerung dient [32]. Autorität heißt dann nichts weiter – und auch das bestätigt die Parallele zum Geld –, als daß die Annahme einer Information als Entscheidungsprämisse *auf Umwegen,* nämlich durch Systemmitgliedschaft, *motiviert und sichergestellt* wird.

Sieht man denselben Vorgang aus der Perspektive der Systemleitung, so erscheint die Verteilung von abgeleiteter Autorität auf Informationen als ein Anpassungsprozeß des

Gesamtsystems durch Formalisierung und Legitimierung von Entscheidungsabhängigkeiten. Auch ohne Programmierung des Entscheidens haben Außenstehende, die zur Entscheidung etwas beitragen oder Druck auf das System ausüben können, faktischen Einfluß auf die Entscheidungsprämissen. Dasselbe gilt für Kollegen, deren Stellungnahme zählt. Dieser Einfluß kann, wenn er sinnvoll oder unvermeidlich ist, durch konditionale Programmierung auf bestimmte Informationen festgelegt und so kanalisiert werden. Dadurch wird er als verliehener Einfluß vom System abhängig und kontrollierbar.

Wir können uns nunmehr etwas deutlicher vorstellen, wie Routine die Hierarchie und ihre Kommunikationswege entlastet. Die hierarchische Autorität kann ausgesät und zur Programmierung von Kommunikationsabläufen benutzt werden, an welchen sie selbst nicht beteiligt ist. Es genügt dazu eine Festlegung der Auslösungsinformationen und der ausgelösten Entscheidungen für jede Station des Entscheidungsprozesses. Der Informationsfluß läuft dann hauptsächlich horizontal durch das System und wird nur ausnahmsweise angehalten, um Rückfragen nach oben und hierarchische Zwischenentscheidungen zu ermöglichen. Die typischen Anlässe dazu können ebenfalls konditional programmiert werden.

Dieses Modell gibt vermutlich ein besseres Bild des faktischen Arbeitsalltags in Verwaltungsstellen als das Befehlsmodell der klassischen Organisationslehre, das formale Unverbindlichkeit aller horizontalen Kontakte implizierte [33]. Die Anwendungsmöglichkeiten der konditionalen Programmierung für die Rationalisierung und Formalisierung der normalen Arbeitskontakte sind bei weitem noch nicht durchgeprüft, geschweige denn ausgeschöpft. Ehe man sich jedoch allzu optimistischen Hoffnungen hingibt, müssen auch gewisse Schwierigkeiten und Schattenseiten der Routine gewürdigt werden. Dem sollen die beiden letzten Abschnitte dienen.

VIII. *Programmänderungen*

Ebenso wie Zweckprogramme dienen auch Routineprogramme der Stabilisierung von System/Umwelt-Beziehungen unter der Bedingung unvollständiger wechselseitiger Kontrolle. Durch Fixierung solcher Entscheidungsprogramme wird in einem relativ weiten Zeithorizont, zumeist: »bis auf weiteres« im voraus verfügt. Die Programmentscheidung läßt sich dabei von allgemeinen Erwartungen über die Umwelt des Systems leiten. Die Voraussicht kann jedoch täuschen. Die Umweltbedingungen können sich in einer Weise ändern, die das Programm inadäquat werden läßt. Unter den Stichworten Homöostatik und Kybernetik haben wir in das Programm eingebaute Reaktionsweisen auf solche unvorhergesehenen Entwicklungen kennengelernt. Es sind dies gleichsam rationale Formen des Umgangs mit Unbekanntem, vergleichbar der Wahrscheinlichkeitsrechnung. Der Anwendungsbereich dieser Techniken ist jedoch klein. Daneben muß jedes Verwaltungssystem sich für improvisierte Programmänderungen offenhalten, mit denen auf rational nicht vorwegnehmbare Umweltbedingungen reagiert wird. Solche Programmänderungen sind das Thema dieses Abschnitts.

Entscheidungsprogramme, und zwar Zweckprogramme ebenso wie Routineprogramme, vermögen das Grundproblem jeder Organisation: die Erhaltung eines Systems in einer unkontrollierbaren Umwelt, nicht voll und definitiv zu lösen. Sie dienen für das tägliche Entscheiden im System als Substitutionsformeln, durch welche das Grundproblem der Erhaltung verständlich und praktikabel gemacht wird. Wenn die Zwecke erreicht werden oder man auf Zeichen richtig entscheidet, kann man normalerweise davon absehen, sich weitere Gedanken zu machen. Durch solche Substitutionsformeln wird das Grundproblem aus dem Bewußtsein geschoben und verstellt. So kommt es leicht dazu, daß Systeme an inadäquat gewordenen Programmen kleben, überholte Zwecke verfolgen oder auf Zeichen reagieren, die in der Umwelt ihren alten Sinn längst verloren haben. Programme müßten im Grunde im Hinblick auf ihre Funktion laufend überwacht werden, um sicherzustellen, daß sie noch stimmen. Eine solche Programmüberwachung und Programmänderung stößt jedoch auf gewisse Schwierigkeiten, die sich aus der Eigenart des programmierten Entscheidungsganges ergeben und nicht leicht zu überwinden sind. Dadurch kommen konservative Züge in die Verwaltung.

In jeder Einzelsituation gibt es ein natürliches Gefälle zu den schon vorhandenen und autorisierten Entscheidungsprogrammen hin. Sie haben den Vorzug prägnanter Form, während man, sobald man das Programm verläßt, ins Ungewisse stößt, in eine noch strukturlose Situation gerät und zunächst nicht weiß, wie man handeln soll [34]. Außerdem versprechen die Programme Konsens und Sicherheit. Wer dagegen abweichen will oder auch nur Informationen bemerkt und weitergibt, die Zweifel am Wert des Programms aufkommen lassen, stört andere aus ihrer Sicherheit auf. Er muß die Last einer Initiative auf sich nehmen und läuft Gefahr, als Störenfried zurückgewiesen zu werden. Für einen so riskanten Vorstoß eignen sich nur sehr drastische Informationen, die, wenn sie einmal in den Akten sind, nicht mehr ignoriert werden können. Und das bedeutet, daß Programme im allgemeinen nicht rechtzeitig geändert werden, sondern erst, wenn sich eine spürbare Krise abzeichnet [35].

Ein weiterer Gesichtspunkt für übertriebene Programmtreue ergibt sich daraus, daß ein Entscheidungssystem in der Aufnahme von Informationen selektiv verfahren muß, will es sinnvoll konzentriert arbeiten. Dabei werden programmwidrige Informationen automatisch ausgesiebt. Im übrigen drängen sich kritische Tatsachen oft gar nicht auf. Man müßte suchen. Dazu aber fehlt bei der Fülle von Arbeit ein Anlaß.

Kritische Informationen haben es auch aus anderen Gründen nicht leicht, sich bemerkbar zu machen. Wenn alle Antennen auf Programmausführung eingestellt sind, erscheinen sie zunächst als Störungen (wenn sie von außen kommen) oder als Fehler (wenn sie aus dem System selbst kommen). Damit wird zugleich eine bestimmte Behandlungsweise suggeriert. Sie werden entweder ignoriert oder assimiliert. Entweder stellt sich bei einigem Überlegen heraus, daß sie unerheblich sind, weil sie den Zweck nicht fördern oder das Routineprogramm nicht einrasten lassen. Oder es läßt sich durch eine genauere Analyse zeigen, daß sie doch in eines der vorhandenen Fächer passen. Der Gehalt an kritischer Neuigkeit geht entweder auf dem einen oder anderen Wege der Bearbeitung verloren.

Dazu kommt, daß in großen Systemen die Entscheidungen *über die Programme* von den Entscheidungen *im Rahmen der Programme* organisatorisch getrennt werden. Für beide Entscheidungsarten sind je verschiedene hierarchische Ebenen zuständig. Eine planmäßige Beobachtung der Umwelt auf Anzeichen für Fehler im Programm oder für Möglichkeiten zu neuen Programmen ist zumeist gar nicht Aufgabe der unteren Instanzen. Schließlich ist für die öffentliche Verwaltung entscheidend, daß ihre Programme mehr und mehr in Rechtsform festgelegt werden, so daß Abweichungen nicht nur falsch, sondern in einem besonderen Sinne vorwerfbar sind. Aus all diesen Gründen kommt die Möglichkeit einer Programmänderung dem Ausführenden normalerweise nicht in den Sinn.

Aus diesen verschiedenen Bedingungen resultieren wesentliche Züge des Entscheidungsstils programmäßig handelnder Verwaltungen [36]: daß man sich an einem Rahmen feststehender Entscheidungsprämissen orientiert, daß Fehler und Störungen im Mittelpunkt der Aufmerksamkeit stehen und daß man sich begnügt, solche Hindernisse des normalen Handelns auszuräumen, daß die meisten ungewöhnlichen Aktivitäten, Ermittlungen und Forschungen durch entstandene Probleme ausgelöst werden, daß man von Krise zu Krise humpelt, daß Programmänderungen erst durchgeführt werden, wenn die Unangepaßtheit drastisch evident wird und, was entscheidend ist, daß auf diese Weise die gestellten Aufgaben ohne übermenschliche Anforderungen an Planung und Voraussicht brauchbar gelöst werden können.

Das Urteil »brauchbar« schließt die Suche nach besseren Möglichkeiten nicht aus. Da die geschilderte Schwerfälligkeit strukturell bedingt ist und als Problem mit der Einrichtung von Programmverwaltungen unvermeidlich verbunden ist, wird man keine einfache Abhilfe erwarten können. Ermahnungen und Vorwürfe werden nichts nützen. Vermutlich ist es die beste Möglichkeit, das Problem zu institutionalisieren, das heißt: es als besondere Aufgabe zu formulieren, es so in die allgemeine Programmstruktur des Systems einzubauen und in die Verantwortlichkeit einer besonderen Stelle zu geben. In diese Richtung zielen Bemühungen, die seit einiger Zeit unter der Bezeichnung »Stabsorganisation« weite Beachtung gefunden haben [37]. Stäbe, die leitenden Stellen einer Organisation beigegeben sind, um deren Entscheidungen vorzubereiten, können im Abstand von der täglichen Routine sich der Programmüberwachung annehmen. Die Erfahrung in Stäben scheint zu zeigen, daß auch die Tätigkeit der laufenden Programmkontrolle in hohem Maße routinemäßig oder zweckmäßig programmiert werden kann.

Abgesehen von dieser vieldiskutierten Lösung gibt es wenig gesicherte Einsichten und Erfahrungen über das planmäßige Einführen von Neuerungen in Programmverwaltungen [38]: Deshalb muß dieses Kapitel mit einer offenen Frage enden. Eine Verwaltungswissenschaft, die an langfristiger Dynamik im Verhältnis des Verwaltungssystems zu einer Umwelt interessiert ist, wird an dieser Frage der unprogrammierten Änderungen von Programmen nicht länger vorbeigehen dürfen.

IX. *Folgeprobleme und Kompensationen*

Während im geläufigen Routinebegriff die negative Komponente vorherrscht, hatten wir uns zunächst auf die Darlegung der positiven Funktionen konzentriert. Der Abschnitt über Programmänderungen war jedoch von einer skeptischeren Grundeinstellung getragen. Er sollte zeigen, daß Verwaltungen, die laufend nach Programmen entscheiden, strukturell gehemmt sind, die Änderungsbedürftigkeit ihrer Programme zu erkennen und sich umzustellen. Sie bevorzugen die alten Geleise, solange es geht.

Wer erkennen will, ob er solche oder andere Nachteile in Kauf nehmen muß, wird sich zunächst an den Vorteilen einer Einrichtung orientieren und sie in funktionaler Blickstellung prüfen müssen, das heißt im Hinblick darauf, ob diese positiven Funktionen auch durch andere Leistungen erfüllt werden können. Die funktionale Analyse bliebe jedoch in einer vermeidbaren Abstraktion hängen, wollte sie sich mit dem Aufweis positiver Funktionen begnügen. Es ist ein charakteristisches Merkmal der funktionalen Systemtheorie, daß sie diese Einseitigkeit vermeidet und auch die »dysfunktionalen« Folgen einer funktionalen Leistung mit in den Blick zieht.

Dem liegt die Vorstellung zugrunde, daß soziale Systeme faktischen Handelns, auch wenn sie im Hinblick auf einen spezifischen Zweck organisiert sind, nicht nur eine, sondern verschiedene, zueinander widerspruchsvolle Funktionen erfüllen müssen, wenn sie überleben wollen. Sie können sich nicht auf eine Funktion konzentrieren und ebensowenig alle Funktionen maximal bedienen. Sie müssen damit rechnen, daß jede Leistung für eine Funktion anderen Funktionen schadet und müssen daher, wenn sie Strukturentscheidungen treffen, die bestimmte Funktionen bevorzugen, zugunsten der benachteiligten Notwendigkeiten Ausgleichseinrichtungen schaffen, Folgeprobleme lösen, kompensatorische Leistungen bereitstellen. Von diesem theoretischen Ansatz aus, der in der neueren Soziologie mit erheblichen Unterschieden im einzelnen zum Beispiel von Talcott Parsons [39], Robert K. Merton [40], Philip Selznick [41] und Peter M. Blau [42] vertreten wird, lassen sich jene Sachverhalte erörtern und in eine übergreifende Theorie einbringen, die den Anlaß zu der abschätzigen Bedeutung der üblichen Routinevorstellung gegeben haben.

Die Folgeprobleme der Routine erwachsen aus ihrer Systemgebundenheit. Routineprogramme werden rational entworfen im Sinne spezifischer Funktionen für ein einziges System: die organisierte Verwaltung. Sie werden daher den Bedürfnissen anderer Systeme nicht gerecht, den Bedürfnissen der routinemäßig behandelten Umwelt ebensowenig wie den persönlichen Bedürfnissen des Handelnden selbst. Routinehandeln ist taktlos und ausdrucksschwach. Es führt dadurch zu Störungen des natürlichen Verhaltens in elementaren Kontakten, die auf das rational organisierte System zurückwirken und dort besondere Anpassungsprobleme aufwerfen. Wir wollen diese beiden Reibungsflächen der Routine gegenüber dem Behandelten und gegenüber dem Handelnden selbst nacheinander erörtern und sehen, welche Möglichkeiten der Abhilfe es gibt.

1. Routineprogramme enthalten ein festgelegtes Empfangsschema für Umweltinformationen und sehen Entscheidungen nur nach Maßgabe dieses Schemas vor. In Routineentscheidungen behandelt die Verwaltung ihre Umwelt also im Sinne von selbstprojizierten Informationserwartungen, die vorher festgelegt sind und ein hochabstraktes, stark vereinfachtes Wirklichkeitsbild aufspannen, auf das hin gehandelt wird. Die Einzelinformation kann das Programm nicht beeinflussen. Sie muß, will sie eine Entscheidung erwirken, sich auf die Situationsdefinition der Verwaltung einlassen und als ein Ereignis »im Sinne von . . .« auftreten; sonst wird sie gar nicht bemerkt.

An dieser Sachlage ist vielfach die Unbeweglichkeit und Anpassungsunfähigkeit des programmierten Handelns beanstandet worden, gewiß nicht ohne Berechtigung, wie wir im vorigen Abschnitt gesehen haben. Indessen können Programme durchaus geändert, verfeinert und der Realität nähergebracht werden, und es ist sehr die Frage, ob Sozialsysteme, die sich an unprogrammierte, z. B. emotionale Entscheidungsprämissen halten, nicht viel unelastischer sind als Programmverwaltungen. Eine solche Frage wird sich nur durch sorgfältige empirische und vergleichende Untersuchungen klären lassen. Wir sehen darin nicht das entscheidende Moment. Dieses liegt vielmehr in der *Taktunfähigkeit des Routinehandelns.*

Elementare, von Angesicht zu Angesicht spielende Kontakte zwischen Menschen setzen, sollen sie befriedigen und zur Fortsetzung ermuntern, gute Chancen der Selbstdarstellung für alle Beteiligten voraus. Jeder muß Gelegenheit finden, sich zu zeigen, wie er erscheinen möchte; er muß eine idealisierte Fassung seines Selbst zu sozialer Sichtbarkeit und Anerkennung bringen können. Die Kunst, soziale Kontakte so zu steuern, daß diese Gelegenheit für alle Beteiligten im Wechselspiel besteht und niemand mit seiner Projektion brüskiert oder blamiert wird, läßt sich als Takt bezeichnen. Takt erfordert ein Eingehen auf fremde Selbstdarstellung, ein hilfreiches Mitwirken an ihren Schwierigkeiten und ein Bestätigen der Darstellung auch dort, wo sie durchschaut wird.
Es liegt auf der Hand, daß ein Routinehandeln, welches sich nur mit dem Entziffern selbstdefinierter Zeichen befaßt, taktunfähig ist. Es pflückt der fremden Selbstdarstellung einige Informationen ab, bestätigt sie aber nicht, ermuntert sie nicht zur Fortsetzung und hilft ihr nicht über augenblickliche Verhaltensschwierigkeiten, Blößen oder peinliche Lagen hinweg. Soziale Kontakte, die von einer Seite routinemäßig behandelt werden, sind für den Partner daher typisch unbefriedigend, weil ihm Situationskontrolle und Selbstdarstellungschancen genommen sind; er fühlt sich gleichsam als nichtanwesend behandelt. Das wird seine Bereitschaft, an der Routinesituation sinngemäß und fruchtbar mitzuwirken, stark herabsetzen bzw. sie von indirekten, außerhalb der Situation liegenden Motiven abhängig machen [43].
Zur Abschwächung dieser belastenden Folgen werden in manchen Routinesituationen Taktkompensationen wirksam. Sie beruhen im wesentlichen darauf, daß das Routinehandeln nicht als solches dargestellt wird. So geben sich manche Priester, Ärzte, Rechtsanwälte oder Richter routinemäßig den Anschein, nicht routinemäßig zu handeln, vielmehr jedem Fall in seiner Einmaligkeit auf Grund der Darstellung ihrer Kunden gerecht zu werden. Auch in der Verwaltung finden sich Ansätze zu einem Stil der Freundlichkeit, des betonten Sich-Zeit-Nehmens, des geduldigen Anhörens und der Höflichkeit. Solche Ausdrucksformen sind natürlich programmwidrig, selbst wenn sie durch Dienstanweisung vorgeschrieben sind oder zum Zeremoniell gehören [44]. Sie dienen der Beschwichtigung und Entspannung, dem Abschleifen scharfer Kanten, bilden aber nicht das eigentliche Gesetz der Situation. Sie können deshalb nur funktionieren, wenn sie zugleich durchschaut werden und stilles Einverständnis darüber besteht, daß der Stil nicht für Realität genommen und auf die Probe gestellt werden darf.
Eine andere Möglichkeit besteht darin, daß man – mit den nötigen Absicherungen – ins Formal-Illegale ausweicht und über die Systemgrenzen hinweg programmwidrige Rollenverflechtungen eingeht, die der Aufrechterhaltung von »Beziehungen« nach deren eigenem Gesetz dienen [45]. Im Rahmen solcher Bindungen kann es dann zum Thema einer Verständigung gemacht werden, ob man eine Sache »in den Geschäftsgang gibt« und das Routineprogramm ablaufen läßt, oder ob man sich auf andere Weise arrangiert.
Eine dritte Strategie der Abschwächung von Routineeffekten berichten Katz und Eisenstadt [46] aus Israel: Wenn der Verwalter der Routine es mit ganz unkundigen Partnern zu tun hat, die nicht wissen, wie man sich als Antragsteller, Fahrgast usw. zu verhalten hat, kommen Schulungs- und Erziehungsaufgaben auf ihn zu, welche das Routineprogramm als herrschende Situationsdefinition zurücktreten lassen. Eisenstadt spricht im Hinblick darauf von "debureaucratization". In Deutschland ist diese Programmverzerrung unter dem Stichwort »das alte Mütterchen« bekannt.

Schließlich drängt sich der Verdacht auf, daß die weite Verbreitung ungünstiger Verwaltungsbilder, das öffentliche Anprangern der Bürokratie, wo immer sie auftritt, und nicht zuletzt die abschätzige Beurteilung der Routine selbst hier ihre Erklärung und damit eine funktionale Rechtfertigung finden. Negativbilder können durchaus eine positive Funktion besitzen. Sie können der Absorption von Protesten [47], der Erklärung von Enttäuschungen [48], der Fixierung und Verharmlosung negativer Gefühle dienen.

Wenn Umweltbeziehungen eines Systems problembelastet durchlebt werden, wie es in Routinesituationen unvermeidlich ist, läßt sich schlechterdings nicht erwarten, daß die Umwelt die Selbstidealisierung der Verwaltung unbesehen abnimmt. Sie macht sich ihre eigenen Vorstellungen, in denen sie unerfreuliche Erfahrungen verarbeitet. Die Frage, ob das Selbstbild oder das Umweltbild der Verwaltung »richtig« ist, ist dabei uninteressant; denn die wirklichen Verhältnisse sind viel zu kompliziert, als daß richtige Bilder wirksam werden könnten. Die Frage geht vielmehr dahin, welche Funktion Idealbilder bzw. Negativbilder für die Entspannung der routinebelasteten Umweltbeziehungen haben. Es könnte sein, daß die ungehemmte Public Relations-Pflege auf falschem Wege ist, wenn sie sich lediglich darum bemüht, das Idealbild des Systems der Umwelt aufzuschwatzen. Sie übersieht dabei die positive Funktion der Negativbilder. Eine differenzierte Strategie müßte die abträglichen Klischees für ihre Funktion schonen und sie lediglich als Handlungsgrundlage neutralisieren [49], etwa im Sinne einer Regel/Ausnahme-Trennung: »Das mag im allgemeinen richtig sein, aber Dir gegenüber, in dieser Angelegenheit ist doch sauber, rasch und höflich gearbeitet worden!«

2. Die Innenbelastungen der Routine, ihre Rückwirkungen auf den Handelnden, sind von ganz ähnlicher Natur. Auch hier beeinträchtigt Routine die Selbstdarstellungschancen. Vom Handelnden her gesehen, macht sie sein Verhalten *ausdrucksschwach*. Er handelt unpersönlich, spiegelt lediglich Informationen in Entscheidungen hinüber, ohne selbst sichtbar zu werden. Ein anderer würde unter diesem Programm ebenso entscheiden, er selbst unter anderen Programmen anders.

Die Ausdrucksschwäche der Routine hat mit der Wiederholungsdichte des Handelns wenig zu tun. Sie stellt sich auch bei sehr komplexen und vielseitigen Programmverwaltungen ein, auch wo ein und dieselbe Konstellation sich selten oder nie wiederholt, zum Beispiel beim einzigen Juristen einer größeren Verwaltung. Es liegt nicht am Schwierigkeitsgrad der Entscheidung oder am Mangel von Neuigkeiten und Risiken. Die Ausdrucksschwäche ergibt sich daraus, daß die Entscheidung sich ausschließlich nach auslösenden Zeichen zu richten hat und, selbst wenn sie von anderen Motiven getragen ist, doch so stilisiert werden muß.

Diese Blockierung von Selbstdarstellungschancen führt dazu, daß der Mensch in solchen Situationen sein Handeln nicht mehr benutzen kann, um von sich selbst zu zeugen und sich im sozialen Echo selbst zu hören. Auf die Gefahr hin, einen schon theorie- und geschichtsbeladenen Begriff zu strapazieren, läßt sich dieser Zustand als »Entfremdung« deuten. Damit können wir uns durch Hinweis auf eine gedankenreiche Tradition die nähere Ausarbeitung der menschlichen und sozialen Folgen dieses Geschehens an dieser Stelle abkürzen.

In routinisierten Situationen selbst nach Auswegen aus dieser Entfremdung zu suchen, dürfte kaum Gewinn bringen. In gewissen Grenzen wird man dem kollegialen Kontakt eine Funktion als Ventil und als Verhaltensstütze beimessen können [50]; aber er tritt

erst in Funktion, wenn Situation und Publikum gewechselt haben, wenn man nicht mehr in der Routine handelt, sondern über sie spricht, Erfahrungen und Meinungen austauscht, von komischen Erlebnissen, unverschämten Kunden oder eigenen Kunststücken berichtet. Vor allem bieten jedoch außerorganisatorische Situationen Ausdrucksmöglichkeiten, namentlich die Familie und die Welt des auffälligen Konsums. Schließlich bleibt für die besonders Versierten der organisatorische Aufstieg als Symbol ihrer persönlichen Bedeutung; und er führt zugleich aus der Routine heraus.
Es wäre nicht undenkbar, daß das rasche Anwachsen der Routine in immer wichtigeren Situationen einen Menschentyp erfordert, der nicht darauf angewiesen ist, sich selbst laufend in elementaren Kontakten darzustellen. Die Gelegenheiten dazu nehmen vor und hinter dem Schreibtisch gleichmäßig ab. Er muß seine expressiven Bedürfnisse vertragen lernen, um sie sodann in speziell dafür eingerichteten Situationen rasch und wirksam zu befriedigen. Er muß deshalb seine Selbstachtung an generalisierte Maßstäbe binden: an Werte oder Fernwirkungen, an formalen Status, Geldsummen, Publicity, Erfolgsziffern oder Kontaktmengen, über die ihm mit Hilfe anderer Organisationen soziale Unterstützung zugeführt wird. Er muß zur Selbstabstraktion fähig werden, durch die er auf die Rationalisierung des sozialen Systems parieren kann. Wir haben noch keine Ethik für solche Lösungen und neigen dazu, sie als menschlich unbefriedigend zu verwerfen. Aber es könnte sein, daß uns da ein altes Vorurteil narrt.

Anmerkungen

1 Über routinemäßiges Behandeln fremder Not finden sich gute Bemerkungen bei *Everett C. Hughes,* Men and Their Work, Glencoe, Ill., 1958, S. 54 f., 88 f.

2 Wie ein anonymer Fragebogenausfüller aus einer amerikanischen Gewerkschaft feststellt – vgl. das Zitat bei *Harold L. Wilensky,* Intellectuals in Labor Unions, Glencoe, Ill., 1956, S. 156.

3 Vgl. dazu *Charles Walker/Robert H. Guest,* The Man on the Assembly Line, Cambridge, Mass., 1952, S. 141 ff.; *Chris Argyris,* Personality and Organization, New York 1957, S. 177 ff., mit weiteren Hinweisen; ferner speziell für die öffentliche Verwaltung *Robert T. Golembiewski,* Civil Service and Managing Work: Some Unintended Consequences, The American Political Science Review 56 (1962), S. 961–973.

4 Um die Ausarbeitung dieser Unterscheidung bemüht sich *Renate Mayntz,* Die Organisationssoziologie und ihre Beziehungen zur Organisationslehre, in: *Erich Schaufer/Klaus Aghte* (Hrsg.), Organisation, Berlin–Baden-Baden 1961, S. 29–54, während in der amerikanischen Literatur bereits erste Zweifel anklingen; so bei *Alvin W. Gouldner,* Organizational Analysis, in: *Robert K. Merton/Leonard Broom/Leonard S. Cottrell, Jr.,* Sociology Today, New York 1959, S. 400–428, inbes. 404.

5 Auch wenn man statt auf Handlungen auf Wiederholung der gleichen programmauslösenden Information abstellt, wird der Begriff nicht deutlicher. So z. B. *Horst Albach,* Entscheidungsprozeß und Informationsfluß in der Unternehmensorganisation, in: *Erich Schnaufer/Klaus Agthe* (Hrsg.), Organisation, Berlin–Baden-Baden 1961, S. 355–402 (381 f.), der im Rahmen dessen, was hier als Routine bezeichnet wird, Routineprogramme und flexible Programme unterscheidet je nachdem, ob stets dieselbe Information oder verschiedene Informationen wiederkehren. Aber verschiedene Informationen können eben als »stets dieselben« wiederkehren.

6 Vgl. *Herbert A. Simon,* The Role of Expectations in an Adaptive or Behavioristic Model, in: *Mary Jean Bowman* (Hrsg.), Expectations, Uncertainty, and Business Behavior, New York 1958, S. 49–58; *James G. March/Herbert A. Simon,* Organizations, New York–Lon-

don 1958, S. 141 ff., u. ö.; *Herbert A. Simon,* The New Science of Management Decision, New York 1960. Siehe ferner *Milton G. Weiner,* Observations on the Growth of Information-Processing Centers, in: *Albert H. Rubenstein/Chadwick J. Haberstroh,* Some Theories of Organization, Homewood, Ill., 1960, S. 147–156.

7 Vgl. *Talcott Parsons/Edward A. Shils* (Hrsg.), Toward a General Theory of Action, Cambridge, Mass., 1951, S. 107 ff., und als neuere Formulierung *Talcott Parsons,* An Outline of the Social System, in: *Talcott Parsons/Edward Shils/Kaspar D. Naegele/Jesse R. Pitts* (Hrsg.), Theories of Society, Glencoe, Ill., 1961, S. 30–79 (36).

8 Diesen Gedanken, daß Eingang und Ausgang *nicht eindeutig* aufeinander bezogen sind, *nicht notwendig* miteinander variieren, benutzt die moderne Systemtheorie, um den Unterschied von offenen und geschlossenen (oder determinierten) Systemen zu definieren. Vgl. z. B. *Chris Argyris,* The Integration of the Individual and the Organization, in: *Chris Argyris* u. a., Social Science Approaches to Business Behavior, Homewood, Ill., 1962, S. 57 bis 98 (63). Alle sozialen Systeme sind offene Systeme: Sie erhalten ihre Identität dadurch, daß sie Umweltinformationen *verarbeiten.*

9 Siehe die Erörterung des »Führungswechsels« menschlicher Funktionen in: *Arnold Gehlen,* Der Mensch, 6. Aufl. Bonn 1958, S. 360 f. Sehleistungen können z. B. zu Greifbewegungen führen, aber auch die umgekehrte Relation ist möglich. Darauf beruht die relative Unabhängigkeit des menschlichen Handlungsvermögens von spezifischen Antrieben, also spezifischen Kausalrichtungen.

10 Schon *Max Weber,* Wirtschaft und Gesellschaft, 4. Aufl. Tübingen 1956, S. 573, deutete an, daß es diese zwei Möglichkeiten der Rückführung auf diskutable »Gründe« gibt: entweder Normen oder Abwägung von Zwecken und Mitteln.

11 Vgl. dazu die ähnliche Unterscheidung von "operational" und "nonoperational goals" bei *March/Simon,* a.a.O., S. 155 ff., ferner *Roland N. McKean,* Efficiency in Government Through Systems Analysis with Emphasis on Water Resources Development, New York 1958, S. 25 ff. *Charles Perrow,* The Analysis of Goals in Complex Organizations, American Sociological Review 26 (1961), S. 854–866. Andeutungen in dieser Richtung auch bei *Chester I. Barnard,* The Functions of the Executive, Cambridge, Mass., 1938, S. 91 f.; *Philip Selznick,* An Approach to the Theory of Bureaucracy, American Sociological Review 8 (1943), S. 47–54.

12 Diese Auffassung beruht auf der Ablehnung des Optimalmodells der Rationalität, das nur je eine richtige Lösung anerkennt. Dazu Näheres in meinem Aufsatz: Kann die Verwaltung wirtschaftlich handeln? Verwaltungsarchiv 51 (1960), S. 97–115.

13 Diese Bemerkung läuft auf eine Kritik der alten ontologischen These hinaus, daß aus Nichts nichts werden könne, daß also ein stabiles System auch eine stabile Umwelt voraussetze. Die funktionale Theorie definiert dagegen die Funktion der Systemstabilisierung gerade in bezug auf eine unstabile Umwelt. Vgl. dazu meinen Aufsatz: Funktion und Kausalität, Kölner Zeitschrift für Soziologie und Sozialpsychologie 14 (1962), S. 617–644 (641). Neu gedruckt in: Soziologische Aufklärung, Köln–Opladen 1970.

14 Vgl. dazu *March/Simon,* a.a.O., S. 26 f. Ein lehrreiches Beispiel für das Abfangen unregelmäßiger Arbeitsanstöße durch bessere Arbeitsverteilung bietet die Reorganisation des Amerikanischen Patentamtes in den Jahren 1945/46. Dazu vgl. *Harold Stein* (Hrsg.), Public Administration and Policy Development, New York 1948, S. 1 ff., und *Robert T. Golembiewski,* Behavior and Organization, Chicago 1962, S. 27 ff.

15 Eine weitere Abschwächung: die Aufnahme von Zweckformeln als untergeordnetes Moment in das Routineprogramm, kann erst weiter unten behandelt werden, wenn wir die Struktur der Routine im einzelnen erörtern.

16 Diese funktionale Unterscheidung steht hinter der Unterscheidung von operationalen und nichtoperationalen Zwecken, auf die wir oben schon hingewiesen hatten. Sie wird von ganz anderer Seite, bei *Erving Goffman,* The Presentation of Self in Everyday Life, 2. Aufl., Garden City, N. Y., 1959, S. 33, erfaßt als "dilemma of expression *versus* action". Zum Thema siehe ferner *Charles Perrow,* Organizational Prestige: Some Functions and Dysfunctions, The American Journal of Sociology 66 (1961), S. 335–341.

17 Dazu finden sich bei *March/Simon,* a.a.O., S. 150, einige Bemerkungen.

18 Dieser Gegensatz ist namentlich von der soziologischen Organisationstheorie herausgearbei-

tet worden. Vgl. *Gouldner,* a.a.O., und *Amitai Etzioni,* Two Approaches to Organizational Analysis: A Critique and a Suggestion, Administrative Science Quarterly 5 (1960), S. 257 bis 278.

19 Vgl. dazu *Weiner,* a.a.O., S. 154 ff. Auch von Sozialpsychologen ist beobachtet worden, daß der Informationsbedarf abnimmt und der Wahrnehmungsprozeß entlastet wird, wenn der Handelnde sich durch eigene Programme vom Interaktionssystem relativ unabhängig macht. Vgl. dazu *Edward E. Jones/John W. Thibaut,* Interaction Goals as Bases of Inference in Interpersonal Perception, in: *Renato Tagiuri/Luigi Petrullo* (Hrsg.), Person Perception and Interpersonal Behavior, Stanford, Cal., 1958, S. 151–178.

20 Auch hier ist noch einmal die anthropologische Parallele instruktiv. Ein genau entsprechender Sachverhalt ist in der behavioristischen Theorie des Lernens unter den Bezeichnungen "stimulus equivalence" oder "generalization" erforscht worden. Vgl. statt anderer *Clark L. Hull,* Principles of Behavior, New York–London 1943, S. 183 ff.

21 Auch die Darstellung der "performance programs" bei *March/Simon,* a.a.O., S. 141 ff., bringt in diesem Punkte leider keine Klarheit.

22 In der Fachliteratur werden diese Bezeichnungen allerdings noch recht uneinheitlich gebraucht, so daß man sich für die folgende Ausarbeitung nicht auf eine übereinstimmende Auffassung berufen kann. Sowohl Homöostatik als auch Kybernetik haben je ihre Liebhaber gefunden und ihre Modeerfolge gehabt. Ihre Übertragung aus der Biologie bzw. der Maschinentechnik auf soziale Systeme war nicht immer von der notwendigen Vorsicht geleitet. Der folgende Versuch einer Abgrenzung und Eingrenzung sieht deshalb von einer Auseinandersetzung mit der umfangreichen Literatur ab. Als Begründung für unsere Begriffsfassung mag ein Hinweis auf die beiden Quellen dieser Forschung dienen: *Walter B. Cannon,* The Wisdom of the Body, New York 1932, für Homöostatik; und *Norbert Wiener,* Cybernetics, New York 1948.

23 Im Gegensatz zu *Lucien Mehl,* der in einer Aufsatzreihe der Revue Administrative unter dem Gesamttitel La cybernétique et l'administration (seit Bd. 10, 1957) die gesamte Verwaltung als Entscheidungssystem mit Hilfe der kybernetischen Konzeption darzustellen sucht, glauben wir, daß kybernetische Programme sich nur für einen Teil der Verwaltungsaufgaben eignen. Nicht immer ist es Aufgabe der Verwaltung, mit wechselnden Entscheidungen gleichmäßige Dauerwirkungen zu erzielen; es gibt weite Bereiche, wo die Verwaltung gleiche Entscheidungen zu fällen hat, ohne deren Wirkungen zu kontrollieren, zum Beispiel, wenn es sich um einmalige Fälle handelt oder wenn mit verzerrenden Einflüssen der Umwelt gar nicht zu rechnen ist. Das gilt vor allem für die begünstigende Rechtsanwendung. Es sei jedoch zugegeben, daß die Grenzen der kybernetischen Strategie noch ganz unbestimmt und noch keineswegs erreicht sind. Eine ganz andere Frage ist es, wieweit die kybernetischen Programme der Verwaltung mathematisierbar und also automatisierbar sind. Vgl. dazu die vorsichtigen Äußerungen von *Albert H. Rubenstein/Chadwick J. Haberstroh,* Some Theories of Organization, Homewood, Ill., 1960, S. 325 f.

24 Besondere Bedeutung besitzt dieses Problem in der allgemeinen Theorie der Aktionssysteme von *Talcott Parsons,* die von einem sehr einfachen Grundschema des Aktionssystems ausgeht, so daß alle weiteren Probleme in eine Form gegossen werden müssen, die mit komplizierten Systemverschachtelungen rechnet.

25 Natürlich ist auch in Verwaltungssystemen die Programmierung von Entscheidungssequenzen möglich. Die Koordination wird dann dadurch erreicht, daß die Kommunikation einer Einheit zugleich auslösende Information im Programm der nächsten ist. Zu den Bedingungen und Vorteilen solcher Koordination durch Programmierung des Kommunikationsflusses im Gegensatz zur hierarchischen Koordination durch Weisung vgl. *Albach,* a.a.O., S. 384 ff. Vgl. ferner *Hans Paul Bahrdt,* Industriebürokratie, Stuttgart 1958, S. 26 ff.

26 Vgl. dazu die Kritik der klassischen Konzeption hierarchischer Koordination bei *Peter M. Blau/W. Richard Scott,* Formal Organizations, San Francisco 1962, S. 183 ff.

27 Vgl. statt anderer *Erich Gutenberg,* Grundlagen der Betriebswirtschaftslehre, 4. Aufl. Berlin–Göttingen–Heidelberg 1958, Bd. I, S. 174 ff.

28 Die Abweisung des Befehlsmodells entspricht der Abweisung des Zweckmodells, zu der wir uns weiter oben entschlossen hatten. Damit wird nicht bestritten, daß Befehle und Zwecke vorkommen und eine sinnvolle Funktion besitzen. Es wird ihnen lediglich der Rang eines

theoretischen Bezugssystems für die Analyse *aller* Organisationsvorgänge genommen, den die klassische Organisationslehre ihnen beigelegt hatte. Das ist die Voraussetzung auch dafür, daß die spezifische Funktion von Zwecken und Befehlen behandelt werden kann.

29 Zu diesem Begriff der nichthierarchischen abgeleiteten Autorität finden sich bei *Victor A. Thompson,* Modern Organization, New York 1961, S. 64, 75 ff., 84, gute Ausführungen, die allerdings polemisch gegen die überlieferte Form der bürokratischen Autoritätshierarchie gerichtet sind und eine ihrer Perversionen kennzeichnen sollen.

30 Hierfür gibt es wichtige Vorarbeiten in der amerikanischen Literatur. Sie hat den an sich alten Gedanken (vgl. z. B. *George Cornewall Lewis,* An Essay on the Influence of Authority in Matters of Opinion, London 1849, S. 6 f.; *Max Weber,* Wirtschaft und Gesellschaft, 4. Aufl., Tübingen 1956, S. 28 f.), Autorität durch unkritische *Annahme* von Einfluß zu definieren, popularisiert und den Autoritätsbegriff damit aus seinen hierarchischen Prämissen gelöst; vgl. insbes. *Chester I. Barnard,* The Functions of the Executive, Cambridge, Mass., 1938, S. 161 ff.; *Herbert A. Simon,* Das Verwaltungshandeln, dt. Übers. Stuttgart 1955, S. 8 f., 80 ff.; ders., Authority, in: *Conrad Arensberg* u. a. (Hrsg.), Research in Industrial Human Relations, New York 1957, S. 103–115. – Daraus erwuchs neuerdings auch ein zunehmendes Interesse an horizontalen Formen der Autorität. Vgl. als Beispiel *Henry A. Landsberger,* The Horizontal Dimension in Bureaucracy, Administrative Science Quarterly 6 (1961), S. 299–332.

31 In der Industrieforschung ist das eine altbekannte Vorstellung, die seit *Frederick W. Taylor* (vgl. Shop Management, New York–London 1912, S. 126 f.) unter dem Kennwort "exception principle" behandelt wird. Die Vorstellung des Lückenbüßers findet sich bei *Kurt Sieben,* Grundplan der wissenschaftlichen Betriebsführung im Bergbau, Berlin 1928, S. 131.

32 Vgl. dazu die Parallelen zwischen Macht und Geld als Vermittlungsmechanismen zwischen Systemen, die *Parsons* ausführt. Siehe insbes. *Talcott Parsons,* General Theory in Sociology, in: *Robert K. Merton/Leonard Broom/Leonard S. Cottrell, Jr.,* Sociology Today, New York 1959, S. 3–38 (16 ff.), und ders., a.a.O. (1961), S. 52 f., 66 ff.

33 Ein Aufgeben dieser klassischen Position und eine bewußte Berücksichtigung der Formalisierung von horizontalen Kontakten findet sich in der deutschen Literatur bei *Erich Kosiol* (Hrsg.), Organisation des Entscheidungsprozesses, Berlin 1959, S. 138 ff., 183 f.

34 *March/Simon,* a.a.O., S. 185, meinen sogar, ein allgemeines Gesetz formulieren zu können, daß in Situationen, in denen ein Mensch zwischen programmierten und nichtprogrammierten Handlungen wählen kann, er die programmierten bevorzugt.

35 Ähnliche Feststellungen trifft *Michel Crozier:* De la bureaucratie comme système d'organisation, Europäisches Archiv für Soziologie, 2 (1961), S. 18–50 (41 f.).

36 Vgl. dazu als neuesten Versuch, faktisches Entscheidungsverhalten zum Eckstein einer Theorie rationaler Organisation zu machen, *Richard M. Cyert/James G. March,* Behavioral Theory of the Firm. Englewood Cliffs, N. J., 1963.

37 Vgl. dazu *Fritz Morstein Marx,* Sachverstand und Leitung in der amerikanischen Verwaltung und Wirtschaft, Archiv des öffentlichen Rechts, 87 (1962), S. 129–155.

38 Die wohl umfassendste Betrachtung zu diesem Thema enthält das Schlußkapitel von *March/Simon,* a.a.O., S. 172 ff. In weiterer Blickstellung haben sich namentlich Ethnologen mit dem Problem der kulturellen Neuerungen und ihren Schwierigkeiten befaßt, während die Industriesoziologen über Erklärungen des Widerstands gegen Neuerungen nicht weit hinausgekommen sind.

39 Vgl. die oben angeführten Schriften, ferner The Social System, Glencoe, Ill., 1951.

40 The Unanticipated Consequences of Purposive Social Action, American Sociological Review 1 (1936), S. 894–904; Social Theory and Social Structure, 2. Aufl., Glencoe, Ill., 1957, S. 19 ff.

41 TVA and the Grass Roots, Berkeley–Los Angeles 1949.

42 The Dynamics of Bureaucracy, Chicago 1955; ferner die oben angeführte Schrift mit *W. Richard Scott.*

43 Von ganz anderen Ausgangspunkten her kommen *Jones/Thibaut,* a.a.O., S. 157, zu einem ähnlichen Ergebnis: daß Interaktionssysteme, die von einer Seite routinemäßig behandelt werden, unstabil seien.

44 In solchen Fällen setzt die Routineeinstellung sich heimlich durch. "It would be interesting

to know what the parish priest thinks to himself when he is called for the tenth time to give extreme unction to the sainted Mrs. *O'Flaherty* who hasn't committed a sin in years except that of being a nuisance to the priest, in her anxiety over dying in a state of sin", fragt sich *Hughes*, a.a.O., S. 55.

[45] Zu unoffiziellen, persönlichen Beziehungen als Korrektiv schematischer Routine vgl. *Fritz Morstein Marx*, Control and Responsibility in Administration: Comparative Aspects, in: *Ferrel Heady/Sybil L. Stokes*, Papers in Comparative Public Administration, Ann Arbor 1962, S. 145–171 (165 ff.), und *Joseph Bensman/Arthur Vidich*, Power Cliques in Bureaucratic Society, Social Research 29 (1962), S. 467–474.

[46] Vgl. *Elihu Katz/S. N. Eisenstadt*, Some Sociological Observations on the Response of Israeli Organizations to New Immigrants, Administrative Science Quarterly 5 (1960), S. 113 bis 133.

[47] Zu diesem Begriff in anderem Zusammenhang *Amitai Etzioni*, A Comparative Analysis of Complex Organizations, New York 1961, S. 246 ff.

[48] Man denke besonders an die »Sündenbock«-Forschung im weiteren Rahmen der psychoanalytischen Theorie des projektiven Symbolismus.

[49] Daß eine solche Neutralisierung durchaus möglich ist, zeigt eine interessante Untersuchung von *Sidney J. Levy*, The Public Image of Government Agencies, Public Administration Review 23 (1963), S. 25–29. Wie Negativbilder gegen gute Erfahrungen weitgehend immunisiert werden können, wenn sie allgemein und wertgetränkt konstituiert sind, so können sie auch davon abgehalten werden, gute Beziehungen zu vergiften. Das Publikum lebt dann mit zwei verschiedenen Bildern zugleich: mit einem Negativbild für Allgemeinurteile und mit konkret-praktischen Behördenvorstellungen, die das unmittelbare Erwarten und Handeln lenken. Ähnliche Feststellungen hat die Betriebssoziologie für das Verhältnis von Arbeitszufriedenheit und negativer Einstellung zum Betrieb getroffen; vgl. *M. Rainer Lepsius*, Strukturen und Wandlungen im Industriebetrieb, München 1960, S. 54. Siehe ferner den Bericht von *Heinrich Popitz/Hans Paul Bahrdt/Ernst August Jüres/Hanno Kesting*, Das Gesellschaftsbild des Arbeiters, Tübingen 1957, S. 43 ff., wonach eine weithin positive Einstellung der Arbeiter zum erlebten technischen Fortschritt an ihrem Arbeitsplatz zusammengeht mit sehr viel negativer gefärbten Allgemeinurteilen über die Entwicklung der Technik.

[50] Vgl. entsprechende Beobachtungen bei *Blau*, a.a.O. (1955), S. 88 ff.; ders., Orientation Toward Clients in a Public Welfare Agency, Administrative Science Quarterly 5 (1960), S. 341–361 (356 ff.); *Hansjürgen Daheim*, Die Sozialstruktur eines Bürobetriebes, Diss. Köln 1957, S. 171 f.

Die Knappheit der Zeit und die Vordringlichkeit des Befristeten

Im Zeitalter großer Organisationen ist Zeit knapp geworden. Zeitdruck ist eine verbreitete Erscheinung. Der Blick auf die Uhr und der Griff zum Terminkalender in der Tasche sind Routinebewegungen geworden. Die Verabredungsschwierigkeiten treiben die Telefonkosten in die Höhe. Schlichte rote Mappen (mit längst nicht mehr eiligem Inhalt), Eilt-Mappen, Eilt-sehr-Mappen bevölkern den Schreibtisch und seine Umgebung. Einige drängen sich durch ihre Lage mitten auf dem Schreibtisch und durch einen besonderen Zettel »Terminsache!« vor im Wettbewerb um Aufmerksamkeit. Die Orientierung an Fristen und fristbedingten Vordringlichkeiten bestimmt den Rhythmus der Arbeit und die Wahl ihrer Thematik. Das alles bedarf vor den Lesern dieser Zeitschrift keines Nachweises. Es gehört zu ihrer eigenen Erfahrung. Die Organisation der Arbeit bringt das mit sich. Aber auch der organisierte Urlaub weist die gleiche eingeteilte und kleingehackte Zeitstruktur auf. Man ißt nicht, wann man Hunger hat, sondern um 12.30 Uhr. Man jagt nach Hause, um den Beginn der Fußballreportage nicht zu verpassen, beschleunigt heftig, um noch vor Umschaltung der Ampel über die Kreuzung zu kommen und riskiert Menschenleben – für Sekunden. Es scheint, daß die Einteilung der Zeit die Ordnung der Werte durcheinandergebracht hat.

Die Zeitnot ist als Belastung des Handelns bewußt und Gegenstand vielfältiger Klage, aber ihre Bedingungen und Konsequenzen liegen nicht ohne weiteres auf der Hand. Sie ergibt sich für das tägliche Erleben zwangsläufig aus den Umständen, aber der Zeitdruck selbst scheint es auszuschließen, daß über ihn reflektiert wird. Die Frage, wie es zu diesem Orientierungsprimat der Zeit kommt, in welcher Art von Systemen er sich entwickelt, welche Funktionen er erfüllt und wie seinen Folgeproblemen abgeholfen werden kann, ist ein Thema für die Wissenschaft, im besonderen für die Verwaltungswissenschaft.

Der Appell an die Wissenschaft nimmt den Umweg des Denkens in Anspruch. Dabei läßt es sich häufig nicht vermeiden, daß über einfache, vorliegende Erfahrungen auf umständliche Weise gesprochen wird, und daß Tatbestände, die als selbstverständlich, zwangsläufig und gewiß erscheinen, zunächst verunsichert werden müssen. Die Wissenschaft verwandelt Evidenzen in Probleme. Das mag hin und wieder mutwillig geschehen. Bei gewissen Themen, und dazu zählen Fragen, die das Verhältnis der Zeit zu anderen Dimensionen menschlichen Erlebens berühren, wird jene Verfremdung notwendig, weil hier Prämissen des natürlich-lebensweltlichen Erlebens[1]* aufgehoben werden müssen. Von solcher Kritik der Prämissen des täglichen Erlebens werden wir ausgehen.

* Anmerkungen siehe S. 159–164.

Lange, DÖV 78, 90 (95), Kloepfer, Der Staat 1974, 457 (überhastete Gesetzgebungsverf.)

I.

Menschliches Zusammenleben ist nur möglich in einer Lebenswelt, die gemeinsam ausgelegt und verstanden wird, eine erwartbare Ordnung aufweist und hinreichende Anknüpfungspunkte für übereinstimmende Erfahrungen, Kommunikationen und sonstige Handlungen bietet. Zu den notwendigen Strukturen einer Welt gehört eine gewisse Trennung von zeitlichen, sachlichen und sozialen Dimensionen des Erlebens im Sinne einer relativen Invarianz der einzelnen Dimensionen gegen Veränderungen in den anderen. Konkreter gesprochen: Das Fortschreiten der Zeit darf nicht als solches die Sachstrukturen der Welt ändern in dem Sinne, daß von Augenblick zu Augenblick alles anders werden könnte; die sachliche Ordnung der Welt muß gegen den Zeitfluß relativ indifferent sein. In gewissen Grenzen muß es z. B. möglich sein, Erlebnisse bzw. Handlungen und Zeitplätze gegeneinander zu variieren, bevorstehende Zeitstrecken mit dieser *oder* jener Handlung auszufüllen bzw. für eine Handlung diese *oder* jene günstige Zeit zu suchen. Desgleichen muß die Frage des Konsenses und der Meinungen von der Sachordnung getrennt werden; es muß »sachliche« Kriterien der Erkenntnis und des Verhaltens geben, die unabhängig davon sind, ob einzelne zustimmen oder nicht. Ebenso muß man umgekehrt davon ausgehen können, daß Ereignisse Konsens nicht schlechthin erschüttern; Änderungen in der Welt müssen so viel Konsensgrund übriglassen, daß die Situation gemeinsam neu definiert werden kann. Deshalb darf auch das Fortschreiten der Zeit allein kein ausreichender Grund sein, die Meinung zu ändern; es besteht kaum die Gefahr, daß der Wechsel von Montag auf Dienstag Sitten und Gebräuche, Einstellungen und Selbstdarstellungen revolutioniert. Praktisch werden diese Invarianzen, die überhaupt erst eine Konzentrierung der Aufmerksamkeit und eine Spezifizierung von Problemen ermöglichen, in aller Selbstverständlichkeit unterstellt: Denken *ist* anders als Sein, und beides wird vom Zeitfluß nicht unmittelbar betroffen.

In der immer komplexer werdenden neuzeitlichen Welt verstärken die Naturwissenschaften zunächst diese Trennungen, vor allem dadurch, daß sie der Zeit die eigene Kausalität absprechen und das wahrheitsfähige Sein auf das mit intersubjektiv zwingender Gewißheit Feststellbare reduzieren und in diesem Sinne »objektivieren«. Ohne schärfere und verläßlichere Trennungen ließe sich die zunehmende Komplexität der Welt nicht auffangen und bewältigen. So kommt es – auch und gerade in voll zivilisierten Sozialordnungen von hoher Eigenkomplexität – dem einzelnen bei seinem täglichen Erleben und Handeln zunächst gar nicht in den Sinn, nach einer strukturellen Interdependenz von Zeitordnung, Sachordnung und Sozialordnung zu fragen. Zusammenhänge dieser Art bleiben latent, und diese Latenz schützt den einzelnen vor Überforderung und Verunsicherung durch die hohe Komplexität seines Orientierungsfeldes. Damit bleibt auch die »Herkunft« der Zeitknappheit mitsamt ihren Konsequenzen im dunkeln.

Eine Aufhellung dieses Dunkels könnte (und müßte) auf verschiedenen Ebenen erfolgen: durch eine transzendental-phänomenologische Analyse der Konstitution von Sinn in der Welt, durch eine umweltbezogene Theorie des sozialen Systems und am konkreten Beispiel stark rationalisierter Sozialsysteme, z. B. Verwaltungen, durch die Verwaltungswissenschaft. In jedem Falle kann es sich nicht um eine einfache Aufhebung jener Erlebnisstrukturen der Lebenswelt handeln, um die Behauptung etwa, daß in

Wirklichkeit doch alles mit allem zusammenhänge und alles sich ändere, wenn etwas sich ändert. Das würde auf einen unvollziehbaren Gedanken hinführen, eine solche Ordnung käme dem Chaos gleich [2]. Vielmehr muß es darum gehen, die Trennung der verschiedenen Dimensionen des Erlebens als intersubjektive Bewußtseinsleistung zu begreifen, d. h. in ihrer Funktion und ihren Grenzen zu erkennen.

Bei einer solchen Analyse, die hier nicht im einzelnen durchgeführt werden kann, stellt sich heraus, daß die einzelnen Dimensionen des Welterlebens trotz wechselseitiger Invarianzen voneinander abhängig bleiben, und zwar deshalb, weil die Komplexität einer jeden Dimension nur in bezug auf die anderen zum Problem wird. Als Deutung der äußersten Komplexität der Welt und als Schema möglicher Probleme können diese Dimensionen nur miteinander konstituiert werden. Jede Dimension hat ihre eigene Problematik – wenn man so will, ihre eigene Art von Knappheit –, aber diese Problematik ergibt sich nur daraus, daß in den anderen Dimensionen der menschlichen Orientierung Grenzen gesetzt sind. Die Sachstrukturen der Welt, nämlich die Eigenart unendlich vieler Dinge und Ereignisse, in bestimmter Weise und nicht anders zu sein, wäre unproblematisch, wenn zu ihrer Erforschung unbegrenzt Zeit zur Verfügung stünde oder Konsens garantiert wäre, so daß alles erfragt werden könnte. Konsensprobleme würden nicht auftreten, wenn die Zeit für kommunikative Verständigung unendlich wäre oder die sachliche Struktur der Welt einfach. In einer einfachen Welt würde auch Zeit nicht knapp werden können, und Konsensbildung würde keine Zeit kosten. In Wirklichkeit begrenzen und verknappen die Weltdimensionen sich wechselseitig. Die mehrdimensionale Schematisierung des Erlebens scheint demnach ein Versuch zu sein, die äußerste Komplexität der Welt zu erfassen und in lösbare Probleme des Erlebens und Handelns zu transformieren.

Ein Durchdenken jener irrealen Grenzsituationen mag auf den ersten Blick als müßige Spekulation über eine Welt erscheinen, die nicht die unsere ist. Immerhin lehrt diese Überlegung, daß in unserer Welt Zeit, Sinnbesitz und Konsens knappe Güter sind und daß ihre Problematik auf einem Verhältnis wechselseitiger Bedingung beruht [3]. Das bedeutet nun, und damit kommen wir unserem Thema um einen wichtigen Schritt näher, daß die menschlichen »Anspruchsniveaus« in bezug auf Zeitaufwand, erfaßbaren Sinn und Konsensbedarf nicht unabhängig voneinander festgelegt werden können. Wer in einer sozial komplexen Welt leben will und deshalb viel Konsens braucht, strapaziert damit sein Zeitbudget [4]. Aber auch derjenige, der in einer sachlich komplizierten Welt leben und sich an ihr orientieren will, braucht längere Entscheidungszeiten. Hohe Interdependenz von Strukturen und Prozessen, wie sie sich im Laufe der zivilisatorischen Entwicklung ausgebildet hat, führt einerseits zu einer Steigerung des Verhaltenstempos und der zeitlichen Präzisierung des Verhaltens [5] und andererseits zu längeren Wartezeiten, die sozial zugemutet und institutionalisiert werden müssen. Andererseits hat die Wartefähigkeit bestimmte Grenzen. Einem System werden von seiner Umwelt zumeist nur beschränkte Reaktionszeiten zugebilligt. Knappe Systemzeit zwingt sachlich zu unteroptimalen Entscheidungen, zum Verzicht auf vollständige Ermittlung der relevanten Informationen und auf Abwägung aller denkbaren Alternativen – ein in der neueren Entscheidungstheorie viel erörtertes Problem [6]. Die Diskrepanz zwischen zeitlichen und sachlichen Entscheidungsanforderungen ist so evident geworden, daß sie nicht länger in der alten Weise gelöst werden kann: durch die Anweisung, gründlich und schnell zu arbeiten [7]. Bei all diesen Widersprüchen handelt es sich um verschiedenartige Ausprägungen ein und desselben Grundtatbestandes mehrdimensionaler Problematik.

Dessen negative Formulierung kann man aber auch ins Positive wenden und daraus Rezepte für rationalen Umgang mit Komplexität ableiten. Die einzelnen Dimensionen können sich wechselseitig entlasten, so daß Problemverschiebungen und Engpaßstrategien möglich werden. Durch Verzicht auf Konsens im Einzelfall, z. B. durch Institutionalisierung des Befehls als Kommunikationsform, kann man Zeit sparen und unter Umständen, wie das Beispiel militärischer Organisationen lehrt, einen überlebenswichtigen Zeitgewinn erzielen. Dasselbe gilt für ein Herabsetzen des Anspruchsniveaus in bezug auf die Rationalität des Entscheidens; es verkürzt die Entscheidungszeit, wenn man aus vielen brauchbaren Lösungen die »erste beste« wählen kann [8], und es erleichtert im übrigen auch die Konsensbildung, wenn man nicht gehalten ist, höchste Ideale oder einzig-richtige Lösungen anzustreben [9]. Entsprechend kann man umgekehrt durch rationale Zeitplanung für kritische Fragen Überlegungs- oder Kommunikationszeit gewinnen, also Druck aus der Sachdimension oder der Sozialdimension abfangen. Oder man kann die umweltgegebene Reaktionszeit bis an ihre Grenzen ausschöpfen, um durch eine solche Strategie der letzten Minute Zeit für Konsensbildung oder für rationale Informationsverarbeitung zu erhalten.

Dies alles sind sehr grob gewählte Beispiele, die nur den gedanklichen Bezugsrahmen erläutern sollen, in den unser Thema fällt. Festzuhalten bleibt, daß die Problemlast sich in gewissen Grenzen aus einer Dimension in andere verlagern läßt und auf diese Weise viele Probleme sich in ganz unähnliche, aber vielleicht besser lösbare andere verwandeln lassen. In solchen Problemtransformationen stecken Rationalisierungschancen, die noch kaum gesehen werden, weil die Probleme einander zu unähnlich sind, und die wohl erst durch eine Theorie der Systemrationalität [10] voll nutzbar gemacht werden können. Wie dem auch sei – die Perspektive des täglichen Lebens, die Zeiteinteilung, sachliche Richtigkeit und Konsens scharf trennt, wird unter dem Druck steigender Anforderungen an die Rationalität organisierten Verhaltens korrigiert werden müssen. Erst wenn man die Interdependenzen zwischen den einzelnen Dimensionen in der angegebenen Weise sieht, wird erkennbar, welches Problem in der Vordringlichkeit des Befristeten steckt, nämlich eine Verzerrung der sachlichen Wertordnung durch rein zeitliche Schwierigkeiten der Koordination.

II.

In allen herausgehobenen, kontaktreichen Stellen öffentlicher oder privater Verwaltung ist der Arbeitsalltag in hohem Maße durch Termine und Fristen und durch die Unterscheidung von »Eilt-Sachen« und weniger eiligen Sachen bestimmt [11]. Arbeitsbeginn und, sehr viel weniger zwingend, Arbeitsende liegen zeitlich fest. Innerhalb der Arbeitszeit gibt es eine Fülle von aufeinander abgestimmten Terminen, die mit anderen Leuten verabredet sind; sei es, daß man zu ihnen hingehen muß, sei es, daß sie kommen. Denn in dem Maße, als Kooperation überhaupt erforderlich ist, müssen auch Zeitpunkte bestimmt werden, an denen sie stattfindet [12]. Steigt die Spezialisierung und Koordinationsbedürftigkeit, lassen sich die Termine nicht mehr isolieren, sondern geraten in Abhängigkeit voneinander. Sie müssen nicht nur zeitlich, sondern auch thematisch aufeinander abgestimmt werden. Wenn wichtige Leute sich verabreden, zum Beispiel Vorstands- und Kabinettssitzungen über bestimmte Themen anberaumt werden, setzt dieser Zeitpunkt eine Welle weiterer Terminbildungen in Gang, die auf dem Wege nach unten lawinenartig anschwellen kann und den Zeitdruck potenziert. In gewissem Umfange läßt sich diese Terminwelle zentral steuern, besonders wenn es sich um Routinearbeit handelt, deren Zeitbedarf voraussehbar ist: Die Regierungen berichten bis zum 1. Oktober, Ressortbesprechung der Referenten am 15. Oktober, auf Abteilungsleiterebene am 15. November, Staatssekretäre am 21. November (muß dann auf den 27. November verschoben werden), Kabinettssitzung am 5. Dezember und Übersendung des Entwurfs an den Landtag am 19. Dezember (noch im alten Jahr, aber so, daß er vor der Weihnachtspause nicht mehr bearbeitet werden kann). Selbst wenn eine solche Steuerung über längere Terminketten hinweg gelingt, und das ist schon selten, kann sie nicht unter Abwägung aller Zeitverwendungsalternativen der Betroffenen erfolgen. Über Termine muß in hohem Maße nichtrational, das heißt ohne Rücksicht auf Alternativen, entschieden werden. Wenn das zu Unzuträglichkeiten führt, muß auf zentrale Terminplanung verzichtet und abgewartet werden, bis eine Sache entscheidungsreif ist. Im ersten Fall sind die unteren Stellen von den Terminen der Spitze abhängig, im anderen Fall gerät die Spitze in Abhängigkeit von den Terminen ihrer Untergebenen. In jedem Falle aber bedeutet Abhängigkeit von fremden Terminen eine Einschränkung der sachlichen Entscheidungsmöglichkeiten.

Termine erzeugen Termine. So pflanzt sich der Zeitdruck fort. Bei dieser Bindung bleibt es jedoch nicht. Sie erstreckt sich nicht nur auf das Verhalten zu den terminmäßig festgelegten Zeiten, zum Beispiel während der Konferenzen, sondern sie erfaßt auch die Vorbereitungsarbeiten, die außerhalb der verabredeten Zeit zu erbringen sind. Termine, die Vorbereitungen erfordern, sind nicht nur Zeitpunkte, sondern zugleich Fristen. Geschäftsberichte, Antworten auf Landtagsanfragen, Pressemitteilungen, Reden, Haushaltsplanentwürfe, »Unterlagen« für eine Sitzung usw. müssen in bestimmter Frist fertig sein. Dadurch gerät auch das zeitlich nicht festgelegte Verhalten unter Zeitdruck.

Termine und Fristen beanspruchen Aufmerksamkeit nicht nur als reine Zeitpunkte und Zeitstrecken, sondern auch für die Themen, die in dieser Zeit bearbeitet werden müssen, also für sachliche Bewußtseinsinhalte. Da nach Ablauf der festgelegten Zeit die Termin- und Fristsachen nicht mehr oder nur unter sehr erheblichen Erschwerungen erledigt werden können, ist dies ein Grund, ihre Bearbeitung anderen Angelegenheiten vorzuziehen [13]. Terminierung stellt einem Thema gleichsam künstlich die Frage Sein oder Nichtsein. Andere Angelegenheiten können aufgeschoben und immer noch bearbeitet werden. Befristete Arbeiten müssen dagegen durchgeführt werden – oder sie verlieren ihren Sinn.

Bevorzugte Aufmerksamkeit für Fristsachen wäre bei unbegrenztem Potential für Aufmerksamkeit oder in einer Welt ohne mehrdimensionale Problemstruktur eine harmlose, folgenlose Lösung. Auch im täglichen Erleben stellt sich die Priorität der Fristsachen zunächst als harmlos dar: Man bearbeitet eben zunächst sie und dann die anderen. Die sachlichen Kriterien und Werte, nach denen man in dem einen oder dem anderen Fall die Entscheidung trifft, scheinen dadurch nicht berührt zu sein: Man handelt im einen wie im anderen Falle rechtlich möglichst korrekt, möglichst wirtschaftlich, mit Rücksicht auf das öffentliche Interesse oder die öffentliche Meinung. Die Ideologie scheint intakt zu bleiben. Auch die Theorie unterscheidet säuberlich zwischen Dringlichkeit und Wichtigkeit als zwei voneinander unabhängigen Variablen [14]. Indes: Die Überlegungen des vorangegangenen Abschnittes geben uns Anlaß, diesem Urteil zu mißtrauen. Und in der Tat können Zeiteinteilung und Werturteil praktisch nicht in dieser Weise getrennt werden. Die Priorität der Fristsachen schlägt in einen Primat der Fristsachen um, in eine wertmäßige Vorzugswürdigkeit, die mit den übrigen Werten, zu denen man sich sonst bekennt, nicht abgestimmt ist.

Besonders in Rollen, die mit divergierenden, konfliktreichen Anforderungen überlastet sind, und das sind typisch die Rollen, die unter Zeitdruck stehen, wirken sich Zeitbindungen als Hilfen bei der Entscheidung von Rollenkonflikten aus [15]. *Termine und Fristen sind institutionalisierte Ausreden.* Durch Berufung auf einen bestehenden Termin kann man sich neuen Engagements für den gleichen Zeitraum entziehen. Selbst Vorgesetzten gegenüber genügt im allgemeinen der Hinweis auf eine terminierte Verpflichtung (es sei denn mit eigenen Untergebenen), um sie von Anforderungen für den gleichen Zeitraum abzuhalten, mit Ausnahme vielleicht von Anforderungen einer überrollenden zeitlichen (!) Dringlichkeit. Dieser institutionalisierten, d. h. sozial erwartbar gestützten, Ausrede liegt die Annahme zugrunde, daß gesetzte oder verabredete Termine eine Vielzahl wichtiger Beiträge koordinieren und ihre Aufhebung oder Sabotierung schwer übersehbare Folgen oder gar Schäden nach sich ziehen könnten [16]. So kommt es dazu, daß in komplizierten, schwer überschaubaren Leistungszusammenhängen Termine die Funktion einer Warnmarke für Schadensgefahr bzw. eines Symptoms für etwas Wertvolles erhalten, ohne daß der gemeinte Wert im Einzelfall geprüft und vergleichsweise abgewogen wird. Sie gewinnen schließlich Eigenwert.

In dem Maße, als der Anteil der Fristsachen in der begrenzt verfügbaren Zeit zunimmt und der formale Wert reiner Priorität sich Geltung verschafft, verkürzt sich die Zeit, die für nicht gebundenes Handeln noch frei ist. So erleiden an Universitäten langfristige, individuelle Forschungsvorhaben, die viel Denken und wenig Kooperation erfordern, dieses Schicksal laufender Zurückstellung, da sie nicht wie Vorlesungs-, Prüfungs- und Verwaltungsbetrieb termingebunden erfüllt werden müssen [17]. Schon die Kürze der Restzeit beeinträchtigt die nicht befristeten Aktivitäten. Daneben werden sie aber auch durch andere nichtquantitative Zeitaspekte benachteiligt, z. B. durch die Stückelung, in der die Restzeit zur Verfügung steht, ihre geringe Disponierbarkeit (Verschiebbarkeit), sowie ihre Lage in der objektiven Zeit an Stellen, wo sich wenig Verwendungsmöglichkeiten ergeben, etwa nur nachts oder nach Dienstschluß, wenn keine Sekretärin mehr anwesend ist und kein Telefongespräch mehr durchkommt [18]. Dieser Benachteiligung können sich manche der zurückgestauten Aufgaben und Aktivitäten dadurch entziehen, daß sie sich in Fristsachen verwandeln: Sie werden durch langes Liegenbleiben schließlich eilig. Anderen Angelegenheiten gelingt diese Umwandlung jedoch nicht. Sie bleiben als permanent unerledigte Aufgaben mit einem gewissen dekorativen Nutzen auf dem Programm. Aufgaben, die immer zu kurz kommen, müssen aber schließlich abgewertet werden und den Rang des weniger Wichtigen erhalten, um Schicksal und Bedeutung in Einklang zu bringen. So kann sich allein aus Zeitproblemen eine Umstrukturierung der Wertordnung ergeben [19].

Außer dieser Präferenzverschiebung zugunsten des Befristeten ist zu beachten, daß auch *innerhalb* der Angelegenheiten, die unter Zeitdruck stehen, die sachliche Ordnung der Werte nur verzerrt zum Zuge kommt, ja unter Umständen durch die Zeitnot ganz überspielt wird. Aus der knappen Entscheidungszeit ergibt sich zum Beispiel eine Bevorzugung des schon Bekannten, der eingefahrenen Denkbahnen, eine Bevorzugung der Informationen, die man hat, vor denen, die man erst suchen muß, eine Bevorzugung der Kommunikationspartner, mit denen man sich rasch verständigen kann, vor solchen, mit denen zeitraubende Verhandlungen erforderlich wären – alles in allem eine Tendenz zur Entscheidung aus dem Inneren des Systems heraus [20]. Derjenige, der über Erfahrungen verfügt und Gewesenes zitieren kann, derjenige, der fertige Entwürfe aus seiner Schublade ziehen kann, derjenige, der suggestiv und prägnant formuliert, oder derjenige, der es wagt, Konsens zu unterstellen, hat dann einen Vorteil in der Bestimmung des Entscheidungsergebnisses, ohne daß er durch eine offiziell vertretene Ideologie in diese Rolle gerufen wäre.

Diese selektiven Effekte des Zeitdrucks gilt es näher zu studieren. Sicher wirken sie sich auf die sachliche Ordnung der Präferenzen aus, vermutlich aber nicht so, daß sie bestimmte Ideologien oder bestimmte Interessen begünstigen oder benachteiligen. Es ist unwahrscheinlich, daß etwa der Sozialismus unter Zeitdruck besser fährt als der Liberalismus oder der Bergbau besser als die Landwirtschaft. Eher wäre eine gewisse Entideologisierung zu erwarten in dem Sinne, daß zunehmende funktionale Differenzierung und Kooperation schließlich jede Ideologie ruinieren. Bevor wir Hypothesen solcher Art formulieren können, müssen wir jedoch einen genaueren Begriff der systemstrukturellen Bedingungen dieses Zeitdrucks gewinnen.

III.

Zeit an sich ist nicht knapp. Der Eindruck der Zeitknappheit entsteht erst aus der Überforderung des Erlebens durch Erwartungen. Erlebnisse und Handlungen brauchen ihre Zeit und lassen sich daher in einer gegebenen Zeitstrecke nur begrenzt unterbringen. Hätte man mehr Zeit, könnte man mehr erleben und mehr handeln. Zeithorizont und Erwartungsstruktur müssen daher in Einklang gebracht werden. Man kann natürlich beliebig viel objektives Geschehen erwarten, an eigenem Erleben und Handeln jedoch nur so viel, wie in der eigenen Zeit Platz hat.

In einfachen Gesellschaften, in denen jeder im Prinzip alles miterlebt oder doch miterleben könnte, gibt es keine extreme Diskrepanz zwischen der Erwartung objektiven Geschehens und eigenen Erlebens. Das objektiv Mögliche ist im subjektiven Zeithorizont unterzubringen; es bleibt zugänglich. Die Abstimmung von Zeithorizont und Erwartungsstruktur ist in diesen Gesellschaften relativ leicht zu lösen, und daher wird ihre Zeit nicht knapp [21]. Die Zeit ist durch einen wiederkehrenden Rhythmus sakraler und profaner Ereignisse gegliedert und dadurch geschlossen [22]. Und gerade deshalb, weil die Zeit nicht knapp wird, kann sie als sinngebend und geschlossen vorgestellt werden [23]. Das Handeln hat typisch einen relativen festen Platz in der Zeitordnung, so wie es auch sachlich und sozial an die Familie gebunden und kaum disponibel ist, sondern in traditional geprägter Form abläuft.

Bereits in der alten Welt beginnen jedoch großräumige, zivilisatorisch fortgeschrittene Gesellschaften sich im Hinblick auf Funktionen zu differenzieren, z. B. Religion, Politik, Wirtschaft, Kultur, Familienleben usw. rollenmäßig zu trennen und als Teilsysteme der Gesellschaft zu verselbständigen, und diese funktionale Differenzierung wird in der Neuzeit zum Strukturprinzip der Gesellschaft schlechthin [24]. Damit steigt die Komplexität der Gesellschaft. Das Handeln muß in steigendem Maße aus dem Familienkontext gelöst und zeitlich, sachlich und sozial mobilisiert werden. Das objektiv erwartbare Geschehen kann im subjektiven Zeithorizont der einzelnen Funktionsrollen oder Teilsysteme nicht mehr integriert werden, obwohl es für sie relevant bleibt. Die einzelnen Teilbereiche müssen daher aus ihrem Zeithorizont heraus Ansprüche an die Zeit anderer stellen, die deren Zeitpläne verzerren. Dadurch wird Zeit knapp [25]. Sie kann jetzt nicht mehr in einen gemeinsamen Kreislauf des Zeitlebens eingefangen werden, sondern muß, um all den verschiedenartigen Zeitinteressen gerecht werden zu können, zu einem inhaltsleeren Schema der Verteilung knapper Chancen abstrahiert werden.

Auf gleiche Weise wird auch in zahlreichen Teilsystemen der Gesellschaft, von denen uns hier das politische System und seine Verwaltung besonders interessieren, durch funktionale Unterdifferenzierung die Zeit knapp. Moderne bürokratische Verwaltungen beruhen im Prinzip auf funktionaler Differenzierung in Ressorts, Behörden, Abteilungen und Dezernate, die je verschiedene Aufgaben wahrnehmen, wenngleich auch segmentierende (*gleiche* Einheiten bildende) Formen der Differenzierung, namentlich regionaler Art, vorkommen. Das Ausmaß an Interdependenz des Verhaltens soll durch die Wahl der Arbeitsteilungsform möglichst niedrig gehalten werden [26], aber ein erhebliches Maß an Koordinationslast läßt sich gleichwohl nicht vermeiden. Damit gerät die Verwaltung unter Zeitdruck, ihr Entscheidungsgang muß sich, sollen Aufwand und Leistung gleichbleiben, verlangsamen. Das allein erklärt indes nicht ausreichend, weshalb Termine und Fristen so stark überhandnehmen. Eine neue Art von Konsensproblemen kommt hinzu.

Im klassischen Modell rationaler Bürokratie, das *Max Weber* als Idealtypus skizziert hatte [27], sind sehr interessante zeit-, fristen- und terminsparende Mechanismen enthalten, durch welche die Zeitaufwendigkeit der funktionalen Differenzierung ausbalanciert wird. Als zeitsparend hat vor allem die Betonung der vertikalen Kommunikation, besonders des Befehls, zu gelten. Kontakte, die durch ein Ranggefälle strukturiert sind, brauchen typisch weniger Zeit als Kontakte unter Gleichen [28]. Das gilt namentlich, wenn der Vorgesetzte nur Anweisungs- und Kontrollfunktionen hat und von der Aufgabe, für die Motivation des Untergebenen zu sorgen, entlastet wird [29]. Zeitsparend wirkt ferner die Ausdifferenzierung der Bürokratie aus der Gesellschaft durch Rollentrennung und universalistische Entscheidungskriterien [30]. Der Entscheidende wird durch seine Vorgesetzten ausgerüstet, gedeckt und versorgt und braucht daher nicht durch langwierige Kommunikationsprozesse in seiner Umwelt Mittel und Konsens zu suchen. Schließlich entlastet auch Schriftlichkeit, was selten gesehen wird, von Zeitdruck [31]. Sie wirkt zwar nicht zeitsparend, aber terminsparend. Denn schriftliche Fixierung bedeutet praktisch, Informationen auf Lager zu legen, und hat daher lagerähnliche Funktionen. Sie dient als Zeitpuffer im Kommunikationsprozeß, erspart die »Gleichzeitigkeit« und damit die genaue zeitliche Abstimmung der Kommunikation. Dadurch wird die Disponibilität der Zeit für den einzelnen erhöht und ihrer Zerstückelung in unbrauchbare Kurzzeiten entgegengewirkt.

Bei einer Durchsicht der neueren, vor allem sozialpsychologisch inspirierten Organisationsforschung fällt auf, daß sie in fast all diesen Hinsichten (eine Ausnahme machen die Umweltbeziehungen, die überhaupt nicht adäquat behandelt werden) entgegengesetzt optiert: gegen vertikale und für horizontale Kommunikation, für Bemühungen des Vorgesetzten um die rechte Motivation des Untergebenen; für mündliche Kommunikation, vor allem in gruppenmäßiger Zusammenarbeit – und all dies, ohne daß der Zeitdruck mitbedacht würde, der bei einer Umorganisation in diesem Sinne entstehen müßte [32]. Es wäre jedoch voreilig, auf Grund dieser Kritik eine Rückkehr zu den einfacheren und strengeren klassischen Organisationsvorstellungen zu fordern. In beiden Fällen handelt es sich um soziologisch nicht ausreichend durchdachte Organisationstheorien [33].

In der Wirklichkeit öffentlicher Verwaltungen, und auf sie wollen wir die folgende Betrachtung beschränken, finden wir erhebliche Abweichungen vom *Weber*schen Idealtypus der Bürokratie, welche die vorausgesetzte Balance von zeitfordernden und zeitsparenden Einrichtungen stören. Diese Abweichungen haben, soziologisch gesehen, angebbare Gründe [34], und diese Gründe dürften für das Sichvordrängen der Termine und Fristen ausschlaggebende Bedeutung besitzen. Sie lassen sich insgesamt auf die Formel bringen, daß die öffentliche Verwaltung einen erheblichen Konsensbedarf aufweist, der über die Koordinationserfordernisse bei funktionaler Differenzierung, also über einen technisch-operativen modus vivendi, weit hinausgeht und sich deshalb auch durch Umorganisation nicht ändern läßt.

Weber hatte den bürokratischen Sachverstand für ein relativ einheitliches Wissen gehalten, und im Grunde stützen sich alle Theorien, welche »die Bürokratie« als einheitliche Gruppe auftreten sehen, auf diese Prämisse [35]. Heute zeigt sich indes, daß diese Einheitlichkeit nicht erreicht werden kann. Einmal unterscheiden sich Sachverstand und Fachverstand – das heißt diejenigen Kenntnisse und Geschäftserfahrungen, die man am Arbeitsplatz lernt, und das wissenschaftlich erarbeitete, die Ausbildung prägende Fachwissen bestimmter Berufsgruppen [36]. Zum anderen ist dieses Fachwissen stark zersplittert und trennt dann auch die Bürokraten, die es vertreten müssen: die Juristen und Pädagogen, die Industrieansiedlungsplaner, die Forstwirtschaftler und die Landschaftsgestalter, die Bildungsplaner und die Finanzfachleute. Bei so diskrepanten Perspektiven ist nicht Kongruenz, sondern nur noch Konsens möglich, und der muß ausgehandelt und »erteilt« werden [37].

Dazu kommt, daß der Konsensbedarf der Bürokratie im Verhältnis zur politisch relevanten Umwelt durch die Spitze der Verwaltungshierarchie allein nicht mehr gewährleistet werden kann. In *Webers* Modell scheint es so, als ob legal-rationale Legitimation durch den Herrscher genüge, so daß die Verwaltung sich auf Ausführung positiv gesetzter Entscheidungsprogramme konzentrieren kann. Der Herrscher aber ist in Wahrheit die Politik. Im politischen Vorfeld der Bürokratie werden Meinungen sortiert und verdichtet, Personen und Positionen aufgebaut, Konsensgrundlagen getestet. Auf diese Weise wird der Verwaltung legitime Macht und hinreichende politische Unterstützung beschafft. Das gelingt aber nur mehr oder weniger gut und zumeist nur unter Mitwirkung der Verwaltung selbst, da diese allein die Ausführbarkeit erwogener Programme beurteilen und gewährleisten kann [38]. Dadurch wird ein Teil der politischen Konsensbildungslast auf die Verwaltung abgewälzt – sei es, daß sie Entwürfe für politische Beschlußfassung auszuarbeiten oder der Politik die Stichworte für offene, aber lösbare Probleme zu liefern hat; sei es, daß sie undurchsichtige Formelkompromisse der Politik zur Ausführung zugewiesen erhält. Vor allem dort, wo ihr Publikum durch Interessenverbände organisiert ist, die jederzeit an politische Instanzen appellieren können, ist die Verwaltung dann genötigt, sich selbst um Kooperation und politische Unterstützung zu bemühen.

Unter diesen Bedingungen funktionaler Aufgabendifferenzierung, fachlicher Zersplitterung und fehlenden Abschlusses nach oben entwickelt sich in Verwaltungssystemen die Tendenz, Konsens als Symptom für die Richtigkeit des Entscheidens anzusehen und den Entscheidungsprozeß so zu organisieren, daß er den Konsens der Betroffenen, der fachlich qualifizierten Experten und der funktional zuständigen Stellen beschafft oder doch so weit sicherstellt, daß die Entscheidung »vertretbar« wird. Das erfordert aber eine eingehende zeitliche Koordination von Teilentscheidungen, die im wesentlichen aus Entscheidungen über die Zustimmung (oder Nichtzustimmung) zu Entscheidungen bestehen. Das Anspruchsniveau in der Sozialdimension, nämlich in bezug auf Konsens, wird sehr hoch gesetzt und das Zeitbudget entsprechend belastet [39]. Eine solche Problemlösung muß zunächst als durchaus sinnvoll gelten; sie läßt sich jedenfalls nicht kritisieren oder gar als pathologisch verwerfen, wenn man nicht bereit und nicht in der Lage ist, die aufgezeigten Strukturprobleme anders zu lösen.

Im übrigen ist dies nicht die einzige Art und Weise, in der Bürokratien unter Zeitdruck geraten. Der umgekehrte Fall ist in sozialistischen Planungsstaaten zu beobachten [40]. Hier wird im Interesse beschleunigter wirtschaftlicher Entwicklung die Wirtschafts- und Verwaltungsbürokratie durch sehr knapp kalkulierte Planerfüllungstermine unter Zeitdruck gesetzt. Ein hochgespanntes zeitliches Anspruchsniveau ist politische Absicht. Die natürliche Konsequenz ist ein Vordringlichwerden des jeweils Befristeten, ein entsprechend unrationeller Mitteleinsatz, ein Horten von Zeitreserven in Plänen oder in Lagern, ein formal-illegales "web of mutual involvement" [41] bei der Beschaffung von Erleichterungen und Entschuldigungen. All das muß von seiten der Politik durch scharfe Kontrollen, Erziehungskampagnen, Umbesetzungen oder Umorganisationen laufend bekämpft werden – eine Funktion, die die neben die Bürokratie gesetzte Parteihierarchie erfüllt. Das hohe zeitliche Anspruchsniveau geht hier letztlich auf Kosten der Sozialdimension, auf Kosten des effektiven Konsenses, der als ideologisch gegeben unterstellt oder durch Unterdrückung von Dissens wirksam fingiert wird. Auch das ist eine im *Weber*schen Modell nicht vorgesehene Lösung des Problems knapper Systemzeit, die ihre spezifischen Vorteile und spezifischen Folgeprobleme hat.

IV.

Wenn demnach Zeitknappheit, Termindruck und entsprechende Verzerrung der sachlichen Präferenzen als strukturbedingt und weithin typisch angesehen werden müssen, gewinnt eine genauere Analyse der Konsequenzen dieses Orientierungsprimates der Zeit an Interesse. Ferner wird die Frage akut, welche Gegenstrategien ausgedacht und institutionalisiert werden können, die im Rahmen der gegebenen Systemstruktur bleiben, deren dysfunktionale Folgen aber abzuschwächen vermögen.

Der selektive Effekt des Zeitdruckes kann, so können wir resümieren, verschiedene Ursachen haben. Er kann sich aus einer politisch bejahten Ideologie beschleunigter wirtschaftlicher Entwicklung ergeben. Er kann auch die Folge bestimmter struktureller Eigenarten des Sozialsystems sein. Dann bringt er gewisse sekundäre Arbeitsideologien – etwa solche des "teamwork", der Toleranz, der Verständigung – hervor, welche die Vordringlichkeit des Befristeten zu rechtfertigen vermögen, führt aber nicht zur Konsolidierung dauerhafter Wertordnungen zugunsten gruppen- oder schichtenspezifischer Interessen oder zugunsten einzelner Sektoren der Gesellschaft (z. B. der Religion, der politischen Nation, der Wirtschaft), sondern ruiniert alle Ideologien älteren Stils durch Kooperation. Beide Ursachen, die ideologische und die systemstrukturelle, schließen sich nicht völlig aus: Auch in ideologisch integrierten Planungsstaaten ist die Ideologie dem Zerrostungseffekt der Kooperation und der Zeitknappheit ausgesetzt, und umgekehrt entsteht auch in politischen Systemen, die keine einheitlich-konsistente Ideologie zu verwirklichen suchen, aus dem strukturell erzeugten inneren Tempo heraus das Gefühl, daß es mit irgendwelchen Entwicklungszielen, zum Beispiel dem Ausbau der Universitäten, des Verkehrsnetzes, der Atomindustrie, sehr eilig sei, und diese Eiligkeit wird zur fraglosen Norm, so daß sie den Fristdruck zu rechtfertigen vermag.

Einige Konsequenzen dieser Entwicklung lassen sich für die Verwaltungen zivilisierter Industriestaaten ungeachtet aller Verschiedenheiten im einzelnen als typisch herausstellen. Die vielleicht wichtigsten sind: (1) die Verstärkung der jeweils *formalisierten Aspekte* der Arbeit, (2) die Begünstigung des schon *kooperativ installierten Handelns* vor individuell-langfristigem oder individuell-innovativem Handeln, (3) das *Opportunistisch-Werden* der Wertordnungen und (4) das Entstehen von *Tempoideologien*. In all diesen Hinsichten können theoretisch wie praktisch außerordentlich komplizierte Sachverhalte hier nur ganz kursorisch angedeutet werden.

(1) Jede Organisation beruht darauf, daß die Beachtung bestimmter Verhaltenserwartungen zur Bedingung der Mitgliedschaft im System gemacht wird. Keineswegs alle bestandsnotwendigen Verhaltensweisen können aber in diesem Sinne »formalisiert« werden [42]. Die Formalstruktur eines Systems trifft eine einseitige, für sich allein nicht bestandsfähige Auswahl eines Grundgerüstes von Verhaltenserwartungen, die präzisiert, miteinander integriert und sanktioniert werden können und vor allem die primäre gesellschaftliche Funktion des Systems sicherstellen. Der Ausgleich von Folgeproblemen dieser Einseitigkeit muß durch informale Erwartungen und Handlungen geschehen, die bis ins Formal-Illegale hineinreichen können. Erst diese Kompensation macht eine Organisation zu einem sozialen System.

Alle Zeitbestimmungen bieten besonders günstige Ansatzpunkte für Formalisierungen, da die Zeit intersubjektiv eindeutig konstituiert ist. Ob Fristen eingehalten oder Termine wahrgenommen worden sind, ist, wenn das geforderte Verhalten empirisch definiert war, im allgemeinen nicht zweifelhaft. Hier können Kontrollen und Sanktionen anknüpfen. Wenn jemand zu einer Sitzung nicht erscheint, ist das ein feststellbarer Affront. Wenn er sich schweigend und indifferent verhält, ist das weniger leicht vorwerfbar. Deshalb müssen im allgemeinen zeitliche Limits gesetzt werden, sollen Anforderungen operationalisiert und kontrollierbar gemacht werden. Die Untersuchungen sollen bis zu einem bestimmten Termin abgeschlossen, die Straßenreparatur bis Ostern beendet, die Haushaltsmittel binnen Jahresfrist ausgegeben sein, und dieser zeitliche Aspekt der Zielstruktur gewinnt, da kontrollierbar, den Vorrang vor Erwägungen der Qualität, der Vereinbarkeit mit Fernzielen, der Nebenfolgen und der Kosten. Zum verzerrenden Effekt zeitlicher Vordringlichkeit tritt mithin der verzerrende Primat kontrollierbarer Verhaltensaspekte hinzu [43]. Derjenige, dessen Beitrag die Frist überschreitet, wird von der Kontrolle erfaßt und, wie komplex die Abhängigkeitsketten auch sein mögen, zunächst als der Schuldige vermutet.

In so definierten Situationen wird für den einzelnen ein Handeln rational, das die Beachtung der Termine und Fristen (die, wie oben bemerkt, gar nicht rational kalkuliert sein können) zum obersten Ziel macht und alle anderen Erwägungen daran ausrichtet. Das führt zu einer Ordnung der Präferenzen, die kaum die des Gesamtsystems ist. Außerdem wird dieses Verhalten, wenn viele sich in der gleichen Lage finden, kollegial verstanden und informal gebilligt, erwartet, wenn nicht gar gefordert. Die Praxis des raschen Ausgebens aufgesparter Haushaltsmittel gegen Ende des Haushaltsjahres ist ein bekanntes Beispiel dafür. Wer seine Mittel lieber verfallen lassen als unsinnig ausgeben wollte, würde sich bei Kollegen und Vorgesetzten höchst unbeliebt machen und sich infolge seiner Unzuverlässigkeit bald so isoliert sehen, daß ihm die Konsensgrundlagen für eine sinnvolle Erfüllung seiner Aufgaben fehlen. Das heißt: Es bilden sich informale Institutionen, welche die formalen Zielsetzungen der Organisation nicht unterstützen und ergänzen, sondern sie selektiv beachten und im übrigen entgleisen lassen.

(2) Von Gründen der Kontrolle abgesehen, ist die zeitliche Bestimmung des Handelns ein Erfordernis der Kooperation. In einem arbeitsgeteilten Leistungszusammenhang muß jeder wissen, wann er mit den Beiträgen anderer rechnen kann. Verstärkt die Priorität des Befristeten sich zu einem Primat auf Kosten unbefristeter Arbeiten, dann erlangt damit das kooperative Handeln eine ungewollte Privilegierung. Dieser Vorrang trifft das individuelle, nicht oder noch nicht kooperative Handeln in zwei wesentlichen Leistungen: die des längeren kommunikationslosen Überdenkens komplexer Zusammenhänge und die der Innovation. Beide Funktionen fallen permanenter Zurückstellung zum Opfer, ohne daß dem eine Abwägung der Vor- und Nachteile kooperativen und nichtkooperativen Verhaltens, also eine rationale Entscheidung, zugrunde läge [44].

Durch zahlreiche Kooperationsverpflichtungen in Anspruch genommen, findet der einzelne seine Zeit so verknappt und so zerstückelt, daß er zwar in kooperativen Zusammenhängen noch funktionieren, vor allem noch aktuelle Informationen aus einem Arbeitskontext in einen anderen übertragen kann, zum längeren Nachdenken aber keine Zeit mehr findet. Er bleibt in seiner Arbeit auf rasch greifbare und verwendbare Daten und Symbole angewiesen; zeitlich, sachlich oder sozial fernerliegende Informationen werden nicht mehr herangezogen, umwegige Denkweisen nicht mehr benutzt, es sei denn, daß dafür kooperative Routinen eingerichtet sind. Ermittlungen und Überlegungen werden nur angestellt, wenn sie innerhalb einer gestellten oder einer üblichen und angemessenen Frist ablieferbare Resultate zu erbringen versprechen. Man liest nicht mehr. Auch Innovationen sind in dieser Ordnung disprivilegiert, jedenfalls dann, wenn sie völlig der individuellen Initiative anheimgegeben bleiben und nicht in bestimmten Kooperationszusammenhängen terminmäßig abgerufen werden [45].

Eine solche latent sich ergebende Präferenz für zeitgebundene, kontrollierbare Kooperation wirkt sich nicht unbedingt als durchgehende Bevorzugung bestimmter Sonderinteressen oder spezifischer Werte aus, obgleich sie in konkreten Aktionszusammenhängen, etwa in Universitäten [46], diesen Effekt haben kann. Typisch sind die Programm- und Rollenstrukturen sozialer Systeme nicht so fest mit spezifischen Werten gekoppelt, daß bestimmte Systemtypen nur bestimmte Werte verfolgen könnten, oder man umgekehrt aus einer Wertordnung das dafür passende Sozialsystem deduzieren könnte [47]. Hingegen hängt der *allgemeine Stil* möglicher Wertverfolgung von systemstrukturellen

Prämissen ab. Diese Einsicht legt es nahe, die Verknappung und Zerstückelung der Zeit komplexer Organisationen im Zusammenhang zu sehen mit ihrem Wertverfolgungspotential. Das bisher eher negativ bewertete Phänomen des Zeitdrucks scheint in der Tat hier seine latent positive Funktion zu haben. Es ermöglicht, so lautet die zentrale These dieser Untersuchung, die *Institutionalisierung opportunistischer Wertverfolgung*.

(3) Es gehört zu den unbestreitbaren, aber noch kaum akzeptierten Einsichten der neueren Wertforschung, daß Werte sich zwar als spezifische Gesichtspunkte für das Bevorzugen von Handlungsfolgen, nicht aber in festen Rangrelationen für das Entscheiden von Wertkonflikten, also nicht als Werthierarchien oder Wertsysteme, abstrahieren und invariant setzen lassen [48]. Werte wie Leben, Hygiene, Unterhaltung, Frieden, Kultur, Freiheit, Behaglichkeit der Wohnung, Wahrheit, Altersversorgung, gute soziale Beziehungen usw. lassen sich allesamt schätzen, aber weder in der angegebenen noch in irgendeiner anderen Reihenfolge als Rangordnung dauerhaft festlegen. Der Wert einzelner Werte hängt immer von dem Erfüllungsstand anderer Werte ab, muß also wechseln. In einigermaßen komplexen Sozialordnungen muß es mithin möglich sein, einmal Hygiene auf Kosten der Kultur und dann wieder Kultur auf Kosten der Hygiene, einmal Komfort auf Kosten der Freiheit und dann wieder Freiheit auf Kosten des Komforts zu fördern, kurz: in bezug auf Werte opportunistisch zu verfahren. Je komplexer (und das heißt je zivilisierter) die Wertordnung werden soll, desto unausweichlicher wird das Gebot des Opportunismus.

Da aber Werte zugleich als höchste Identifikations- und Integrationsprinzipien sozialer Systeme fungieren, ist es nicht leicht, den gebotenen Opportunismus zu institutionalisieren, ohne die Überzeugungs- und Motivkraft der Werte und ihre konsensbildende Leistung zu schädigen [49]. Die Schwierigkeit, für *wechselnde* Inhalte *absolute* Rechtfertigungen zu schaffen, gehört zu den Kernproblemen der modernen Sozialordnung; sie liegt der Positivierung des Rechts ebenso zugrunde wie dem Versuch, den Wechsel der Wertberücksichtigungen durch Ideologien zu steuern [50]. Erst wenn in einem weitgespannten Zeithorizont ein hohes Tempo im Wechsel der Wertpräferenzen erreicht werden kann, ist Toleranz und Kompromißbereitschaft institutionalisierbar; erst dann nämlich wird evident, daß eine momentane Zurückstellung bestimmter Werte kein Bestreiten ihrer Geltung involviert, und ihnen die Chance beläßt, ja verstärkt, sich bei anderer Gelegenheit mit aufgestauter Dringlichkeit und um so mehr Recht zu Wort zu melden. Die *Stabilität* und Dauergeltung einer Vielzahl widerspruchsvoller Werte stützt sich dann gerade auf die *Variabilität* der wertverwirklichenden Programme und Entscheidungen.

In einem Sozialsystem, das diesen hohen Grad an Komplexität und Variabilität der Werterfüllung erreicht hat, ist es sinnvoll, Wertkonflikte in ein zeitliches Nacheinander aufzulösen und ihnen dadurch die antagonistische Schärfe eines Existenzkampfes zu nehmen. Es braucht dann immer nur über augenblickliche Prioritäten entschieden zu werden. Die Anhänger anderer Werte werden nicht diskreditiert; man mutet ihnen nur Wartezeiten zu. Solch ein vorläufiges Ablehnen mit Hilfe zeitlicher Prioritäten stellt sich bei knapper Zeit wie von selbst ein – gleichsam als technisch notwendig und dadurch überzeugend. Die Knappheit und Zerstückelung der Zeit und die Steigerung des durchschnittlichen Verhaltenstempos, die sie hervorbringen, leisten einen wichtigen Beitrag zum Sicheinleben opportunistischer Wertpflege. Zugleich wird dadurch die oben festgestellte Verzerrung von Präferenzen durch den Zeitdruck in ihrem Gewicht gemildert; gibt es doch ohnehin keine absolute Wertordnung, die an der Zeit scheitert, sondern nur eine situationsrelative, die es ermöglicht, mehr und konfliktreichere Werte im Wechsel der Präferenzen zu verwirklichen. Es ist kein Wunder und kein Schaden, wenn es unter solchen Umständen der Verwaltung nicht mehr gelingt, ein inhaltlich durch Wertpräferenzen strukturiertes »öffentliches Interesse« zu vertreten. Dafür wird es um so wichtiger, daß für alle förderungswürdigen Werte in der Verwaltung ein institutioneller Sprecher bereitsteht, der am Kooperationsprozeß und gegebenenfalls an der Festlegung der Termine und Fristen zu beteiligen ist [51].

(4) Opportunismus schließt Ideologien nicht aus. Im Gegenteil: In der »Organisierung der Werte« [52] im Sinne eines Wechsels nach Bedarf und Opportunität liegt gerade jene Funktion von Ideologien, die sie von Glaubenssystemen älterer Art unterscheidet. Wie weit Ideologien notwendig sind, um eine opportunistische Praxis zu legitimieren und welche Art von Symbolsystemen diese Funktion erfüllen können, kann hier nicht näher erörtert werden. Dagegen interessiert im Zusammenhang mit dem Zeitdruckproblem ein besonderes, sehr breit zu beobachtendes Phänomen: daß das Tempo als solches eine Art absolute Rechtfertigung findet.

Um was immer es gehen mag, um Universitätsgründungen oder um Aussiedlung von Slums, um Angleichung des Lebensstandards auf dem Land an den der Stadt oder um Verbesserungen des Verkehrsnetzes, um Kulturarbeit im Ausland oder um politische Bildung im Inland, um Rettung der Natur oder der Zeugnisse vergangener Zeiten – immer ist es eilig. Die Eiligkeit als solche steht außer Frage, wenngleich es unterschiedliche Stufen der Dringlichkeit gibt. Sie wird durch sehr vage Vorstellungen wie »Entwicklung« oder »Fortschritt« ideologisch tabuiert. Daß es vielleicht genügen würde, wenn sich erst im Jahre 2200 unser Bestand an Abiturienten, Automobilen und Bibliotheken verdoppelt haben würde, darf nicht einmal behauptet, geschweige denn ernsthaft diskutiert werden. Wer zugibt, viel Zeit zu haben, disqualifiziert sich selbst und scheidet aus der Gesellschaft derer, die etwas leisten, etwas fordern, etwas erhalten können, aus [53]. Dringlichkeit ist ein notwendiges Attribut aller Zwecke.

Im Hinblick darauf nehmen die leitenden, das Handeln politisch und organisatorisch integrierenden Symbolsysteme den Charakter *zielvariabler Tempoideologien* an. Ein fraglos-selbstverständlich, gleichsam anonym gefordertes Tempo gehört zu der Zeitstruktur, die einen Wechsel der Ziele erlaubt und deshalb der Variation entzogen werden muß. Das ist um so merkwürdiger, als unser Zeitbegriff ins Unendliche geht und uns keinerlei letzten Termin, kein Weltzeitende suggeriert. Wir hätten demnach Zeit, unendlich viel Zeit. Aber gerade deshalb muß diese Vorstellung verboten, und zwar moralisch verboten werden. Denn sie ist mit hochkomplexen und variablen Systemstrukturen, starker Interdependenz der Leistungen, permanenter Konsensproblematik und mit opportunistischer Wertverfolgung unvereinbar.

V.

Mit der Aufdeckung struktureller Bedingungen und positiver Funktionen der Zeitknappheit ist ein systemtheoretischer Bezugsrahmen für weitere Analysen fixiert, aber weder eine Rechtfertigung noch gar die Problemlosigkeit konkreter Institutionen und Verhaltensmuster in der Verwaltung behauptet. Zeitdruck bleibt eine Verhaltenslast, die dadurch nicht fühlbar erleichtert wird, daß man Gründe dafür einzusehen und anzugeben lernt. Deshalb hat es guten Sinn, zusätzlich nach Hilfsinstitutionen und Gegenstrategien zu fragen, die dazu beitragen können, strukturbedingte Verhaltenslasten tragbar zu gestalten und die dysfunktionalen Folgen einer stark zeitgebundenen Arbeitsordnung zu verkleinern. Wir gehen dabei auf die allgemeinen Techniken der Beschleunigung des Verhaltens (Kommunikationstechniken, Automation, Transportbeschleunigung usw.) nicht ein, sondern beschränken uns auf einige Beispiele, die unmittelbar mit dem Terminproblem zusammenhängen, nämlich (1) auf die Ausnutzung der *Statusdifferenzierung*, (2) die Einstellung der *Entscheidungskalkulation* und der *bürokratischen Taktik* auf ein entsprechendes Niveau, und (3) auf die Einführung *künstlicher Fristen* und *Institutionalisierung* bestimmter *benachteiligter Aufgaben* in der Weise, daß sie in den »Schutzbereich« des Terminmechanismus kommen.

1. Die hierarchisch-rangmäßige Differenzierung des Status von Rollen und Personen ist ein grundlegendes und unentbehrliches Strukturprinzip mit vielen Funktionen. In diesem Zusammenhang interessiert es nur in einem Teilaspekt. Die Statusdifferenzierung ermöglicht nämlich eine Verteilung von Chancen und Belastungen in dem Sinne, daß der Inhaber eines höheren Status typisch unter stärkeren Kontaktanforderungen, also unter stärkerem Zeitdruck steht, dafür aber auch durch das Prestige seines Status in der Lage ist, über seine Zeit freier zu disponieren und anderen die Termine zu diktieren [54]. Mit den Anforderungen können also zugleich die Mittel wachsen, um ihnen gerecht zu werden.

Das geschieht natürlich nicht von selbst durch eine wohlwollende strukturelle Automatik, sondern muß bei organisatorischen Überlegungen bedacht werden. Zeithorizont, Zeiteinteilung, Kontaktanforderungen und relativer Status müssen so in Einklang gebracht werden, daß das in der Position erwartete Verhalten möglich und der Positionsinhaber nicht überfordert wird. Der organisatorische Spielraum für solche Regelungen ist begrenzt, da nicht nur Zeit, sondern auch Status knapp ist. So mag es an manchen Stellen, etwa bei Pförtnern oder Telefonistinnen, unvermeidlich sein, daß sich Schlangen und Stauungen des Arbeitsflusses bilden, weil einer Position, die zahlreiche Kontakte wahrzunehmen hat, die Disposition über deren Zeitpunkt nicht gewährt werden kann. Und andererseits wird nicht selten jemandem, der störungsfreie Arbeitszeit und doch Kontakte braucht, ein außerhierarchischer, personaler Status verliehen, um ihn mit entsprechenden Dispositionschancen auszurüsten.

2. Selbstverständlich bleibt die Bedeutung der Zeit, der Termine und der Fristen für den Erfolg der Arbeit im Verwaltungsalltag nicht unbemerkt. Manche mögen sich mit Pünktlichkeit begnügen. Andere denken nach und finden Mittel und Wege, die vermeintliche Last in ein hilfreiches Werkzeug zu verformen. So entstehen Terminstrategien der vielfältigsten Art, die, im ganzen gesehen, dazu verhelfen, das Verhalten auf das Niveau einer hochkomplexen Systemstruktur zu bringen und ihr anzupassen. Ihre allgemeine Vorbedingung ist eine gewisse Distanz zum Entscheidungsprozeß: Man muß nicht nur über Handlungen, sondern auch über Entscheidungen entscheiden können – nämlich darüber, ob und wann welche Entscheidungen getroffen werden [55].

Bei relativ simplen Tricks fängt es an – etwa fiktive Termine als Ausrede zu benutzen. Das Sicheindecken mit Terminen für eine Zeit, in der man sich kritischen Anforderungen durch Überlastung oder Abwesenheit entziehen möchte, stellt schon höhere Anforderungen. Termine möglichst frühzeitig zu vereinbaren, um den Terminwünschen anderer das Wasser abzugraben, liegt sehr nahe. Aber man muß auch die umgekehrte Chance sehen: einen Terminwunsch so spät vorzutragen, daß er, wie vorauszusehen, scheitert, aber als Aktivitätsbeweis oder zur Abwälzung von Verantwortlichkeit genügt. Diese Strategien operieren mit der Ausredefunktion der Termine. Die selektive Beachtung des Befristeten kann ihr tragendes Motiv mithin auch in der selektiven Nichtbeachtung anderer Angelegenheiten besitzen.

Andere Möglichkeiten hat, wer über die Festlegung und die Aufhebung von Terminen verfügen kann. Er kann Angelegenheiten fördern und hemmen, wobei je nach den Umständen eine Beschleunigung oder eine Verzögerung einer Sache zum Vorteil bzw. zum Nachteil gereichen kann. Er kann damit zugleich belohnen und bestrafen [56], kann mancherlei Gefälligkeiten erweisen und Gegenleistungen beziehen – vorbeugend, im direkten Tausch oder aus Dankbarkeit. Wer darüber hinaus in der Lage ist, die Ausrede schon bestimmter Termine zu ignorieren, kann außerdem neue Termine in schon besetzte Terminkalender hineinschießen, sei es, um schneller voranzukommen, sei es, um andere Termine aufplatzen zu lassen. Besonders im parlamentarischen Leben läßt sich beobachten, daß zahlreiche Sachentscheidungen im Gewande von Terminentscheidungen getroffen werden [57].

Schließlich gibt es Zeitstrategien, die keinerlei förmliche oder faktische Macht über Termine voraussetzen (also sehr weit unten gespielt werden können), trotzdem aber mit dem Selektiveffekt des Zeitdruckes spekulieren. Dazu gehören vor allem Verzögerungstaktiken, die mit umständlichen oder unbrauchbaren Vorbereitungen, z. B. mit Beteiligung vieler Stellen, die nichts beizutragen wissen, den Zeitdruck so steigern, daß schließlich die im letzten Moment fertig präsentierten eigenen Vorstellungen nahezu kritiklos akzeptiert werden müssen [58].

Es ist nicht zu verkennen, daß bei solchem Spiel derjenige, der erreichen möchte, daß etwas *nicht* geschieht, zunächst im Vorteil ist. Für ihn arbeitet die Zeit. Andererseits wird dieser natürliche Vorteil durch die institutionelle Gepflogenheit, Termine festzulegen, weitgehend wettgemacht, und das ist von großer Bedeutung. Der Terminierungszwang kommt dem entgegen, der aktiv Erfolge sucht, und zwingt den Verzögerer ebenfalls in eine aktive und dadurch faßbare, rechenschaftspflichtige Rolle. Die Chancen für Förderung oder Hemmung sind somit strukturell einigermaßen ausgeglichen.

3. Eine ganz andere Art von Strategie wäre es, Termine und Fristen mit ihren eigenen Waffen zu schlagen: mit Terminen und Fristen; den Zeitdruck also durch Gegendruck abzufangen. Eigentlich ist es erstaunlich, daß man auf diesen naheliegenden Ausweg bisher kaum verfallen ist. Es kommt zwar gelegentlich vor, daß Ministerialbeamte sich zur Ausarbeitung eines komplizierten Gesetzentwurfes für einige Tage »in Klausur begeben«, um nicht gestört zu werden. Aber das sind Ausnahmeerscheinungen. Man könnte in sehr viel breiterem Umfange dazu übergehen, an sich nicht zeitgebundenes Handeln künstlich unter Fristen zu setzen oder ihm Zeiträume zu exklusiver Benutzung zuzuweisen. Gerade für nichtkooperatives Verhalten wie das individuelle Durcharbeiten sehr komplexer Sachverhalte bietet sich diese Lösung an.

Natürlich können das nicht selbsterfundene Privattermine sein. Ein Beamter würde kaum Erfolg haben, wollte er, zu seinem Vorgesetzten gerufen, diesem mitteilen lassen, er habe heute seinen Denktag und sei nicht zu sprechen. Gegen Kooperationsanforderungen können nur institutionalisierte Ausreden schützen. Diese aber können sehr wohl geschaffen werden, z. B. in Form von sitzungsfreien Tagen oder besser sitzungsfreien Wochen, die in einem je nach Bedarf festgelegten zeitlichen Rhythmus regelmäßig wiederkehren und dann in die individuelle Arbeitsplanung einbezogen werden könnten.

Damit nicht zu verwechseln ist die Möglichkeit, nichtkooperatives Verhalten als kooperatives zu veranstalten, um dadurch in den Genuß von Fristen und Terminen zu kommen. Mehr und mehr scheint man dazu überzugehen, den schöpferischen Einfall in "teams" routinemäßig zu erarbeiten, Forschung im Prozeß des Werdens zu diskutieren und zur Vertiefung von etwas Tagungen zu veranstalten. Ohne terminierte Anlässe könnte, wie es scheint, sich niemand dem zeitgebundenen Alltag entziehen. Gewiß sind für Tendenzen dieser Art sehr viel komplexere Motive bestimmend als nur die des Zeitdruckes. Immerhin ist auch dies ein Weg, Aktivitäten, die sonst nicht zu ihrem Recht kämen, durch Terminierung als ebenbürtig zu erweisen und an der Vordringlichkeit des Befristeten teilnehmen zu lassen.

Anmerkungen

1 Wie sie besonders von *Alfred Schutz,* Collected Papers, 3 Bde., Den Haag 1962–1966, ausgearbeitet worden sind.

2 Die Begriffe *Ordnung* und *Chaos* fallen im übrigen zusammen, wenn sie absolut gesetzt werden. Der Gedanke vollständiger Interdependenz von allem wird häufig dazu verwandt, den Systembegriff zu bestimmen (siehe statt anderer *Lawrence J. Henderson,* Pareto's General Sociology. A Physiologist's Interpretation, Cambridge, Mass., 1935, S. 11 ff., 15 ff.); er könnte genausogut den Begriff des Chaos definieren (und so in der Tat *Richard Johnson/Fremont E. Kast/James E. Rosenzweig,* The Theory and Management of Systems, New York 1963, S. 5). Vgl. hierzu ferner *Stafford Beer,* Below the Twilight Arch – A Mythology of Systems, in: *Donald P. Eckman,* ed., Systems. Research and Design, New York 1961, S. 1–25 (7).

3 Dieser Erkenntnis kommen nahe *Pitirim A. Sorokin/Robert K. Merton,* Social Time. A Methodological and Functional Analysis, The American Journal of Sociology, 42, 1937, S. 615–629. Siehe auch eine entsprechende Bemerkung bei *David Easton,* A Systems Analysis of Political Life, New York 1965, S. 67.

4 Das gilt besonders auffällig für die Politik. Vgl. dazu die Ausführungen über den Terminkalender eines Politikers und den »Leerlauf des Dabeiseins« bei *Ulrich Lohmar,* Innerparteiliche Demokratie. Eine Untersuchung der Verfassungswirklichkeit politischer Parteien in der Bundesrepublik Deutschland, Stuttgart 1963, S. 90 ff. Dieser Zeitdruck der Politik scheint auch die Interessenverbände zu erfassen. "Most pressure-group activity is emergency firefighting. There is seldom time to do much more. Long-range planning goes by default" stellen *Raymond A. Bauer/Ithiel de Sola Pool/Lewis Anthony Dexter,* American Business and Public Policy. The Politics of Foreign Trade, New York 1963, S. 349, fest.

5 Siehe hierzu *Norbert Elias,* Über den Prozeß der Zivilisation. Soziogenetische und psychogenetische Untersuchungen, 2 Bde., Basel 1939, Bd. II, S. 337 f. Vgl. ferner *Wilbert E. Moore,* Man, Time, and Society, New York 1963, insbes. S. 16 ff., über den Zusammenhang von Zeitknappheit und Rollenspezifikation. Auch *W. Ross Ashby,* Design for a Brain, 2. Aufl., London 1954, S. 144, resümiert seine kybernetische Systemanalyse dahin, "that ultrastable systems are subject to two conflicting requirements: complexity and speed. The system with abundant internal connections though able to represent a complex and well-integrated organism and environment, requires, at least in the form so far studied, almost unlimited time for its adaptation. On the other hand, the same number of main variables divided into many independent parts achieves adaptation quickly, but cannot represent a complex biological system. There are, however, intermediate forms that can combine, to some extent, the advantages of these who extremes . . .".

[6] Siehe z. B. den Überblick bei *Herbert A. Simon,* New Developments in the Theory of the Firm, The American Economic Review, 52, 1962, Papers and Proceedings, S. 1–15, oder die Ausarbeitung einiger Entscheidungsmodelle bei *Richard M. Cyert/James G. March,* A Behavioral Theory of the Firm, Englewood Cliffs, N. J., 1963.

[7] Siehe den Hinweis auf solche Anordnungen bei *Michael Fellner,* Grundfragen des Verwaltungsverfahrens, in: *Helmut R. Külz/Richard Naumann* (Hrsg.), Staatsbürger und Staatsgewalt, Karlsruhe 1963, Bd. II, S. 345–363 (350 f.).

[8] So z. B. *R. M. Cyert/E. A. Feigenbaum/J. G. March,* Models in a Behavioral Theory of the Firm, Behavioral Science, 4, 1959, S. 81–95 (83).

[9] Diesen Gedanken hat namentlich *Charles E. Lindblom* herausgearbeitet. Siehe unter zahlreichen Veröffentlichungen vor allem: The Science of "Muddling Through", Public Administration Review, 9, 1959, S. 79–88, und: The Intelligence of Democracy. Decision Making Through Mutual Adjustment, New York 1965.

[10] Vgl. dazu *Niklas Luhmann,* Theorie der Verwaltungswissenschaft. Bestandsaufnahme und Entwurf, Köln 1966, S. 89 ff.

[11] Genauere Analysen des »Zeitbudgets« höherer Verwaltungsfunktionäre sind selten und m. W. auch in dem gegenwärtig laufenden internationalen Zeitbudget-Vergleich nicht vorgesehen. Eine »impressionistische« aber sehr typische Darstellung des Arbeitsalltags eines Beamten der britischen "administrative class" findet sich bei *Harold H. Dale,* The Higher Civil Service of Great Britain, o. O. (Oxford UP), 1941, S. 21 ff. Als eine Untersuchung aus dem Bereich der Industrieverwaltung siehe *Sune Carlson,* Executive Behaviour, Stockholm 1951.

[12] Im Prinzip sind natürlich zwei Formen der Kontaktaufnahme möglich: die Verabredung und das unangemeldete Kommen. Beide haben ihre taktischen Vorteile und Nachteile. Das unangemeldete Erscheinen unterstreicht den beiläufigen, informalen Charakter der Begegnung und kann nur bei besonderer sozialer und räumlicher Nähe angewandt werden. Im übrigen versagt es, wenn mehr als zwei Personen zusammenkommen müssen.

[13] Auch *James G. March/Herbert A. Simon,* Organizations, New York 1958, S. 154 und 185, nennen Zeitdruck und Fristen unter den "factors affecting selective attention to subgoals". Siehe ferner *John M. Gaus/Leo O. Wolcott,* Public Administration and the US Department of Agriculture, Chicago 1940, S. 68 f.

[14] Siehe z. B. *Heinrich Acker,* Die organisatorische Stellengliederung im Betrieb, Wiesbaden o. J., S. 115 f.

[15] In der soziologischen Literatur zum Rollenbegriff gibt es gute Zusammenstellungen der verschiedenen Strategien zur Lösung von Rollenkonflikten, die jedoch im allgemeinen zwischen der Institutionalisierung von Zeitprioritäten und Wertpräferenzen nicht deutlich unterscheiden. Siehe z. B. *Robert K. Merton,* The Role Set, Problems in Sociological Theory, The British Journal of Sociology, 8, 1957, S. 106–120, oder *William J. Goode,* A Theory of Role Strain, American Sociological Review, 25, 1960, S. 483–496.

[16] In der Tat werden Organisationen gegen Störungen eines vorgesehenen zeitlichen Ablaufs um so empfindlicher, je präziser und knapper (zeitsparender) die einzelnen Abläufe zeitlich koordiniert sind. Siehe dazu etwa *Eliot D. Chapple/Leonard R. Sayles,* The Measure of Management, New York 1961, S. 38 ff., eine Untersuchung, die auch sonst bemerkenswert ist für die zentrale Bedeutung, die sie der Zeitvariable gibt.

[17] An der Sozialforschungsstelle der Universität Münster in Dortmund versucht man zur Zeit, die Forschungsvorhaben der einzelnen Mitglieder durch selbstgesetzte Fristen einzugrenzen und rechenschaftsfähig zu machen. Bisher hatte dies aber, soweit ich beobachten konnte, nicht den Effekt, daß diese Fristen als Ausrede benutzt werden, wenn es um Abwehr anderer Anforderungen geht.

[18] Auf die Bedeutung dieser nichtquantitativen Aspekte knapper Zeit wird besonders in der Freizeitsoziologie hingewiesen. Siehe etwa *Edwin Blakelock,* A New Look at the New Leisure, Administrative Science Quarterly, 4, 1960, S. 446–467. Die gleichen Überlegungen müssen aber auch innerhalb der Arbeitszeit angestellt werden.

[19] In der wirtschaftswissenschaftlich angeregten Terminologie der Zeitbudget-Studien spricht man im Hinblick darauf von unterschiedlicher »Elastizität« von Tätigkeiten unter Zeitdruck. Siehe *Alexander Szalai,* Differential Evaluations of Time Budgets for Comparative Purposes,

in: *Richard L. Merritt/Stein Rokkan* (Hrsg.), Comparing Nations. The Use of Quantitative Data in Cross-National Research, New Haven–London 1966, S. 239–258 (253 ff.).

[20] Im Anschluß an eine Begriffsbestimmung von *Karl W. Deutsch,* The Nerves of Government. Models of Political Communication and Control. New York 1963, S. 105 ff., könnte man auch sagen: eine Tendenz zur Entscheidung durch Willen, zur Bevorzugung interner Informationen und Entscheidungsprämissen gegenüber externen.

[21] Sie kann natürlich auch hier ausnahmsweise knapp werden, vor allem gegenüber der Natur – wenn etwa Fischer vor dem Sturm das Ufer wieder erreichen müssen oder die Bauern vor dem Regen die Ernte einzubringen versuchen. Solche Ausnahmen werden aber als Notwendigkeit, das Handeln zu beschleunigen, erlebt und nicht als »Knappheit der Zeit«.

[22] Vgl. dazu als klassische Studie *Emile Durkheim,* Les formes élémentaires de la vie religieuse. Le système totémique en Australie, Paris 1912. Siehe ferner *Mircea Eliade,* Kosmos und Geschichte. Der Mythos von der ewigen Wiederkehr. Dt. Übers. Düsseldorf 1953, Neudruck rde, Bd. 260.

[23] Nur im Hinblick auf sozialstrukturelle Bedingungen läßt sich mithin das paradoxe Phänomen erklären, daß nicht etwa die geschlossene Zeit des ewigen Kreislaufs knapp wird, sondern gerade die unendliche, prinzipiell unbegrenzte Zeit des neuzeitlichen Denkens.

[24] In der neueren soziologischen Evolutionstheorie wird funktional-strukturelle Differenzierung geradezu als die entscheidende Variable des gesellschaftlichen und zivilisatorischen Fortschritts angesehen. Vgl. z. B. *Talcott Parsons,* Introduction to Part Two, in: *Talcott Parsons/Edward A. Shils/Kaspar D. Naegele/Jesse R. Pitts,* ed., Theories of Society, Glencoe, Ill., 1961, Bd. I, S. 239–264; *Talcott Parsons,* Societies. Evolutionary and Comparative Perspectives, Englewood Cliffs, N. J., 1966, und ders., The System of Modern Societies, Englewood Cliffs, N. J., – im Druck. Ferner etwa *Shmuel N. Eisenstadt,* The Political System of Empires, New York 1963; ders., Social Change, Differentiation and Evolution, American Sociological Review, 29, 1964, S. 375–386, oder manche Beiträge in *Joseph LaPalombara,* ed., Bureaucracy and Political Development, Princeton, N. J., 1963.

[25] Überhaupt scheint die Knappheit abstrakter Medien eine Vorstellung zu sein, die nur durch bestimmte Systemstrukturen möglich wird und dann rationalere Formen des Umgangs mit unbekannter Komplexität ermöglicht. Für wirtschaftliche Knappheit wird eine ähnliche These vertreten bei *Karl Polanyi/Conrad M. Arensberg/Harry W. Pearson,* Trade and Market in the Early Empires, Glencoe, Ill., 1957. Trotz der Einwendungen von *Neil J. Smelser,* A Comparative View of Exchange Systems, Economic Development and Cultural Change, 7, 1959, S. 173–182, wird man daran festhalten müssen, daß die wirtschaftliche Bedürftigkeit älterer Gesellschaften nicht vergleichbar ist mit der egalisierten, auf *alle* Güter bezogenen Knappheit, die für auf Geld beruhende Marktwirtschaften typisch ist. In Wahrheit nimmt denn auch – so mit Recht *Geoffrey Vickers,* The Undirected Society. Essays on the Human Implications of Industrialization in Canada, Toronto 1959, S. 107– die Orientierung an Knappheit im Laufe der zivilisatorischen Entwicklung zu, und nicht etwa ab.

[26] Das ist ein häufig genannter Gesichtspunkt für die Wahl des jeweils günstigsten Prinzips der Arbeitsteilung. Siehe z. B. *Eugen Schmalenbach,* Über Dienststellengliederung im Großbetriebe, Köln 1959, S. 32; *Ernest Dale,* Planning and Developing the Company Organization Structure. New York 1952, S. 44; *Chapple/Sayles,* a.a.O., S. 18 ff.; *Victor A. Thompson,* Modern Organisation, New York 1961, S. 41 ff. Aber es ist natürlich nur ein Gesichtspunkt neben vielen anderen, der häufig aus besseren Gründen unbeachtet bleiben muß.

[27] Siehe die bekannte Darstellung in *Max Weber,* Wirtschaft und Gesellschaft. Studienausgabe, Köln 1964, S. 700 ff.

[28] Natürlich kann der Dienstweg über den höchsten gemeinsamen Vorgesetzten nicht schlechthin als zeitsparend angesehen werden. Durch seinen Umwegcharakter kann der zeitsparende Effekt der vertikalen Kommunikation mehr als verlorengehen. Einem unnötigen Gebrauch des Dienstweges hat aber nie jemand das Wort geredet. Die neueren Angriffe gegen das Dienstwegsprinzip (bzw. gegen ein Zerrbild, das in der klassischen Organisationslehre niemals vertreten wurde) haben sich an dem Gedanken eines unnötigen Umweges festgebissen und dabei verkannt, daß, ceteris paribus, die direkte horizontale Kommunikation das Zeitbudget des einzelnen stärker belastet als die vertikale.

[29] Dazu näher *Niklas Luhmann,* Funktionen und Folgen formaler Organisation, Berlin 1964, S. 96 ff.

[30] Zu dieser Interpretation des Weberschen Modells unter dem (neueren) Gesichtspunkt der Ausdifferenzierung der Bürokratie aus der Gesellschaft vgl. auch *Reinhard Bendix,* Nation-Building and Citizenship. Studies of our Changing Social Order, New York 1964, S. 105 ff.; ferner *Niklas Luhmann,* Zweck-Herrschaft-System. Grundbegriffe und Prämissen *Max Webers,* in diesem Band S. 90 ff.

[31] Im allgemeinen wird der mündliche Verkehr als der schnellere bezeichnet und so begrüßt, ohne daß seine geringere zeitliche Elastizität gegengebucht würde. Siehe als typisch *Acker,* a.a.O, S. 113 f.

[32] Daß human relations, menschlich gesehen, eine Strapaze sind, wird zwar hin und wieder erkannt, aber dann doch zugemutet und jedenfalls nicht auf die Zeitproblematik hin durchdacht. Sehr interessant unter diesem Gesichtspunkt *Tom Burns/G. M. Stalker,* The Management of Innovation, London 1961, die von einer Organisation entsprechend den Vorschlägen der human relations-Bewegung Beschleunigung der Anpassungsprozesse bei größerer menschlicher Anspannung erwarten.

[33] Das wird heute durchweg gesehen. Vgl. statt anderer *Amitai Etzioni,* Modern Organizations, Englewood Cliffs, N. J., 1964 (dt. Übers.: Soziologie der Organisationen, Müchen 1967).

[34] Deswegen von Tendenzen zur Entbürokratisierung zu sprechen, wie es neuerdings zuweilen geschieht – siehe z. B. *Shmuel N. Eisenstadt,* Bureaucracy, Bureaucratization, and Debureaucratization, Administrative Science Quarterly, 4, 1959, S. 302–320, oder *William Delany,* The Development and Decline of Patrimonial and Bureaucratic Administrations, Administrative Science Quarterly, 7, 1963, S. 458–501 – ist jedoch mindestens irreführend, da nicht unterstellt werden kann, daß Webers Idealtyp die einzigmögliche Strukturform rationaler Bürokratie darstellt.

[35] Siehe etwa *Fritz Morstein Marx,* The Higher Civil Service as an Action Group in Western Political Development, in: *Joseph LaPalombara,* ed., Bureaucracy and Political Development, Princeton, N. J., 1963, S. 62–95.

[36] Diese Unterscheidung ist bereits von *Talcott Parsons,* in: *Max Weber,* The Theory of Social and Economic Organization, London 1947, Introduction, S. 52 f., Max Weber entgegengehalten worden. Daraus ist eine kaum noch überblickbare Forschung über »Wissenschaftler in Organisationen« entstanden. Siehe etwa *Alvin W. Gouldner,* Cosmopolitans and Locals. Toward an Analysis of Latent Social Roles, Administrative Science Quarterly, 2, 1957–1958, S. 281–306, 444–480, oder *Neal Gross/Ward S. Mason/Alexander W. McEachern,* Exploration in Role Analysis, New York 1958, insbes. S. 222 ff., über die Konsensprobleme bei professionell orientierten Rollen. Inzwischen mehren sich jedoch Stimmen, die vor einer überspitzten Kontrastierung warnen. Siehe *Todd R. La Porte,* Conditions of Strain and Accomodation in Industrial Research Organizations, Administrative Science Quarterly, 10, 1965, S. 21–38, und *Renato Tagiuri,* Value Orientations and the Relationship of Managers and Scientists, Administrative Science Quarterly, 10, 1965, S. 39–51.

[37] Ähnliche Gründe gibt auch *Thomas Ellwein,* Einführung in die Regierungs- und Verwaltungslehre, Stuttgart 1966, S. 153, für die auffallende Ersetzung von »Anweisungen« durch »Abstimmungen« an.

[38] Im einzelnen gibt es natürlich sehr verschiedene Gründe eines Unterfunktionierens der Politik mit entsprechender Politisierung der Verwaltung. Man muß z. B. unterscheiden (1) den Fall politischer Legitimation durch traditionale Institutionen (z. B. die Krone) und nicht durch Kommunikationsprozesse, die angesichts steigender Variationsbedürftigkeit der Entscheidungsgrundlagen nicht mehr ausreicht und deshalb eine politische, »den Staat« repräsentierende Verwaltung erfordert – Deutschland im 19. Jh.; (2) den Fall einer legitime Interessen und Forderungen prinzipiell nicht beschneidenden Politik, die an ständiger Forderungsüberlastung leidet und daher eine hinreichend elastische, opportunistische Verwaltung erfordert, die politisch nicht bewältigte Interessenkonflikte selbst absorbieren kann – Demokratien westlichen Typs; und (3) den Fall einer zwar prozeßmäßig aufgebauten, aber nicht ausreichend institutionalisierten Politik, die im Volk keinen hinreichenden Rückhalt hat und daher der Verwaltung zentrale politische Funktionen der Mitwirkungswerbung, der poli-

tischen Erziehung, Integration, Nationbildung usw. überlassen muß – so in manchen Entwicklungsländern.

[39] Vgl. hierzu *Robert Dubin*, Business Behavior *Behaviorally* Viewed, in: *Chris Argyris* u. a., Social Science Approaches to Business Behavior, Homewood, Ill., 1962, S. 11–55 (30 ff.), der in einer Sekundäranalyse der wenigen bisher sorgfältig aufgezeichneten Entscheidungsgeschichten aus Industriebürokratien zu dem Ergebnis kommt, daß die Langsamkeit des bürokratischen Entscheidungsganges im wesentlichen dem Zeitbedarf für "internal politics" zuzuschreiben ist. Den gleichen Eindruck vermitteln *Otto Stammer* u. a., Verbände und Gesetzgebung. Die Einflußnahme der Verbände auf die Gestaltung des Personalvertretungsgesetzes Köln 1965, für die öffentliche Verwaltung und mehr mit Bezug auf die »Außenpolitik« der Verwaltung. Vgl. auch *Fritz Morstein Marx*, Freiheit und Bürokratie. Zur Natur des Amtsschimmels, Archiv für Rechts- und Sozialphilosophie, 42, 1956, S. 351–382 (356 ff.).

[40] Siehe dazu auch deren Vergleich mit westlichen Bürokratien bei *Fritz Morstein Marx*, Control and Responsibility in Administration. Comparative Aspects, in: *Ferrel Heady/Sybil L. Stokes*, Papers in Comparative Public Administration, Ann Arbor. Mich. 1962, S. 145–171; ähnlich ders., Das Dilemma des Verwaltungsmannes, Berlin 1965, S. 119 ff., 153 ff.

[41] So *Joseph S. Berliner*, Factory and Manager in the USSR, Cambridge, Mass. 1957.

[42] Diese Einsicht ist ein grundlegendes Ergebnis der neueren organisationssoziologischen Forschung. Siehe als eine Ausarbeitung *Niklas Luhmann*, Funktionen und Folgen formaler Organisation, Berlin 1964, und als eine gegen ältere Fassungen des Gedankens gerichtete Kritik *Martin Irle*, Soziale Systeme. Eine kritische Analyse der Theorie von formalen und informalen Organisationen, Göttingen 1963.

[43] Ein in der organisationswissenschaftlichen Literatur über Kontrolle viel beobachteter Tatbestand. Siehe z. B. *Joseph S. Berliner*, a.a.O. (1957), und speziell über das "storming" infolge Zusammentreffens von Zeitlimiteffekten und Kontrolleffekten ders., A Problem in Soviet Business Administration, Administrative Science Quarterly, 1, 1956, S. 86–101; ferner etwa *Peter M. Blau*, The Dynamics of Bureaucracy, Chicago 1955, S. 40 ff.; *V. F. Ridgway*, Dysfunctional Consequences of Performance Measurements, Administrative Science Quarterly, 1, 1956, S. 240–247; *János Kornai*, Overcentralization in Economic Administration. A Critical Analysis Based on Experience in Hungarian Light Industry, London 1959, S. 117 ff.; *Dubin*, a.a.O (1962), S. 42 ff.; *Etzioni*, a.a.O., S. 8 ff.

[44] Im übrigen ermutigt die wissenschaftliche Forschung, die sich mit den relativen Vorzügen und Nachteilen individueller oder gruppenmäßiger Problemlösungstechniken befaßt, keineswegs zu einer durchgehenden Begünstigung kooperativer Entscheidungsprozesse. Von einigermaßen gesicherten Resultaten ist man zwar noch weit entfernt. Manches deutet aber darauf hin, daß die Stärke der Gruppen mehr im Stimulieren von Einfällen und in der Kritik verstiegener Idiosynkrasien liegt, der einzelne dagegen im Zusammenschauen und Koordinieren multivariabler Zusammenhänge überlegen ist. In etwa diesem Sinne resümieren auch *Peter M. Blau/W. Richard Scott*, Formal Organizations. A Comparative Approach, San Francisco 1962, S. 116 ff., den Teil der Forschung, der sich mit problemlösenden Kommunikationsnetzen befaßt.

[45] Diese letzte Einschränkung ist sehr wichtig. Das verbreitete Vorurteil, bürokratische Organisationen seien als solche innovationsfeindlich, siehe neuerdings wieder *Victor A. Thompson*, Bureaucracy and Innovation, Administrative Science Quarterly, 10, 1965, S. 1–20, dürfte rasch zerplatzen, wenn man Bürokratien mit anderen Arten sozialer Systeme, etwa Familien oder freundschaftlich gebundenen Kleingruppen, vergleicht.

[46] Vgl. hierzu die Feststellungen von *Schelsky*, in: *Paul Mikat/Helmut Schelsky*, Grundzüge einer neuen Universität. Zur Planung einer Hochschulgründung in Ostwestfalen, Gütersloh 1966, S. 29 ff.

[47] Eine ähnliche Feststellung trifft, wenn auch mit anders nuancierten Begriffen, *Talcott Parsons*, Societies, Evolutionary and Comparative Perspectives, Englewood Cliffs, N. J., 1966, S. 19 f.

[48] Vgl. hierzu vor allem *David Braybrooke/Charles E. Lindblom*, A Strategy of Decision. Policy Evaluation as a Social Process, New York 1963.

[49] Und zwar deshalb, weil die offizielle Proklamierung des Opportunismus als Prinzip das

Vertrauen in die Geltung der Programme unterminieren würde – so *Bertram Gross*, The Managing of Organizations. The Administrative Struggle, New York 1964, Bd. II, S. 735.

50 "The *universal* ideology justifies each *successive* Party line in *absolute* terms", konstatiert *Reinhard Bendix*, Nation-Building and Citizenship, a.a.O., S. 174. (Hervorhebungen durch mich, d. V.). Zum Zusammenhang der Positivierung des Rechts und der Ideologisierung der Werte mit der steigenden Komplexität der Sozialordnung vgl. auch *Niklas Luhmann*, Positives Recht und Ideologie, Archiv für Rechts- und Sozialphilosophie, 53, 1967, S. 531–571. Neu gedruckt in: ders., Soziologische Aufklärung, Köln–Opladen 1970.

51 Bei aller Skepsis gegenüber einem prinzipiellen Opportunismus findet man in der neueren Organisationswissenschaft bereits eine beträchtliche Zahl von Analysen, die im Gegensatz zu den herrschenden, mit »transitiven« Wertkriterien arbeitenden Entscheidungstheorien die Rationalität opportunistischen Verhaltens herausarbeiten. Siehe z. B. *Chester I. Barnard*, The Functions of the Executive, Cambridge, Mass. 1938, S. 200 ff.; *Herbert A. Simon/Donald W. Smithburg/Viktor A. Thompson*, Public Administration, New York 1950, S. 122, 389 ff.; *James G. March/Herbert A. Simon*, Organizations, New York 1958, S. 109 f.; *Melville Dalton*, Men Who Manage, New York 1959; *Charles E. Lindblom*, a.a.O. (1959 und 1965); *Aaron Wildavsky*, The Politics of the Budgetary Process, Boston 1964; *Fritz Morstein Marx*, Das Dilemma des Verwaltungsmannes, a.a.O., insbes. S. 184 ff.

52 So *Leszek Kolakowski*, Der Mensch ohne Alternative. Von der Möglichkeit und der Unmöglichkeit, Marxist zu sein. Dt. Übers., München 1960, S. 24.

53 Beamte, die viel Zeit haben, lesen deshalb ihre Bildzeitung oder lösen ihre Kreuzworträtsel in einer offenen Schublade, die rasch zugeschoben werden kann, wenn ein Besucher das Zimmer betritt. Und sie tun gut daran, sich zur Sicherheit einige Aktenrückstände aufzuheben, die in Situationen bearbeitet werden können, in denen es nicht möglich ist, Zeit zu haben. Für ehrgeizige Kräfte ist dagegen unausgenutzte Zeit Tauschobjekt und Machtbasis, Zeitreserven geben die Möglichkeit, anderen überlasteten Kräften, vor allem etwa dem eigenen Vorgesetzten, Aufgaben und damit Macht abzunehmen. Siehe dazu *David Mechanic*, Sources of Power of Lower Participants in Complex Organizations, Administrative Science Quarterly, 7, 1962, S. 349–364.

54 Vgl. Feststellungen dieser Art bei *Victor A. Thompson*, The Regulatory Process in OPA Rationing, New York 1950, S. 324 f.; *Hansjürgen Daheim*, Die Sozialstruktur eines Bürobetriebes. Eine Einzelfallstudie, Diss. Köln 1957, S. 110; *Blau/Scott*, a.a.O. (1962), S. 169 f., mit der treffenden Feststellung, daß in höheren Rängen die Vorgesetzten die Zeitdispositionen ihrer Untergebenen zu schonen gewohnt sind, so daß es zu Terminvereinbarungen kommt und nicht zu abrupten Arbeitsunterbrechungen.
Eine allgemeine Korrelation von Höhe des Status und Weite des Zeithorizontes mit entsprechender Freiheit von unmittelbarem Zeitdruck behauptet *Elliot Jaques*, Measurement of Responsibility, London 1956. Vgl. dazu auch *Jiri Kolaja* u. a., An Organization Seen as a Structure of Decision-making Human Relations, 16, 1963, S. 351–357.

55 Zu solcher Anwendung von Prozessen auf sich selbst (Reflexivität) vgl. *Niklas Luhmann*, Reflexive Mechanismen, Soziale Welt, 17, 1966, S.1–23. Neu gedruckt in: ders. Soziologische Aufklärung, Köln–Opladen 1970.

56 *Lucio Mendieta y Núñez*, Sociologia de la Burocracia, Mexico 1961, S. 127 f., berichtet über den diskretionären Gebrauch dieser Macht lateinamerikanischer Bürokratien.

57 Dazu vortrefflich *Roman Schnur*, Strategie und Taktik bei Verwaltungsreformen, Baden-Baden 1966.

58 Solches Verhalten scheint auch *Thomas Ellwein* beobachtet zu haben –, siehe seine Einführung in die Regierungs- und Verwaltungslehre, a.a.O., S. 186.

Opportunismus und Programmatik in der öffentlichen Verwaltung

I.

In einem sehr allgemeinen Sinne können Verwaltungen begriffen werden als soziale Systeme, die bindende Entscheidungen produzieren, und öffentliche Verwaltungen als solche, deren Entscheidungen gesamtgesellschaftlich verbindliche Wirkungen haben. Derartige Entscheidungen werden nicht fallweise frei zusammenphantasiert, sondern nach feststehenden, mehr oder weniger eindeutig vorgegebenen Regeln erstellt. Sie richten sich nach Werten, Zwecken oder Normen, die im Entscheidungsprozeß nicht mehr problematisiert werden, sondern ihm als Struktur dienen. Solche regulativen Entscheidungsprämissen organisatorischer, verfahrensmäßiger oder inhaltlicher Art bilden das feststehende Gerüst eines Verwaltungssystems. Sie nehmen die strengere Form von Entscheidungsprogrammen an, wenn sie zusammengefaßt werden zu Bedingungen, bei deren Erfüllung die Entscheidung als »richtig« gilt. In weitem Umfange ist die tägliche Arbeit in der Verwaltung programmiertes Entscheiden. Damit ist weder gesagt, daß die Entscheidungen durch Programme eindeutig determiniert wären und ohne Wahlmöglichkeit getroffen werden müßten, noch daß es bei der Anwendung von Entscheidungsprogrammen immer nur eine einzige richtige (optimale bzw. rechtmäßige) Entscheidung gäbe; vielmehr nur, daß die Programme eine Vorsortierung derjenigen Relevanzgesichtspunkte leisten, bei deren Beachtung eine Entscheidung Aussicht hat, abgenommen zu werden, und daß sie damit den Entscheidungsprozeß von unbestimmten, darüber hinausgehenden Rücksichtnahmen entlasten. Programme dienen der Absorption von Ungewißheit, der Reduktion eines unbestimmten und unbestimmbaren Horizontes anderer Möglichkeiten.

Jede Programmierung von Entscheidungsprozessen läuft mithin das Risiko der Selektion, das Risiko einer Verengung des Blickfeldes, die möglicherweise Wichtiges außer acht läßt und sich nicht bewährt oder, ohne es zu merken, im Laufe der Zeit inadäquat wird dadurch, daß die vorausgesetzte Umwelt sich ändert. Diese selektierte Starrheit ihrer Entscheidungsgrundlagen hat der Verwaltung viele kritische Kommentare eingetragen. Sie färbt das populäre Vorurteil gegen Bürokratie, und sie hat manchen soziologischen und verwaltungswissenschaftlichen Analysen des bürokratischen Apparates als Leitfaden gedient[1]*. Dabei stand der Gegensatz von Bestand und Wandel, Starrheit und Elastizität, Routine und Krise, primär also ein auf die Zeitdimension bezogenes Problemverhältnis im Blickpunkt. Damit allein ist jedoch das Risiko der Programmselektion nicht ausreichend begriffen. Auch in der sinnhaft-sachlichen Ordnung der Entscheidungsprämissen ergeben sich aus dem Selektionszwang, dem alle Programmierung genügen muß, bestimmte Folgeprobleme, und darauf beziehen sich die nachstehenden Überlegungen.

Ihr Ausgangspunkt liegt in der Einsicht, daß Selektion von Programmen eine Abstraktion von Entscheidungsprämissen als gültig für viele Fälle erfordert, daß sich aber nicht

* Anmerkungen siehe S. 178–180.

Steinberg, DVBl 79, 498 (Verwaltg. als Produzent von Entscheidungen und Handlungen)

alle benötigten Entscheidungsgrundlagen in dieser Weise abstrahieren lassen. Solche Grenzen der Abstraktion finden sich nicht nur in den konkreten Fakten, die von Situation zu Situation wechseln, sondern auch im Bereich der Werte, die man den Entscheidungen zugrunde legen muß. Werte sind Gesichtspunkte für das Bevorzugen oder Vermeiden von Handlungen oder Handlungsfolgen. Sie lassen sich als *Einzelgesichtspunkte* abstrakt formulieren und bejahen, *nicht aber in der Beziehung zu bestimmten anderen Werten.* Es gibt, mit anderen Worten, keine Werte, die man *immer allen* anderen Werten vorziehen würde. Man kann sich für Reinhaltung der Luft oder für Frieden, für Hygiene oder für Pflege historischer Denkmäler, für Freiheit oder für Rechtsschutz einsetzen und dieses Wertbekenntnis durchhalten, muß dann aber in Kauf nehmen, daß diese Werte von Fall zu Fall zurückgestellt werden, wenn sie mit anderen in Konflikt geraten.

Die feste Institutionalisierung abstrakter Wertgesichtspunkte erfüllt eine wichtige Funktion. Ohne im voraus sicher zu sein, für was oder gegen was man sich öffentlich einsetzen und Zustimmung finden kann, könnte niemand eine politische Diskussion anfangen, werbend auftreten, Konsens sammeln, Programmvorschläge formulieren, Bekenntnisse abgeben. Für diese Vorstrukturierung der Diskussion ist es notwendig, daß bestimmte Werte im Prinzip langfristig und allgemein konsentiert feststehen, und sie müssen deshalb als Einzelgesichtspunkte isoliert werden und unabhängig von Situationen gelten. Dann läuft niemand Gefahr, Widerspruch zu finden oder sich lächerlich zu machen, wenn er sich öffentlich und politisch für sie einsetzt. Ohne diese Vorgaben gäbe es keine auf Kommunikation beruhende öffentliche Meinung. Abstrahierbar ist aber nur der Gesichtspunkt des Schätzens, nicht dagegen, oder in sehr viel geringerem Maße, das Vorzugsverhältnis zwischen den einzelnen Werten. Die Vordringlichkeit eines Wertes im Verhältnis zu anderen hängt nämlich weitgehend davon ab, wie weit die betroffenen Werte schon abgesättigt sind und wie stark sie bedroht werden. Dieser Erfüllungsstand einzelner Werte wechselt oft von Situation zu Situation, jedenfalls in sehr viel kürzeren Wellen als die Schätzung des Wertes an sich. Je mehr Werte vorstellbar und aktualisierbar, je mehr Werte für ein System relevant werden, desto weniger wird es möglich, sie in eine dauerhafte und transitive Ordnung zu bringen, die allgemein gültige und durchgehende Vorrangrelationen festlegt; desto notwendiger wird es, sich an *laufend wechselnden Präferenzen* zu orientieren, und sich das legitimieren zu lassen. Die Vernunft einer Entscheidung beruht dann nicht auf richtiger Einsicht in eine natürliche oder moralische Rangordnung unter Werten, sondern auf einem situationsbezogenen Vergleich von Möglichkeiten der Verbesserung oder Verschlechterung einer Lage in bezug auf unvergleichbare Werte [2]. Und die Identität eines Wertes findet ihren Halt dann nicht durch eine hierarchische Stelle im Wertsystem, sondern gerade durch die Variabilität der Werterfüllungen, die sicherstellen, daß er im Wechsel von Verzichten und Bevorzugungen immer wieder einmal an die Reihe kommt.

Eine Orientierung, die einen solchen Wechsel der Präferenzen zum Prinzip macht, läßt sich als *opportunistisch* bezeichnen. Als Strategie des Umgehens mit Werten wird Opportunismus unentbehrlich in dem Maße, als die Komplexität, nämlich die Zahl, Verschiedenartigkeit und Interdependenz der zu berücksichtigenden Werte zunimmt. Das ist einerseits ein Ergebnis der allgemeinen Gesellschaftsentwicklung, die die Normalbefriedigung der elementaren Lebensnotwendigkeiten sicherstellt und dadurch mehr und mehr sekundäre Werte in die Reichweite menschlicher Zielsetzung kommen läßt;

zum anderen hängt diese Komplexität aber auch ab von der besonderen Funktion und der Umweltlage eines Sozialsystems. Private Wirtschaftsbetriebe können sich ein hohes Maß von Zweckspezifikation mit Neutralisierung der Wertaspekte ihrer Nebenfolgen leisten. Daher sind ihre Entscheidungssituationen einfacher, nämlich durch Geldrechnung rationalisierbar, und die Theorie ihres Entscheidens kann – mit mehr oder weniger guten Erfolgen – die Transitivität einer Rangordnung unter den relevanten Werten voraussetzen [3]. Die Umwelt öffentlicher Verwaltungen ist dagegen außerordentlich wertkomplex. Die für sie relevanten Werte sind nicht mehr auf eine Formel zu bringen [4] – es sei denn auf eine ideologische Formel, die ein opportunistisches Umwerten aller Werte ermöglicht [5]. Opportunistische Entscheidungsstrategien sind daher besonders für die öffentliche Verwaltung unerläßlich. So nimmt es nicht wunder, daß sich erste Ansätze zu einer Aufwertung des Opportunismus als rationales Verhalten vor allem bei Autoren finden, welche die öffentliche Verwaltung vor Augen haben [6].
Allerdings steht das Gebot der Institutionalisierung opportunistischer Verhaltensweisen im Widerspruch zu anderen Erfordernissen; seine Verwirklichung hat daher dysfunktionale Folgen im System. Einerseits verunklärt opportunistisches Verhalten systeminterne Grenzen und schmälert so den Gewinn aus funktionaler Differenzierung. Wir werden das am Verhältnis von Politik und Verwaltung zeigen. Vor allem aber schwächt er die unmittelbare Überzeugungskraft der einzelnen Werte und Programme, ihren expressiven Elan und wirft dadurch Motivationsprobleme auf. Dieses Bedenken blockiert seine offizielle Anerkennung als Entscheidungsprinzip, als Form der Gerechtigkeit.
Überhaupt darf opportunistischer Wechsel von Präferenzen nicht im Widerspruch zu sich selbst ins Grundsätzliche übertrieben werden. Es handelt sich nicht darum, nach reinem Belieben, nach ad hoc angeregter Laune und spontanem Einfall zu entscheiden, und auch nicht darum, sich prinzipiell nicht an Prinzipien zu halten. Selbst die Werte der Stetigkeit, Berechenbarkeit, Verläßlichkeit und Vorhersehbarkeit müssen im opportunistischen Kalkül noch zur Geltung kommen und in dem Maße ihrer jeweiligen Erfüllung oder Gefährdung Berücksichtigung finden. Opportunismus ist eine sehr voraussetzungsvolle Form von Rationalität, eine Art von Systemrationalität, die alle Vereinfachungen bloßer Zweckrationalität oder der Wertrationalität hinter sich läßt. Die Bedingungen seiner Möglichkeit findet man daher nicht in programmatischen Sinnvorgaben, sondern in den Systemstrukturen, die einen laufenden Wechsel der Präferenzen erfordern und eine Reduktion so hoher Komplexität ermöglichen.

II.

Zu den wichtigsten Ergebnissen der neueren Organisationssoziologie gehört die Einsicht, daß organisierte Sozialsysteme sich nicht allein durch Erfüllung ihrer offiziellen Programme erhalten. Eine Präzisierung dieser offiziellen Programmatik als Entscheidungsgrundlage ist nur möglich auf Kosten anderer Bestandsinteressen, die unformuliert, aber nicht unbeachtet bleiben können. Neben und innerhalb von programmgerichtetem Verhalten gibt es daher stets auch Bemühungen, die auf Erhaltung anderer Möglichkeiten, auf Erhaltung der Opportunität bezogen sind. Die Bewahrung der Liquidität eines Privatunternehmens neben und auf Kosten der Gewinnmaximierung ist bekanntes Beispiel [7], die Erhaltung eines programmatisch nicht festgelegten Potentials politischer Macht ein anderes. Die Bemühungen um Vertrauen und gute Beziehungen, gesellschaftliches Prestige, hohen Status, eine »gute Presse« usw. haben ebenfalls diesen Sinn. In all diesen Fällen steckt der Opportunismus in den Aufwendungen für ein »Kapital«, das es ermöglicht, Entscheidungen hinauszuschieben und doch jetzt schon sicherzustellen. Sozialsysteme, die einen Teil ihrer Kräfte von der unmittelbaren Zweckverfolgung abziehen und der Pflege künftiger Entscheidungsfreiheiten widmen, suchen damit einen Ausgleich zwischen Programmbindung und Opportunität, zwischen gegenwärtiger Wertfestlegung als Grundlage rationalisierbarer Entscheidungsprozesse und der Freiheit zu noch unbestimmter künftiger Disposition. Man nimmt dabei in der Praxis mehr oder weniger unreflektiert hin, daß neben der Zweckverwirklichung auch noch für Liquidität, Public Relations, Macht usw. gesorgt werden muß [8].

Eine Möglichkeit, beide Interessenrichtungen zu steigern und gleichwohl eine wechselseitige Interferenz zu verhüten, bietet eine entsprechende Differenzierung des Systems. In der Kleingruppenforschung ist dieser Gedanke auf die Formel einer »Doppelführung« der Gruppe gebracht worden: Man unterscheidet den instrumentell auf die Verwirklichung der Zwecke drängenden Führer von dem beliebtesten Führer, der die sozioemotionale Integration der Gruppe leistet, mit ihr eine Basis für wechselnde, noch unbestimmte Anforderungen sicherstellt und sich eben deshalb nicht voll mit dem Zweck identifizieren kann. Das Problem wird so in die Divergenz zweier Rollen und die Notwendigkeit eines Miteinanderauskommens zweier Personen aufgelöst [9]. Allgemeiner darf man vermuten, daß erst Systemdifferenzierung ein nennenswertes Maß an Opportunismus mit zuverlässiger Programmdurchführung zu verbinden erlaubt, indem sie für beides Positionen und Kräfte bereithält und deren Konflikte ausgleicht. Im Bereiche des politischen Systems leistet dies die funktionale und strukturelle Differenzierung von Politik und Verwaltung.

Eine klare begriffliche Trennung dieser beiden Bereiche, die das praktische Verhalten mit ausreichender Sicherheit unterscheiden kann, ist in der Wissenschaft bisher nicht gelungen, obwohl die Bemühungen darum bis in das vorige Jahrhundert zurückreichen [10]. Sicher ist heute, daß weder die Differenz von Zweck und Mittel, noch die hierarchische Differenz von oben und unten, Vorgesetztem und Untergebenem, Befehl und Gehorsam, noch die Differenz von allgemeiner Regel und konkreter Einzelfallentscheidung den Unterschied zutreffend wiedergeben. Für unsere Zwecke genügt es zu sehen, daß die Politik andere Funktionen erfüllt als die Verwaltung, daß sie typisch in Situationen mit sehr viel höherer und unbestimmterer Komplexität operiert und deshalb andere Kriterien der Rationalität und der Erfolgsbeurteilung verwenden muß. Während die Verwaltung sich an Hand von vorgegebenen Zwecken oder konditionalisierten Entscheidungsprogrammen um richtige Entscheidungen bemüht, geht es in der Politik letztlich um den Aufbau und die Konsolidierung generell verwendbarer Ressourcen, mit denen ein Potential für noch unbestimmte Entscheidungen gedeckt wird: um die Festigung der Aussicht auf politische Unterstützung, um den Aufbau politischer Führungspersönlichkeiten und personaler Herrschaftsapparate, um die Bildung von pauschal unterstellbarem Konsens, kurz: um verschiedene Arten der Generalisierung politischer Macht [11].

Politik erfordert und ermöglicht inkongruente Perspektiven auf das Verwaltungsgeschehen, die in eigenen Sinnzusammenhängen abgesichert sind. Sie kann sich aus

Gründen der Opportunität vorzugsweise mit bestimmten Werten assoziieren, kann ihre Empfindlichkeit an bestimmte Symbole binden, kann eine Zeitlang auf tragfähigen Themen reiten, erfüllt ihre Funktion aber gerade dadurch, daß sie für den Wechsel der Wertpräferenzen feste Bezugspunkte und entscheidbare Konstellationen schafft. Die Verwaltung sollte dagegen, wie Stephen Toulmin [12] vorschlägt, nach dem Kreide-und-Käse-Prinzip organisiert sein, so daß ihre Ressorts nur zwischen kommensurablen oder funktional äquivalenten Größen zu wählen haben, nämlich zwischen Kreide und Kreide oder zwischen Käse und Käse, nicht aber zwischen Kreide und Käse. Diese letztere Wahl kann nur opportunistisch getroffen werden, und es ist Sache der Politik, dafür begründende und praktikable Sinnzusammenhänge bereitzustellen.

Damit sind die beiden kritischen Fragen jedoch noch offen, auf welchem Niveau der Abstraktheit und Komplexität die Politik ihre Aufgaben löst und wie weit sie sich dafür aus dem Verwaltungsgeschehen ausdifferenzieren und funktional verselbständigen läßt [13]. Beides hängt vermutlich eng zusammen. Eine funktionale und analytische Trennung von Politik und Verwaltung besagt zunächst noch nichts darüber, wie weit diese Trennung nur situationsweise [14] oder auch rollenmäßig oder gar durch Trennung von primär politischen und primär administrativen Teilsystemen verwirklicht wird. In älteren Hochkulturen findet man typisch politisierte Bürokratien, die Politik und Verwaltung allenfalls hierarchisch nach Rangebenen trennen können und den höheren Rängen beide Funktionen zumuten [15]. Auch heute findet sich diese Lösung in Entwicklungsländern mit bürokratischen Traditionen [16]. Im Laufe der Entwicklung der Gesellschaft zu höherer Komplexität erweist sich jedoch ein stärkeres Auseinanderziehen von Politik und Verwaltung als vorteilhaft, weil nur so in dem immer größer werdenden Bereich relevanter Möglichkeiten sinnvoll gestaffelte Selektionsleistungen organisiert werden können. Politik gewinnt dann außerhalb der Verwaltung als Parteipolitik einen eigenen Stil und eine eigene Organisationsform, in der sich ihr Opportunismus institutionell verfestigt und selbst legitimiert. Er kann jetzt die Form eines Konkurrenzkampfes mehrerer Parteien um die Besetzung der Positionen annehmen, von denen aus verbindlich entschieden werden kann. Dann hat der politische Opportunismus die Form einer Umkehrung von Zwecken und Mitteln: Werte und Zwecke werden um der Wahlgewinne und Posten willen akzeptiert und sind nach deren Bedingungen austauschbar (was nicht ausschließt, daß auch die beharrliche Identifikation mit einem bestimmten Programm opportun sein kann). Oder die Politik wird auf eine politische Einheitspartei konzentriert und dort in internen Gruppenkämpfen entschieden. Nach außen tritt sie dann als Exegese der politischen Ideologie in Erscheinung, setzt also eine hinreichend wendige Ideologie voraus, die als solche noch keine Möglichkeiten verbaut.

Für den Opportunismus in der Verwaltung, der uns eigentlich interessiert, ergibt sich daraus eine stark veränderte Lage. Er wird einerseits zum bloßen Reflex einer Parteipolitik, die außerhalb der Verwaltung betrieben wird. Dafür finden sich Beispiele vor allem im Bereich der Personalpolitik und ihren verwaltungsinternen Folgeerscheinungen. Zum anderen kompensiert er das Schlechtfunktionieren der Politik. Die Politik kann für sie unlösbare Probleme in die Verwaltung abschieben. Sie kann zum Beispiel kurzfristige politische Erfolge in überdimensionierten oder widerspruchsvollen Planzielen suchen und dann abwarten, an welcher Stelle in der Verwaltung der Schuldige für die Nichterfüllung gefunden wird [17]. Oder sie kann politisch ungelöste Konflikte durch scheinbare Abhilfen oder durch Formelkompromisse auf die Verwaltung überwälzen in der Erwartung, daß sie sich im veränderten Bezugsrahmen des programmierten Entscheidens fallweise leichter lösen lassen. Oder sie kann rein politische, nur in ihrer Imagination existierende Probleme in unausführbaren Programmen ablagern [18]. In jedem Falle muß sie sich dabei nicht nur auf die rationale Effizienz der Verwaltung stützen, sondern auch auf eine verwaltungseigene Politik, die sich in den Grenzen ihrer Programme ebenfalls nach Opportunität zu richten vermag. Unter den dafür entwikkelten Kriterien der Verwaltung ragt das gegenpolitische hervor, jeden unnötigen politischen Ärger zu vermeiden. So muß die politische Politik der Politik sich auf die unpolitische Politik der Verwaltung verlassen, damit die politisch unlösbaren Probleme nicht in die Politik zurückgespielt werden. Daß das in einem Mehrparteiensystem mit differenzierten Interessen an der Politisierung von Problemen nicht immer gelingt, liegt auf der Hand.

III.

Schon diese Überlegungen lassen bei ausdifferenzierter, halbwegs funktionierender Politik einen *politisch gehemmten Opportunismus* in der Verwaltung erwarten. Dieser Eindruck verstärkt sich, wenn man die Planungstätigkeit der Verwaltung ins Auge faßt. Planung ist eine Art von Entscheidung über noch zu treffende Entscheidungen, und zwar die Definition eines Entscheidungsproblems und die Festlegung von normativen Bedingungen seiner richtigen Lösung. Dabei kann es sich um die Ausarbeitung von wiederholt anwendbaren Entscheidungsprogrammen handeln, aber auch um Großplanungen für einen Fall: Verkehrsplanungen, Siedlungen, Universitätsgründungen, Mobilmachungen des Heeres im Kriegsfall usw. Planung setzt in dem Umfange, in dem ihr eine Problematisierung gegebener Verhältnisse gelingt, Variabilität von Entscheidungsprämissen (z. B. Positivität des Rechts, Verschiebbarkeit von Finanzmitteln, Rechtsverhältnissen, Loyalitäten) voraus und erfordert opportunistische Entscheidungsstrategien in dem Maße, als ihre Situation wertkomplex (und nicht lediglich im Rahmen zugewiesener Geldmittel optimierbar) definiert wird. Die Planung gerät damit in eine nahe Beziehung zur Politik, die ihrerseits auch in der Bestimmung von Entscheidungsprämissen ihr Tätigkeitsfeld hat [19]. Aber die Form, in der Parteipolitik ausdifferenziert ist, läßt eine rein politische Planung nicht zu. Der Parteipolitiker verfügt weder über das Fachwissen, noch über die Ausführungserfahrung und oft auch nicht über die genauen Milieukenntnisse, die in die Planung eingebracht werden müssen. Vor allem aber ist die Konstellation von Sinnbezügen, in denen er hohe Komplexität reduziert – die Rücksicht auf Positionen, Beziehungen und politische Karrieren, Konsenschancen, Machtverteilungen und Reputationen – zumeist zu konkret und oft auch zu einseitig festgelegt, als daß er langfristig-konsequent planen könnte. Politik wird auch heute noch von geradezu archaisch anmutenden Interaktionsmustern der wechselseitigen Hilfe und Förderung getragen, und gerade darauf beruht ihre Chance, in einem unübersehbaren Feld von Möglichkeiten noch zu Entschlüssen zu kommen. Die notwendige Distanz des Planers käme unweigerlich in Konflikte mit einer so konkret fixierten Sensibilität, Ansprechbarkeit und Druckempfindlichkeit des Politikers.
Deshalb entwickeln sich konkurrierend zur Parteipolitik Ansätze zu *verwaltungseigener Planung*. Deren Selbstverständnis und Selbstdarstellung ist heute noch überwie-

gend programmrational ausgerichtet, orientiert sich also an den Kriterien für rationale Programm*ausführung*, namentlich an Maßstäben der Wirtschaftlichkeit und der Rechtmäßigkeit in bezug auf vorgegebenen Zwecken, Mittelbeschränkungen und Normen. Diese Auffassung setzt jedoch eng definierte Entscheidungsspielräume voraus und steht in starker Diskrepanz zu der bereits anlaufenden Planungspraxis. Damit ist nicht gesagt, daß die gegenwärtigen Planungen unwirtschaftlich oder gar rechtswidrig seien, wohl aber, daß sie ihre Rationalität in anderen, eben in opportunistischen Kriterien werden ausweisen müssen. Investitionsplanungen zum Beispiel, die ihre Impulse durch die Konjunkturpolitik, also durch wechselnde Dosierung verfügbarer Mittel erhalten, müssen sich ihre Zwecke erst suchen und können in diesem Bereich der Zweckselektion nicht durch Optimierung des Verhältnisses von Aufwand und Ertrag gerechtfertigt werden. Rechtspolitische Planungen, Reformen des Hochschulrechts, des Versicherungsrechts, des Kassenarztrechts usw. müssen sich zwar in die vorhandene Rechtsordnung einfügen, soweit sie nicht geändert wird; aber sie sind nicht allein deshalb schon vernünftig, weil diese Einfügung gelingt.

Man wird sich überlegen müssen, woher die Verwaltung unter den angegebenen Umständen den notwendigen Opportunismus der Planung gewinnen und wie sie ihn rational strukturieren kann. Sie wird unangefochten von einem gesicherten, nur langfristig änderbaren Bestand an Wertsymbolen und von politisch darstellbaren Themen ausgehen können. Sie braucht zum Beispiel nicht zu zweifeln, daß Reinhaltung der Luft und der Gewässer, Bekämpfung der Kriminalität, Förderung von Industrie und Gewerbe, Fürsorge für die Ärmsten, Verbesserung der Einrichtungen für Schulausbildung, Abwendung von Seuchengefahren usw. an sich gut ist, ohne daß sich daraus schon ergäbe, wie weit solche Ziele auf Kosten anderer angestrebt werden sollten. Sie wird, nach mühevollen Erhebungen, einen empirisch feststellbaren Status quo voraussetzen können, an dem nicht alles zugleich geändert werden kann. Auch darin liegen keine prinzipiellen, wenngleich erhebliche praktische und kostenmäßige Schwierigkeiten. Und sie wird schließlich einen Überblick über die politische Lage, über Widerstände und Durchsetzungschancen im politischen Aktionsfeld gewinnen können. Hier kommt ihr das Vorhandensein einer durch Parteien und Interessenverbände schon strukturierten Politik zugute, in der nicht mehr alles möglich und gerade dadurch Bestimmtes möglich ist. Wer außerhalb, aber auch innerhalb der Verwaltung bei bestimmten Plänen applaudieren, wer schreien und wer versteckt bremsen und sabotieren wird, sollte für Planungsstellen in der Verwaltung abschätzbar, in gewissem Grade durch taktische Modifikation der Pläne vielleicht auch beeinflußbar sein.

In dem so vorstrukturierten Feld von Möglichkeiten kann Planung nur eine begrenzte Problematisierung des Status quo leisten. Ihr Opportunismus liegt daher zum guten Teil schon in der Problemstellung und nicht erst in der Vorsorge für Anpassungsmöglichkeiten und Wechsel von Präferenzen innerhalb der Pläne. Planung beruht zunächst auf einer Vorentscheidung über den Wirklichkeitsausschnitt, den sie für problematisch und für variabel hält und auf bessere Möglichkeiten hin abtastet. Damit ist schon weitgehend vorgezeichnet, was in der Perspektive von Zielen und was in der Form von Kosten und sekundär zu lösenden Folgeproblemen erscheint. Diese Vorentscheidung wird opportunistisch getroffen und muß daher für ihre eigene Relativierbarkeit sorgen – was nicht geschieht, wenn sie in den Händen von Interessenten oder von Spezialisten liegt, die ihren Standpunkt absolut setzen und ihren Opportunismus nicht reflektieren können. Um darüber hinaus zu gelangen, müßte man die jeweils gegebene soziale Wirklichkeit als System interdependenter Problemlösungen erfassen, die in all ihren einzelnen Elementen durch funktional äquivalente und in bestimmten Hinsichten vorteilhaftere Lösungen ersetzt werden kann. In einem solchen Denkmodell ließen sich für alle Analysen Bezugsprobleme und Systemreferenzen wählen als Folgeprobleme von letzten Strukturen einer hoch entwickelten Gesellschaft des »guten Lebens«, die man als solche nicht in Frage stellt. Wissenschaftliche Grundlagen dafür sind einstweilen noch kaum zu erkennen. Die begriffliche Erfassung und Erforschung großer, hochkomplexer und strukturierter Systeme ist der kritische Engpaß der heutigen Wissenschaftsentwicklung – nicht nur, aber ganz besonders in den Sozialwissenschaften [20]. Andererseits kann auch dieses Problem wiederum opportunistisch behandelt werden: Man kann die Grenzen der analytischen Fähigkeiten und der gegenwärtigen Rechenkapazität in die Planung selbst einbringen als eine kurzfristige nicht änderbare Größe, damit die Wahl sehr enger Systemreferenzen begründen und dem Kritiker die Entwicklung leistungsfähigerer Konzepte anheimgeben.

IV.

Der Übergang von programmierendem zu programmiertem Entscheiden ist kein Sprung in eine andere Welt [21], sondern eher ein schrittweise vollzogener Einbau von Beschränkungen ("constraints") in Entscheidungssituationen. Daher ist nicht anzunehmen, daß Notwendigkeit und Chancen eines opportunistischen Wechsels von Präferenzen innerhalb des programmierten, auf richtige Problemlösungen abzielenden Entscheidens abrupt aufhören. Aber die Frage ist, wie und wie weit der freie, politische Opportunismus durch Programmierung gebrochen wird, wie sich innerhalb von Entscheidungsprogrammen die Schwierigkeiten neu verteilen und mit welchen Folgeproblemen. Die Möglichkeiten spalten sich je nachdem, welche Form der Programmierung gewählt wird. Geringste Chancen hat der Opportunismus bei detailliert durchgezeichneten Konditionalprogrammen, das heißt bei Regeln, die Auslösebedingungen (»Tatbestand«) *und* Entscheidung (»Rechtsfolge«) festlegen. Mit dem Wenn ist bei diesen Programmen auch das Dann vorgezeichnet. Wenn die gesetzlichen Voraussetzungen erfüllt sind, muß eine Rente in der vorgeschriebenen Höhe bewilligt werden. Nicht alle Konditionalprogramme nehmen diese strenge, voll durchdefinierte Form an. Es gibt mehr oder weniger große Auslegungsspielräume in unbestimmt formulierten Wenns (»Wenn jemand in Not gerät, ...«), und es gibt Spielräume der Maßnahmenwahl in unbestimmt formulierten Danns (»..., dann soll ihm in geeigneter Weise geholfen werden«). Und es gibt Lockerungen in der Verkettung von Wenn und Dann (»kann«, »soll in der Regel«, »soll im Rahmen der verfügbaren Mittel« usw.). Gleichwohl ist nicht zu verkennen, daß dieser für das juristische Denken typischen Programmform eine Tendenz zur Ausschaltung des Opportunismus innewohnt, besonders, wenn sie sich mit dem Gleichheitsprinzip verbindet, so daß eine Selbstbindung des Entscheidenden an einmal gewählte Auslegungen entsteht. Einem Wechsel der Präferenzen kann dann nur noch durch den Nachweis Bahn gebrochen werden, daß neue Fälle anders liegen als alte Fälle – eine Argumentationstechnik, die zu einer immer feineren Ausarbeitung des Regelwerkes führt, immerhin aber eine Wahrnehmung neuer Lagen und veränderter Konstellationen (»an die der Gesetzgeber nicht gedacht hatte«) nicht ausschließt. Abgesehen davon setzt das Gleichheitsprinzip politische oder hierarchische Formen der Erlösung von übermäßiger Selbstbindung voraus – oder konstant bleibende gesellschaftliche Verhältnisse.

Konditionalprogramme haben nach all dem eine Tendenz, Opportunismus zu zentralisieren und den Wechsel der Präferenzen politischen Zentralinstanzen zu überlassen. Das stellt hohe Anforderungen an eine abstrakte, problembezogene, lernfähige Begrifflichkeit, unter der die Politik Informationen verarbeitet – Anforderungen, die heute in keiner Weise erfüllt werden können. Unter diesen Umständen muß der politisch gehemmte Opportunismus in der Verwaltung – und in minderem Grade auch in den Gerichten – zugleich dieses Schlechtfunktionieren der Politik auffangen und kompensieren [22]. Darin liegt ein Anreiz zu kurzschließendem Durchgreifen von der Politik in die Verwaltung, zum Unterlaufen der Programme im Einzelfall und zum Diskreditieren des Juristen, der sich solchen Praktiken entgegenstellt, ohne die entsprechenden Bedürfnisse auf andere Weise wirksam befriedigen zu können. So entstehen eigentümliche Kombinationen von Opportunismus, Politik und Illegalität und daraufhin die Vorstellung, daß der Jurist das Recht und die Sachlichkeit in der Verwaltung zu verteidigen berufen sei.

Zweckprogramme [23] verteilen die Folgeprobleme und Entscheidungslasten anders. Hier hat das Programm die Form der Bewertung einer oder einiger Wirkungen als Zweck und der Restriktion der Wahl von Mitteln (Der Zweck heiligt nicht *jedes* Mittel). Ein Entscheidungsprogramm im Unterschied zur unmittelbaren Handlungsentscheidung liegt nur dann vor, wenn dabei die Wahl der geeigneten Mittel für wiederholte Situationen offen und der einzelnen Situation überlassen wird. Die geeigneten Mittel unterscheiden sich danach, welche Werte und Interessen durch ihre Nebenfolgen berührt werden, und in diesem Bereich der Nebenfolgen läßt das Zweckprogramm Wechsel von Präferenzen, also Opportunismus zu. Dieser Opportunismus innerhalb von Zweckprogrammen läßt sich nur ausschalten, wenn die Entscheidungsbedingungen so eng definiert werden können, daß sich einzig-richtige (optimale) Problemlösungen ausrechnen lassen – ein Fall, der für die öffentliche Verwaltung praktisch geringe Bedeutung hat.

Durch Zweckprogrammierung läßt sich die opportunistische Entscheidungslast in beliebiger Weise auf programmierendes und programmiertes Entscheiden verteilen. Die Programmentscheidung fixiert eine Präferenz für den Zweck vor *allen* Nebenfolgen der zulässigen Mittel. Diese Präferenz kann nur durch Umprogrammierung revidiert werden: durch Aufnehmen oder Abstoßen von Restriktionen der Mittelwahl oder durch Anreicherung des Zweckes mit oder Entlastung von ebenfalls gewünschten Wirkungen. So kann man in Richtlinien für den Schulbau zusätzliche sanitäre Kriterien einbauen oder überholte Sicherheitsvorschriften ausbauen. Naturschutzprogramme können neben dem Zweck der Erhaltung der Natur auch den der Bereitstellung von Erholungsräumen aufnehmen, was neue Mittel – etwa: Anlegung von Parkplätzen – in den Rechtfertigungsbereich dieses Programmes bringt. Durch solche Entscheidungen wird der Bereich zulässiger Mittel eingeengt oder erweitert – der Bereich, in dem dann der nach dem Programm Entscheidende opportunistisch verfahren kann.

Auf sich allein gestellt, könnte die Verwaltung über die Ebene der Präferenzfestlegung allein danach entscheiden, ob und in welchen Hinsichten Fixierungen, die Situationen übergreifen, sinnvoll sind. Aus der Kooperation mit der Parteienpolitik ergeben sich dafür Schranken. Der Politiker wird die für ihn wichtigen Werte in den programmierenden Entscheidungen zementieren wollen und nicht erst in den programmierten Entscheidungen, wo er sie in jedem Einzelfall verfolgen und durchsetzen müßte. Er wird sich die Frage vorlegen und sie in übersehbaren, vor allem in kommunalen Verhältnissen auch beantworten können, in welche Hände welche Entscheidungen kommen, und er wird sie demjenigen zuspielen wollen, dessen Hände er fassen kann. Typisch erfordert der verteilte Opportunismus der Zweckprogramme eine sehr viel engere Kommunikation zwischen Politik und Verwaltung als sie bei konditionaler Programmierung erforderlich wäre. Hierin liegt heute die eigentliche Rechtfertigung dafür, daß auf kommunaler Ebene eigene politische Systeme unterhalten werden, die diese Funktion erfüllen können [24].

Im Gesamtbild setzt jede Verwaltung sich aus Konditionalprogrammen und Zweckprogrammen zusammen, die nicht nur nebeneinander, sondern auch ineinandergeschachtelt die Prämissen des laufenden Entscheidungsprozesses definieren. Damit verbietet sich eine theoretische Ableitung von Allgemeinurteilen über Opportunismus in der Verwaltung. Die Verteilung der Chancen und der Lasten, der Verantwortungen und der Hemmungen des konkreten Entscheidens über Werte und auch die argumentativen Formen, in denen Entscheidungen und ihre Folgen bewertet werden, hängen von der jeweils gewählten Programmstruktur ab. Die Entscheidungsprogramme geben jene Prämissen vor, in bezug auf die Mögliches und Unmögliches abgeschätzt, politischer Einfluß bewertet, umdirigiert oder gar abgewehrt und taktisches Verhalten raffiniert werden kann. Man kann deshalb nicht so schlicht urteilen: je mehr Programmierung, desto weniger Opportunismus. Sondern es scheint, daß die Programmatik einer Verwaltung ihren Opportunismus strukturiert und ihm dadurch zu höherer Komplexität und Differenziertheit der Entscheidungsgesichtspunkte verhilft. Das Problem ist dann weniger, daß ein Wechsel der Bewertungen nicht möglich wäre, sondern daß man die Stellen, die über ihn entscheiden können, kommunikativ nicht rasch genug erreichen und überzeugen kann.

V.

Nicht zu verwechseln mit den beiden Grundformen der Programmierung ist eine andere Unterscheidung, die auf die Art bindender Entscheidung in ihrem Verhältnis zum Empfänger abstellt. Je nachdem, ob die Entscheidung die Handlungsmöglichkeiten des Empfängers einschränkt oder erweitert, kann man von *Eingriffsentscheidungen* oder von *Leistungsentscheidungen* sprechen. Für die erreichbare Komplexität der Wertaspekte von Verwaltungsentscheidungen und für deren opportunistischen Ausgleich und deshalb auch für das Verhältnis von Politik und Verwaltung hat es weittragende Folgen, ob eine Verwaltung primär als Eingriffsverwaltung oder als Leistungsverwaltung konstruiert ist. Keine Verwaltung kann natürlich ganz auf den einen oder den anderen Entscheidungstyp verzichten; man kann weder allein durch Befehl noch allein durch Geldüberweisung regieren. Aber die Schwerpunkte können mehr in der einen oder mehr in der anderen Richtung gesetzt sein.

Die deutsche Verwaltungsrechtsliteratur hat eine Schwerpunktverlagerung von Eingriffsverwaltungen zu Leistungsverwaltungen beobachtet und diesem Vorgang ihr

Interesse zugewandt, weil er die traditionellen, eingriffsabhängigen Rechtsschutzformen zu unterminieren droht [25]. Als Grund dieses Wandels gibt sie an, die Komplexität der Gesellschaft habe zugenommen und die Autarkie des einzelnen abgenommen, so daß der Staat mehr und mehr nicht nur eingreifend und verhindernd, sondern auch leistend, zuteilend und ausgleichend tätig werden müsse. Das ist richtig; aber die Art und Weise, in der sich die hohe Komplexität und Interdependenz gesellschaftlicher Vorgänge in verwaltungsinterne Entscheidungsprobleme umsetzt, muß genauer untersucht werden.

Zunehmende Differenzierung und Interdependenz gesellschaftlicher Leistungen führt dazu, daß Probleme nicht mehr dort gelöst werden können, wo sie ihre Ursache haben; daß Teilsysteme und Prozesse, die Störungen verursachen, immer weniger in der Lage sind, diese Störungen auch zu beseitigen. Automobilfabriken überschwemmen die Straßen, aber bauen, erweitern und reparieren sie nicht. Das führt dazu, daß mehr entscheidungsbedürftige Probleme auftreten, daß es also zunächst einmal zu einer rein quantitativen Aufgaben- und Personalvermehrung der Verwaltung kommt. Dabei geht die Schwerpunktverlagerung von Eingriffs- auf Leistungsentscheidungen weniger als Umstellung vorhandener Programme vor sich, sondern mehr in der Form einer unterschiedlichen Zunahme der beiden Entscheidungstypen. Neue Aufgaben fallen primär als Leistungsaufgaben an.

Hohe Interdependenz des gesellschaftlichen Leistungsgefüges bedeutet ferner, daß der schadenstiftende Effekt von Sondereingriffen sich potenziert und in vielen Fällen unübersehbar wird, also nicht mehr in Einzelentscheidungen zentralisiert und verantwortet werden kann – mag nun der Schaden als einklagbarer Rechtsverlust erscheinen oder nicht. Dagegen kann die Gesellschaft nur begrenzt durch Einkleidung von Interessen in subjektive Rechte abgesichert werden. Ihre Belastung muß möglichst generalisiert und berechenbar gemacht werden, also hauptsächlich die Form von allgemeinen, gesetzlich geregelten Handlungsbeschränkungen und langfristig festliegenden Steuern annehmen. Dagegen müssen fallweise angestrebte, spezifische Wirkungen mehr durch Förderung als durch Belastung bestimmter Interessen erzielt werden. Mit steigender Komplexität der Gesellschaft entsteht mithin eine Tendenz, Belastungen eine allgemeine, Wohltaten dagegen eine spezifische Form zu geben und beides zu steigern. Auch deshalb nehmen im gesamten Entscheidungsprozeß der Verwaltung Leistungsprogramme, vor allem Zuteilungen, Subventionen, Einrichtung nützlicher Werke, stärker zu als Eingriffsentscheidungen.

Dazu kommt schließlich der uns hauptsächlich interessierende Entwicklungszug: daß hohe Interdependenz zu einer Vervielfältigung, Spezifikation und politischen Empfindlichkeit relevanter Werte und Interessen führt. Darauf muß die Verwaltung ihren Entscheidungsstil und ihren internen Koordinationsmechanismus einstellen. Eingriffsverwaltungen richten ihre Befehle auf Situationen mit direkt unvereinbaren Werten oder Zwecken: Der Befehlsempfänger möchte A und soll Nicht-A oder umgekehrt. Die Verwaltung löst durch bindende Entscheidung Widersprüche, die als unmittelbare Sinnwidersprüche erlebt werden und außerhalb des Verwaltungssystems lokalisiert sind. Leistungsverwaltungen befassen sich dagegen mit Widersprüchen, die aus der Knappheit ihrer eigenen Mittel folgen und infolgedessen als interne erlebt und ausgeglichen werden müssen. Dieser Unterschied prägt die Formen, in denen die Konsistenz der Verwaltungsentscheidungen gesichert und dargestellt werden muß [26].

Eingriffsentscheidungen beruhen auf legitimer, durch Zwangsgewalt gestützter Macht, auf einem Kommunikationsmedium also, das sich weder quantifizieren noch teilen, sondern nur als Ganzes einsetzen läßt. Jeder Gebrauch legitimer Macht läßt das politische System selbst in Erscheinung treten und muß im Konfliktsfall zentral verantwortet werden. Daher setzt solcher Machtgebrauch eine regulierende und begrenzende Wertkonzeption des öffentlichen Interesses voraus, die zu projizieren und zu vertreten den modernen, funktionalspezifisch organisierten Entscheidungsbürokratien sichtlich schwer fällt. Ein Beispiel dafür bietet die Lage des Hochschulsystems, das von seiten der Hochschulverwaltung selbst angesichts akuter Störungen und Rechtsbrüche nicht mit Eingriffen, sondern nur mit Zuteilungen regiert wird. Außerdem ist Staatsmacht im Konfliktsfalle stets Übermacht, kann sich jedenfalls durchsetzen und bleibt sich daher über ihre Grenzen im unklaren. Der Informationsrücklauf ist bei Anwendung von Befehlsgewalt relativ gering [27]. An der Aufnahme einzelner Entscheidungen lassen die Schranken der Befehlsgewalt sich nicht testen; sie werden erst sichtbar, wenn die Legitimität zerfällt und es zum Aufstand kommt [28]. Auch deshalb muß im Bereich der befehlenden Machtanwendung die Bürokratie ihre Grenzen in sich selbst finden, und zwar in der Form ideologisch konsistenter Entscheidungsgrundlagen, deren Werte in der Umwelt institutionalisiert sind. Im Bereich der Machtanwendung ist aller Opportunismus besonders heikel. Die notwendigen Wertsynthesen begrenzen die erreichbare Komplexität des Verwaltungssystems.

Verglichen damit haben Leistungsentscheidungen bessere Annahmechancen außerhalb und beweglichere Koordinationsmöglichkeiten innerhalb der Verwaltung. Akzeptiert werden sie vom Begünstigten als Vorteil und von den anderen, weil die Belastung sie nicht direkt als Folge einer Einzelentscheidung trifft. Koordiniert werden sie hauptsächlich durch den Geldmechanismus, und das heißt rein formal: durch die quantitative Grenze einer gegebenen Summe. Das Ausmaß der tragbaren Gesamtbelastung der Wirtschaft wird zentral, also unter politischer Kontrolle, festgesetzt und das Resultat durch den Haushalt auf Einzelprogramme verteilt. Die Teilung der Summe kann, weil es eine Summe ist, ohne sachliche oder gar rangmäßige Abstimmung der geförderten Werte erfolgen und bedeutet doch wechselseitige Rücksicht in dem Sinne, daß nicht jeder Wert mit maximalem Einsatz, sondern aus Rücksicht auf andere nur mit begrenzten Mitteln gefördert wird. Diese Art der Konsistenz ermöglicht ein außerordentliches Maß an Spezialisierungen und Zweckaussonderungen mit variablen Rangverhältnissen. Eine zuteilende Verwaltung hat deshalb hohe Toleranz für Sinnwidersprüche in den Zwecken und Werten und kann mit ihrer Entscheidungsstruktur in einer sehr komplexen, pluralistischen Umwelt operieren. Die häufig formulierte Erwartung, man solle im Rahmen der Haushaltsberatungen die Einzelprogramme in ihrem allgemeinen Wertverhältnis zueinander abwägen, überfordert nicht nur die Praxis [29], sondern steht auch im Widerspruch zu dem Bedürfnis, das Wertberücksichtigungspotential der Verwaltung zu steigern und damit einer komplexen Gesellschaft besser gerecht zu werden. Nicht mehr über Wertrangbeziehungen und allgemeine Prioritäten oder gar absolute Präferenzen, sondern sehr viel formaler nur über ein aufgezwungenes Knappheitsbewußtsein wird eine Leistungsverwaltung koordiniert, und die Schranken ihres Handelns ergeben sich weder aus dem Widerstand ihrer Umwelt noch aus dem Sachzusammenhang einer gemeinsam mit der Umwelt akzeptierten Wertordnung, sondern aus den Kosten.

Diese Art Begrenzung ermöglicht den Einbau von Konflikten unter prinzipiell konkurrierenden (und als solche anerkannten) Wertperspektiven in die Verwaltung und deren Rationalisierung durch Rechnung nach den Regeln eines Nullsummenspiels: Ausgaben müssen im kleinen wie im großen mit quantitativen Grenzen in Einklang gebracht werden, wobei jede bestimmte Ausgabe in entsprechender Höhe die Möglichkeit anderer (zumeist: von anderen geforderter) Ausgaben blockiert. Opportunistisches Entscheiden wird zur ungewollten Resultante divergierender Kräfte, die unter der Bedingung eines strukturell unbestimmten Konfliktausgangs in ein System zusammengespannt sind. Typisch kommt es dann nach einiger Zeit zu relativ festliegenden Fronten und geringer Variabilität, und nur größere Wellen der Politik oder der Wirtschaftskonjunktur sind dann imstande, den Opportunismus in der Verwaltung wieder flottzumachen.

Diesen Chancen für opportunistische Verteilungsprozesse in der Verwaltung paßt die politische Beeinflussung der Verwaltung sich an. Sind in der Verwaltung Möglichkeiten bereitgestellt, Wohltaten zu verteilen, verlockt das die ohnehin konkret denkenden Politiker, sie in direktem Zugriff zu benutzen und sich darauf zu konzentrieren, die Haushaltsmittel zugunsten bestimmter Werte zu erhöhen oder herabzusetzen, um aus den Reben der Verwaltung politischen Wein zu ziehen. Die unentbehrlichen Entscheidungserleichterungen der Verwaltung werden dann zur Basis, auf der Politik und Verwaltung sich unter relativ geringen Anforderungen an rationale Kalkulation verständigen. So kann man beobachten, daß primär politisch denkende Parlamentsausschüsse mit Hilfe von formalen Regeln oder über sich einbürgernde Beteiligungsgewohnheiten sich in die Ausgabeentscheidungen der Exekutive einschalten [30], und natürlich wird auch ein einzelner Abgeordneter, der die reichere Dotierung eines Haushaltstitels durchgesetzt hat, kaum verschlossene Türen finden, wenn er wegen bestimmter Ausgabenwünsche im Ministerium vorspricht.

Für solche Erscheinungen ist charakteristisch, daß man ihnen nicht durch Berufung auf Prinzipien guter Verwaltung und feste Kriterien des öffentlichen Interesses entgegentreten kann. Vielmehr gehen sie auf die strukturell bedingte Komplexität von Leistungsverwaltungen zurück. Man kann deshalb nicht gegen sie, sondern nur mit ihnen rational verwalten. Dazu ist es nötig, das deutlich spürbare Ungenügen gegenwärtiger Praktiken genau zu lokalisieren. Es liegt nicht auf der Linie, die von privaten zu öffentlichen Interessen führt und schon gar nicht in einem Gegensatz von Gesellschaft und Staat, sondern in der Dimension von konkreten zu abstrakten Prämissen der Entscheidungsfindung. Nicht *daß* Politiker und Interessenten auf die Verwaltung Einfluß nehmen, ist zu beanstanden, sondern daß sie es auf zu konkreten Ebenen der Sinnfixierung tun und damit ungeprüfte andere Möglichkeiten vergeuden [31].

Opportunistische Praxis besteht nicht in ziellosem, druckabhängigem Schlendern durch die Landschaft der Zwecke und Werte. Sie erfordert eine abstrakte, variantenreiche, problembezogene, funktionale, letztlich soziologische Begrifflichkeit, die nicht normativ, sondern gerade lernfähig konzipiert sein muß. Sie braucht Gesichtspunkte, nach denen sie auch den Wechsel der Präferenzen noch organisieren und selbst höchste Werte, wenn nicht negieren, so doch warten lassen kann. Dabei kann es sich nicht einfach um Programme und Pläne handeln und nicht nur um eine Fortschreibung der Wirklichkeit unter leicht erhöhtem Anspruchsniveau. Vielmehr muß die Verwaltung, wie bereits oben im Zusammenhang mit dem Thema Planung notiert, dazu ansetzen, ihre Wirklichkeit als soziales System voneinander abhängiger Problemlösungen zu begreifen, die prinzipiell kontingent und in Abhängigkeit von vorgewählten Strukturen auch praktisch mit mehr oder weniger weittragenden Folgen variabel sind. Denn im Grunde ist es immer das soziale System, in dem sich die Opportunität zu erkennen gibt und definiert, und daher ist es der Begriff des sozialen Systems, mit dem sie kontrolliert werden muß.

Anmerkungen

1 Vgl. statt anderer *Michel Crozier,* Le phénomène bureaucratique, Paris 1963; *Fritz Morstein Marx,* Das Dilemma des Verwaltungsmannes, Berlin 1965, insbes. S. 142 ff.

2 Siehe dazu *David Braybrooke/Charles E. Lindblom,* A Strategy of Decision: Policy Evaluation as a Social Process, New York–London 1963.

3 Vgl. näher *Niklas Luhmann,* Zweckbegriff und Systemrationalität: Über die Funktion von Zwecken in sozialen Systemen, Tübingen 1968, S. 19 ff.

4 *John Dewey,* The Public and its Problems, New York 1927, hatte öffentliches Handeln dadurch sogar definiert, daß es keinerlei Wertaspekt der Nebenfolgen seines Handels außer acht lassen dürfe.

5 Dazu lesenswert *Leszek Kolakowski,* Der Mensch ohne Alternative: Von der Möglichkeit und der Unmöglichkeit, Marxist zu sein, München 1960.

6 Vom Privatbetrieb gehen aus *Chester I. Barnard,* The Functions of the Executive, Cambridge, Mass., 1938, S. 200 ff.; *Melville Dalton,* Men Who Manage, New York–London 1959; *A. K. Rice,* The Enterprise and its Environment: A System Theory of Management Organization, London 1963, S. 13 f., 188 ff. An der öffentlichen Verwaltung orientieren sich z. B. *Herbert A. Simon/Donald W. Smithburg/Victor A. Thompson,* Public Administration, New York 1950, S. 122, 389 ff.; Sir *Geoffrey Vickers,* The Undirected Society: Essays on the Human Implications of Industrialization in Canada, Toronto 1959, insbes. S. 61 ff., 108 ff.; *Charles E. Lindblom,* The Science of "Muddling Through", Public Administration Review 19 (1959), S. 79–88, ders., The Intelligence of Democracy: Decision Making Through Mutual Adjustment, New York 1965; *Aaron Wildavsky,* The Politics of the Budgetary Process. Boston–Toronto 1965; *Morstein Marx,* a.a.O. (1965), insbes. S. 184 ff. Für Organisationen im allgemeinen vgl. auch *James G. March/Herbert A. Simon,* Organizations, New York–London 1958, S. 109 f.

7 Die Divergenz dieser beiden Ziele wurde in der älteren Betriebswirtschaftslehre durch das Postulat der unbegrenzten Kreditfähigkeit eines seinen Gewinn rational maximierenden Unternehmens nur unzulänglich überbrückt und findet heute zunehmende Aufmerksamkeit.

8 Siehe als einen daraufhin analysierten Einzelfall *Charles Perrow,* Organizational Prestige: Some Functions and Dysfunctions, The American Journal of Sociology 66 (1961), S. 335 bis 341. Prinzipielle Formulierungen findet man bei Autoren, die dieses Problem zu einem begrifflichen Gegensatz von Zweckmodellen und Systemmodellen der Organisation zuspitzen. Siehe z. B. *Alvin W. Gouldner,* Organizational Analysis, in: *Robert K. Merton/Leonard Broom/Leonard S. Cottrell, Jr.* (Hrsg.), Sociology Today, New York 1959, S. 400 bis 428, oder *Amitai Etzioni,* Two Approaches to Organizational Analysis: A Critique and a Suggestion, Administrative Science Quarterly 5 (1960), S. 257–278.

9 Siehe statt anderer *Amitai Etzioni,* Dual Leadership in Complex Organizations, American Sociological Review 30 (1965), S. 688–698, mit weiteren Hinweisen und dem Versuch eines Einbaus in die Organisationssoziologie.

10 Vgl. namentlich *Woodrow Wilson,* The Study of Administration, Political Science Quarterly 2 (1887), S. 197–222; *Albert Schäffle,* Bau und Leben des sozialen Körpers, 2. Aufl., Bd. II, Tübingen 1896, S. 437 ff.; ders., Über den wissenschaftlichen Begriff der Politik, Zeitschrift für die gesamte Staatswissenschaft 53 (1897), S. 579–600; *Frank J. Goodnow,* Politics and Administration: A Study in Government, New York–London 1900.

[11] Diese Gegenüberstellung schließt nicht aus, daß es auch innerhalb der Verwaltung »Politiker« gibt, die sich in der Form von guten Beziehungen und Untergebenen, Zuständigkeiten, Mitzeichnungsrechten, Aktenzeichen, Federführungen, Unterschriftsbefugnissen usw., generalisierte Ressourcen für noch unbestimmte Fälle aufbauen; aber das sind dann kleine Politiker, die in ihrem Milieu ihre Ziele nicht offenlegen und legitimieren können.

[12] The Complexity of Scientific Choice: A Stocktaking, Minerva 1964, S. 343–359 (354).

[13] Eine vergleichbare Auffassung von Politik im Verhältnis zur Verwaltung vertritt *Rolf Grauhan*, Stadtplanung und Politik, Politische Vierteljahresschrift 7 (1966), S. 392–406, ders., Modelle politischer Verwaltungsführung, Politische Vierteljahresschrift 10 (1969), S. 269 bis 284; ders., Politische Verwaltung: Auswahl und Stellung der Oberbürgermeister als Verwaltungschefs deutscher Großstädte, Freiburg/Brsg. 1970. Auch für Grauhan steht die Verschiebbarkeit politischer und administrativer Funktionen im institutionellen Gefüge im Vordergrund. Auf Grund eines sehr weiten, lediglich durch Konfliktbezug und offenen Lösungskontext definierten Begriffs von Politik kommt er dann allerdings zu einer anderen Einschätzung der Politisierung von Verwaltung.

[14] In diesem Sinne verfolgt *M. G. Smith*, On Segmentary Lineage Systems, The Journal of the Royal Anthropological Institute of Great Britain and Ireland 86 (1956), S. 39–80, die Trennung von Politik und Verwaltung bis in archaische Gesellschaften. Vgl. auch ders., Government in Zazzau 1800–1950, London–New York–Toronto 1960, insbes. S. 15 ff.

[15] Vgl. dazu *S. N. Eisenstadt*, The Political Systems of Empires, New York–London 1963, S. 273 ff.

[16] Als einen typischen Fall siehe *Fred W. Riggs*, Thailand: The Modernization of a Bureaucratic Polity, Honululu 1966, wo zugleich der Unterschied zur älteren Ordnung deutlich wird: An die Stelle des Einflusses auf den Herrscher tritt die Korruption als Selektionsprinzip.

[17] Siehe *Andrew Gunder Frank*, Goal Ambiguity and Conflicting Standards: An Approach to the Study of Organization, Human Organization 17 (1958/59), S. 8–13.

[18] Siehe dazu *Vilhelm Aubert*, Einige soziale Funktionen der Gesetzgebung, in: *Ernst E. Hirsch/Manfred Rehbinder* (Hrsg.), Studien und Materialien zur Rechtssoziologie, Sonderheft 11 der Kölner Zeitschrift für Soziologie und Sozialpsychologie, Köln–Opladen 1967, S. 284–309.

[19] Hierzu auch *Niklas Luhmann*, Politische Planung, in diesem Band S. 66 ff.; *Thomas Ellwein*, Politik und Planung, Stuttgart 1968; *Fritz W. Scharpf*, Die planende Verwaltung in der Demokratie: Zu den »Leitsätzen der Verwaltungspolitik«, Recht und Politik 1969, S. 20 bis 23; *Emil Guilleaume*, Politische Entscheidungsfunktion und Verwaltungsstruktur, Die Verwaltung 3 (1970), S. 1–14; ferner die oben (Anm. 13) zitierten Arbeiten von *Grauhan* und ders., Zur Struktur der planenden Verwaltung, Stadtbauwelt 22 (1969), S. 132–137. Über das Ausmaß einer in den Vereinigten Staaten erreichten Verzahnung unterrichtet *Paul Y. Hammond*, A Functional Analysis of Defense Department Decision-Making in the McNamara Administration, American Political Science Review 62 (1968), S. 57–69. Zu den in Deutschland aktuellen Reformplänen vgl. den Bericht der Projektgruppe zur Reform der Struktur von Bundesregierung und Bundesverwaltung vom August 1969, insbes. S. 184 ff., und dazu *Adolf Theis*, Stand der Überlegungen zur Regierungsreform im Bund, Die Verwaltung 3 (1970), S. 72–84.

[20] Siehe *Warren Weaver*, Science and Complexity, American Scientist 36 (1948), S. 536–544 und als eine hoffnungsvollere Stimme *F. E. Emery*, The Next Thirty Years: Concepts, Methods and Anticipations, Human Relations 20 (1967), S. 199–237.

[21] *Herbert A. Simon* hat diesen ursprünglich scharf konzipierten Gegensatz denn auch in ein Kontinuum zunehmend reduzierter Komplexität abgeschwächt. Siehe zunächst: Recent Advances in Organization Theory, in: Research Frontiers in Politics and Government, Brookings Lectures 1955, Washington 1955, S. 23–44, und dann: The New Science of Management Decision, New York 1960, dt. Übers. in: *Herbert A. Simon*, Perspektiven der Automation für Entscheider, Quickborn 1966, S. 69 ff.

[22] *Fritz Scharpf*, Die politischen Kosten des Rechtsstaats, Tübingen 1970, sieht in einer solchen Problemverschiebung nicht nur »Kompensation«, sondern zugleich die Möglichkeit, die Verwaltung durch engere Verknüpfung mit nichtzentralisierbaren politischen Kräften demokratisch-wertepluralistisch zu politisieren. Dazu wäre die Detailliertheit rechtsstaatlicher Regu-

lierungen abzubauen. Die amerikanischen Erfahrungen mit diesem Vorgehen stimmen jedoch eher skeptisch, und zwar nicht nur auf so brisanten Gebieten wie der Rassengleichheitsgesetzgebung; eine pluralistische Demokratie dieses Typs scheint dahin zu tendieren, die lokal durchsetzungsfähigen Kräfte zu stützen und die vorhandenen Verhältnisse zu konservieren. Vgl. die scharfe Kritik von *Theodore J. Lowi,* The End of Liberalism: Ideology, Policy, and the Crisis of Public Authority, New York 1969, der für die Vereinigten Staaten den Gegenkurs einer stärker rechtsstaatlich-legislativen Regulierung empfiehlt.

23 Hierzu näher: *Niklas Luhmann,* Zweckbegriff und Systemrationalität, a.a.O., insbes. S. 177 ff.

24 Funktionales Äquivalent für dieses Prinzip der politischen Selbstverwaltung ist in Einparteiensystemen der doppelhierarchische Aufbau von Partei und Staat, durch den die Partei auf jeder hierarchischen Ebene in die Staatsverwaltung hineinfassen und damit auf jeder Ebene den programmatisch reduzierten Opportunismus der Verwaltung kontrollieren kann. Ein solches System braucht trotz Vorwiegen der Zweckprogrammierung keine kommunale Selbstverwaltung.

25 Vgl. z. B. *Ernst Forsthoff,* Die Verwaltung als Leistungsträger, Stuttgart–Berlin 1938; *Hans Huber,* Recht, Staat und Gesellschaft, Bern 1954; *Wolfgang Lepsien,* Prinzipien der Leistungsverwaltung, Diss. Münster 1961; *Peter Badura,* Die Daseinsvorsorge als Verwaltungszweck der Leistungsverwaltung und der soziale Rechtsstaat, Die öffentliche Verwaltung 9 (1966), S. 624–633.

26 Siehe dazu auch die Unterscheidung von integrative und allocative Decisions bei *Sir Geoffrey Vickers,* The Art of Judgment: A Study of Policy Making, London 1965, S. 207 ff.

27 Dieser Gedanke findet sich zugespitzt zu einem grundsätzlichen Gegensatz von "coercion" und "information" bei *David Apter,* The Politics of Modernization, Chicago–London 1965.

28 Die klassische organisationssoziologische Fallstudie dazu ist *Alvin W. Gouldner,* Patterns of Industrial Bureaucracy, Glencoe, Ill., 1954, und ders., Wildcat Strike, Yellow Springs Ohio 1954.

29 Vgl. die Darstellung und Kritik eines entsprechenden »Experimentes« im amerikanischen Bundeslandwirtschaftsdepartment bei *Aaron Wildavky/Arthur Hammond,* Comprehensive Versus Incremental Budgeting in the Department of Agriculture, Administrative Science Quarterly 10 (1965), S. 321–346.

30 Siehe den Überblick über solche Verflechtungen bei *Horst Goltz,* Mitwirkung parlamentarischer Ausschüsse beim Haushaltsvollzug, Die öffentliche Verwaltung 18 (1965), S. 605–616.

31 Diese Bemerkung soll selbstverständlich nicht zurückführen zu der alten Art, Politik und Verwaltung unter dem Gesichtspunkt von allgemeinen und konkreten Entscheidungen zu trennen, die *Rolf-Richard Grauhan,* Modelle politischer Verwaltungsführung, Politische Vierteljahresschrift 10 (1969), S. 269–284 (276), mit Recht als überholt ansieht. Gemeint ist vielmehr, daß Interaktionen zwischen Politik und Verwaltung unter mehr oder weniger konkreten bzw. abstrakten Prämissen ablaufen können.

Reform und Information

Theoretische Überlegungen zur Reform der Verwaltung

Verwaltungsreform ist ein altes, wenig neues Thema – mehr der praktischen Verwaltungspolitik als der Wissenschaft. Hilfeersuchen, die hin und wieder aus der praktischen Verwaltung an die Wissenschaft gerichtet werden [1] *, verhallen ungehört oder werden mehr auf Grund praktischer Erfahrung als auf Grund theoretischer Reflexion literarisch behandelt. Dafür gibt es zahlreiche Gründe, die kurzfristig kaum geändert werden können – vor allem solche des sehr unzulänglichen Entwicklungsstandes der Verwaltungswissenschaft. Andere Gründe scheinen in den Erwartungshaltungen der Praxis zu liegen, die als solche nicht theoriefähig sind. Deren kritischer Revision gilt die folgende Abhandlung. Die Verwaltungswissenschaft ist zwar weit davon entfernt, der Verwaltungspraxis sagen zu können, wie sie Verwaltungsreformen zu machen hat [2]; sie vermag jedoch auf einer sehr viel abstrakteren Ebene Anregungen dafür zu geben, wie über Verwaltungsreform gedacht werden kann.

Dem Politiker und dem Verwaltungspraktiker erscheint die Verwaltungsreform als eine gute, wenn auch ein bißchen hoffnungslose Sache, als ein umfangreiches, daher nur schrittweise zu bewerkstelligendes Vorhaben. Er denkt dabei vornehmlich an eine Veränderung von Gebietsgrenzen, an die Zusammenlegung von Behörden, an Einsparungen von Personal, Verkürzung von Entscheidungszeiten oder Kommunikationswegen, Vereinfachung von Vorschriften oder Formularen – kurz: an mehr oder weniger komplexe Projekte, die im Prinzip sonstigen schwierigen Aufgaben gleichen [3]. Für solche Projekte braucht man sehr viel Information, und damit verbindet sich die unangenehme Erfahrung, daß die Akten dicker und dicker werden, so daß schließlich niemand mehr Zeit findet, sie ganz zu lesen. Man braucht einen eigens damit beschäftigten Assessor, eine Planungsgruppe, einen Führungsstab – und muß doch von Zeit zu Zeit einen Modus finden, der die Reform als unerledigt erledigt und einen neuen Anfang ermöglicht.

Offensichtlich besteht ein enger Zusammenhang zwischen Reform und Information. Wenn es aber so ist, daß die Information der Reform solche Schwierigkeiten und kontinuierliches Scheitern verursacht, drängt es sich auf, zunächst an die Reform der Information zu denken. Eine solche Umkehrung des Mittels zum Gegenstand der Reform führt aus der unmittelbar praktischen Orientierung hinaus in recht schwierige theoretische Fragen. Mir scheint, daß mit dieser Umkehrung zugleich ein Denkansatz gefunden werden könnte, von dem aus sich Verwaltungsreform nicht mehr projekthaft, sondern theoretisch begreifen läßt; ein Denkansatz zudem, der sich mit den neueren Entwicklungen von Systemtheorien und Entscheidungstheorien integrieren und sich auf diese Weise wissenschaftlich absichern läßt. Dieser Möglichkeit einer vom Informationsproblem ausgehenden Verwaltungsreform soll hier in einigen Hinsichten nachgegangen werden.

* Anmerkungen siehe S. 197–202.

König, DVBl 75, 225, Steinberg, DVBl 79, 498 (Verw. als Produzent von Entscheidungen und Handlungen, Inform. Rohstoffe)

Die dafür notwendigen Überlegungen lassen sich in drei Teilen zusammenfassen. In einem 1. Teil (I) soll ein Begriff der Verwaltung geklärt werden, der es ermöglicht, Information zum Problem werden zu lassen. Im 2. Teil (II) soll dieses Problem der Information begrifflich präzisiert und ausgearbeitet werden. Im 3. Teil (III–VI) können auf diesen Grundlagen dann einige Folgerungen für Reformplanungen im Sinne von Strukturplanungen der Verwaltung entwickelt werden.

I

Eine Verwaltung soll hier verstanden werden als ein soziales System organisierten Handelns. Verglichen mit andersartigen Organisationen, z. B. Produktionsbetrieben, Schulen, Banken, liegt ihre Besonderheit darin, daß sie Entscheidungen herstellt, die den Empfänger binden, d. h. von ihm in seiner Situation als Prämisse eigenen Entscheidens und Handelns übernommen werden müssen. Fast allen Organisationen ist heute in Spuren, in Einzelrollen, in mehr oder weniger ausdifferenzierten Teilsystemen eine Verwaltungstätigkeit beigemischt; sie bindet die jeweiligen Mitglieder der Organisation. Legitimation für bindende Entscheidungen gegenüber jedermann hat nur die »öffentliche Verwaltung«: die Verwaltung des politischen Systems der Gesellschaft. Sie ist, unter dem hier gewählten Begriff, Verwaltung par excellence – in jedem Fall das größte und folgenreichste Verwaltungssystem, das wir kennen.

Der Versuch einer Verbindung von systemtheoretischen und entscheidungstheoretischen Forschungsansätzen zu einer verwaltungswissenschaftlichen Theorie wird durch multidisziplinäre Wissenschaftsentwicklungen der letzten beiden Jahrzehnte ermutigt [4]. Die Konsequenzen eines derartigen Vorhabens lassen sich zur Zeit kaum übersehen, geschweige denn in ausreichenden empirischen Kenntnissen abstützen. Immerhin lassen sich einige Argumentationslinien ausziehen und gerade für unser Thema, für den Zusammenhang von Informationsproblem und Strukturplanung, fruchtbar machen.

Die neueren Entwicklungen der Systemtheorien und der Entscheidungstheorien, auf die wir anspielten, konvergieren im Gedanken notwendiger Selektion. Systeme – und darunter soziale Systeme und darunter Verwaltungen – können betrachtet werden als Einheiten, die sich in einer übermäßig komplexen Umwelt identifizieren durch Erhaltung einer ausgewählten Ordnung von geringerer Komplexität. Diese ausgewählte Ordnung kann auch als höherwertig bezeichnet werden – aber nicht einfach deshalb, weil sie geringere Entropie hat, sondern wenn und soweit sie eine komplexere Welt dem begrenzten menschlichen Auswahlvermögen nahezubringen vermag, indem sie sie auf bewußt entscheidbare Alternativen reduziert und die Risiken dieser Reduktion tragen kann [5].

Entscheiden im allgemeinsten Sinne ist gleichsam der Prozeßaspekt dieses Erhaltens geringerer Komplexität, der Vorgang der zwangsläufiglaufenden Selektion von etwas Bestimmtem aus anderen Möglichkeiten [6]. Diese Entscheidungsfunktion kann aber ausdifferenziert und besonderen Systemen im System aufgetragen werden; dann haben wir Verwaltungen vor uns.

Sowohl für die systemtheoretische als auch für die entscheidungstheoretische Betrachtungsweise wird damit die *engbegrenzte Kapazität zu bewußtwählender Entscheidung* zum kritischen Problem. Der Punkt, in dem diese beiden Theorien sich verbinden las-

 König, DVBl 75, 225 (Subsystem)

sen, dient zugleich als letzter Bezugspunkt funktionaler Analysen von Verwaltungen für wissenschaftliche wie für praktisch-reformerische Zwecke. Letztlich geht es immer darum, mit diesem geringen Potential möglichst hohe, einer komplexen Welt angemessene Selektivität zu erreichen. Dies klarzustellen, ist deshalb wichtig, weil dieser Ausgangspunkt jenseits der Grenzen der klassischen Organisations- und Entscheidungslehre liegt und erst recht jenseits der normalen Verständigungssprache der Verwaltung. Er sprengt die Prämisse eines geschlossenen Systems, in dem es nur noch um ein günstiges Arrangement der Teile im Ganzen, um Organisation der Arbeitsteilung geht; und er sprengt die Prämisse vorgegebener Aufgaben, Zwecke oder Normen, nach der es beim Entscheiden nur noch um Optimierung von Zweck/Mittel-Beziehungen oder um Auslegung und Anwendung von Vorschriften geht. Er soll es statt dessen ermöglichen, Struktur und Prozeß, Organisation und Entscheidung als wechselseitig interdependent zu sehen und in bezug aufeinander zu variieren [7]. Hierzu dient jenes Struktur und Prozeß transzendierende Problem der Steigerung von Selektionsleistungen, im Hinblick auf das sowohl Organisation als auch Entscheidung problematisiert und auf andere Möglichkeiten hin befragt werden können.

II.

Dieser Ausgangspunkt hat Konsequenzen für den Begriff der Information. Dieser Begriff hat keine durch die Natur der Sache bestimmte Bedeutung [8]. Er muß für unsere Zwecke so gefaßt werden, daß er unter dem Gesichtspunkt des begrenzten Potentials für bewußte Selektion problematisierbar ist. Dabei erweist sich der übliche Sprachgebrauch als störend, ja irreführend. Man spricht von Informationen so, als ob es sich um etwas objektiv Vorhandenes handele, um dingähnliche Sinnatome, die man habe oder nicht habe, die man sich beschaffen oder nicht beschaffen könne, die sich aufheben, speichern und zur Verfügung halten lassen. Diese schon aus rein sprachlichen Gründen sich aufdrängende Begriffsverwendung verdeckt eine Unterscheidung, die bei genauerer Betrachtung grundlegende Bedeutung gewinnt: die *Unterscheidung von Sinn und Information* [9].

Sinn ist ein intersubjektiv identifizierter, beständig zugänglicher Komplex von Möglichkeiten des Erlebens und Handelns. Ein Ding, eine Person, ein Wort oder eine Satzfolge, ein Symbol, ein Ereignis, eine Handlung haben Sinn, wenn sie als Einheiten und Zentren der Verweisung auf anderes so objektiviert sind, daß sie selektives Verhalten orientieren; wenn man demzufolge unter verschiedenen Aspekten, von verschiedenartigen subjektiven Standpunkten aus und im Zusammenhang verschiedenartiger Lebenszwecke mit ihnen umgehen, sie als Selektionsregeln benutzen oder auch zeitweise nicht beachten und wieder auf sie zurückkommen kann. Sinn ordnet bewußt-selektives Verhalten in der Weise, daß die Auswahl des nächsten Schrittes die anderen Möglichkeiten nicht ausmerzt, sondern nur neutralisiert. Nur so ist die Konstitution einer räumlich-zeitlich ausgedehnten Welt voller jeweils inaktualisierter Perspektiven möglich. Sinn leistet Reduktion und Erhaltung von Komplexität zugleich.

Die Konstitution einer bleibenden Welt als »Woraus« bewußter Selektion leistet Sinn in seiner Funktion als Prämisse der Erlebnisverarbeitung. In der Sprache der transzendentalen Tradition, die auch die von *Max Weber* ist, wird Sinn deshalb als »subjektiv«

bezeichnet, in der Sprache der psychoanalytischen Tradition, die sich bei *Talcott Parsons* mit der Max Webers verbindet, nennt man Sinn »internalisiert«. Den Unterschied im Begründungsanspruch können wir hier vernachlässigen. Für die folgende Argumentation ist der gemeinsame Ausgangspunkt entscheidend, daß nämlich Sinn nicht einfach ein Weltfaktum ist, sondern als Prämisse der Erlebnisverarbeitung fungiert, d. h. als Struktur eines Bewußtseinsprozesses von sehr begrenzter Kapazität für Aufmerksamkeit. Das zwingt zu Bewußtsein sparenden *Generalisierungen* – zur Spezifikation bestimmter Präferenzen auf Kosten anderer oder zur Abstraktion allgemeiner Typen, Ordnungsmuster oder Begriffe [10]. Auf der Ebene der Sinnbildung muß deshalb steigender Komplexität und steigenden Anforderungen an rationale, bewußt-wählende Selektivität in Systemen Rechnung getragen werden durch generalisierende Spezifikation und Abstraktion der Entscheidungsgrundlagen.

Daß Lösungen in dieser Richtung notwendig sind, aber als Grundlage für Planung und Reform nicht ausreichen, wird ersichtlich, wenn man den Prozeßcharakter des faktischen Verhaltens der Selektion und Entscheidung in die Betrachtung einbezieht. Dann erscheint unser Problem der begrenzten Kapazität in anderer Form: als Problem der *Information*. Im Verlaufe des bewußt erlebenden Lebens erhält man laufend Nachrichten über die Welt – sei es von außen, sei es als Selbstermittlung aus dem Gedächtnis oder Gedächtnissurrogaten wie Aufzeichnungen, Akten, Datenspeichern. Das darin Angezeigte hat und behält seinen Sinn. Es hat darüber hinaus aber als Ereignis einen Informationswert, wenn und soweit es etwas Unerwartetes, Überraschendes mitteilt – was einschließen soll: einen Erwartungsrahmen konkret ausfüllt. Information setzt zwar ein Sondieren der Zukunft durch strukturgebende Erwartungen voraus, informiert aber nicht durch Erfüllung der Prognose, sondern durch die sich am Erwartenden zeigenden überraschenden Besonderheiten.

Der Unterschied von Sinn und Information wird deutlich, wenn man an den Fall der Wiederholung einer Mitteilung oder an die Mitteilung von etwas schon Bekanntem denkt: Eine solche Nachricht hat den unverändert gleichen Sinn, gibt aber keine Information. Der Informationsbegriff ist also stets relativ auf einen aktuell gegebenen Kenntnisstand, der Sinnbegriff nicht. Sinn ist für alle Miterlebende im Prinzip der gleiche [11]. Dagegen sind die Selbstverständlichkeiten des einen oft die Überraschungen des anderen; die naheliegende, fraglos veranlaßte Handlung des einen kann Enttäuschungserlebnis und Lern- oder Reaktionsanlaß des anderen sein.

Der Informationseffekt ein und desselben Sinngehaltes kann daher recht unterschiedlich sein je nachdem, wann und wem er mitgeteilt wird. Besonders in stark differenzierten Sozialsystemen wie modernen Gesellschaften, Organisationen und Verwaltungen wird selbst bei weitgehend vereinheitlichten Sinnstrukturen, selbst bei gemeinsamer Einschwörung auf die gleichen Gesetze oder auf eine formale Organisation, Information immer unterschiedlich ankommen. Der eine weiß, was der andere nicht weiß. So ergibt sich ein Bedarf für Austausch von Informationen gerade auf der Grundlage von übereinstimmend konstituiertem Sinn. Sinn ermöglicht die Artikulation dieses Bedarfs, das Fragen und Antworten [12], sowie das Erkennen und Einpassen von Informationen in einen Erlebniszusammenhang. Aber, und das ist entscheidend: Das Vorhandensein von Sinn gewährleistet bei weitem noch keine ausreichende Information. Und das heißt praktisch: Strukturplanungen für Verwaltungssysteme können nicht allein als richtige Sinnkonstellationen, als Deduktionen aus Zwecken oder Prinzipien, Aufgaben oder Normen, als Folgerungen aus der Idee der Gerechtigkeit oder als Entfaltung des Gedankens eines Rechtsstaates oder eines demokratischen Sozialstaates entworfen werden. Das war der grundlegende Irrtum der klassischen Organisations- und Entscheidungslehren, entsprungen einem gleichsam eindimensionalen Denken lediglich auf der Bahn der Suche nach richtigem Sinn.

Wir haben uns somit von den klassischen Vorstellungen distanziert und die begrifflichen Grundlagen für eine Problemstellung skizziert – im übrigen aber nicht viel mehr gewonnen als eine Ahnung von den Schwierigkeiten, die auf uns zukommen. Information ist in unserer Bestimmung ein konkret auf Bewußtseinszustände bezogener Begriff und damit sachlich, zeitlich und sozial zu relativieren auf Themen, Phasen und Stellen des Entscheidungsprozesses. Was jeweils wann wen informiert, wechselt mit dem konkreten Bezug der Betrachtungsweise. Unser Informationsbegriff zwingt mithin zu einer zwar lebensnahen, damit aber auch extrem relativierten Sacherfassung und bläht so die Anforderungen sowohl wissenschaftlicher als auch organisatorischer Art zu unvorstellbarer Komplexität auf.

Schon daraus lassen sich wichtige praktische Folgerungen ziehen. Will man das Problem der Information einbeziehen und die Informationsverteilung durch Planung mitsteuern, scheiden beim heutigen Stande unserer Möglichkeiten rein theoretische Konstruktionen nach Prinzipien, scheiden reißbrettartige Organisationsplanungen aus. Es fehlen die theoretischen wie die technischen Mittel, Planungsaufgaben solcher Komplexität zu lösen. Das läßt es als unverzichtbar erscheinen, bei allen Planungen nicht »frei zu konstruieren«, sondern an vorhandene Systeme mit einem schon eingespielten Leistungsniveau anzuschließen und dies schrittweise zu verbessern. Strukturplanungen knüpfen immer an Systeme an, in denen sich schon Gewohnheiten und Bewährungen gebildet haben, in denen es schon eine Geschichte und schon institutionalisierte Erwartungen gibt – kurz: Einrichtungen, die sich auf Entlastungen stützen, die nicht alle auf einmal aufgehoben werden können. Solche Planungen gewinnen unter diesen Umständen den (nicht unproblematischen) Charakter von »Reformen«. Unsere Thema-Begriffe Reform und Information hängen also auf verschiedenen Ebenen in verschiedener Weise zusammen: Reform benötigt Informationen; Reform kann sich auf die Planung der Informationsverteilung beziehen; und: will man die Informationsverteilung planen, kann Planung »nur« Reform sein.

Dies Ergebnis mag so klingen, als ob eine Selbstverständlichkeit als Rezept verkündet wird. Praktisch ist man bei Strukturplanungen nie anders vorgegangen als im Wege der Reform vorhandener Systeme [13]. Aber die Art dieses Vorgehens hat sich, gerade wegen ihrer Selbstverständlichkeit, der Reflexion entzogen. Uns fehlen Maßstäbe für den Ansatz und die Beurteilung von Reformen und damit letztlich auch politisch tragfähige Argumente. Was kann eine Analyse vorgefundener Systeme zur Vorbereitung von Reformen leisten? Woher bezieht die Reform ihre Probleme und woher sinnvolle Grenzen der Problematisierung? An Hand welcher Kriterien und Anspruchsniveaus beurteilt man ein System in bestimmten Hinsichten als gut bzw. schlecht, und wie kann man beweisen, daß eine Strukturänderung mitsamt ihren Folgen eine Verbesserung und nicht eine Verschlechterung ist? Und wie vor allem kann eine Verbesserung als Verbesserung des Systems – und nicht nur als eine Verbesserung auf spezifischen Wertskalen – mehr Geld, mehr Autos, mehr Studenten, mehr Studentenvertreter, mehr Grünflächen in den Städten usw. – begründet werden? Man braucht nur das hektische

Zeidler, DÖV 75, 797

Dilettieren mit »Hochschulreformen« mitzuerleben und hat eine Illustration dafür, daß diese Fragen ebenso berechtigt wie schwer zu beantworten sind.

III.

Mit Strukturplanungen hat unsere Verwaltung keine Erfahrung, ihr fehlt selbst eine Vorstellung der Besonderheit des Problems. Es handelt sich um eine Aufgabenstellung neuer Art – nicht vergleichbar den primär politischen Verwaltungsreformen früherer Art, aber auch nicht assimilierbar den Aufgaben, die die Verwaltung sonst verfolgt. Strukturplanungen haben mit den Problemstellungen und dem Instrumentarium der klassisch-liberalen Eingriffsverwaltung wenig zu tun, und ebensowenig mit den oft als spezifisch modern ausgegebenen Erfordernissen der Leistungsverwaltung. Es geht weder um Beseitigung von Störungen durch befehlsförmige Ausübung von Kompetenzen, noch um laufende Vorsorge für die Befriedigung bestimmter Bedürfnisse. Selbst Umverteilungen größeren Stils werden von der Verwaltung nach politischer Opportunität und ohne Strukturplanung praktiziert. Erst in wenigen Bereichen wird die heutige Verwaltung mit Globalverantwortungen für die Planung der Struktur sozialer Systeme konfrontiert – so namentlich im Erziehungswesen und im Bereich der Entwicklungspolitik [14]. Kein Wunder, daß die Verwaltung der Verantwortung für sich selbst nicht gewachsen ist und dazu neigt, Reformen nach dem Muster programmierter Projekte in Angriff zu nehmen, mit denen sie sonst befaßt ist.

Tatsächlich haben wir jedoch bei der Aufgabe, die Strukturen komplexer Verwaltungssysteme umzuplanen, mit Anforderungen anderen Typs zu rechnen. Die Andersartigkeit beruht auf drei einander verstärkenden Momenten; nämlich (1) daß es praktisch nicht möglich oder jedenfalls, weil zu kostspielig, nicht rational ist, sich volle Information über das System zu beschaffen, die die Ebene einbezieht, die man durch Planung regulieren will – hier also die konkrete Verteilung informierender Ereignisse im Flusse der zeitlichen Veränderung; (2) daß jede Handlung des Systems eine Mehrheit von unvergleichbaren, nicht transitiv geordneten Werten berührt; und (3) daß es sich um ein sich selbst regulierendes und anpassendes System handelt, so daß jede Veränderung des Systems nur zum Teil durch Einwirkung von außen, zum anderen Teil dagegen durch Reaktion von innen bestimmt wird [15], durch die »Erfahrungen« des Systems mitgeprägt wird und deshalb nicht eindeutig vorausgesagt werden kann [16]. Gemeinhin wird für den Umgang mit solchen “black boxes” ein Experimentieren nach der Regel von Versuch und Irrtumsausmerzung empfohlen [17]. Aber das ist ein zeitraubendes Verfahren – viel zu langsam für sehr komplexe Sozialsysteme, die sich rasch und irreversibel ändern können [18] und daher als Methode der Verwaltungsreform kaum anzuraten.

Angesichts dieser Lage, die nur durch revolutionierende Fortschritte unseres Wissens und unserer Technologie im Umgang mit hochkomplex strukturierten Sozialsystemen änderbar wäre, zeichnet sich keine Möglichkeit ab, Verwaltungssysteme zweckrational, d. h. durch gedanklichen Vorgriff auf einen anzustrebenden konkreten Endzustand zu planen. Ebenso erscheint es ausgeschlossen, die Verteilung von Aufmerksamkeit strukturell im vorhinein festzulegen – sei es durch Regelung des Nacheinanders von Akten der Themenerfassung (Programmierung im maschinellen Sinne), sei es durch transitive Ordnung von Präferenzen, die für jede Situation genau vorzeichnet, welche

Themen im Verhältnis zu allen anderen den Vorzug genießen (Voraussetzung der Rationalisierung im betriebswirtschaftlichen Sinne). Vielmehr müssen »offenere« und im System selbst revidierbare Formen der Strukturvorgabe gesucht werden. Strukturplanung muß unter diesen Umständen reflektiert werden – das heißt: sich auf sich selbst beziehen, nämlich auf die Fähigkeit der Verwaltung, ihre eigene Struktur selbstkritisch zu überprüfen und anzupassen [19]. Verwaltungsreform heißt dann zunächst, die Verwaltung so einzurichten, daß sie selbst imstande ist, sich zu reformieren, sie also *in ihrer Fähigkeit zur Reform zu reformieren.*

Überlegungen in dieser Richtung müssen ihren Ausgangspunkt nicht in einer theoretischen Zweckkonstruktion suchen, sondern von dem Prinzip ausgehen, nach dem die Lebenspraxis selbst Komplexität reduziert, und dabei stößt man auf die Differenz von Struktur und Prozeß. Diese Differenzierung entlastet das Bewußtsein durch Abstufung des Selektionsprozesses: Zunächst wird mehr oder weniger unüberlegt eine Struktur angenommen, die alle Möglichkeiten des Erlebens und Handelns bis auf wenige relevant bleibende neutralisiert; und innerhalb dieser Struktur wird dann nach strengeren Kriterien der Rationalität in bewußter Abwägung weniger Alternativen entschieden [20]. Solche Entlastung durch Annahme einer Struktur lebt sich in nachweisbar einfachen Prozessen elementarer Interaktion wie von selbst ein – durch Sprechen einer Sprache, durch Sozialisierung in eine Kultur, durch Eintritt in schon vorhandene Systeme, durch Mitwirken am Zustandekommen einer Geschichte von Selbstdarstellungen und Entscheidungen, die dann bindet. Strukturen entwickeln sich also zunächst in der Perspektive ihrer Benutzer, die durch sie entlastet werden und daher nicht über sie verfügen können. Für den Betrachter dieses Vorgangs wird dagegen dessen Funktionalität einsehbar, und damit entsteht die Frage nach anderen Möglichkeiten der Strukturbildung. Sieht man die Struktur selbst als selektiv und sieht man zugleich, daß durch sie die Verteilung von Aufmerksamkeit geregelt wird, drängt sich der Gedanke auf, diesen Vorgang doppelstufiger Selektion als ganzen in die Kontrolle zu bekommen und als Instrument geplanter Verteilung von Aufmerksamkeit zu benutzen, um Bewußtseinsleistungen arbeitsteilig zu differenzieren. Man würde dann Strukturbildung nicht länger dem Sicheinleben überlassen, sondern sie im Hinblick auf eine bessere Ausnutzung des knappen Potentials für bewußte Aufmerksamkeit durchdenken und modifizieren. Die Vorteile dieser Auffassung könnten darin liegen, daß sie die Steuerung genau dort ansetzt, wo das Problem liegt: an den Grenzen der Bewußtheit.

Schneidet man diese noch sehr allgemeine Aussage spezieller auf Verwaltung zu, kann man den Begriff des Prozesses enger fassen als Anfertigung von Entscheidungen und den Begriff der Struktur enger als Komplex von Entscheidungsprämissen [21]. Demzufolge hätte die Strukturplanung es mit den im Entscheidungsprozeß jeweils nicht problematisierten Prämissen anderer Entscheidungen zu tun, und die entscheidungstechnische Realisierung (Durchführung) der Strukturplanung hätte die Form des Entscheidens über Entscheidungen; sie würde Reflexivität des Entscheidungsprozesses, d. h. Anwendbarkeit auf sich selbst, voraussetzen [22]. Durch solche Vorentscheidungen, die Einzelaspekte für andere Entscheidungen festlegen, kann dem Umstand Rechnung getragen werden, daß nicht alles auf einmal problematisiert werden kann; daß in der strukturgebenden Entscheidung die Endentscheidungen noch nicht mitentschieden werden können – unter anderem deshalb, weil dafür die konkreten Informationen noch fehlen; daß ihnen aber gleichwohl die reine Beliebigkeit genommen werden kann

Reinermann, S. 91 (Struktur, Prozeß)

und daß sie auf rational mögliche Entscheidungen hin eingegrenzt werden müssen. Im Rahmen solcher Vorentscheidungen kann dann mit verdichteten Maßstäben der Relevanz und Irrelevanz in einem erneuten Anlauf Information aufgenommen und dann fallweise definitiv entschieden werden.

Strukturgebende Entscheidungen über Entscheidungsprämissen lassen sich unter vielerlei Gesichtspunkten erörtern. Zwei davon wollen wir nur andeuten, um sie sodann auszuklammern. Man kann prüfen, in welchem Sinne und in welchem Maße strukturgebende Entscheidungen koordinieren, d. h. die Konsistenz der endgültig verbindlichen Entscheidungen sicherstellen können [23]. Eine andere Frage ist, ob und inwieweit dies erst im Prozeß der bindenden Fallentscheidungen, durch Einzelprojekte oder durch ad hoc Improvisationen geleistet wird. Es liegt auf der Hand, daß Konsistenzmuster und Ebene der Umweltanpassung des Systems nicht ohne Rücksicht aufeinander festgelegt werden können. Unser Interesse gilt jedoch einem dritten Aspekt, der für die innere Leistungsfähigkeit des Systems ausschlaggebend sein dürfte: der Frage nach dem Verhältnis von Struktur und Information.

IV.

Bevor wir der Beziehung von Struktur und Information weiter nachgehen, müssen wir Anschauungsgrundlagen zu gewinnen und zu konkretisieren versuchen, wie für Verwaltungen die Funktion von Strukturen erfüllt wird; was, mit anderen Worten, der Verwaltung als Entscheidungsprämisse dient. Allzu leicht verengt sich die Betrachtung, wenn man von Struktur spricht, auf einen zu engen Ausschnitt, etwa auf das Recht oder auf die formale Organisation. Der Begriff der Entscheidungsprämisse deutet bereits darauf hin, daß wir es in Wirklichkeit mit umfassenden und recht verschiedenartigen Voraussetzungen der Informationsverarbeitung zu tun haben.

Als selbstverständlicher Hintergrund aller Informationsverarbeitung innerhalb und außerhalb von Verwaltungen fungiert die allgemeine These der konkreten Lebenswelt – der erfahrungsmäßig zugänglichen Welt, in der man sich auskennt, in der man weiß oder doch in Erfahrung bringen kann, welchen Zug man nehmen muß, um nach München zu kommen, und was das ist: München [24]. Davon abgesehen kann man für Verwaltungssysteme besondere Arten von strukturgebenden Entscheidungsprämissen ausmachen, die heute sämtlich unter mehr oder weniger rationale Kontrolle gebracht, d. h. selbst Gegenstand selektiver Entscheidungen sind – nämlich: die *Organisation* der Entscheidungsprozesse, die *Entscheidungsprogramme* und die *Persönlichkeitsstrukturen* der Entscheidenden.

Eine *Organisation* des Entscheidungsprozesses ist immer dann erforderlich, wenn Entscheidungen im Wege sozialer Kooperation – und nicht lediglich innerpsychisch – ausgearbeitet werden müssen. Sie bezieht sich deshalb auf kommunikatives Handeln und regelt die Bedingungen der Abgabe und Annahme authentisch zurechenbarer Kommunikationen: wer für solche Kommunikationen zuständig ist, wer in welchem Zuständigkeitsbereich zur Kommunikation verpflichtet und für Fehler verantwortlich ist und wer sie unter welchen Bedingungen abnehmen, d. h. als Prämisse in seine eigene Informationsverarbeitung zu übernehmen hat. Es handelt sich also in den Begriffen der klassischen Organisationslehre um Arbeitsteilung, um die Verteilung von Kompetenzen und, soziologisch gesehen, um die Verteilung politisch legitimierter, formalisierter Macht. Die besonderen Probleme der Organisation eines arbeitsteiligen Entscheidungsprozesses sind noch kaum erforscht [25]; sie ergeben sich daraus, daß die »natürliche« Konstitution von intersubjektivem Sinn auf gemeinsames Erleben ausgerichtet ist, also zu einer weitgehenden Überdeckung von Aufmerksamkeitsbereichen führt, so daß eine Verteilung von Entscheidungsleistungen, die mit Aufmerksamkeit sparsam umgehen soll, gleichsam gegennatürlich organisiert werden muß.

Von *Programmierung* können wir sprechen, wenn für eine Vielzahl von Fallentscheidungen inhaltliche Bedingungen der Richtigkeit vorgezeichnet werden – entweder Zwecke und Schranken der Mittelwahl oder auslösende Bedingungen, die jedesmal, wenn sie vorliegen, eine mehr oder weniger eindeutig vorgezeichnete Entscheidung erfordern oder ermöglichen [26]. Durch Programmierung wird in der Form des Entscheidens über Entscheidungen ein engerer Bereich möglicher Entscheidungen ausgewählt, in dem höhere Anforderungen an rationalen Vergleich verschiedener Möglichkeiten der Problemlösung gestellt und Kontrollen besser operationalisiert werden können. Dadurch gewinnen die politischen Probleme der System/Umwelt-Lage einer Verwaltung eine besser entscheidbare Ersatzfassung, die jedoch in ihrer eigenen Selektivität nun laufend kontrolliert werden muß.

Neben diesen beiden, im klassischen Konzept der Rationalisierung bereits vorgesehenen (wenngleich nicht adäquat erfaßten) Prämissengruppen wird eine *dritte*, die *Persönlichkeitsstruktur* des jeweils Entscheidenden, zumeist übersehen oder nur als Quelle von Irrationalitäten, Störungen oder Abweichungen gegengerechnet. Auch die Persönlichkeit des einzelnen Entscheidungsträgers – das System seiner individuellen Erinnerungen, Präferenzen und der in seiner Lebensgeschichte abstrahierten und für ihn bestätigten Regeln der Erlebnisverarbeitung – fungiert jedoch im sozialen System der Verwaltung als Entscheidungsprämisse. In den Persönlichkeiten ihrer Mitglieder sind die Ausbildungs- und Sozialisierungsleistungen unterzubringen, die das Verwaltungssystem entweder selbst erbringt oder durch Rekrutierung aus seiner Umwelt bezieht. Auch insoweit handelt es sich also um Selektion von Entscheidungsprämissen als Struktur des Entscheidungsprozesses – um einen Vorgang, der mit Organisation und Programmierung abzustimmen ist.

Organisationspolitik, Programmpolitik und Personalpolitik eines Verwaltungssystems liegen mithin auf einer Ebene der Betrachtung. Sie können sich als Mechanismen der Problemlösung wechselseitig stützen und entlasten – aber auch belasten. Man kann in Arbeitsbereichen, wo keine hinreichend detaillierten Programme aufgestellt werden können, auf Strukturierung durch Personalentscheidungen ausweichen; und man kann, wo Personalentscheidungen zu riskant sind, sich mit organisatorischen Mitteln, etwa Kompetenzbegrenzungen, Mitzeichnungserfordernissen oder Kontrollen helfen. Angesichts solcher Interdependenzen und Problemverschiebungsmöglichkeiten sind in jedem Verwaltungssystem Probleme struktureller Kompatibilität zu erwarten: Man kann nicht jede organisatorische Lösung mit jeder Programmatik oder mit jeder Personalauswahl verbinden. Es gibt, mit anderen Worten, Grenzen der strukturellen Kompatibilität von Entscheidungsprämissen – und dies wegen unseres Grundproblems: weil die Kapazität zu bewußter Erlebnisverarbeitung sehr gering ist und deren Selektionsleistung nicht auf beliebige Weise erweitert werden kann. Letztlich geht es bei aller Strukturplanung um »kombinatorische Gewinne« im Hinblick auf Knappheitspro-

Kaechnke, DVBl 73, 833 (Org., Personal), König, DVBl 75, 225

bleme. Ein vollständiges Bild der Struktur eines Verwaltungssytsems ist daher nur zu gewinnen, wenn man alle drei Arten von Entscheidungsprämissen beachtet und sie zueinander sowie zur Umwelt des Systems in Beziehung setzt. Nur eine Planung, die diese Zusammenhänge beachtet, kann den Anspruch erheben, Systemstrukturplanung zu sein.

Entsprechend kompliziert ist das Verhältnis von Struktur und Information in Verwaltungen gebaut. Deshalb reicht es nicht aus, die Information der Verwaltung lediglich unter dem Gesichtspunkt eines aufgabenabhängigen Bedarfs, eines Mittels zu feststehendem Zwecke zu planen; hieße das doch, allein die Programmperspektive zu berücksichtigen. Man muß vielmehr sehen, daß es jene verschiedenen Arten der Entlastung von Bewußtseinsakten und der Steigerung ihrer Selektivität gibt, und daß von ihnen allen auf je verschiedene Weise abhängt, wann und für wen welche Ereignisse Informationswert gewinnen. Aussagen über das Verhältnis von Struktur und Information schlechthin sind damit nicht ausgeschlossen; aber sie erfordern, sollen sie nicht unversehens in einer der drei engeren Perspektiven abrutschen, scharfe Abstraktion und das Einhalten einer sehr allgemeinen begrifflichen Ebene der Argumentation.

V.

Mit der Bezeichnung Information hatten wir den Überraschungswert eines Ereignisses begriffen, das im Aktualisierungsbereich bewußten Erlebens zur Evidenz gebracht wird – das man »erfährt«. Strukturen dagegen sind vorgreifende Erwartungen, Sondierungen der Zukunft, die Überraschungen erst möglich und in kleiner Dosierung erträglich machen. Strukturen dienen daher als Regulativ dessen, was Informationswert gewinnen kann. Sie profilieren relevante gegenüber irrelevanter Information. Sie ermöglichen eine Steuerung der Aufmerksamkeit auf Neuartiges, sich Bewegendes, Abweichendes, Problematisches hin. Und sie bieten die Grundlage für das, was wir Erfahrung nennen: für eine Umarbeitung von Überraschungen in vertrauten Sinn, für eine »normalisierende« Interpretation des informativen Erlebens.

Normalerweise sind Strukturen auf Normalisierung von Information, auf Angleichung des Unbekannten an das Bekannte, des Neuen an das Alte hin angelegt [27]. Sie dienen der Vergewisserung des Ungewissen. So verfahren im großen und ganzen auch Verwaltungen, wenn sie in Interaktion mit ihrer Umwelt Informationen in sinnhafte Daten umarbeiten: schriftliche Eingaben annehmen, Fragen stellen, Eindrücke fixieren, Aussagen protokollieren, Formulare ausfüllen lassen – und sich nach all dem nicht mehr an die Selektionsprozesse, sondern an das Datenmaterial halten [28]. Erst in Systemen von relativ hoher Komplexität wird es möglich, Informationen nicht einfach wegzuarbeiten, sondern sie als strukturelles Problem, als Kritik der Struktur und als möglicher Anlaß zu ihrer Änderung zu sehen, also das Verhältnis von Struktur und Information als eine Frage zu behandeln, auf die es zwei Antworten geben kann. Informationen können dann auch als Indikatoren der Unzulänglichkeit der Anpassung der Systemstruktur an die Systemumwelt ausgewertet werden und zu Innovationen Anlaß geben [29]. Erst wenn diese Möglichkeit in Verwaltungssystemen geschaffen ist, kann Strukturplanung und Verwaltungsreform von der »Zufälligkeit« politischer Konstellationen und Impulse unabhängig gestellt und zur Angelegenheit der Verwaltung selbst werden.

Will man solch einen Einbau von Selbstreform in Verwaltungssysteme ins Auge fassen und organisatorisch realisieren, muß der Informationsaspekt des Entscheidungsprozesses daraufhin durchdacht und geplant werden. Das Informationsproblem muß in die Systemstrukturplanung einbezogen werden und gewinnt damit neue, bisher kaum beachtete Aspekte.

Es genügt nicht, sich darauf zu verlassen, daß Informationen beim Vollzug des täglichen Lebens und Verhaltens ohnehin anfallen – daß man den Stein spüren wird, über den man stolpert, und daß man es schon merken wird, wenn das Tintenfaß leer ist. Die ungesucht eintreffenden Informationen sind typisch und konkret erfahrbar und schlecht geeignet für Strukturpolitik. Die klassische Philosophie der von selbst erscheinenden Welt (Natur) wird unangemessen und ebenso eine Politik, die mit einer sich selbst beschwerenden Gesellschaft intelligenter Eigentümer rechnet. Das Warten auf Störungen ist keine zureichende Charakterisierung bürokratischer Arbeit. Eine solche Einstellung zu Informationen ist zwar nicht schlechterdings verwerflich; sie ist vermutlich in manchen Arbeitsbereichen durchaus angebracht. Aber sie setzt bestimmte Annahmen über System und Umwelt voraus und ist nur in deren Rahmen sinnvoll: nämlich für das System sehr geringen Zeitverbrauch beim Ausgleich von Störungen (also keinen Bedarf für Voraussicht) und für die Umwelt entweder hohe Übereinstimmung mit den Systeminteressen, Domestikation, Wertkonsens oder im Gegenteil unberechenbares und unstrukturiertes Fluktuieren der Ereignisse, das eine Vorplanung des Informationseingangs im System ausschließt [30]. Diese Annahmen sind für die heutige Gesellschaft, die sehr komplex und doch strukturiert aufgebaut ist, an sich unzutreffend; aber die verbreitete Führungspraxis, auf Krisen zu warten und mit Gefühl und Urteilsvermögen gegenzusteuern, ist gleichwohl sinnvoll und unentbehrlich, solange im System selbst keine ausreichenden Kapazitäten zu selektiver Informationsverarbeitung aufgebaut sind [31].

Neben dieser Strategie des Wartens auf zufällige Information gibt es eine zweite: das problemspezifische Suchen. Sie ist und bleibt abhängig von der Struktur, die ein bestimmtes Problem und die Bedingungen seiner Lösung definiert. Man will oder soll z. B. einen bestimmten Zweck erreichen und sucht in Erfahrung zu bringen, welche Mittel sich dafür eignen und welche Folgen sie haben werden. Oder man soll einen Fall unter eine Vorschrift subsumieren und sucht festzustellen, ob er die entsprechenden Merkmale hat. Diese Art der Informationsbeschaffung für mehr oder weniger schwierige Einzelfälle kann als weithin verwaltungstypisch angesehen werden. Dabei wird im Rahmen eines üblichen Vorverständnisses die Information ausgewählt und normalisiert im Hinblick auf vorher festgelegte Merkmale eines Programms [32]. Im Laufe der Zeit lagern sich im »Gedächtnis« des Systems dann programmspezifische Erfahrungen ab, die aus einer Vielzahl ähnlicher Fälle herausgezogen werden und in wiederholbarer Anwendung die Bearbeitung ähnlicher Einzelfälle verbinden. Sie erleichtern und beschleunigen sparsame Informationsbeschaffung mit Zuschnitt auf genau das, was zur Entscheidung notwendig ist und begründen damit zugleich ein Gefühl für Grenzen sinnvoller Informationssuche [33]. Neue Bearbeiter wachsen in ein solches, den Programmen ankristallisiertes Erfahrungswissen hinein und entnehmen ihm ihre Entscheidungsprämissen.

Weitgehend lebt die Verwaltung von zufällig eintreffenden oder fallweise beschafften Informationen, und dies mit frageloser Selbstverständlichkeit. Dabei kommt es nicht

– oder ebenfalls nur zufällig oder fallweise – zur Auswertung von Informationen zwecks Überprüfung und Anpassung der Entscheidungsprämissen, also nicht zu strukturellem Lernen oder Innovation. Wenn man jenen im Verwaltungsleben selbstverständlichen Umgang mit Information als eine Systemstrategie sieht, die durchaus sinnvoll sein kann und unter angebbaren Umständen zu wählen bzw. nicht zu wählen ist, stellt sich die Frage nach anderen Möglichkeiten der Planung des Informationswesens. Das Ergreifen dieser Möglichkeit, also Einplanung des Informationswesens in den Systemzusammenhang der Verwaltung, ist eine unerläßliche Voraussetzung dafür, daß die an sich unwahrscheinliche Leistung laufender Strukturkritik in der Verwaltung institutionalisiert und zur Selbstverständlichkeit werden kann. Dabei kann die kritische Reflexion der eigenen Entscheidungsgrundlagen nicht das einzige Ziel der Planung sein – die Verwaltung ist nicht dazu da, sich selbst zu ändern –, aber Reform läßt sich als ein Moment neben anderen Funktionen berücksichtigen.

Legt man für solche Planungen den oben erarbeiteten Informationsbegriff zugrunde, ist eine wichtige Weiche gestellt. Es handelt sich dann nicht um eine Ordnung von Mengen, sondern um eine Dosierung von Überraschungen. Damit ist nicht bestritten, daß der Aufbau von geordneten Archiven, Registraturen, Datenbanken, Dokumentationszentralen eine wichtige Funktion erfüllt. Das so Gesammelte ist jedoch noch nicht Information und kann es nur werden, wenn es in den Entscheidungsprozeß eingeführt und dabei in relevante Überraschungen umgesetzt wird. Der limitierende Faktor ist die geringe Kapazität zu bewußter Erlebnisverarbeitung und der organisatorische Engpaß daher das Kommunikationswesen, das dem Bewußtsein Information zuführt [34]. Der Kommunikationsprozeß muß Mitteilungen so dirigieren, daß die jeweils sachlich benötigte Information dem zufließt, der sie braucht, und dies zu dem Zeitpunkt, in dem er sie braucht; und umgekehrt sollte niemand unnötig erschreckt oder mit Informationen überschüttet werden, die er nicht oder nicht jetzt oder nicht in dieser Art verwenden kann.

Damit ist freilich zunächst nicht viel mehr als eine Wunschformel gesetzt – und nicht angegeben, wie solch ein wünschenswerter Zustand erreicht und auf Dauer sichergestellt werden kann. Darüber hinaus läßt sich aber zumindest die Richtung ausmachen, in der Realisierungen gesucht werden müssen. Angesichts des gering bemessenen Bewußtseinsfeldes einzelner kann eine Steigerung der Selektionsleistung von Verwaltungen nur durch System- und Prozeßdifferenzierung erreicht werden: Mehrere Bewußtseinsträger müssen gleichzeitig und/oder nacheinander mit verschiedenen Themen beschäftigt werden, die sie so wählen, daß sich Selektionsketten bilden, deren Glieder sich wechselseitig ergänzen und fortsetzen. Nur so kann die Selektivität eines Systems verstärkt werden. Damit fächern sich die Folgeprobleme eines gesellschaftlich gesetzten Zwanges zu verstärkter Selektivität in der Verwaltung in verschiedene Richtungen auf, in denen dann Lösungsnotwendigkeiten zu koordinieren sind. Als Beispiele für ein solches Umsetzen des Grundproblems in kleiner zugeschnittene und lösbare Folgeprobleme ließen sich anführen:

1. Mit der Arbeit müssen auch die Informationswerte der Kommunikation differenziert, d. h. Mitteilungen müssen in ihrer Verdichtung und Aufmachung auf die Struktur und die Kapazität der Phase oder der Stelle des Entscheidungsprozesses zugeschnitten werden, für die sie bestimmt sind. Das erfordert Kenntnis der Entscheidungssituation des Empfängers.

2. Andererseits muß diese schon schwer zu erfüllende Anforderung nach Möglichkeit entlastet werden, vor allem von Motivationsproblemen. Dem Absender darf neben der Funktion der Informierung nicht auch noch die Funktion der Motivierung des Empfängers aufgelastet werden. Motivationsprobleme müssen, mit anderen Worten, *generell* und nicht in der laufenden Arbeit gelöst werden, z. B. durch Rekrutierung, Bezahlung, Prestigevorteile usw. [35].
3. In dem Maße, als überlappende Aufmerksamkeit im Interesse der Ersparnis von Bewußtseinsleistungen abgebaut wird, wird das Fehlerproblem akut. Die Möglichkeiten zu wechselseitiger Kontrolle, die bei gemeinsamer Aufmerksamkeit – etwa in der Institution der »Akte«, von der angenommen wird, daß alle Bearbeiter sie ganz lesen – gegeben waren, müssen ersetzt werden, und das kann nur durch Ausdifferenzierung spezifischer Kontrollfunktionen geschehen [36].
4. Durch die Entwicklung elektronischer Maschinen der Informationsverarbeitung sind neue Möglichkeiten der Bewußtseinsentlastung aufgetaucht, über die zwar begrenzte praktische Erfahrungen, aber kaum prinzipielle Vorstellungen vorhanden sind. Unter bestimmten Voraussetzungen, vor allem solchen der Programmierbarkeit und Aufwandrechtfertigung, kann die Maschine Phasen des Entscheidungsprozesses übernehmen und damit Selektionsleistungen in ihn einbauen, die dem menschlichen Bewußtsein nicht oder nicht so schnell möglich wären. Davon zu unterscheiden ist die maschinelle Datenspeicherung, die es ermöglicht, riesige Datenmengen für unvorhersehbare Informationsbedürfnisse bereit zu halten, die aber eben wegen dieses Momentes der Unvorhersehbarkeit schwer zu planen sind.
5. Ein weiteres, vor allem politisch zentrales Problem steckt in der Umweltsensibilität des Systems. Je größer die Kapazität zu differenzierter Informationsverarbeitung, desto größer könnte an sich die Informierbarkeit des Systems durch seine Umwelt sein – desto mehr Informationen könnte es aufnehmen und nach eigenen Programmen bearbeiten, desto komplexer könnte die für das System relevante Umwelt sein. Andererseits entwickelt sich in solchen Systemen eine Präferenz für »eigene«, im System schon bearbeitete und gespeicherte Information gegenüber »fremder«, aus der Umwelt kommender Information, und dies aus gutem Grund. Diese Entscheidungsregel entlastet nämlich selbst das Bewußtsein und sie trägt jenen höheren Sicherheiten Rechnung, die das System sich selbst bietet und die »unkritische« Informationsannahme erst ermöglichen: Gleichrichtung der Interessen, Ausklammerung von Motivationsproblemen, Fehlerkontrollen. Die Vorteile höherer Komplexität können dadurch aber weitgehend zunichte gemacht werden, so daß auch dieses Problem einer kontinuierlichen Überwachung im Rahmen von Strukturplanungen bedarf. Hier wird vor allem die politische Kontrolle des Verwaltungssystems ihre spezifische Funktion finden.
6. Entsprechend wird man auch strukturelles Lernen, also Reform, als spezifische Funktion sehen und den Entscheidungsprozeß an geeigneten Stellen auf Unterlagen dafür anzapfen müssen. Betriebswirtschaftliche Überlegungen deuten darauf hin, daß dies im Zusammenhang mit der Organisation der Kontrolle geschehen könnte. Für öffentliche Verwaltungen haben wir in dieser Hinsicht keine ausreichenden Vorstellungen und Erfahrungen. Auf jeden Fall muß man sich darüber klar werden, daß der Entscheidungsprozeß, wenn er auf Strukturkritik hin ausgewertet werden soll, andere Informationsgehalte hat, also andersartige Überraschungen zutage för-

dert, als wenn es um die in ihm ablaufende fallorientierte Informationsverarbeitung geht. Ob beide Perspektiven – Innovation und laufende Arbeit – organisatorisch und personell zusammengelegt werden können, ist deshalb eine offene Frage – also ebenfalls ein Problem der Strukturplanung [37]. Ihre Beantwortung wird im wesentlichen von der Komplexität des Systems abhängen, im einzelnen davon, wieweit für Innovation bzw. Routinearbeit verschiedenartige organisatorische, programmatische und personale Entscheidungsprämissen erforderlich sind [38].

VI.

Der eben skizzierte, bei weitem nicht vollständige Katalog von Folgeproblemen differenzierter Informationsbearbeitung ist insofern abstrakt formuliert, als er keine Rücksicht nimmt auf die historisch vorgefundenen, konkret eingelebten Strukturen der Systeme, die reformiert werden sollen. Das Problem der Reform stellt sich aber nur an vorhandenen Systemen. Will man Reform als Systemstrukturplanung praktisch in Angriff nehmen, muß man die Strukturen, die in einem vorhandenen Verwaltungssystem als Entscheidungsprämissen fungieren, im Hinblick auf jene Probleme in Frage stellen. Man muß feststellen, nach welchen strukturgebenden Prämissen faktisch entschieden wird und darin eine gleichsam eingefrorene Lösung jener Probleme erkennen und sie im Hinblick auf andere, vielleicht bessere Möglichkeiten neu durchdenken. Dabei potenziert sich die Komplexität dessen, was zu beachten ist. Man muß nicht nur jene Vielzahl von Problemen im Auge behalten, die als Folgeprobleme der strukturell aufgegebenen Selektivität zu lösen sind, sondern außerdem auch jene verschiedenen Typen strukturgebender Entscheidungsprämissen, die wir im IV. Abschnitt unterschieden hatten. Angesichts der Vielfalt der Beziehungsmöglichkeiten dieses Modells und angesichts der Ungesichertheit fast aller erforderlichen empirischen Hypothesen bleibt hier nur die Möglichkeit, eines der Probleme zum Zwecke der Illustration herauszugreifen und einige Fragestellungen zu formulieren. Dafür wählen wir dasjenige Sonderproblem, dem im Gesamtkomplex der Verwaltungsreform eine Schlüsselstellung zukommt: das Problem des strukturellen Lernens und Innovierens in der Verwaltung; denn eine Verwaltung, die Lernfähigkeit in bezug auf ihre eigenen Strukturen gelernt hat, besitzt damit auch die Fähigkeit zur Selbstreform und der strukturkritischen Entwicklung von Modellen zur Lösung anderer Probleme.

Ob Nachrichten eine Reizqualität in Richtung auf Reform haben, hängt nicht allein von der Welt ab, die sie sendet, sondern ausschlaggebend von den strukturellen Prämissen, unter denen sie empfangen und verarbeitet wird – von den Annahmen also, an denen sie sich als Überraschung erweist. Selbst wenn der Absender Reformen ausdrücklich verlangt oder gar vorschreibt, kann es sein, daß er dem Empfänger nur die Information übermittelt, daß der Absender kritisch, vorwurfsvoll, ungeduldig, verständnislos eingestellt ist, weil diese Information sich in die strukturgebenden Prämissen des Empfängers besser einfügen läßt. Der Sinn einer Reformen nahelegenden Information muß die Normaltendenz zur Normalisierung des Auffälligen im Lichte bekannter Erfahrungen überwinden und an der Struktur selbst ein Problem und andere Möglichkeiten sichtbar machen. Das kann als eine an sich unwahrscheinliche Leistung nur unter besonderen organisatorischen, personellen und programmatischen Voraussetzungen erwartet werden, die eingehend erforscht werden müßten.

Von der *Organisation* her gesehen, gibt es für unser Problem schon Forschung, zumindest Ansichten [39]. Die Frage lautet, welche Formen des Kommunikationsnetzes und der Kompetenzverteilung innovationsgünstig sind. Dabei ist einerseits an das schon erwähnte Problem der organisatorischen Trennung von Routinearbeit und Strukturkritik zu denken [40]. Ferner ist die geringe Kapazität zur Informationsaufnahme zu berücksichtigen [41] und der Bedarf für eine zentrale Koordination durch hierarchische Ordnung der Kompetenzen. Daraus folgt, daß strukturkritische Information nicht immer an den Stellen bzw. in den Phasen des Entscheidungsprozesses anfällt, die über Strukturänderungen entscheiden können, und daß Distanzen zu überwinden sind, die entmutigend wirken [42]. Außerdem ist zu prüfen, ob sich für den innovativen Entscheidungsprozeß selbst ein teamartig-unstrukturiertes, alle an allem beteiligendes Kommunikationsnetz empfiehlt (wie oft behauptet wird) oder ob nicht auch hier die arbeitsteilige, nach Phasen und Stellen differenzierte Organisation von Vorteil ist. Für all diese und weitere, damit zusammenhängende Fragen wird es vermutlich keine Einheitslösungen geben, sondern verschiedene Lösungen je nachdem, welchen Grad der Komplexität des Systems und seiner relevanten Umwelt man zugrunde legen muß und wieweit rein organisatorische Lösungen durch Anforderungen an Personen bzw. Programme entlastet werden können [43].

Personale Prämissen der Erlebnisverarbeitung werden für die berufliche Arbeit in der Verwaltung vor allem in der Formung durch eine bestimmte Ausbildung relevant. Das in der Ausbildung erworbene Wissen und Können fungiert einerseits im Gedächtnis unmittelbar als Entscheidungsprämisse: Man kennt das Gesetz schon, das man anwenden soll, und braucht sich darüber nicht erst zu informieren. Neben dieser wenig reformgünstigen Strukturvorgabe muß jedoch beachtet werden, daß die Ausbildung zugleich mitbestimmend dafür ist, auf welcher Ebene der Abstraktion die Struktur festgelegt bzw. variabel gehalten und mit Selbstbewußtsein und Motivationsstruktur der Einzelpersönlichkeit verkoppelt wird. Für die juristische Ausbildung z. B. ist sowohl in der römischrechtlichen als auch in der angelsächsischen Tradition eine ausgesprochen pragmatische, verfahrensbezogene, technisch rationalisierte Einstellung zum Recht typisch geworden. Sie bringt eine für Nichtjuristen immer wieder erstaunliche, ja anstößige Indifferenz gegenüber dem unmittelbaren Erleben des Im-Recht-Seins zum Tragen, die mit dieser oder jener Auslegung, diesem oder jenem Prozeßausgang, diesem oder jenem gesetzgeberischen Entscheidungsauftrag kompatibel ist [44]. Daraus resultiert eine operative Wendigkeit im Umgehen mit begrenzenden Entscheidungsbedingungen, die sich auch dann beibehalten läßt, wenn der Jurist, namentlich in der öffentlichen Verwaltung, das Recht als Hauptttätigkeitsfeld verläßt. Obwohl die juristische Ausbildung weder wissenschaftlich noch praktisch zum Entscheidungsprozeß der Verwaltung Wesentliches beizutragen hat, ist sie in dieser Funktion der Formung opportunistisch variabler personaler Prämissen der Informationsverarbeitung zur Zeit kaum zu ersetzen. Die empirisch-analytischen Wissenschaften könnten gleiche Ausbildungserfolge einstweilen noch nicht bieten, und sie müßten die personale Distanz zum Geschehen vermutlich auf ganz anderem Wege zu erreichen suchen – nämlich durch Abstraktion des methodischen und theoretischen Instrumentariums selbst, mit dessen Beherrschung der einzelne sich identifiziert. Im übrigen ist dies nur ein Ausschnitt aus dem allgemeiner formulierbaren Problem des Abstraktionsgrades der Persönlichkeitsintegration, der auch für andere Prämissen der Erlebnisverarbeitung, z. B. rein indivi-

duelle Präferenzen, bestimmend sein dürfte. Solche personalen Strukturen dürften in dem Maße reformgünstig sein, als sie mit verschiedenartigen und variablen Umwelten vereinbar sind.
Sind schon diese Formulierungen spekulativ angesetzt und kaum durch empirische Forschung gedeckt, so gilt Gleiches erst recht für die *programmatischen* Entscheidungsprämissen, d. h. für die Kriterien, nach denen die Richtigkeit der Entscheidung beurteilt wird. Allgemein ist zu vermuten, daß es lerngünstige und weniger lerngünstige Entscheidungsprogramme gibt; solche nämlich, die Erfahrungen anfallen lassen, die eine Korrektur des Programms nahelegen, und andere, bei denen das nicht oder weniger deutlich der Fall ist. Kritische Erfahrungen können überdies die Richtung der angebrachten Programmänderung gleich mitanzeigen, was die Rückkopplungsmodelle der Kybernetik im allgemeinen unterstellen [45], oder nur als Schwierigkeit in der Programmausführung selbst zum Ausdruck kommen und in unspezifiziertes Unbehagen oder in Verärgerung auslaufen, die sich ihr Objekt sucht.
Weitere Überlegungen müßten sich auf die Frage richten, welche sinnhafte Form den Entscheidungsprogrammen strukturkritische, lerngünstige Auswirkungen gibt. Zu denken ist vor allem an: deutliche Artikulation der mit dem Programm getroffenen Entscheidung [46]; Klärung des Problems, das damit gelöst werden soll; Hinweise auf die Voraussetzungen, die für die Wahl dieser Lösung maßgeblich waren; und Festlegung der Indikatoren, an denen diese Voraussetzungen und das Eintreffen der beabsichtigten Wirkungen laufend empirisch kontrolliert werden können. Jedenfalls kann Lernfähigkeit nur mit Hilfe ziemlich komplexer und abstrakt spezifizierter Modelle erreicht werden [47]. Die Schwierigkeiten dürften darin bestehen, diese abstrakten Anforderungen in die normale Form von Entscheidungsprogrammen umzudenken und sie zu konkretisieren. Sie müßten dabei umgegossen werden in die Form von Wenn/Dann-Regeln oder in die Form von Zwecken und Begrenzungen der Mittelwahl oder in Kombinationen dieser beiden Programmtypen. Davon, wie dies geschieht, hängt weitgehend ab, ob Kontrolle und Reformanregungen in der programmierten laufenden Arbeit selbst geleistet werden können oder ob diese Funktionen als Sonderaufgaben organisatorisch ausdifferenziert und dann auch mit eigens dafür ausgebildetem Personal versehen werden müssen.
All diese Überlegungen setzen voraus, daß über strukturgebende Entscheidungsprämissen entschieden werden kann; daß, mit anderen Worten, Organisationspolitik, Personalpolitik und Programmpolitik überhaupt möglich ist. Abschließend muß nun auch diese Voraussetzung noch problematisiert werden. Man muß nach den Bedingungen dieser Möglichkeit fragen, und das heißt: nach den Bedingungen der Autonomie des Verwaltungssystems in der Entscheidung über seine eigene Struktur [48].
Zunächst muß man Systemreferenzen unterscheiden. Die Autonomie des politischen Systems im ganzen [49] kann und muß größer sein als die Autonomie des Teilsystems öffentlicher Verwaltung. Es gibt mithin Strukturänderungen (Organisationsentscheidungen, Personalentscheidungen, Programmentscheidungen), die nur »politisch«, d. h. nur unter Übernahme der gesellschaftlichen Verantwortung für das politische System im ganzen entschieden werden können. Man kann unser Thema deshalb auf die Frage zuschneiden, wieweit Strukturänderungen in der Verwaltung selbst auf unpolitische Weise entschieden werden können und wieweit sie eine Aktivierung politischer, vor allem parteipolitischer Prozesse außerhalb des Verwaltungssystems erfordern [50]. Je

nach dem Typ der Entscheidungsprämissen wird die Autonomie im politischen System verschieden verteilt sein: für Organisationsentscheidungen anders als für Programmentscheidungen und wieder anders für Personalentscheidungen – man denke an die klassische Trennung von Gesetzgebungsgewalt und Organisationsgewalt. Ferner scheint in allen Bereichen eine Hierarchievorstellung als Hilfsmittel der Differenzierung zu dienen: Stellen, Personen und Normen oder Zwecke sind in »höheren« Lagen politischer als in »unteren«. Dieses Schema erleichtert, ähnlich wie das unhierarchisch konzipierte Schema der Gewaltenteilung, das Erfassen politischer Implikationen von Strukturänderungen und die rasche Verständigung darüber. Es ist in dieser Funktion zur Zeit unentbehrlich. Man kann aber bereits erkennen, daß solche Differenzierungen die theoretisch aufweisbare Interdependenz der Entscheidungsprämissen unterschätzen. Noch kann die Wissenschaft keine zureichenden Modelle für Strukturplanung anbieten, die solchen Interdependenzen Rechnung trügen. Die Entwicklung solcher Planungsmöglichkeiten würde mit Sicherheit die Bedingungen der Autonomie des Verwaltungssystems verändern. Sie würde, nach allem, was sich bisher abzeichnet, nicht auf eine »technokratisch« konstituierte, politisch unlenkbare Eigenmacht der Verwaltung hinauslaufen, sondern vermutlich die Abhängigkeit und die Unabhängigkeit der Verwaltung von der Politik zugleich vergrößern. Sie würde nämlich die in Entscheidungen verfügbare Komplexität vergrößern und damit mehr Möglichkeiten zur Auswahl stellen, so daß sowohl politische Determination als auch Selbstreform des Verwaltungssystems zunehmen können, ja müssen, und sich zugleich rationalere Formen der Kooperation anbahnen lassen. Solange wir über solche Möglichkeiten nicht verfügen, wird den systemstrukturell bedingten Interdependenzen nur durch intensive Kommunikation zwischen Politik und Verwaltung Rechnung getragen werden können, die notgedrungen auf zu konkreten Sinnebenen geführt wird und daher konfliktsreich und lästig ausfällt.

Anmerkungen

1 So z. B. von *Klaus von der Groeben*, in: *Klaus von der Groeben/Roman Schnur/Frido Wagener*, Über die Notwendigkeit einer neuen Verwaltungswissenschaft, Baden-Baden 1966, S. 9 ff.

2 Zur Seltenheit und zu den Schwächen »praxeologischer Aussagensysteme« in der Organisationswissenschaft schlechthin s. auch *Erwin Grochla*, Erkenntnisstand und Entwicklungstendenzen der Organisationstheorie, Zeitschr. f. Betriebswirtsch., 39, 1969, S. 1–22 (11 ff.).

3 Einen umfassenden Überblick bietet *Frido Wagener*, Neubau der Verwaltung, Berlin 1969. Zum gegenwärtigen Stand der Bemühungen vgl. auch *Wilhelm Loschelder*, Verwaltungsreform – Eine Bilanz über erste Ergebnisse, Die öffentliche Verwaltung, 22, 1969, S. 225–230, und die weiteren Beiträge im gleichen Heft.

4 Hierzu für Verwaltungssysteme *Niklas Luhmann*, Theorie der Verwaltungswissenschaft: Bestandsaufnahme und Entwurf, Köln 1966; und im allgemeineren Rahmen der politischen Theorie *Wolf-Dieter Narr/Frieder Naschold*, Einführung in die moderne politische Theorie, Bd. II (Naschold), Stuttgart 1969, S. 30 ff.

5 Dieses Problem, Inseln relativer Gewißheit und rationaler Entscheidbarkeit in einer höchst komplexen, unübersehbaren Gesellschaft zu schaffen, rückt zunehmend in den Mittelpunkt auch organisations*soziologischer* Analysen. S. z. B. *James D. Thompson*, Organizations in Action. Social Science Bases of Administrative Theory, New York 1967 – s. die Schlüssel-

formulierung S. 10: "... we will conceive of complex organizations as open systems, hence indeterminate and faced with uncertainty, but at the same time as subject to criteria of rationality and hence needing determinateness and certainty." Vgl. ferner *William H. McWhinney*, Organizational Form, Decision Modalities and the Environment, Hum. Rel., 21, 1968, S. 269–281.

6 S. dazu *Alfred Kuhn*, The Study of Society. A Unified Approach, Homewood, Ill., 1963, S. 253 ff.

7 In der neueren betriebswirtschaftlichen Organisationstheorie ist dies heute ein anerkanntes, wenn auch noch kaum ernstlich in Angriff genommenes Wissenschaftsprogramm. S. statt anderer *Horst Albach*, Zur Theorie der Unternehmensorganisation, Zeits. f. handelsw. Forsch., 11, 1959, S. 238–259; und für unser spezielles Thema besonders ders., Entscheidungsprozeß und Informationsfluß in der Unternehmensorganisation, in: *Erich Schnaufer/Klaus Agthe* (Hrsg.), Organisation, Berlin 1961, S. 355–402; *Hans-Günter Krüsselberg* Organisationstheorie, Theorie der Unternehmung und Oligopol. Materialien zu einer sozialökonomischen Theorie der Unternehmung, Berlin 1965; *Herbert Hax*, Die Koordination von Entscheidungen. Ein Beitrag zur betriebswirtschaftlichen Organisationslehre, Köln 1965.

8 Einen Überblick über verschiedenartige Definitionen und Verwendungen des Informationsbegriffs gibt *Rolf Kramer*, Information und Kommunikation. Betriebswirtschaftliche Bedeutung und Einordnung in die Organisation der Unternehmung, Berlin 1965, S. 21 ff.

9 Speziell darauf gerichtete Überlegungen finden sich in der neueren Literatur selten. Das liegt daran, daß die moderne Informationstheorie die nicht ohne weiteres mathematisierbaren semantischen Aspekte vernachlässigt hat und umgekehrt die mit Sinn befaßten hermeneutischen und sprachanalytischen Forschungen das Informationsproblem übergehen. Schon der Begriff der Semantik – üblicherweise bezogen auf das Verhältnis von Zeichen und Bezeichnetem – versperrt den Zugang zu unserem Problem, denn weder Sinn noch Information lassen sich mit dem Begriff des Zeichens zureichend definieren. Als wohl einflußreichste Versuche in dieser Richtung s. *C. K. Ogden/J. A. Richards*, The Meaning of Meaning, London 1923, 5. Druck der 10. Aufl. 1960; und *Charles C. Morris*, Foundations of the Theory of Signs, International Encyclopaedia of Unified Science Series, Bd. I, No. 2, Chicago 1938. Ansätze zu einer Verbindung suchen zwei bemerkenswerte Aufsätze, die denn auch prompt auf die Notwendigkeit einer begrifflichen Unterscheidung und Verbindung von Sinn und Information stoßen, nämlich *Donald M. MacKay*, The Place of "Meaning" in the Theory of Information, in: *Colin Cherry* (Hrsg.), Information Theory. Third London Symposium, London 1956, S. 215–224; und ders., The Informational Analysis of Questions and Commands, in: *Colin Cherry* (Hrsg.), Information Theory. Fourth London Symposium, London 1961, S. 469–476. Auch für *MacKay* ist Selektivität der Gesichtspunkt der Unterscheidung und Verbindung von Sinn und Information. Auf seiner Grundlage einer Theorie des sich verhaltenden Organismus kommt er allerdings über eine Unterscheidung der selektiven Funktion (meaning) von ihrer faktischen Ausübung (information) nicht hinaus.
Hiervon sind zu unterscheiden Bemühungen um eine Kombination von statistischen Kommunikations- und statistischen Entscheidungstheorien, die ebenfalls im Informationsbegriff ihre Grundlage suchen. Vgl. etwa *Joseph D. Sneed*, Entropy, Information, and Decision, Synthese, 17, 1967, S. 392–407.

10 Dieser Funktionszusammenhang von Internalisierung, Generalisierung und Organisierung einer Mehrheit differenzierter Aspekte der Realität findet sich ausgearbeitet bei *Talcott Parsons*, The Theory of Symbolism in Relation to Action, in: *Talcott Parsons/Robert F. Bales/Edward A. Shils*, Working Papers in the Theory of Action, Glencoe, Ill., 1953, S. 31–62.

11 Diese Aussage bedarf freilich einer näheren Qualifikation im Hinblick auf die unterschiedlich verteilte Bereitschaft und Fähigkeit, sinnhafte Verweisungen zu aktualisieren: Der Historiker »sieht« in einer Landschaft andere Aspekte als der Tourist, der Förster, das Kind.

12 Dazu speziell *MacKay*, a.a.O. (1961). Vgl. auch *Hans-Georg Gadamer*, Wahrheit und Methode. Grundzüge einer philosophischen Hermeneutik, Tübingen 1960, S. 344 ff.

13 Das dürfte, mutatis mutandis, selbst für »Neugründungen« gelten, die sich bei genauerem Zusehen wohl stets als veranlaßt und strukturiert durch die Probleme vorhandener Systeme erweisen dürften – und nicht als freie Konstruktion. S. dazu *Burton R. Clark*, The Open

Door College. A Case Study, New York 1960. Funktional äquivalente Problemlösungen könnten sein: klein anfangen (s. z. B. *Chester I. Barnard,* The Functions of the Executive, Cambridge, Mass., 1938, S. 104 f.) und mit unbestimmten Strukturen anfangen (s. z. B. *Herbert A. Simon,* Birth of an Organization. The Economic Cooperation Administration, Publ. Adm. Rev., 13, 1953, S. 227–236; *Milton G. Weiner,* Observations on the Growth of Information-Processing Centers, in: *Albert H. Rubenstein/Chadwick J. Haberstroh* [Hrsg.], Some Theories of Organization, Homewood, Ill., 1960, S. 147–156).

14 Anregungen zu diesen Ausführungen verdanke ich einem Gespräch mit *Ulrich Thurmann.*

15 Die Formulierung im Text folgt der Einfachheit halber dem üblichen Sprachgebrauch, der der Theorie des Organismus entstammt. Bei genauerem Eingehen auf die Besonderheit sinnbildender Systeme müßte die Innen/Außendifferenz nicht auf die Ursachen selbst, sondern auf die Regeln der Selektion von Ursachen bezogen werden.

16 Das System kann auf einen bestimmten Eingriff verschiedenartig reagieren in Weisen und mit Wirkungen, über die zur Zeit des Eingriffs noch nicht entschieden ist; es kann auch verschiedenartige Eingriffe lernend so verarbeiten, daß auf mehreren Wegen dasselbe Ergebnis – z. B. gar nichts – herauskommt. Vgl. dazu *W. Ross Ashby,* The Effect of Experience on a Determinate Dynamic System, Behavioral Science, 1, 1956, S. 35–42.

17 Dazu vgl. *W. Ross Ashby,* An Introduction to Cybernetics, London 1956, 4. Druck 1961, S. 53 ff.; *H. J. Flechtner,* Grundbegriffe der Kybernetik. Eine Einführung, Stuttgart 1966, S. 215 ff.

18 Diesen Hinweis gibt auch *Anatol Rapoport,* Mathematical, Evolutionary, and Psychological Approaches to the Study of Total Societies, in: *Samuel Z. Klausner* (Hrsg.), The Study of Total Societies, Garden City, N. Y., 1967, S. 114–143 (116), für Modelle der Gesamtgesellschaft.

19 Dieser Gedanke hat Parallelen in vielen anderen Planungsbereichen. »Bildungsplanung« kann sinnvollerweise nur Erziehung der Erzieher oder Planung des Programms sein, nach dem erzogen wird, nicht aber Planung der konkreten Verteilung der Bildungswerte auf die Köpfe der Menschen. Das Geldwesen wird durch Finanzierung von Kapital und Kredit gesteuert, nicht durch Planung der Geldverteilung im Wirtschaftssystem. Für die Regulierung der politischen Macht ist der Modus der Übermächtigung höchster Machthaber entscheidend, die Festlegung der konkreten Machtverteilung im politischen System dagegen entbehrlich. Diese Beispiele erläutern zugleich, in welchem Maße klassische Denkvoraussetzungen über Bildung, Geld, Macht – und in unserem Falle über Entscheidungsrationalität – soziologisch modifiziert werden müssen, wenn man zu einer Theorie der Planung konkreter Sozialsysteme gelangen will.

20 Zur »doppelten Selektivität« von Struktur und Prozeß im Rahmen der allgemeinen Theorie sozialer Systeme s. auch *Niklas Luhmann,* Soziologie als Theorie sozialer Systeme, Kölner Zeits. f. Soz. u. Sozialps., 19, 1967, S. 615–644 (623 ff.). Neu gedruckt in: ders., Soziologische Aufklärung, Köln–Opladen 1970.

21 Dieser Begriff entstammt der am Entscheiden orientierten Organisationstheorie *Simons,* wird hier aber, anders als in den neueren Entwicklungen der Simonschen Konzeption, nicht mit dem Informationsvorgang gleichgesetzt, sondern – entsprechend unserer Unterscheidung von Sinn und Information – auf dessen sinnhaften Interpretationsrahmen begrenzt, was natürlich nicht ausschließt, daß man auch über Entscheidungsprämissen informiert werden kann und muß. Zur Entwicklung des Simonschen Begriffs siehe namentlich folgende Stellen: *Herbert A. Simon/Donald W. Smithburg/Victor A. Thompson,* Public Administration, New York 1950, S. 57 ff.; *Herbert A. Simon,* Administrative Behavior. A Study of Decision-Making Processes in Administrative Organization, 2. Aufl., New York 1957, S. XXX f.; ders. Administrative Decision-Making, Publ. Adm. Rev., 25, 1965, S. 31–37 (34 ff.); ders., The Changing Theory and Changing Practice of Public Administration, in: *Ithiel de Sola Pool* (Hrsg.), Contemporary Political Science. Toward Empirical Theory, New York 1967, S. 86–120 (94 ff.).

22 Hierzu allgemein *Niklas Luhmann,* Politische Planung, in diesem Band S. 66 ff., und zur Funktion und den Systembedingungen solcher Reflexivität allgemein ders., Reflexive Mechanismen, Soziale Welt, 17, 1966, S. 1–23. Neu gedruckt in: ders., Soziologische Aufklärung, Köln–Opladen 1970.

23 Vgl. dazu die Kritik der Möglichkeit »synoptischer« Koordination von Entscheidungen in komplexen politischen Systemen durch *Charles E. Lindblom,* The Intelligence of Democracy. Decision-Making Through Mutual Adjustment, New York 1965. Die Schwierigkeiten liegen mehr, als bei *Lindblom* herauskommt, schon im Begriff der Konsistenz. Mangels effektiver logischer Kontrollmöglichkeiten läuft Konsistenz auf so etwas wie Grenzen der Zumutbarkeit des Zusammenbestehens hinaus, kann also gar nicht unabhängig von den Erwartungsstrukturen sozialer Systeme definiert werden. Sogar eklatante Fälle von Inkonsistenz (z. B. eine Verfassung, die vorschreibt: 1. Allgemeines, gleiches und geheimes Wahlrecht; 2. Alle Wahlzettel werden nach der Wahl ungezählt durch Verbrennung den Göttern geopfert; 3. Die Regierung stellt das Ergebnis der Wahl verbindlich fest) werden mehr durch Empörung als durch Logik ausgemerzt. Selbst Juristen zweifeln heute an der Möglichkeit, Inkonsistenzen in ihren Entscheidungsprogrammen auf andere Weise ermitteln zu können. S. statt anderer *Lon L. Fuller,* The Morality of Law, New Haven 1964, S. 65 ff.

24 Auf den von *Edmund Husserl* gelegten Grundlagen hat sich namentlich *Alfred Schütz* um die Ausarbeitung der Implikationen dieser Lebensweltthese bemüht; s. die Aufsatzsammlung *Alfred Schutz,* Collected Papers, 3 Bde., Den Haag 1962–1966.

25 Das liegt im wesentlichen daran, daß die klassischen Arbeitsteilungslehren den Fabrikbetrieb und nicht den Verwaltungsbetrieb vor Augen hatten und sich damit auf einen leichter zerlegbaren Arbeitsvorgang bezogen.

26 Zu Zweckprogrammen s. näher *Niklas Luhmann,* Zweckbegriff und Systemrationalität. Über die Funktion von Zwecken in sozialen Systemen, Tübingen 1968; und zu Konditionalprogrammen ders., Lob der Routine, in diesem Band S. 113 ff.

27 Das haben namentlich Forschungen über Erlebnisverarbeitung im alltäglichen Verhalten gezeigt. S. z. B. *Charlotte G. Schwartz,* Perspectives on Deviance. Wive's Definitions of Their Husbands Mental Illness, Psychiatry, 20, 1957, S. 275–291; *Fred Davis,* Deviance Disavowal. The Management of Strained Interaction by the Visibly Handicapped, Social Problems, 9, 1961. S. 120–132, neu gedruckt in: *Jerome G. Manis/Bernard N. Meltzer* (Hrsg.), Symbolic Interaction. A Reader in Social Psychology, Boston 1967, S. 189–204; *Harold Garfinkel,* Studies of the Routine Grounds of Everyday Activities, Social Problems, 11, 1964, S. 225–250, neu gedruckt in: ders., Studies in Ethnomethodology, Englewood Cliffs, N. J., 1967, S. 35–75; *Marvin B. Scott/Stanford M. Lyman,* Accounts, Am. Soc. Rev., 33, 1968, S. 46–62.

28 Vgl. dazu *Aaron V. Cicourel,* The Social Organization of Juvenile Justice, New York 1968, für den genau dieser Vorgang mit den Prämissen, die ihn im alltäglichen Erleben als rational erscheinen lassen, zum Problem wird.

29 Ähnliche Vorstellungen finden sich in neueren betriebswirtschaftlichen Überlegungen zur Kontrolle von Programmierung und Budgetierung. Vgl. z. B. *Roland N. McKean,* Efficiency in Government Through Systems Analysis with Emphasis on Water Resources Development, New York 1958, insbes. S. 32 ff.; *Yuji Ijiri,* Management Goals and Accounting for Control, Amsterdam 1965.

30 Anregend hierfür der Versuch von *F. E. Emery/E. L. Trist,* The Causal Texture of Organizational Environments, Hum. Rel., 18, 1965, S. 21–32, eine Umwelttypologie zu entwerfen und zu systeminternen Strukturen und Prozessen in Beziehung zu setzen. Vgl. außerdem *F. E. Emery,* The Next Thirty Years. Concepts, Methods, and Anticipations, Hum. Rel., 20, 1967, S. 199–237.

31 Darüber liegen in der neueren Organisationssoziologie zahlreiche Beobachtungen vor; s. z. B. *Bernard H. Baum,* Decentralization of Authority in a Bureaucracy, Englewood Cliffs, N. J. 1961; *Cyril Sofer,* The Organization from Within. A Comparative Study of Social Institutions Based on a Sociotherapeutic Approach, Chicago 1962, S. 150 ff.; *Michel Crozier,* Le phénomène bureaucratique, Paris 1963.

32 Vgl. *Cicourel,* a.a.O., insbes. S. 115 ff.

33 Das Problem der Explikation und rationalen Feststellung von Kosten und Stoppregeln der Suche nach weiteren Informationen gewinnt in der neueren betriebswirtschaftlichen Entscheidungstheorie an Bedeutung und führt zugleich in Schwierigkeiten mit den klassischen Modellen optimalen Entscheidens; s. z. B. *Horst Albach,* Entscheidungsprozeß und Informationsfluß in der Unternehmensorganisation, in: *Erich Schnaufer/Klaus Agthe* (Hrsg.), a.a.O.,

S. 355–402 (361 ff.); *Gérard Gäfgen,* Theorie der wirtschaftlichen Entscheidung. Untersuchungen zur Logik und ökonomischen Bedeutung des rationalen Handelns, Tübingen 1963, S. 207 ff.; *Richard M. Cyert/James G. March,* A Behavioral Theory of the Firm, Englewood Cliffs, N. J., 1963, insbes. S, 44 ff.; 121 ff. In der Praxis der öffentlichen Verwaltung bleiben solche Festlegungen hochgradig unbestimmt und dem eingelebten, kollegial und durch Vorgesetzte kontrollierten Anspruchsniveau überlassen.

[34] Zentrale Bedeutung hat dieser Gesichtspunkt für die Organisationstheorie von *Chester I. Barnard,* The Functions of the Executive, Cambridge, Mass., 1938. Seitdem ist die einschlägige Literatur ins Unübersehbare angeschwollen. Eine lehrbuchmäßige Darstellung gibt z. B. *Lee O. Thayer,* Administrative Communication, Homewood, Ill., 1961; eine populär geschriebene Einführung *A. Ackermann/W. Feurer/H. Ulrich,* Innerbetriebliche Information als Führungsaufgabe, Bern 1959.

[35] Diese Forderung steht im Widerspruch zu verbreiteten Thesen der älteren, kleingruppenpsychologisch orientierten Betriebssoziologie. Vgl. dazu *Niklas Luhmann,* Funktionen und Folgen formaler Organisation, Berlin 1964, S. 89 ff., ferner die entsprechende begriffliche Unterscheidung verschiedener Aspekte des Kommunikationsprozesses bei *Russel L. Ackoff,* Towards a Behavioral Theory of Communication, Man. Sc., 4 1958, S. 218–234.

[36] Dies Problem ist im Augenblick vor allem dort akut, wo automatische Datenverarbeitung zu einer horizontalen Planung des Flusses der Informationsverarbeitung zwingt und hinzukommt, daß die Form der Verschlüsselung von Nachrichten Vorleistungen für den Nachfolger uneinsichtig macht.

[37] In der Form einer prinzipiellen Kontroverse wird diese Frage daher unfruchtbar gestellt. Vgl. etwa die Beiträge von *Wilbert E. Moore,* The Conduct of the Corporation, New York 1962, S. 204; *Crozier,* a.a.O., S. 265 ff.; und dagegen *Victor A. Thompson,* Bureaucracy and Innovation, Adm. Sc. Quart, 10, 1965, S. 1–20.

[38] Vgl. zur personalen Seite die Feststellung von *Robert L. Kahn/Donald M. Wolfe/Robert P. Quinn/Diedrick J. Snoek,* Organizational Stress. Studies in Role Conflict and Ambiguity, New York 1964, S. 129, daß Personen in Innovationsrollen ein höheres Selbstvertrauen besitzen als Personen in Routinerollen.

[39] Die ältere Forschung stand fast ausschließlich unter dem engen Auftrag, Gründe des Widerstandes gegen Änderungen zu erkennen und zu beheben (wobei die Änderung selbst als wirtschaftlich sinnvoll vorausgesetzt wurde). Unter dem Gesichtspunkt der Planung von Innovation findet sich eine Zusammenstellung von Variablen und Hypothesen bei *James G. March/Herbert A. Simon,* Organizations, New York 1958, S. 172 ff. Seitdem namentlich *Tom Burns/G. M. Stalker,* The Management of Innovation, London 1961; *Victor A. Thompson,* a.a.O. (1965); *Chris Argyris,* Organization and Innovation, Homewood, Ill., 1965; *James Q. Wilson,* Innovation in Organization. Notes Toward a Theory, in: *James D. Thompson* (Hrsg.), Approaches to Organizational Design, Pittsburgh 1966, S. 193 ff.; *Jerald Hage/Michael Aiken,* Program Change and Organizational Properties. A Comparative Analysis, Am. Journ. Soc., 72, 1967, S. 503–519.

[40] Einen neueren Überblick über die Diskussion findet man bei *Klaus Dammann,* Stäbe, Intendantur- und Dacheinheiten, Köln 1969, S. 69 ff.

[41] Das wird immer wieder übersehen, z. B. in der Hypothese von *Wilson,* a.a.O., S. 200: "The greater the diversity of the organization, the greater the probability that members will conceive of major innovations." Die notwendige Einschränkung bringt Wilson erst in einer entgegengesetzten These über die Annahme vorgeschlagener Innovationen.

[42] Man kann sich dieses Problem an dem Beispiel unterer Verwaltungsinstanzen verdeutlichen, die über unpraktikable Gesetze klagen, aber keine Initiative zur Gesetzänderung ergreifen, weil der Weg zum Gesetzgeber zu weit und interferierende Kräfte unabschätzbar sind, kurz: weil die Erfolgsaussichten gering sind.

[43] Während die ältere Organisationswissenschaft auch hier keine Grenzen sah, sondern unbefangen Organisationsprobleme dadurch löste, daß sie sie Persönlichkeiten aufgab, beginnt man heute zu sehen, daß im Unbestimmten gelassene Organisationsformen hohe Anforderungen an die Komplexität von Persönlichkeitssystemen und an die Abstraktheit ihrer psychischen Strukturen stellen; s. z. B. *Paul Stager,* Conceptual Level as a Composition Variable in Small-Group Decision-Making, Journal of Personality and Social Psychology, 5, 1967,

S. 152–161. Irgendwo muß, mit anderen Worten, die Reduktion der Komplexität geleistet werden – wenn nicht durch die Organisation und die Programmatik sozialer Systeme, dann durch die personalen Systeme der Erlebnisverarbeitung.

44 Über die historischen Grundlagen der Entwicklung dieser Berufshaltung und ihrer professionellen Institutionalisierung wäre viel zu sagen. Vor allem scheinen zwei Momente zusammengekommen zu sein: 1. die hohe laufende Enttäuschungsquote des Rechtsbetriebs, die eine innere Distanzierung der hauptberuflich Beteiligten als Abwehrmechanismus und als Grundlage rationaler, erfolgsträchtiger Praxis unvermeidlich werden läßt; und 2. eine starke gesellschaftliche Differenzierung von Recht und Religion, die das Recht, unabhängig von der inneren Bindung an heilige Texte, geschäftsmäßig praktikabel und entwicklungsfähig werden läßt.

45 Zur Kritik dieser Annahme, die unser Problem der Lerneignung von Programmen zum Verschwinden bringt, vgl. *Sir Geoffrey Vickers*, The Undirected Society. Essays on the Human Implications of Industrialization in Canada, Toronto 1959, S. 10 f.; und *Niklas Luhmann*, Zweckbegriff und Systemrationalität, a.a.O., S. 109 ff.

46 Dazu gehören auch auf den ersten Blick unwesentliche Dinge wie Datierung und Authentifikation der Entscheidung: daß man festhält, wann und durch wen die Entscheidung getroffen worden ist. Die Gefährlichkeit, die *Savigny* in der Dokumentation der Herstellung des Rechts sah, nämlich der Verlust eines diffusen, nicht explizit begründeten Vertrauens und das Nahelegen von Änderungsmöglichkeiten, ist genau unser Anliegen.

47 Dazu einige Bemerkungen bei *Hans K. Schneider*, Planung und Modell, in: Zur Theorie der allgemeinen und regionalen Planung, Bielefeld 1969, S. 42–59 (51).

48 Als eine neuere Monographie zu diesem Thema, bezogen auf Organisationen schlechthin, s. *Fred E. Katz*, Autonomy and Organization. The Limits of Social Control, New York 1968.

49 Hierzu im Zusammenhang der Skizze einer Theorie des politischen Systems *Niklas Luhmann*, Soziologie des politischen Systems, Kölner Zeits. f. Soz. u. Sozialps., 20, 1968, S. 705 bis 733 (708 ff.). Neu gedruckt in: ders., Soziologische Aufklärung, Köln–Opladen 1970.

50 *Roman Schnur*, Strategie und Taktik bei Verwaltungsreformen, Baden-Baden 1966, stellt eine ähnliche Frage für den Teilkomplex, der üblicherweise als Verwaltungsreform bezeichnet wird, aus der Optik der Verwaltung heraus. Daher erscheint die Politik ihm als Sphäre des Widerstandes gegen eine in der Verwaltung rational planbare Verwaltungsreform. Eine Politik und Verwaltung umfassende systemtheoretische Betrachtung würde zunächst zu untersuchen haben, ob sich in gegebenen Systemen Kriterien einer sinnvollen Verteilung der Entscheidungsautonomie zwischen Politik und Verwaltung ermitteln lassen.

Reform des öffentlichen Dienstes

Zum Problem ihrer Probleme

I.

Daß eine Reform des öffentlichen Dienstes ein wünschenswertes Ziel und eine wichtige öffentliche Angelegenheit sei, darüber besteht weithin Einverständnis. Dieses Einverständnis beruht auf einer zunächst (und vielleicht nur) sprachlichen Grundlage. Das Wort Reform ist eines jener Leitworte, die die Nachfolge religiöser Vorstellungen angetreten haben. Es trägt das »Prinzip der Perfektion« in sich [1] *. Es bezeichnet einen in sich selbst untadeligen Maßstab und eine Kritik des Vorhandenen als schlechte Welt. Es ist daher schwierig, sich als Gegner von Reformen zu bekennen [2]. So weit reicht die Umgangssprache; sie liefert gleichsam die Einführungstechnik für ein Problem, die Schubkraft für die erste Stufe im Prozeß der Problematisierung und Politisierung des Vorhandenen.

Nicht selten wird auf dieser Stufe mit sicherer Konsensbasis bereits gehandelt, vor allem politisch gehandelt. Man fordert Reform, erklärt sich für Reform, plant Mittel und Wege, um eine Reform der ... oder des ... in Gang zu bringen, oder man bezeichnet einfach etwas Vorhandenes, eine Arbeitsgruppe, eine »Zelle«, eine neue Universität als Reform – ... Man greift nach »Reformideen im Rohzustand des Schlagworts« [3]. Das Wort »Reform« suggeriert eine eindeutige Richtung zum Besseren; und fast darf man vermuten, daß es deshalb so oft gebraucht wird, weil dafür die Beweise fehlen. Eine nur umgangssprachlich gewonnene Ebene der Problemstellung hat die Eigenart, daß ihr Realitätskontakt ein sprachlicher ist und bleibt, gegebenenfalls verstärkt durch symbolische Aktivitäten anderer Art wie Demonstrationen, auffällige Gewaltakte, Einsetzung von Kommissionen usw. Diese Art der Problemstellung reicht, so unerläßlich sie als erster Schritt, als Teil eines weitläufigen Innovationsprozesses sein mag, nicht aus, um eine Strukturänderung – und darum geht es bei Reformen [4] – zu planen und an Hand einer überlegten Konzeption durchzuführen. Ein durch Umgangssprache und Perfektionssymbole vermitteltes Realitätsverständnis kann durchaus Folgen, oft weitreichende Folgen haben; aber es schöpft die Möglichkeiten nicht aus, Folgen im Rahmen von Voraussicht zu wählen.

Zumeist bleibt es indes nicht bei einem Feiern und Fördern von Reform als Reform. Aus einem gegebenen Zustand heraus werden Gründe der Reformbedürftigkeit gesehen und damit Zielrichtungen der Reformen erkannt. Erkannte Unzulänglichkeiten erfordern Abhilfe; in Mißkredit geratene Symbole, etwa Treue oder Pflicht, werden renoviert, abgeschafft oder aus dem ersten Rang verdrängt. Dabei ist »Reform« eine Vokabel der Praxis geblieben, die allenfalls noch von angewandten Disziplinen wie Jurisprudenz, Verwaltungslehre oder public administration benutzt wird [5]. Im sozialwissenschaftlichen Forschungskontext spricht man dagegen von sozialem Wandel, Innovation oder organizational change [6]. Die Anstöße zu Verwaltungsreformen gehen demgemäß, bisher jedenfalls, nicht von der Wissenschaft aus, sondern kommen – mit

* Anmerkungen siehe S. 241–256.

Luhmann, ZRP 71, 49, Tietz, DÖV 72, 660

nachhaltigem Erfolg vor allem in Großbritannien – aus der Verwaltung selbst. Auf diese Weise kommen zahlreiche »Probleme« für anstehende Reformen gleichsam historisch zusammen und sind dann »im Gespräch«, werden unter besonderen Umständen zu Themen der öffentlichen Meinung [7]. Woher hat man aber die Gewißheit, daß diese historischen Probleme die Reformprobleme sind? Woher weiß man, daß es eine Reform ist, wenn man über gerade diese Probleme entscheidet? Und wie will man ausschließen, daß eine Entscheidung über andere Probleme auch eine Reform wäre, und vielleicht eine bessere Reform?

Allgemein kann man sagen, daß die Probleme der Personalstruktur in den bisherigen Reformdiskussionen keine ausreichende Aufmerksamkeit gefunden haben. Als Anhängsel allgemeiner Überlegungen zur Verwaltungsreform wurde fast nur das Problem des »Personalabbaus« gesehen und diskutiert [8]. Weiterer Problemstoff kommt, da der öffentliche Dienst in starkem Maße rechtlich geregelt ist, in der *juristischen Perspektive* zusammen. Das geltende Recht erweist sich als Hindernis sinnvoller Handlungsabsichten, es enthält überholte Vorschriften, Unterscheidungen, deren Grund entfallen ist. Auch wenn der Jurist konzediert, daß es bei Reformen nicht allein um die Beseitigung rechtstechnischer Schwierigkeiten geht, sondern um eine Anpassung an gesellschaftliche Veränderungen, sieht er die Reform des öffentlichen Dienstes gleichwohl als Reform des öffentlichen Dienst*rechts* [9]. Zum Teil als Problemquelle, vor allem aber als Technik der Problemlösung definiert das Recht zugleich das, was ein Reformproblem sein kann. Das Gefälle zu juristisch ausdrückbaren Reformgedanken, das für die deutsche Reformpolitik der letzten 20 Jahre bezeichnend ist [10], wird durch die Bekanntheit, Artikuliertheit und Änderbarkeit des Rechts begünstigt. Die rechtsförmige Geregeltheit eines Sachbereichs ist zunächst eine wichtige Planungs- und Innovationshilfe [11]. Was, abgesehen vom Recht, überhaupt vorhanden ist, kann man nur dunkel ahnen: ein immenser Komplex bunter Fakten, verworren, unübersehbar, unbekannt. Andererseits wird man kaum unterstellen können, daß alle, oder auf alle Fälle die wichtigsten, Probleme einer Neuordnung dieses riesigen Personalkörpers als Rechtsprobleme erscheinen oder als solche gelöst werden können. Die Rechts- oder Verfassungsprinzipien geben in Reformfragen keine ausreichende Entscheidungshilfe [12]. Die juristische Problemformulierung darf daher die Suche nach anderen, umfassenderen Konzepten nicht blockieren. Es fehlt aber an Erfahrung mit anderen Möglichkeiten der Problematisierung.

Daneben bietet sich als eine wichtige Ergänzung die *Perspektive klassischer Personalplanung* an. In dieser Perspektive werden die Erfahrungen und die Idealisierungen der Personalpolitik resümiert, die sich um die Besetzung von Positionen mit Personen kümmert. In diesem Metier geht man von einer gegebenen Aufgaben- und Stellenstruktur aus und erstrebt eine möglichst gute Stellenbesetzung, bei weitsichtigem Verhalten außerdem eine rechtzeitige Vorsorge dafür, daß man jederzeit in der Lage ist, den Personalbedarf zu befriedigen. Diese Leitlinie bestimmt auch sachkundige Behandlungen des Themas der Personalpolitik und -verwaltung [13]. In der praktischen Tätigkeit selbst fallen relativ konkrete, milieubezogene Erfahrungen an, die, schwer formulierbar und wenig transparent, für Reformzwecke kaum verfügbar sind. Dieser Arbeit entstammt jedoch ein Überbau von quasiökonomischen Optimierungspostulaten, der viele Reformbestrebungen mit Problemformeln beliefert; etwa die Forderung nach einer aufgabenadäquaten Personalstruktur oder noch allgemeiner: nach einer Optimierung der Funktionsfähigkeit des öffentlichen Dienstes. Der Zusammenhang solcher

Formeln mit einer realisierbaren Entscheidungspraxis ist nicht erkennbar; sie enthalten nicht viel mehr als eine Umformulierung des Perfektionsprinzips von Reformen.

Eine dritte Anregungsquelle ist *macht- und verbandspolitischer Art*. Damit ist nichts Abträgliches ausgesagt, vielmehr nur auf einen strukturell bedeutsamen Tatbestand hingewiesen, der aus einer Planung von Reformen des öffentlichen Dienstes nicht mehr hinweggedacht werden kann. Die letzte Ursache dafür liegt in der strukturellen Mobilisierung von Entscheidungsthematiken. Zahlreiche Angelegenheiten, die für das Berufsleben der Angehörigen des öffentlichen Dienstes wichtig sind wie Arbeitsentgelt, Arbeitszeit und Urlaub, Versorgung, Beförderungsmöglichkeiten, können nur noch kontingent und jeweils vorläufig bis auf weiteres geregelt werden, da die gesellschaftlichen Bedingungen einer jeden Festlegung in ständigem Wandel begriffen sind. Sie ziehen dadurch, wie alles Änderbare, Aufmerksamkeit auf sich. Ihre Änderungsrichtung hat eine lineare Ordnung, auf der einfache Vergleichsmöglichkeiten gegeben sind und besser bzw. schlechter leicht feststellbare Größen sind; sie eignet sich dadurch als Steigerungsrichtung und wird zur Grundlage eines kontinuierlichen oder doch schubweisen Strebens nach »Verbesserungen«. Entscheidungen über solche »Verbesserungen« können sich der Politisierung nicht mehr entziehen – allein schon wegen der Quantitäten nicht, um die es geht. Alles, was auf der Linie einer weiter möglichen Verbesserung liegt, gilt nicht als Reform; Besoldungserhöhungen sind ebensowenig Reform wie Arbeitszeitverkürzungen oder Verbesserungen von Sozialleistungen. Verbesserungen auf solchen Linien sind vielmehr negotiable Verbandsziele und ihr Durchsetzungsmittel eben deshalb der legale Streik, der nicht zu einer radikalen politischen Dauerkonfrontation führt, sondern durch Verhandlungen beendet werden kann [14]. All das löst keine politischen Reformkontroversen aus. Wohl aber werden Veränderungen in den Ausgangspositionen für solche Entscheidungen unter dem Titel »Reform« erstrebt. Der juristische Angelpunkt sind die Regelungskompetenz (einseitiger Akt oder Vertrag) und das Streikverbot [15], die juristische Verkleidung das sogenannte Statusproblem [16], die juristische Symbolisierung das Prinzip der Treue [17]. Hierbei geht es formal um den Rechtstypus des Anstellungsverhältnisses. Thematisch geht es zumeist um die Berechtigung der Beibehaltung eines Unterschiedes von Beamten, Angestellten und Arbeitern des öffentlichen Dienstes, nachdem Statusargumente ständischer oder hierarchischer Art nicht mehr akzeptabel sind. Und politisch geht es um ein Stück Kontrolle über jene Entscheidungen, in denen sich der Staat bzw. seine Regierung noch »bewähren« kann: der Entscheidung über Verbesserungen. Eine Funktion der zur Zeit bestehenden Unterscheidung verschiedener Formen des Rechtsstatus von Bediensteten scheint darin zu liegen, eine klare politische und juristische Grundsatzentscheidung über Antriebschancen und Machtverhältnisse auf dem Personalsektor zu ersparen – und es dem »Staat« wie den »Verbänden« zu ermöglichen, ihre Möglichkeiten im Ernstfalle zu überschätzen. Dies Gleichgewicht kommt heute in Bewegung nicht dadurch, daß es auf die Probe gestellt, sondern dadurch, daß »das Statusproblem« als Kontext der Erzeugung von Reformproblemen benutzt wird, die mit den juristischen und den personalpolitischen Fragestellungen konkurrieren [18] – und ebensosehr der Frage ausgesetzt bleibt, ob das die Probleme sind, die einer Reform des öffentlichen Dienstes zugrunde gelegt werden sollten. Auf diese politische Problemstellung kann man mit Helmut Quaritsch [19] politisch antworten, kann mit überzeugenden Argumenten das Festhalten der Symbolik von Staat und Treue und Pflicht fordern, erst recht und gerade jetzt – und dabei an

Luhmann, ZRP 71,49 (Status – Anknüpfungspunkt, auf den hin Rechte und Pflichten zugeordnet werden)

all den Problemen vorbeiblicken, die eine Umstellung von establishment auf management mit sich bringt.

Es lohnt sich, angesichts so eklatanter Einseitigkeiten und Kontextabhängigkeiten der Problemerzeugung, die Problemfindung selbst zum Problem zu machen. Das heißt nicht, die historisch vorliegenden Problemverständnisse mit einem Federstrich zu beseitigen. Zumeist handelt es sich bei den vorliegenden Problembeständen aber um unklar definierte (nicht ohne weiteres entscheidbare) Probleme, und außerdem bedarf ihr Anspruch, durch ihre Lösung eine Reform zu erbringen, der Überprüfung. Während die Klärung unklar gestellter Probleme eine Aufgabe der Entscheidungstheorie darstellt [20], sind für Problemfindung und Problembeurteilung soziologische Systemanalysen erforderlich.

Dabei muß man – und zwar schärfer, als Juristen es gewohnt sind – unterscheiden zwischen den *Realproblemen*, die sich offen oder latent in den Systemen stellen, die zu untersuchen und zu reformieren sind, und bloßen *Themen*, die in der Alltagssprache oder der Wissenschaftssprache oder der Planungssprache als problematisch formuliert werden können, in der man über solche Systeme spricht. Die meisten Reformthemen sind noch nicht ohne weiteres Probleme in jenem engeren Sinne. Übergeneralisierte Fragestellungen (»Wie kann der öffentliche Dienst den veränderten gesellschaftlichen Verhältnissen angepaßt werden?«, »Welche Ausgestaltung des Rechte- und Pflichtenkatalogs des Beamtenrechts ist noch zeitgemäß?«), historische Fragestellungen (»Wie ist es zu einer Statusteilung im öffentlichen Dienst gekommen?«), Informationsbedürfnisse oder bloße Denkaufgaben (»Wie kann man Art. 33 Abs. 4 und 5 GG auslegen?«) artikulieren noch keinen Leitfaden für mögliche Reformen. Sie kündigen – und darin liegt die Gefahr – durch ihre Allgemeinheit einen Kategorisierungs- und damit einen Führungsanspruch an, der in den Realproblemen nicht ausreichend begründet ist. Die Gedankenführung muß, wenn es um Reformen gehen soll, methodisch bei den Realproblemen liegen – auch und gerade dann, wenn sie enger und konkreter zu stellen sind. Erst von solchen Realproblemen her kann man zurückschließen auf die Themen, die im Planungsprozeß zu behandeln sind; nur so kann man den erforderlichen Allgemeinheitsgrad, den historischen und prognostischen Zeithorizont, die Grenzen des zu beachtenden Kausalnetzes bei bestimmten Fragestellungen sinnvoll steuern.

Nur so kann man auch eine sinnlose Überlastung mit unpraktikablen Quantitäten vermeiden. Stellt man die denkbaren, in der Diskussion befindlichen Reformthemen als bloße Themen zusammen, so werden sehr rasch dreistellige Zahlen erreicht. Berücksichtigt man weiter, daß Themen nur dann Probleme sein können, wenn sie mehr als eine Antwort zulassen, kommt man schon bei 100 Themen mit je zwei Antworten, wenn man Beziehungen zwischen allen Antworten und allen möglichen Antwortbeziehungen herstellen will, in den Bereich astronomischer Zahlen. *Dem kann man sich nur entziehen, wenn man von vornherein die reale Struktur des Systems zur Reduktion der Komplexität denkbare Möglichkeiten verwendet.*

Auf der gleichen Linie liegt folgendes Argument: Themenlisten kann man allenfalls unter Gesichtspunkten der Ähnlichkeit und Zusammengehörigkeit klassifikatorisch ordnen. Die Unterthemen unterscheiden sich dann durch eine geringere Reichweite von den Hauptthemen. Eine solche klassifikatorische Beziehung ist jedoch nicht ohne weiteres eine Problemlösungsbeziehung in dem Sinne, daß die Lösung des Unterproblems zur Lösung des Hauptproblems beiträgt. *Klassifikation* ist, mit anderen Worten, keine ausreichende Technik der *Faktorisierung* von Problemen [21]. Hierzu müssen vielmehr in der Realität wirksame Zweck/Mittel-Beziehungen oder Problemlösungshierarchien unterstellt werden, und dazu ist der Anschluß an vorhandene Systemstrukturen unerläßlich, in denen Probleme und problemlösende Strukturen und Prozesse immer schon differenziert vorliegen [22].

Nach ihrem derzeitigen Entwicklungsstand kann die soziologische Forschung zwar für große und komplexe Sozialsysteme wie die öffentliche Verwaltung weder verläßliche Zustandserklärungen noch verläßliche Prognosen bieten [23]; ihre empirische Forschung würde die dafür notwendigen Grundlagen so langsam erheben, daß sie nur historische, durch zwischenzeitliche Veränderungen überholte Werte zu liefern vermöchte. Einen aktuellen Nutzen hat die soziologische Systemtheorie dagegen für die hier erörterte Aufgabe; sie eignet sich als Schema der Suche nach Problemen und der Aufdeckung ihrer Zusammenhänge. Diese These sei hier zunächst nur als Behauptung aufgestellt. Die folgenden Überlegungen dienen der exemplarischen Durchführung dieses Gedankens am Beispiel der Reformprobleme des öffentlichen Dienstes.

II.

Neuere Entwicklungen in der allgemeinen soziologischen Theorie und der Organisationswissenschaft legen es nahe, den Arbeitsbereich des öffentlichen Dienstes als ein *System sozialen Handelns* zu begreifen, *das Informationen verarbeitet und Entscheidungen produziert* [24]. Die Tätigkeiten, um die es geht und auf die sich alle Reform letztlich beziehen muß, werden als selektive Prozesse und in diesem weiten Sinne als *Entscheidungsprozesse* begriffen. Die Strukturen, die solche Entscheidungsprozesse steuern, fungieren mithin als *Entscheidungsprämissen*, als im Fluß der Informationsverarbeitung konstant gehaltene Voraussetzungen, über die in anderen Prozessen gleichwohl entschieden werden kann. Das Entscheidungssystem der Verwaltung folgt besonderen Entscheidungsprämissen und unterscheidet sich dadurch von seiner gesellschaftlichen Umwelt. Die Unterscheidung von der Umwelt bezieht sich auf drei Arten von Entscheidungsprämissen: (1) auf die *Programme* als Bedingungen der Richtigkeit von Entscheidungen, (2) auf die *Organisation* als die Struktur kommunikativer Beziehungen im System und (3) auf das *Personal* [25]. Entsprechend müssen Prozesse der Strukturänderung unterschieden werden als Programmplanung, Organisationsplanung und Personalplanung. Da sich alle diese Strukturen auf dasselbe System und auf denselben Entscheidungsprozeß beziehen, sind sie hochgradig interdependent. Programmpolitik, Organisationspolitik und Personalpolitik können nicht unabhängig voneinander gewählt werden, sondern bilden, ob geplant oder nicht, in ihren Folgen ein integriertes Ganzes.

Gleichwohl kann man für Zwecke einer planmäßigen Reform des öffentlichen Dienstes den Personalsektor für sich betrachten. Das Risiko einer solchen Problembegrenzung erfordert jedoch, daß man die Art dieses Vorgehens klärt. Bei einer Reform des öffentlichen Dienstes können die bestehenden Interdependenzen und Kompatibilitätserfordernisse nicht außer acht bleiben. Man muß wissen, für welchen Kontext von Programmen und Organisationsformen eine Personalstruktur zu planen ist, und man muß nicht nur die Gegenwart, sondern auch die sich abzeichnenden Entwicklungslinien in der

Programmatik und der Organisation der öffentlichen Verwaltung in Betracht ziehen. Die Planungsvereinfachung, die Abstraktion liegt nur darin, daß man *die planmäßig gesuchte Variation des Vorhandenen, die Reform, auf den Personalsektor begrenzt.* Man kann nicht alles auf einmal verändern, weil sonst die Veränderung alle Anhaltspunkte und Kriterien verlöre. Man muß Blickpunkte wählen und wechseln können. Das schließt nicht aus, daß man im Interesse einer geplanten Personalstruktur Anpassungsforderungen an die Organisation oder gar an die Programmatik der öffentlichen Verwaltung formuliert – etwa Forderungen nach Limitierung des Änderungstempos. Und weiter kann man bei Überlegungen zur Personalstruktur darauf achten, daß diese mit unabsehbaren Veränderungen im Programm- oder im Organisationsbereich möglichst kompatibel wird. Ausgeschlossen ist jedoch, daß jede Variationsmöglichkeit jedes Strukturtyps mit jeder jedes anderen verglichen wird.

Eine zweite Beschränkung und Präzisierung liegt darin, daß das Personal des öffentlichen Dienstes nicht in der Fülle seiner konkreten Menschlichkeit, seiner Bedürfnisse, Hoffnungen, Leiden und individuellen Lebensgeschichten in Betracht gezogen wird, sondern lediglich als *Komplex strukturgebender Entscheidungsprämissen* [26]. Eine Planung der Personalstruktur des öffentlichen Dienstes bezieht sich nach dieser Konzeption also auf die Beschaffung und die Verteilung von Entscheidungsprämissen auf Entscheidungsprozesse, und zwar auf jene Prämissen, die nur qua Person bezogen werden können. Die biographischen Details und konkreten Lebensumstände haben dafür nur insoweit Bedeutung, als sie den Entscheidungsprozeß faktisch strukturieren.

Der Gesichtspunkt des Fungierens als Entscheidungsprämisse eröffnet Möglichkeiten einer *funktionalen Abstraktion* und bietet damit sowohl für Forschung als auch für Planung angebbare Vorteile. Er gibt ein *selektives Prinzip* an, mit dessen Hilfe sich die konkreten, mit Personen verbundenen Sachverhalte, zum Beispiel Fragen der Motivation, der kognitiven Kapazitäten, der Einstellungen, der unterbewußten Selbststeuerung, der Zukunftserwartungen und Anspruchsniveaus als relevant bzw. irrelevant beurteilen lassen. Unter diesem Gesichtspunkt kann man ferner *Typisierungen* entwerfen – eine Möglichkeit, von der wir im folgenden Gebrauch machen werden. Man kann das allgemeine Problem der Beschaffung personaler Entscheidungsprämissen aufgliedern in Unterprobleme, zum Beispiel in Fragen der Ausbildung, der Rekrutierung, der Verteilung im System, der Sozialisation. Auch diese Begriffe sind dann reduziert auf Aspekte der Relevanz von Persönlichkeitsstrukturen für Entscheidungsprozesse. Wie weit die vorliegende psychologische und sozialpsychologische Forschung dafür schon brauchbares Material bereithält oder erst noch umbegriffen werden muß, bedarf gesonderter Prüfung [27]. Schließlich bietet der Begriff der Entscheidungsprämisse eine Blickrichtung, in der Personalstrukturen mit anderen Strukturen verglichen und Fragen der *wechselseitigen Kompatibilität* und der *wechselseitigen Substituierbarkeit* erörtert werden können. Dabei käme man beispielsweise zu Feststellungen folgenden Typs: Persönlichkeiten mit komplexen (abstrakteren) kognitiven Strukturen kommen mit einem geringeren Maß organisatorischer Strukturierung aus [28]. Oder: Unklare und widerspruchsreiche Zweckprogramme wirken leistungsmindernd bei Personal mit geringem Selbstvertrauen, leistungssteigernd bei Personal mit hohem Selbstvertrauen [29]. Oder: Intensivere, fachlich spezialisierte Ausbildung mindert nicht etwa, sondern steigert die Anforderungen an Überwachung und erfordert eine stärkere vertikale Differenzierung der Hierarchie [30].

Von diesem Ansatz aus handelt es sich bei jeder Planung und Reform der Personalstruktur des öffentlichen Dienstes um die Frage, wie sich Persönlichkeitsstrukturen als Entscheidungsprämissen im System bewegen – wie sie sich faktisch bewegen und wie ihre Bewegung verändert werden sollte, um eine Integration mit programmatischen und organisatorischen Strukturen zu ermöglichen. Eine Systemplanung bezieht sich auf die Entscheidungsprämissen für den Entscheidungsfluß des Systems, plant also Entscheidungen über Prämissen von Entscheidungen [31]. Planung in dieser Abstraktionslage ist nahezu identisch mit Forschung [32]. Die Probleme, die für eine solche Planung gesucht und artikuliert und entscheidbar gemacht werden müssen, sind Probleme struktureller Kompatibilität unter noch festzusetzenden Anspruchsniveaus. Die Problemsuche gewinnt dadurch die Form einer Suche nach strukturell kompatiblen und damit realisierbaren Anspruchsniveaus in bezug auf bestimmte Systemvariable.
Schon auf Grund dieser Überlegungen läßt sich ein vorläufiges Urteil über den Rang der Probleme einer Reform des öffentlichen Dienstes gewinnen. In der älteren, am Zweck/Mittel-Schema orientierten Organisationslehre waren Personalfragen durchweg als sekundär behandelt worden, als Mittel zum Zweck (mit einer zeremoniellen Verbeugung vor dem unantastbaren Wert der Persönlichkeit). Die Wahl von Personen sollte sich nach den Aufgaben richten, nicht umgekehrt die Wahl von Aufgaben nach den Personen [33]. Man ging davon aus, daß der Arbeitsmarkt immer im Überschuß Personal anbieten könne. Noch heute beliefert diese klassische Vorstellungswelt das Argumentationsarsenal der Reformer. Bei kurzfristiger Betrachtung mag sie ein gewisses, wenngleich zu relativierendes Recht behalten. Personalpolitik ist aber nicht nur Stellenbesetzungspolitik, so wenig wie Programmpolitik nur Vorsorge für die Erfüllung von Aufgaben ist. Auf der Ebene der Strukturplanung, auf der über Entscheidungsprämissen disponiert wird, stellen sich andersartige Probleme der Interdependenz. Die Programmpolitik kann einen Primat vor allem dann beanspruchen, wenn sie die Leistungen des Systems für seine Umwelt steuert [34]. Die Personalpolitik ist dagegen vordringlich, wenn und soweit sie längerfristig wirkt und schwer reversible Entscheidungen erfordert. Dieser Gesichtspunkt des weiten Planungs- und Wirkungshorizontes dürfte in einer sich rasch und unübersehbar verändernden Gesellschaft besondere Bedeutung besitzen. Wir wissen nicht, welche Programme die öffentliche Verwaltung im nächsten Jahrzehnt durchführen muß, in welchem Umfange zum Beispiel die Aufgabe einer Steuerung der Prozesse wissenschaftlicher und technischer Entwicklungen, der wirtschaftlichen Planung, der Strukturpolitik für alle nennenswerten gesellschaftlichen Teilsysteme auf sie zukommt; wir wissen nicht, welche Organisationsformen dann gewählt werden müssen. Weder Programmpolitik noch Organisationspolitik lassen sich für ein Jahrzehnt vorausplanen. Solche Entscheidungen müssen und können nach Maßgabe des Bedarfs nachgeschoben werden. Die Bediensteten aber, die sie planen und ausführen werden, müssen jetzt ausgebildet, jetzt auf jene noch unbekannten Aufgaben vorbereitet werden. Eine Reform des öffentlichen Dienstes gehört unter diesen Umständen, wenn sie als vorausschauende Strukturpolitik betrieben wird, zu den vordringlichen politischen Aufgaben. Versäumnisse auf diesem Gebiet wirken sich nachhaltig aus und werden nur im Rhythmus des Wechsels der Generationen korrigierbar sein.

III.

Um zu präzisierbaren Problemstellungen für eine Reform des öffentlichen Dienstes zu kommen, müssen die Variablen der Personalstruktur der öffentlichen Verwaltung näher aufgegliedert werden. Eine solche Aufgliederung suchen wir unter dem Gesichtspunkt des planungsmäßigen Zugriffs, der Veränderbarkeit durch Entscheidungen über Entscheidungsprämissen. Vom planungspraktischen Standpunkt aus stellen sich zwei Aufgaben: die Aufgabe der *Herstellung* und die Aufgabe der *Verteilung* von Entscheidungsprämissen im System. Es muß zum einen erreicht werden, daß die an Personen gebundenen, als Person »lebenden« Entscheidungsprämissen in den gewünschten Ausprägungen überhaupt vorhanden und verfügbar sind; zum anderen, daß sie an die Entscheidungsstellen gelangen, an denen sie benötigt werden. Eine Besonderheit der Personalstruktur, verglichen mit Programmierung oder mit Organisation, besteht darin, daß Herstellung und Verteilung sich analytisch und methodisch stark unterscheiden. Es ist eine Sache, zu erreichen, daß Menschen in bestimmter Weise erleben, denken, motiviert sind usw.; eine andere, solche Menschen ausfindig zu machen und einzusetzen. Beide Prozesse benötigen sehr verschiedene Mittel, involvieren unterschiedliche Rechtsvorschriften, sind in ganz verschiedener Weise fehlerempfindlich und in ihren Resultaten in verschiedenem Maße reversibel.

1. Bei der Herstellung denken wir nicht nur mit der klassischen Ökonomik an die Reproduktion der Arbeitskraft, sondern, diese voraussetzend [35], an *Ausbildung* und *Sozialisation*. Bei Ausbildung denkt man vorwiegend an die Herstellung kognitiver Fähigkeiten der Erlebnisverarbeitung und instrumentaler Handlungsfähigkeiten. Bei Sozialisation denkt man vorwiegend an die Übernahme von Wertmustern, normativen Verhaltenserwartungen, Standards der Selbstachtung und Fremdachtung (Moral) und expressiven Handlungsmustern in die Persönlichkeitsstruktur mit dem Ergebnis, daß sie als eigene, nicht als zugemutete erlebt und entsprechend entlastet vollzogen werden können. Ausbildung und Sozialisation lassen sich zwar gedanklich klar unterscheiden, jedoch im praktischen Vollzug nicht reinlich trennen [36]. Ausbildungsprozesse haben immer auch mitlaufende Sozialisationsfunktionen; ja es gibt Einrichtungen wie Militärschulen oder vielleicht auch der juristische Vorbereitungsdienst, deren Funktion weniger im erklärten Zweck der Ausbildung, sondern mehr im Bereich der Sozialisation liegt [37].

Anders als bei Verteilungsprozessen ist im Bereich Ausbildung/Sozialisation mit sehr langfristigen, an festliegende Vorstrukturen gebundenen, schwer korrigierbaren Prozessen zu rechnen. Das hat die praktisch bedeutsame Folge, daß diese Prozesse nicht in einem System, hier der öffentlichen Verwaltung, konzentriert werden können, sondern sich notwendig auf System und Umwelt verteilen. In die Verwaltung gelangen, mit anderen Worten, immer schon irgendwie ausgebildete und sozialisierte Personen, deren Ausbildung und Sozialisation nur fortgesetzt werden kann. Das Ausmaß der Bindung und die Freiheitsgrade für Eigenregie sind empirisch unbekannte Größen; mir scheint, daß man die Möglichkeiten der Fortbildung im allgemeinen eher überschätzt, die Möglichkeiten weiterer Sozialisation eher unterschätzt. Das dürfte damit zusammenhängen, daß Ausbildung als ein rationaler, daher disponibler, für Zweckveranstaltungen zugänglicher Bereich gesehen wird, Sozialisation dagegen entweder überhaupt im Unbedachten abläuft oder als irrationaler Prozeß der Gewohnheitsbildung registriert wird.

Ein weiterer Unterschied hängt damit eng zusammen: daß nämlich Ausbildungsprozesse eher funktional verselbständigt werden können, während Sozialisationsprozesse stärker an vorhandene Institutionen gebunden sind und gleichsam nebenherlaufen müssen.

Für die unteren Ränge kann die Verwaltung die erforderliche Ausbildung, vom Schulwissen ausgehend, selbst leisten. Für den höheren Dienst und für alle wissenschaftlich bestimmten Aktivitäten liegt der Ausbildungsschwerpunkt dagegen heute und wohl auch in Zukunft außerhalb des Verwaltungssystems. Die Verwaltung rekrutiert insoweit »fertig« ausgebildetes Personal, sie setzt *Vorbildung* voraus. Das hat weittragende Konsequenzen. Eine Folge ist zum Beispiel, daß eine Reform des öffentlichen Dienstes in diesem Bereich ein in spezifischem Sinne *politisches* Problem wird, weil sie *Umstellungen in der Personalstruktur und im Ausbildungssystem zugleich erfordert.* Weitere Konsequenzen liegen im Bereich der verwaltungseigenen *Fortbildung* [38]. Die bisherigen Erfahrungen mit kurzen Fortbildungskursen sind nach meinem Eindruck wenig ermutigend. Solche Kurse haben einen Sinn, solange es darum geht, die Angehörigen des öffentlichen Dienstes davon in Kenntnis zu setzen, daß es mathematische Wirtschaftsplanung, soziologische Organisationsforschung, psychologische Führungstheorien usw. überhaupt gibt. Ein nachhaltiger Erfolg kann jedoch nur in Anknüpfung an Vorbildungswissen, also in der Richtung der Aufstockung, Wiederbelebung und Anpassung an zwischenzeitliche Fortschritte erreicht werden. Einen Mathematiker, einen Organisationsfachmann, vielleicht einen Soziologen wird interessieren, wie sich die Kommunikationsnetzforschung unter dem Einfluß der Graphentheorie weiterentwickelt hat; ein Jurist oder ein Pädagoge kann damit nichts anfangen. Fortbildung kann deshalb nicht als Korrektur der Mängel einer Vorbildung geplant werden – das würde ein Zweitstudium voraussetzen [39] –, sondern nur als Fortführung einer als Vorbildung begonnenen Ausbildung. Die Entwicklung eines Systems der Fortbildung hängt damit von der Wahl der Ausbildungstypen ab, die wir unter VII. erörtern werden.

Um den Überblick zu erleichtern, halten wir das Ergebnis dieser Aufgliederung von Problembereichen mit einer Skizze fest [40].

	Ausbildung	Sozialisation
Umwelt	Vorbildung in: Familie, Erziehungssystem.	Sozialisation in: Familie, Erziehungssystem, Altersgruppen.
System	Ausbildung in: Amt und Karriere, Fortbildungsveranstaltungen.	Sozialisation in: Amt und Karriere, Professionellen Kontakten.

2. Bei den *Verteilungsprozessen*, die sozusagen »fertige« (oder doch: als »fertig« vorgestellte) Personen betreffen, ist der Dispositionsspielraum der Verwaltung von der Sache her weitaus größer [41]. Deshalb können wir eine Problemgliederung wählen, die aus der Sicht der über Personalfragen entscheidenden Verwaltung entworfen ist. Ein Angelpunkt liegt in der Unterscheidung zwischen *Eintritt/Austritt* einerseits, also Ein-

stellung (Anstellung) und Entlassung, und *systeminternen Verteilungsprozessen* andererseits wie Versetzungen, Beförderungen, Veränderungen der Aufgabenzuweisung usw. Dieser Unterschied geht auf einen sehr allgemeinen Tatbestand zurück, nämlich darauf, daß mit dem Eintritt in ein System eine mehr oder weniger generalisierte Mitgliedsrolle übernommen wird, die für wechselnde Ausprägungen offen, also inhaltlich relativ unbestimmt bleibt [42]. Wenn eine Person eingestellt worden ist, steht damit noch nicht unbedingt fest, welches Handeln von ihr erwartet wird, in welchen Stellen sie beschäftigt wird, welche Aufgaben ihr übertragen werden. Das Ausmaß an Unbestimmtheit, der Entscheidungsspielraum des Dienstherrn und die »Indifferenzzone« [43], in der der Bedienstete interne Verteilungsentscheidungen akzeptiert, sind teils rechtlich bestimmte, teils empirische Größen und als solche ein möglicher Gegenstand von Reformüberlegungen. Der Grad faktischer Differenzierung von Rekrutierung und interner Verteilung kann größer oder kleiner sein, je nachdem, wie offen die Rekrutierungsmerkmale sind für verschiedenartige interne Verwendungen. "Career staffing" unterscheidet sich in wesentlichen Hinsichten von "program staffing". In diesem Punkte sind wesentliche Korrelationen mit den Prozessen der Ausbildung und Sozialisation zu erwarten, darüber hinaus aber auch mit Problemen der politischen Leitbarkeit von Verwaltungen [44]. Hier geht es zunächst nur um das Prinzip, daß Rekrutierungsentscheidungen und interne Verteilungsentscheidungen zu unterscheiden sind.

Fragen der internen Verteilung eignen sich besonders gut für empirische Erforschung, weil hier die für alle Mobilitätsforschung nötigen *zweifachen* Identifikationsgesichtspunkte zur Verfügung stehen: Man kann eine identisch bleibende Person im Wechsel identisch bleibender Positionen verfolgen. Fragestellungen und theoretische Konzepte für solche Karriereuntersuchungen sind in der Entwicklung begriffen. Man kann zum Beispiel untersuchen: die Bedeutung der institutionellen Sicherheit und Berechenbarkeit der Karrieren; ihren Ausbildungs- und Sozialisationswert; ihre Funktion der Bindung an eine bestimmte Organisation mit Verhinderung von Auswärtsmobilität; ihre Länge und ihre Bewegungsgeschwindigkeit; ihre Abhängigkeit von Gruppen oder Einzelpersonen als Förderern; die faktische Reichweite von Karrierehoffnungen; die Dysfunktionen einer Karrieremobilität für die Person und für das soziale System; das Erfordernis generalisierter Kriterien für Bewegungsentscheidungen; die unterschiedlichen Qualitäten einzelner Stationen für die Beschleunigung oder Verhinderung weiterer Bewegung; die Bedeutung von Herkunftsmerkmalen; das Vorherrschen einer Orientierung nach vorwärts oder nach rückwärts auf die Karriere, die man noch vor bzw. schon hinter sich hat; die Veränderung personaler Merkmale bei unterschiedlichen Karriereverläufen und vieles andere mehr [45]. Schon diese Aufzählung zeigt die Komplexität derjenigen Variablen, die sich in der Karriereforschung und Karriereplanung verbinden lassen. Für die öffentliche Verwaltung sind solche Untersuchungen noch kaum geführt worden [46]. Ihre Karrieremuster liegen daher, wenn man von einer lediglich formalen Übersicht über die Vorschriften und die Stellenverteilung absieht, im dunkeln. Wir wissen zum Beispiel nicht einmal, in welchem Maße Karrieren der persönlichen Förderung durch »Fürsprecher« zu verdanken sind, etwa durch einen Vorgesetzten, und in welchem Umfange solche Gönnerschaften durch ein Einstehenmüssen für Folgen einer Fehlentscheidung diszipliniert werden [47]. Nur wenn solche Fakten bekannt sind, könnte eine systemorientierte Karriereplanung beginnen, diejenigen Variablen zu bewegen und diejenigen Stellenbesetzungskriterien zu entwickeln, von denen aus sie

Karriereeffekte steuern kann [48]. Erst auf solchen Grundlagen können in einzelnen Hinsichten sinnvolle Anspruchsniveaus als Reformziele definiert werden.

Quer zu der Unterscheidung von Rekrutierungs- und systeminternen, karrieremäßigen Verteilungsprozessen ist eine zweite Einteilung von Bedeutung. Sie kommt für beide Bewegungsvorgänge in Betracht und bezieht sich auf *Phasen des Entscheidungsprozesses:* Es müssen zunächst Bewerber ermittelt werden, die nach einer groben Vorsortierung geeignete Entscheidungsprämissen abgeben würden; dann muß in einer zweiten Phase unter den Bewerbern mit gesteigerten Anforderungen und im Hinblick auf Bedarf ausgewählt werden. In quantitativer Hinsicht kann die Differenz zwischen beiden Phasen als Selektivitätsgrad der Personalstruktur ausgedrückt werden [48a]. Eine solche zweistufige Selektion erhöht die Rationalität der Auswahl. Sie ist nur möglich, wenn die Kriterien der Selektion für beide Stufen differenziert werden, wenn also für die Auswählbarkeit andere Gesichtspunkte in Betracht kommen (z. B. Prüfungszertifikate, ausdrückliche Bewerbung) als für die Auswahl selbst. Der Unterschied kann bis zur Widersprüchlichkeit gesteigert werden – etwa so, daß man die Bewerbung auf Grund funktional diffuser, askriptiver (z. B. schichtenmäßiger), die Auswahl dagegen auf Grund leistungsbezogener Merkmale ablaufen läßt [49]. Die Entscheidungen über beide Phasen können in unterschiedlichem Maße »programmiert« sein, sie können auf unterschiedlichen Stufen der Hierarchie getroffen werden, sie können in unterschiedlichem Maße der Umwelt überlassen werden. Um mit einem aktuellen Problem zu illustrieren: Es ist eine besonders für den mittleren und gehobenen Dienst mancher Verwaltungszweige wichtige Frage, ob die Verwaltung sich in ihrem Rekrutierungsprozeß auf die Festlegung normativer Kriterien der Eignung beschränken und die Bewerbung selbst, also die Meldung faktischen Interesses, undurchschauten Selektionsfaktoren der Umwelt überlassen kann, oder ob sie sich aktiv auch in diese Phase der Motivformung einschalten soll – etwa durch Anzeigen in den Tageszeitungen, durch gezieltes Anschreiben möglicher Kandidatenkreise oder, wie in den Vereinigten Staaten üblich, durch Besuch der Schulen und Universitäten zur Prüfungszeit [50]. Ähnliche Überlegungen müßten für systeminterne Verteilungsprozesse, namentlich für die Beförderungspolitik der Verwaltung angestellt werden. Auch hier sind Fragen der Vergrößerung und der Kriterien des internen »Marktes« auswählbarer Personen zu unterscheiden vom Verfahren der Auswahl im Einzelfall. Auf bestimmte Entwicklungen, zum Beispiel auf zunehmende Differenzierung und Spezialisierung der benötigten Entscheidungsprämissen, kann man nämlich nur durch Steigerung der Größe und Transparenz des internen Marktes reagieren, und nicht, oder jedenfalls nicht allein, durch gerechtere Fallentscheidungen.

In der Verteilungspolitik, vor allem in der Rekrutierungspolitik wird die Frage der Auswahlkriterien an Bedeutung gewinnen – auch dann, wenn man beim "career staffing" bleibt und nicht zum "program staffing" übergeht [51]. Die schichtenmäßige Kanalisierung des Nachwuchses auf die entsprechenden Ebenen des Verwaltungssystems wird weiter abnehmen, und damit werden frühere Selbstverständlichkeiten durch Entscheidungsgesichtspunkte ersetzt werden müssen. Solche Kriterien müssen elastisch sein, weil sie nicht nur systemgerecht, sondern auch marktgerecht gehandhabt werden, nämlich Nachfrage und Angebot unter wechselnden Anspruchsniveaus zum Ausgleich bringen müssen. Gewiß handelt es sich, formal gesehen, um »Eignung«. Das Problem ist, welche Kriterien in diesen Begriff hineingepackt und wie sie operationalisiert werden und wie weit auch die für den Soziologen erkennbaren *faktischen* Selektionsmechanismen, etwa die der Schichtenzugehörigkeit oder die der persönlichen Bekanntschaft mit bereits rekrutierten Mitgliedern, als *normative* Kriterien legitimiert – oder wirksam neutralisiert werden können. Die neuere soziologische Organisationsforschung wirkt in bezug auf den Leistungsgedanken als Auswahlkriterium schlechterdings desillusionierend; faktisch wirken in mehr oder weniger großem Umfange immer sogenannte »askriptive«, nicht verdiente, multifunktional-komplexe Kriterien mit [52]. In diesem Sinne wird »Zufall« in Gestalt von nicht systembedingten Selektoren immer eine Rolle spielen [53]. Das wird in dem Maße bedenklicher, als die Auswahlmengen klein sind. Ein Reformziel könnte es unter diesen Umständen sein, Zufall einzuplanen und ihn zugleich auf eine der beiden Phasen des Rekrutierungsprozesses zu beschränken.

Viel versteckter und indirekter als die Auswahlkriterien, mit denen *Entscheidungen begründet* werden, steuern auch die deskriptiven Kategorien, mit denen *Bewerber typifiziert* werden, den Verteilungsprozeß. Jede Rekrutierung und Verteilung in differenzierten Systemen ist auf Typifizierungen angewiesen – allein schon, weil dadurch erst Bewerber vergleichbar werden. Solche Typifizierungen müssen einfach und entscheidungspraktisch sein. Unter diesen und unter ideologischen Gesichtspunkten hat sich Ausbildung als Kriterium der Typifikation durchgesetzt – und nicht etwa eine Typologie psychischer Strukturen (autoritär/nichtautoritär, extrovertiert/introvertiert, einfach/komplex oder wie immer) [54] oder eine Schichtentypologie oder eine Typologie anderer Rollen (z. B. Mitgliedschaften in Kirchen, Parteien, großen Familien, Verbindungen). Das Typifizierungsmerkmal ist vermutlich von großem Gewicht. Sein Ausschließungseffekt ist schwer zu kontrollieren (wenn man einen guten Juristen sucht, geht man vielleicht an einem guten Katholiken oder an einer guten nichtautoritären Persönlichkeit vorüber). Sofern nur *ein* Typifizierungsmerkmal benutzt wird, gibt es der damit angesprochenen Funktion ein Übergewicht; möglicherweise bedarf die auf diese Weise bewirkte Überschätzung von Ausbildung einer Korrektur [55]. Jedenfalls müßte man eine langfristige, auf Lebenszeit berechnete Rekrutierungspolitik durch komplexer gebaute Typifizierungen steuern.

Schließlich ist zu bedenken, daß all diese Gesichtspunkte externen und systeminternen Beeinflussungen unterliegen können – von der Herstellung bzw. Verhinderung von Kandidaturen über die Festlegung der beschreibenden Typifizierungen und der normativen Kriterien bis hin zur Entscheidung für einen und gegen andere Bewerber, und dies sowohl bei Rekrutierungsentscheidungen als auch bei internen Verteilungsentscheidungen. Das Muster der Verteilung von Einfluß auf diese einzelnen Gesichtspunkte kennzeichnet im Bereich der Personalstruktur das Verhältnis der Verwaltung zu ihrer gesellschaftlichen Umwelt, das Ausmaß an Abhängigkeit (Integration) und Unabhängigkeit (Autonomie). Selbstverständlich kann es keine sinnvolle Personalstrukturpolitik sein, vollständige Ungebundenheit anzustreben. Die Frage ist, welche *Verteilung* von systeminternen bzw. externen Einflüssen auf die *verschiedenen* Gesichtspunkte günstige bzw. ungünstige Folgen für eine rationale Personalplanung hat – ob man zum Beispiel Einflüsse auf Kandidaturen hinnimmt, um dann die internen Prozesse der Verteilung autonom steuern zu können oder umgekehrt; ob man Einflüsse auf die Festlegung von Kriterien konzediert, um die Einzelentscheidungen in der Hand zu behalten, oder umgekehrt eine Anzahl von Fallentscheidungen politischer Beeinflussung überläßt, um desto ungestörter Kriterien und unpolitische Fälle regeln zu können.

Nach diesen schon kompliziert werdenden Überlegungen müssen wir auch hier den Überblick mit Hilfe einer Skizze zurückgewinnen:

	Rekrutierung	interne Verteilung
Kandidatur	Zahl der Bewerber, interne oder externe Beeinflussung der Kandidatur, Typifizierungen, normative Kriterien, nicht normierbare Gesichtspunkte.	Zahl der Personen (Transparenz, Beurteilungssystem), Verfügbarkeit, interne oder externe Beeinflussung der Kandidatur, Typifizierungen, normative Kriterien, nicht normierbare Gesichtspunkte.
Auswahl	Zahl der Stellen, interne oder externe Beeinflussung der Auswahl, Typifizierungen, normative Kriterien, nicht normierbare Gesichtspunkte.	Zahl der Stellen, interne oder externe Beeinflussung der Auswahl, Typifizierungen, normative Kriterien, nicht normierbare Gesichtspunkte.

3. Die bisherigen Überlegungen geben auf Grund ihrer Ausgangspunkte ein geschlossenes (wenngleich höchst abstraktes und ergänzungsbedürftiges) Problemschema der Personalplanung. Sie bedürfen jedoch in ihren Ausgangspunkten einer Korrektur. Konkrete Menschen gehen nicht in ihrer Funktion als Entscheidungsprämissen auf. Sie lassen sich nicht widerstandslos gleichsam als Anhängsel ihrer Pflichten bewegen. Sie bleiben – dahin konvergieren Ansichten der neueren soziologischen Systemtheorie –, auch wenn sie in ein soziales System eintreten, immer zugleich Elemente der Umwelt dieses Systems. Zwischen der öffentlichen Verwaltung und den in ihr arbeitenden Bediensteten bestehen daher immer auch *System/Umwelt-Beziehungen*, die nicht ausreichend erfaßt sind, wenn man sie nur als Schwierigkeiten bei der Herstellung und Verteilung von Entscheidungsprämissen in den Blick bekommt. In traditioneller Terminologie: Der Beamte ist und bleibt auch Staatsbürger.

Dieses Gegenüberstehen von Persönlichkeit und Verwaltungssystem zeigt sich zum Beispiel an den Grenzen der »Indifferenzzone«, also an den Grenzen der Bereitschaft, Weisungen zu akzeptieren; weiter in privaten Intermezzos während des Dienstes; bei der Interferenz dienstlicher und außerdienstlicher Rollen, etwa politischer Engagements, publizistischer Tätigkeiten, wirtschaftlicher Nebentätigkeiten und, last not least, an Besoldung und Versorgung.

In diesem Bereich treffen wir auf zahlreiche rechtliche Regelungen, ja sogar auf eine juristische Konstruktion des Problems: auf das Rechtsinstitut des »besonderen Gewaltverhältnisses« und auf das Problem seiner Grenzen [56]. Im besonderen Gewaltverhältnis untersteht das Mitglied einer Organisation einer besonderen, nämlich nicht allgemein-staatsbürgerlichen, Konstellation von Rechten und Pflichten für die Dauer seiner Mitgliedschaft. Diese Absonderung vom für alle Geltenden enthält soziale Risiken; die Zumutungen können härter und härter werden, wenn sie nicht mehr reversibel sind, wenn sie sozusagen den kategorischen Imperativ unterlaufen. In den spätarchaischen

Gesellschaften und den älteren Hochkulturen hat dieses Problem sich mit dem hausmäßig-patrimonialen und dem schichtenmäßigen Aufbau der Gesellschaft verbunden und zu jenen diffusen Unterwerfungsverhältnissen geführt, gegen welche die Neuzeit revoltiert. In dieser Form waren die Probleme gesellschaftsstrukturell bedingt und sind heute nicht mehr aktuell, aber die sozialen Mechanismen, die sie erzeugt hatten, sind sehr allgemeiner Art und wirken fort [57]. Da die volle Reversibilität der Zumutungen nicht wiederherstellbar ist, tritt an ihre Stelle eine Kombination anderer Mechanismen, vor allem: *rechtliche Spezifikation und Rechtsschutz, verbandsmäßige Organisation und Vertretung, fachlich-professionelle Kontakte, lokaldemokratische Machtbildung und Mobilität.*

Der rechtsstaatlichen, einst von liberalen Juristen gegen die monarchische Staatsspitze durchgesetzten Beamtenrechtstradition entspricht es am ehesten, den Schutz und die innere Unabhängigkeit des Bediensteten von seinem Beamtenstatus und seinen *individuellen Rechten* zu erwarten und diese auszuarbeiten. Die formale Legalität dieses Weges verleitet jedoch zu vorschneller Befriedigung und verdeckt verschiedene Nachteile. Im täglichen Leben ist das Umschalten innerdienstlicher Beziehungen auf Rechtsfragen ein Schwellenproblem. Vor allem Vorgesetzten gegenüber dürfte ein Bestehen auf Schranken der Weisungsgewalt und eigenen Rechten selten sein [58]. Juridifizierung individualisiert und zersplittert Widerstand [59], macht ihn soziologisch unwahrscheinlich und eben deshalb unproblematisch [60]. Ein weiterer Nachteil ist, daß der verwaltungsgerichtliche Schutz des Beamten, soweit er mit dienstlichem Geschehen interferiert, schwer erträgliche Unsicherheiten und Verzögerungen zur Folge hat. Im rechtsstaatlichen Schutz des Beamten steckt ein perfektes Instrument der Lähmung der Verwaltungsmaschinerie, dessen Nutzung freilich Organisation – und damit eine neue Art von Abhängigkeit voraussetzt. Nicht zuletzt bedarf die verbreitete Annahme, daß der Beamtenstatus als solcher persönliche Unabhängigkeit des Bediensteten vermittle, empirischer Überprüfung und Gewichtung [61].

Auf der Ebene der *kollektiven Absicherung von Unabhängigkeit*, die freilich, wie gesagt, nur Duplikation von Abhängigkeit bedeutet, sind mehrere Formen zu unterscheiden. Es gibt eine außerhalb des öffentlichen Dienstes organisierte verbandsmäßige Interessenvertretung, die jedoch als politische Großorganisation schwerfällig und nur selektiv problemempfindlich ist. Im wesentlichen scheint sie dahin zu tendieren, den Beamten wie einen Papageno durch Befriedigung seiner Wünsche und Bedürfnisse zu erledigen [62]. Dazu kommen fachlich-professionelle »Bezugsgruppen« und Kontakte: »Als Jurist«, »als Kassenbeamter« kann man gewisse Dinge nicht tun und weiß sich in dieser Meinung durch kollegiale Übereinstimmung bestärkt. Im Zuge der Szientifizierung von Verwaltung könnten sich neuartige, zum Beispiel an methodisch-begrifflich konsolidierte »Sprachspiele« gebundene Professionen bilden – ein Modethema der Forschung in den Vereinigten Staaten. Darin stecken einerseits Chancen der Mobilität und der querlaufenden Verständigung in Fachfragen, andererseits auch Schranken der politischen Leitbarkeit der Verwaltung und nicht zuletzt eine Ideologiequelle für verbandsmäßige Interessenvertretung. Neuerdings gibt es schließlich starke ideologische Tendenzen zu lokaldemokratischen Mitspracherechten [63], deren faktische Durchführung bedeuten würde, daß die Verwaltung, wie neuere Erfahrungen an Universitäten lehren, ein beträchtliches Potential an Zeit und Kräften für eine Beschäftigung mit sich selbst abzweigen müßte.

Eine weitere, zwar nicht ideologisch prominente, aber dennoch faktisch wichtige Unabhängigkeitssicherung besteht in der *Möglichkeit, jederzeit die Nachversicherung zu nehmen und zu gehen.* Weiter könnte man auch an eine Verstärkung innerdienstlicher Mobilität auf Initiative des Bediensteten denken. Die faktische Bedeutung dieser Möglichkeiten hängt von zahlreichen Faktoren, von Ausbildung, erreichtem Status, Kontakten, Konjunkturlage ab und verteilt sich deshalb ungleich im System. Mobilität ist die Unabhängigkeitsform der Eliten und Spezialisten. Ihre systematische Förderung kann teuer werden. Wenn sie einmal institutionell verkraftet ist, hat sie jedoch den Vorzug, dem Leistungsgedanken voll zu entsprechen – der einzelne treibt dann gleichsam selbst Leistungsauslese – und die politische Steuerung der Verwaltung nicht zu beeinträchtigen.

Schließlich kann Unabhängigkeit auch auf *strukturell erzeugter Rollenautonomie* [64] beruhen. Besonders in Organisationsbereichen, die auf nichtbefehlbare Kooperation mit dem Publikum angewiesen sind – zum Beispiel Schulen [65], Organisationen der Sozialarbeit, zum Teil auch Polizei –, stellt sich eine solche Unabhängigkeit (oft verbunden mit einem speziellen moralischen Pathos und dem Gefühl, von anderen nicht recht verstanden zu werden) deshalb ein, weil die Bedingungen des Arbeitserfolgs nicht zentralisiert werden können. Für reine Verwaltungsorganisationen, die rechtsförmige Kompetenzen ausüben, ist diese Lage eher untypisch [66], kann also jedenfalls nicht einer allgemeinen Regelung des öffentlichen Dienstes zugrunde gelegt werden.

Diese Gegenüberstellung verschiedener Formen der Selbstausdifferenzierung und Unabhängigkeitssicherung zeigt, daß jede eine unterschiedliche Mischung von Vorteilen und Nachteilen bietet, die auf Kompatibilität mit Personalplanung hin erforscht werden müßten. Innerhalb dieser Mechanismen sind die Gewichte verschiebbar. Ausgeprägter rechtsstaatlicher Schutz, etwa über Grundrechte, macht insoweit verbandsmäßige Organisation überflüssig. Hohe, rechtlich und faktisch gesicherte Mobilität macht insoweit rechtsstaatliche Spezifikation der Arbeitsbedingungen überflüssig usw. Eine gleichzeitige Forcierung von Rechtsstaatlichkeit und Mobilität und verbandsmäßiger und professioneller Organisation und lokaler Demokratisierung würde berechtigte Schutzinteressen überziehen und eine rationale Planung der Personalstruktur im oben erörterten Sinne zu stark limitieren. Im Interesse einer solchen Planung läge es daher, unter diesen Schutzmechanismen jeweils diejenigen vorzuziehen, die mit Personalplanung am ehesten kompatibel sind.

Mit diesen Überlegungen erfassen wir den Bediensteten in seinen Schutzinteressen als Person und als Umwelt des Verwaltungssystems. Daneben vermittelt er als Person jedoch auch Beziehungen zwischen sozialen Systemen dadurch, daß er in verschiedenen Sozialsystemen zugleich oder nacheinander handelt: Er ist Mitglied des Rotary Clubs und im Dienst möglicherweise darauf ansprechbar; er ist Mitglied einer politischen Partei, besitzt Aktien, hebt in seinem Unterbewußtsein böse Erfahrungen mit Lehrern auf, ist privat nicht in der Lage, so aufwendig zu bauen, zu leben, zu reisen wie Leute, mit denen er dienstlich zu tun hat, usw. Er stellt dadurch, ob wissentlich oder nicht, in seiner Person positive oder negative Zusammenhänge zwischen sozialen Systemen her, *die nicht durch die politische Leitung der Verwaltung vermittelt und kontrolliert werden.* In unserer Begriffssprache formuliert, handelt es sich um zentral nicht disponible personale Entscheidungsprämissen, die hier gleichsam nichtbeabsichtigte »Kurzschlüsse« zwischen sozialen Systemen herstellen.

Ein gut Teil der institutionellen und moralischen Symbolik, der organisatorischen Einrichtungen und der rechtlichen Vorkehrungen des herkömmlichen Beamtenrechts bezieht sich auf diese Problematik und damit letztlich auf die im neuzeitlichen Staatswesen erreichte, politisch-autonome, programmatische Steuerbarkeit des Verwaltungsapparates [67]. Mit der Kontinuität des Problems ist zu rechnen, solange es gesellschaftlich ausdifferenzierte politische Systeme gibt. Eine »Reform« wird daher kaum in einem schlichten Verzicht auf funktionell bewährte Lösungen dieses Problems bestehen können. Auch hier vermag jedoch eine feinere Aufgliederung der Probleme eine Überprüfung vorhandener Institutionen anzuregen.

Im Unterschied zu den bisher erörterten Problemen persönlicher Unabhängigkeit und Eingliederung handelt es sich bei diesen durch Rollenkombination vermittelten Systemverfilzungen um ideologisch verleugnete, für die Verwaltung »nicht existierende«, oft unbewußt ablaufende Prozesse. Es gibt in bezug auf sie daher auch keine umfassende, ideologisch gestützte und gezielte Systempolitik. Die Ausdifferenzierung kann hier nicht positiv bewertet werden; man kann nicht Unabhängigkeit des Rotary Clubs in ähnlicher Weise betonen wie die Unabhängigkeit des Beamten, der (zufällig) dem Rotary Club angehört; und faktisch geht es ja auch nicht um die Unabhängigkeit des Rotary Clubs von der Verwaltung, sondern um die Unabhängigkeit der Verwaltung vom Rotary Club. Wir wählen, um diesem Unterschied Rechnung zu tragen, eine Problemgliederung, die nicht von offiziellen Institutionen und Rechtseinrichtungen ausgeht, sondern abstrakter verschiedene Erwartungsebenen unterscheidet, auf denen jene Systemverfilzungen sich durchsetzen bzw. bekämpft werden können. Wir können unterscheiden die Ebene der Werte, der positiv gesetzten Entscheidungsprogramme, der Rollen und der an die individuelle Persönlichkeit gerichteten Erwartungen.

Die *Werte*, die diese Lage und ihre Problemlösungen symbolisieren, nämlich: Sachlichkeit, Objektivität, Neutralität, Unbestechlichkeit, genießen nach wie vor unangefochtene Anerkennung. Eben deshalb ist es leicht, aber nichtssagend, diese Werte als Reformprobleme zu benennen. Die aktuellen Probleme beginnen erst unterhalb der Ebene konsolidierter Werte: bei deren Durchführung angesichts widerstreitender Werte und Interessen, und da erst beginnt auch die Politik [68]. Unterhalb der Wertebene findet man einerseits *normative Entscheidungsprogramme*, vor allem positives Recht, ferner *Rollenerwartungen* und schließlich konkrete *Persönlichkeitsstrukturen*, die ebenfalls in erwartbarer Weise als Entscheidungsprämissen fungieren. Bei den Entscheidungsprogrammen dürfte vor allem ihre Spezialisiertheit eine Tendenz zur Rollentrennung verstärken; es wird dadurch einfach selten, daß sich dienstliche und außerdienstliche Rollen sinnreich verbinden lassen [69]. Für die Ebene der Rollen gibt es einige explizit eingeführte Rollentrennungen, namentlich Regelung von Inkompatibilitäten, Kontrolle von Nebentätigkeiten, Verbot bestimmter Rollenbeziehungen wie Tauschen, Schenken, Lieben, die zum Nachteil des Dienstes zu Rollenkonflikten führen könnten. Damit ist jedoch bei weitem nicht all das erfaßt, was dem Bediensteten an gegenwärtigen bzw. früheren Rollen »anhängt«. Auf der Ebene persönlich adressierter Erwartungen findet man Bemühungen zu einer direkten Verbindung jener sehr allgemeinen, diffusen Wertmuster mit konkreten Persönlichkeitsstrukturen, vor allem im Wege ermahnender Vorhaltung (mit sehr unbestimmt gefaßter disziplinarischer Sanktion) und Sozialisation. Es gibt jedoch keine effektive Steuerung und Kontrolle von Systembeziehungen positiver oder negativer Art, die sich auf der Ebene personaler Strukturen durch Präferenzen oder Ressentiments realisieren, sei es in schichtenmäßiger, sei es in systemspezifischer, sei es in bezugsgruppenmäßiger Art.

Wir fassen wiederum in einer Tabelle zusammen, die in der einen Rubrik die Beziehungen der Verwaltung zu den personalen Systemen ihrer Mitglieder und zu den durch ihre Mitglieder vermittelten sozialen Systemen ihrer Umwelt angibt und in der Gegenrubrik danach unterscheidet, ob es sich um Mittel der Trennung und Ausdifferenzierung oder um Mittel der Reintegration durch Beeinflussung oder Anpassung handelt:

	Personale Systeme (Mitglieder)	Soziale Systeme (durch Mitglieder vermittelt)
Ausdifferenzierung	Spezifikation der Verpflichtungen, Rechtsschutz, verbandsmäßige Organisation und Vertretung, fachlich-professionelle Bezugsgruppen und Kontakte, Informe Gruppen, lokaldemokratische Machtbildung, Mobilität, Rollenautonomie aus strukturellen Gründen.	*Werte* (Objektivität, Neutralität) *Programme* (Spezialisierung) *Rollen* (Rollentrennungen) *Persönlichkeitsstrukturen* (Ermahnung mit diszipl. Sanktion, Sozialisation).
Reintegration	Pauschalunterwerfung für noch unbestimmte Erwartungen (Indifferenzzone).	Zentralisierung der Systemsteuerung, Umleitung möglichst aller Beziehungen über explizite politisch-rechtliche Verantwortung der Spitze.

IV.

Wir haben auf Grund sparsamster Verwendung von Konstruktionsmerkmalen eine Liste von Kategorien zusammengestellt, mit deren Hilfe sich Systemprobleme für Zwecke einer Personalplanung ausarbeiten lassen. Jede dieser Kategorien ließe sich verfeinern, das heißt in untergeordnete Variable aufgliedern. Vor jeder weiteren Detaillierung muß jedoch geklärt werden, in welchem Sinne und mit welchen Implikationen für Planung diese Gesichtspunkte zusammenhängen. Erst eine solche Klärung brächte uns merklich über das vorherrschende Denken in historisch zusammengekommenen, allenfalls kategorial geordneten Problemlisten hinaus. Erst damit könnte man das Lösen von Einzelproblemen, das punktuelle Anstreben einzelner oder einiger weniger Werte und damit das Wundtsche Gesetz der Heterogonie der Zwecke und des Eintretens unantizipierter Folgen, die neue Zwecksetzungen erfordern [70], durch eine mehr systematische Planungsmethode ersetzen.

Wir fragen, mit anderen Worten, nach Verbindungsbegriffen, mit deren Hilfe der systematische Zusammenhang jener Problemkategorien und ihrer jeweils vorgefundenen faktischen Ausprägungen geklärt werden kann. Den Versuch, dies mit rein logischen, vor allem modallogischen Mitteln zu leisten, haben wir mit Leibniz hinter uns [71]. Den Versuch, allein aus dem Konstruktionsschema der Rubrikenbegriffe die Einheit und die strukturelle Kompatibilität von Handlungssystemen schlechthin abzuleiten, hat Talcott Parsons unternommen [72]. Ein dritter Versuch besteht darin, Typologien verschiedener Variablen zu entwickeln und an empirischem Material festzustellen, welche der logisch möglichen Korrelationen faktisch vorkommen [73]. In all diesen Fällen bleibt das Problem der Kompossibilität bzw. der strukturellen Kompatibilität von Teilproblemlösungen unzureichend geklärt [74]. Gerade bei Bemühungen um Reform fällt dieser Mangel ins Gewicht, weil hierbei die Einfügbarkeit neuer Strukturen in vorhandene Systeme ins Zentrum des Interesses rückt.

Eine für diese Zwecke ausreichende allgemeine Theorie sozialer Systeme, aus der man Bedingungen der strukturellen Kompatibilität ableiten könnte, steht nicht zur Verfügung. Einige analytische Hilfen lassen sich immerhin auftreiben. Kompatibilitätsprobleme entstehen als Folgeprobleme struktureller Differenzierung. Sie treten auf, sobald ein System nicht nur seine Größe (das heißt die bloße Zahl vorhandener Elemente), sondern auch seine Varietät (das heißt die Verschiedenartigkeit der Elemente) steigert [75]. Damit würde an sich auch die Interdependenz dieser Elemente steigen. Diese Folgewirkung muß unterbrochen und begrenzt werden, weil zu hohe Interdependenzen die Stabilität und die Anpassungsfähigkeit des Systems gefährden würden [76]. Teilstrukturen eines Systems müssen mit mehr als einem Systemzustand kompatibel sein, weil sonst *jede* Änderung im System *alle* Strukturen betreffen und sehr zeitraubende Prozesse der Neubalancierung des gesamten Systems erfordern würde. Je nachdem, auf welche Weise dieses Problem der Herstellung und Limitierung von Interdependenz gelöst wird, lassen sich verschiedene Typen von Interdependenz unterscheiden [77]. Dem läßt sich die wesentliche Einsicht anfügen, daß funktionale Spezifikation zugleich Abhängigkeiten und Unabhängigkeiten im System erzeugt; daß sie einerseits von der Erfüllung anderer Funktionen abhängig ist, andererseits aber mit der Orientierung auf eine spezifische Funktion Abstraktionsgewinne verbindet und Substitutionsmöglichkeiten schafft. Im Hinblick auf eine spezifische Funktion werden nämlich häufig funktional äquivalente Möglichkeiten der Problemlösung sichtbar, und ein Austausch funktionaler Äquivalente kann zwar nicht ohne Folgen für das System, wohl aber ohne Folgen für diese spezifische Funktion vollzogen werden.

An einem viel diskutierten Beispiel, dem »Vorbereitungsdienst«, der zwischen Studium und verantwortlicher Berufsaufnahme eingeschaltet ist, läßt dieses gedankliche Instrumentarium sich erproben [78]. Nach der offiziellen Version dient der Vorbereitungsdienst Ausbildungszwecken. Faktisch erfüllt er weitgehend auch, vielleicht sogar vorherrschend, Sozialisationsfunktionen. Er dient der Akklimatisierung des abstrakt ausgebildeten Nachwuchses an berufliche Arbeitsbedingungen, der Einübung von Gesten, Floskeln, Werthaltungen und Umgangsweisen mit Akten und Menschen. Er prägt Eindrücke und Erfahrungsbereitschaften auf sehr konkreter, anschaulicher Ebene und bildet dabei ein »Wissen, wie man es macht« mit aus, für das das Universitätswissen dann gleichsam nur noch die Vokabeln liefert.

Es gibt gute Gründe, dieser Institution sehr kritisch gegenüberzustehen [79]. Als Teil der Ausbildung gesehen, ist der Vorbereitungsdienst wenig effektiv und außerordentlich zeitaufwendig, nicht nur im Ablauf des Lernprozesses selbst, sondern auch dadurch, daß er das Alter hinausschiebt, in dem der Beamte in verantwortliche Stellungen gelangt. Sucht man unter dem einseitigen Gesichtspunkt von effektiver, zeitsparender, mit modernen Methoden arbeitenden Ausbildung nach neuen Lösungen, drängt eine Abschaffung des Vorbereitungsdienstes unter Einbeziehung der erforderlichen Lernleistungen in das Studium sich auf.

Indes wäre eine solche Entscheidungsbasis zu schmal, weil sie die Interdependenzen und Rückwirkungen im System außer acht ließe. Zieht man weitere Funktionskreise in Betracht, wird auch die Argumentation komplexer und die Entscheidung schwieriger. Wir beschränken uns auf die Funktionen der Sozialisation und der Rekrutierung.

Wenn die Vermutung zutrifft, daß der Vorbereitungsdienst weitgehend, wenn nicht überwiegend, eine Sozialisationsfunktion erfüllt, liegt auf der Hand, daß man nicht allein unter dem Gesichtspunkt effektiverer Ausbildung über ihn disponieren kann. Der Sinn der Institution lag gerade in der Art, wie Ausbildung und Sozialisation funktional-diffus verbunden waren. Bessere Ausbildung allein wird das Sozialisationsproblem nicht lösen; im Gegenteil ist eher zu vermuten, daß sie es verschärfen wird, denn der besser Ausgebildete wird beim Eintritt in den Beruf einen um so größeren Schock erleben [80]. Die lange Dauer des Vorbereitungsdienstes könnte den Sinn haben, diesen Schock des Berufseintritts zu verzögern und zu strecken – so als ob es gelte, Bewerber *langsam* auf das Leben im öffentlichen Dienst vorzubereiten.

Über die Art, wie die Abwicklung dieser Enttäuschung des Berufseintritts vor sich geht und wie man beim Einleben in den Beruf Werthaltungen, Formen der Angstbewältigung, Stereotypen usw. umbildet, wissen wir wenig [81]. Die Forschung über »Erwachsenensozialisation« läuft, nachdem sich die Sozialisationsforschung lange vorwiegend mit Kleinkindern beschäftigt hat, gerade erst an [82]. Man kann auf Grund erster Überlegungen und Ergebnisse vermuten, daß das Berufsleben in Ämtern und Karrieren Selbstgefühl und Einstellungen sehr stark verändert [83] und daß das Schwellenerlebnis des Berufseintritts dafür von Bedeutung ist, indem es gleichsam ein Diskontinuieren von Erfahrungen und ein Gewinnen neuer, »unbesetzter« Möglichkeiten bewirkt. Der einzelne ist in seinen berufsrelevanten Persönlichkeitsaspekten keineswegs durch Kleinkinderfahrungen festgelegt (auch wenn diese undisponierbare Strukturen fixiert haben). Er muß für den Beruf gleichsam eine zweite Persönlichkeit entwickeln und einüben, die mit seinem sonstigen Ich und namentlich mit seinem Familien-Ich nur auf sehr abstrakten Linien der Konsistenz identisch gehalten wird. Viel spricht dafür, daß dieser Prozeß der Berufssozialisation eine relativ konkrete, Bestätigung gebende Umwelt und Chancen zu eigenverantwortlicher Aktivität mit kurzfristigen, leicht zurechenbaren Erfolgen voraussetzt bzw. in die Richtung läuft, die diese Möglichkeiten zu bieten scheint. All das spricht dafür, auch unter diesem Gesichtspunkt den Vorbereitungsdienst aufzugeben und die Sozialisation einer längeren, durchgeplanten Einlaufphase beruflicher Tätigkeit zu überlassen – vielleicht mit Schwerpunkt in projektförmigen, kooperativ zu erledigenden Aufgaben. Die Rückwirkungen verschiedener Sozialisationsweisen auf den Abstraktionsgrad und die Komplexität kognitiver Muster der Erlebnisverarbeitung sind freilich bei dem gegenwärtigen Stande der Forschung nicht zu überblicken, nicht einmal theoretisch einzuschätzen. Eine sozialwissenschaftlich kontrollierte Selbstbeobachtung der Verwaltung und ein bewußtes, langfristiges Experimentieren wäre gerade auf diesem Gebiet dringend erforderlich [84].

Ein ganz anderes Problemfeld tut sich auf, wenn man den Zusammenhang des Vorbereitungsdienstes (Ausbildung + Sozialisation) mit dem Rekrutierungsvorgang der öffentlichen Verwaltung überdenkt. In seiner hergebrachten Form hat der Vorbereitungsdienst zugleich Funktionen für die Auswahl qualifizierter Bewerber für den öffentlichen Dienst dadurch, daß er zu laufenden Beurteilungen Anlaß gibt und mit einer zweiten Staatsprüfung abschließt. Für die Einstellungsentscheidung kommen auf diese Weise »Unterlagen« zusammen, die als Entscheidungshilfen mitbenutzt werden, auch wenn ihre Unzulänglichkeit und Ergänzungsbedürftigkeit bewußt ist. Gewiß steckt in einer zweifachen Prüfung, die häufig noch durch eine Art »dritte« Prüfung im Bewerbungs- und Auswahlverfahren selbst ergänzt wird, beträchtliche »Redundanz«, auf die man vielleicht verzichten könnte [85]. Diese Frage sollte jedoch nur nach einer Überprüfung des gesamten Prüfungssystems entschieden werden. Man muß heute mit der Möglichkeit rechnen, daß infolge der Umstrukturierung des Hochschulwesens Universitätsprüfungen ihren Charakter als Prüfungen weitgehend verlieren werden; eine in Universitäten aufkommende prinzipielle Opposition gegen Prüfungen als Institution ist nicht zu übersehen [86]. Die Entscheidungsformen der universitären Selbstverwaltung geben ihnen Spielraum. Daraus entstehen Tendenzen zum Abbau der Prüfungslast, denen die Hochschulverwaltung allenfalls noch hinhaltenden Widerstand entgegensetzt. Jedenfalls wird es kaum noch »Reformen« geben, die zur Verschärfung von Anforderungen führen. Die Entwicklung ist momentan zu sehr im Fluß, um ein verläßliches Urteil zu ermöglichen. Man sollte jedoch rechtzeitig überlegen, ob es sich nicht empfiehlt, von Abschlußprüfungen zu Eingangsprüfungen überzugehen und damit die Prüfungshoheit von den Universitäten und den bisherigen staatlich eingesetzten Prüfungsämtern in die rekrutierenden Stellen zu verlagern [86a]. Damit könnte zugleich die Einrichtung von »Aufstiegsprüfungen« aus dem gehobenen Dienst verbunden werden, wobei entweder Studienleistungen oder in der Verwaltung selbst erbrachte Leistungen auf die Prüfung angerechnet werden könnten. In jedem Falle erfordert das hohe Risiko frühzeitiger Verbeamtung auf Lebenszeit entsprechende Absicherungen im Rekrutierungsverfahren, also Ersatzeinrichtungen, falls man auf den Vorbereitungsdienst verzichtet.

Diese rasch erkennbaren Zusammenhänge von Vorbereitungsdienst und Rekrutierung betreffen lediglich dessen zweite Phase: die Auswahl geeigneter Bewerber. Weniger offenkundig, vielleicht aber wichtiger ist der Umstand, daß das Erfordernis des Vorbereitungsdienstes bereits die erste Phase des Rekrutierungsprozesses, nämlich die Motivation zu Bewerbungen, beeinflussen kann. Dieses Problem war wenig aktuell, solange für Bewerbungen nur Juristen in Betracht kamen, für die es praktisch kein Ausweichen vor dem Vorbereitungsdienst gab. Diese Lage ändert sich in dem Maße, als auch Bewerber anderer Fachrichtungen, etwa Wirtschaftswissenschaftler, Soziologen, Politologen, Psychologen oder Bewerber mit Kombinationen dieser und anderer Fächer in den öffentlichen Dienst aufgenommen werden – ein Erfordernis, das nicht mehr lange als Ausnahme von der Regel und damit als Erscheinung ohne strukturelle Bedeutung behandelt werden kann. Bewerber dieser Art mit Markt- und Verdienstchancen außerhalb des öffentlichen Dienstes werden einen für sie eingerichteten Vorbereitungsdienst mit dem Erfordernis einer zweiten Prüfung als Manko empfinden. Zumindest die besseren unter ihnen werden es nicht nötig haben, sich einer solchen Prozedur zu unterwerfen. Das Erfordernis eines Vorbereitungsdienstes würde hier abschreckend wirken, jedenfalls als eine Art Auslese des Negativen, so daß es wenig sinnvoll sein wird, den Vorbereitungsdienst für die zweite Phase des Rekrutierungsprozesses, also für die Auslese der Besseren unter den Schlechteren, beizubehalten [86b]. Andererseits wird es kaum möglich sein, den Bewerbern solcher Fachrichtungen unmittelbar nach dem Studium Eingangsstellen des öffentlichen Dienstes anzubieten, wenn man sie den Juristen vorenthält.

Wir brechen diese nur exemplarisch gemeinte Analyse einer einzelnen Einrichtung des öffentlichen Dienstes hier ab. Es kam darauf an, die Art einer stärker systematisch orientierten Reformplanung an einem Beispiel vorzuführen. Gezeigt werden sollte, daß es nicht ausreicht, Einzelfunktionen, etwa Ausbildung, als Problem zu bezeichnen und als zu optimierendes Ziel den Reformüberlegungen zugrunde zu legen. Praktisch haben alle vorfindbaren Einrichtungen im System multifunktionale Bezüge. Innovationen müssen daher, will man unübersehbare Rückschläge vermeiden, in allen relevanten Funktionsrichtungen durchdacht werden. Dem kommt es entgegen, wenn die vorhandenen Einrichtungen schon relativ spezialisiert sind, so daß die Folgen ihrer Änderung nicht alle Systemfunktionen betreffen. (Bei der Kritik und Reform des Vorbereitungsdienstes könnte man zum Beispiel die Frage des Streikrechts der Angehörigen des öffentlichen Dienstes aus den Augen lassen und umgekehrt.) Erst ein in gewissem Umfange schon funktional spezialisiertes Sozialsystem ist möglicher Gegenstand von Reformen. Darauf können und müssen das theoretische Modell und die analytischen Techniken der Systemplanung eingestellt werden.

V.

Ohne die Abstraktionslage unseres Planungsmodells zu vermindern, können weitere Überlegungen über mögliche Reformziele angeknüpft werden. Wir legen ihnen sehr allgemeine Annahmen über Erfordernisse eines hinreichend komplexen und beweglichen Verwaltungssystems in der modernen Gesellschaft zugrunde. Man kann davon ausgehen, daß bei zunehmender Komplexität und Entwicklungsdynamik der Gesellschaft die öffentliche Verwaltung ein *höheres Maß an struktureller Elastizität* erreichen muß, soll sie den sich stellenden Aufgaben gewachsen bleiben; dies ist ein Erfordernis nicht der Verbesserung, sondern der Erhaltung eines Leistungsniveaus trotz zunehmender Komplexität. Die daraus sich ergebenden Anforderungen wollen wir in zwei Richtungen erörtern, in denen das uns vertraute System bereits deutlich Symptome einer Überbeanspruchung zeigt: im Hinblick auf den Amtsbegriff (V) und im Hinblick auf das Verhältnis von Strukturen und Entscheidungen (VI). Erst danach können wir uns den Bedingungen der Konkretisierung und planerischen Verwendungen unseres Modells zuwenden.

Schon im herkömmlichen Organisationsaufbau und in der Personalstruktur enthält die Vorstellung des Amtes Momente der Ausdifferenzierung, der Generalisierung und der strukturellen Elastizität des Verwaltungssystems. Als Amt ist auf der Grundlage einer alten Tradition ein *Gesichtspunkt relativer Invarianz* institutionalisiert. Mit Hilfe dieser Vorstellung können also Strukturen geändert und zugleich intakt gehalten werden; die Vorstellung leistet eine Ermöglichung struktureller Änderungen dadurch, daß sie sie in ihren Konsequenzen beschränkt [87]. Bei genauerem Zusehen finden wir im heutigen Organisations- und Beamtenrecht zwei Schichten der Verwirklichung dieses Prinzips, die sich überlagern. Man unterscheidet einerseits *Person* und

Amt im Sinne einer Beziehung relativer Invarianz oder unabhängiger Variation: Die Personen, die ein Amt »besetzen«, können wechseln, ohne daß das Amt zugrunde geht; und ein Amt kann aufgehoben bzw. geändert werden, ohne daß man den Amtsinhaber beseitigen, töten, bzw. vertreiben muß [88]. Infolgedessen werden »Vakanzen« erlebbar und Kontinuitätserfordernisse definierbar. Auf der Grundlage dieser allgemeinen Amtsvorstellung hat sich ein zweites Prinzip der Mobilität eingebürgert, das auf einer *Nichtidentität verschiedener Amtsbegriffe* beruht: Man unterscheidet Amt bzw. Rang im organisatorischen bzw. funktionellen Sinne und Amt bzw. Rang im personalen bzw. besoldungsmäßigen Sinne. Entsprechend gliedern sich die folgenden Überlegungen in (1) eine Erörterung des allgemeinen Amtsbegriffs, gesehen als Planungsinstrument, und (2) einige Überlegungen zur Funktion und zur Beibehaltung der Unterscheidung mehrerer Amtsbegriffe.

1. Üblicherweise wird der Begriff des Amtes, ebenso wie das einzelne Amt, durch den Begriff der Aufgabe bzw. der Zuweisung bestimmter Aufgaben definiert [89]. In unsere Begriffssprache übersetzt, geht man mithin von einem Primat der Programmatik bei der Identifikation des Amtes und der Bestimmung seines Inhalts aus; ein Amt bliebe danach trotz Wechsels der Person, nicht aber bei einem Wechsel der Aufgaben identisch. Dem entsprach ein *moralischer* Stil der Generalisierung eines überpersönlichen, aufgabenbezogenen Amtsethos, das für den Amtsträger Pflicht und Dienst bedeutet. In dieser Form moralischer Generalisierung konnte man begrenzte Variations- und Abstraktionsbedürfnisse älterer Zeiten erfüllen, wobei die jeweilige Spezifikation der Aufgabenausführung der Tradition, der schichtenmäßigen Orientierung oder dem erfahrenen Gutdünken folgte. Die zunehmende Komplexität, Spezifikation, Fachlichkeit und Variabilität der staatlichen Entscheidungsprogramme hat diesen Kontext gesprengt und verlangt ein abstrakteres Denk- und Planungsmodell. Der überlieferte Typus moralischer Generalisierung und Respezifikation kann nur ein begrenztes Maß struktureller Differenzierung der Gesellschaft überbrücken [90]. Man wird ihn, ohne damit auf moralisch formulierbare Standards der Selbst- und Fremdachtung verzichten zu müssen, für Planungszwecke ersetzen müssen durch eine Konzeption von höherer Komplexität, eine Konzeption also, die mehr und verschiedenartigere Systemzustände beschreiben kann. Wir schlagen vor, dafür den organisationstheoretischen Begriff der Stelle zu verwenden [91].

Stelle im abstraktesten Sinne ist das Prinzip der geregelten Variation von Entscheidungsprämissen. Um einen Entscheidungsprozeß strukturieren zu können, muß eine Stelle immer zugleich programmatisch, organisatorisch und personell bestimmt sein; jede dieser Bestimmungen aber kann im Hinblick auf die jeweils anderen geändert werden [92]. Die Stelle ist also nur eine abstrakte Regel der Bestimmbarkeit, ein Prinzip des organisatorisch Möglichen. Sie regelt den Austausch von Merkmalen, die Substitution von Personen oder von Programmen oder von organisatorischen Zuordnungen, enthält aber darüber hinaus kein eigenes »Wesen«, keine Norm, kein ethisches Minimum, das der Stelleninhaber sozusagen der Stelle schuldete. Die Formalität des Stellenprinzips hat den Sinn, die Variation von Entscheidungsprämissen nicht schon durch den Bezugspunkt des Austausches zu limitieren: Ob und welche Personen für die Besetzung einer Stelle geeignet sind, richtet sich nur nach deren jeweiliger programmatischen und organisatorischen Definition; und umgekehrt: welche Programme für eine Stelle geeignet sind, richtet sich nur nach ihrer jeweiligen Besetzung und organisatorischen

Zuordnung. Man wird das Amt eines Schulrats immer wieder nur mit Pädagogen besetzen, wird diesem Amt eben deshalb nicht die bautechnische Aufsicht über den Schulbau zuweisen können und wird auch bei ländlichen Schulkreisen davon absehen, dieses Amt dem Landwirtschaftsministerium zu unterstellen.

Die Auffassung eines organisierten Sozialsystems als Stellensystem dient mithin der *Integration von Prozessen der Veränderung von Entscheidungsprämissen*. Über den Stellengedanken wird die Personalplanung mit der Programmplanung und der Organisationsplanung verbunden und abgestimmt. Die Weiterverwendung eines Stellenbegriffs ist deshalb für alle Personalplanung des öffentlichen Dienstes unentbehrlich, wie immer man über Symbole eines moralischen Gehalts des Amts entscheiden wird. Eine organisationstheoretische Steuerung der Veränderung und wechselseitigen Neuanpassung von Programmpolitik, Organisationspolitik und Personalpolitik ist zur Zeit freilich ein unerfüllbares Postulat, da die entsprechenden Modelle für Forschung und Planung noch nicht entwickelt sind. In der Praxis wird diese Aufgabe von der Haushaltsplanung wahrgenommen. Die Funktion fällt an die Haushaltsplanung, weil diese im Begriff der »Planstelle« über das abstrakteste und damit dispositionsfähigste Denkmittel verfügt [93]. Hier wie auch sonst steuern diejenigen Prozesse das System, deren Struktur höhere Komplexität zuläßt. Gerade der labilere Charakter der Haushaltsplanung gibt ihr demnach die Führungsrolle. Woher sie ihre Inspirationen nimmt, wie sie zu Entscheidungen kommt und wie sie ihre Entscheidungen rechtfertigt, ist demgegenüber eine zweite Frage.

2. Im heutigen Organisations- und Beamtenrecht hat sich unterhalb jenes haushaltsmäßigen Begriffs der Planstelle ein doppelter Amtsbegriff entwickelt – eine begriffliche Konstruktion, die im Rahmen von Überlegungen zur Reform des öffentlichen Dienstes zu überprüfen ist. Amt ist einerseits eine organisatorische Einheit von Handlungen und Erwartungen, zum anderen ein persönlich verliehenes Amt mit bestimmten Rechten und Pflichten [94]. Die Trennung dieser beiden Amtsbegriffe hat in der Praxis, soweit eine genaue Deckung beider Arten von Ämtern nicht vorgeschrieben war, gewisse Chancen zu unabhängigen Entscheidungen eröffnet: Man kann Personen befördern, ohne organisatorische Änderungen vorzunehmen und ohne ihnen andere Aufgaben zuzuweisen, und man kann umgekehrt organisatorische Änderungen vornehmen, ohne in die persönlichen Rang- und Besoldungsverhältnisse einzugreifen. Die Koordination erfolgte über einen dritten Stellenbegriff: über den Begriff der haushaltsmäßigen Planstelle, die personalen Rang und Besoldung für grob umrissene organisatorische Positionen zur Verfügung stellt.

Dies bisherige System hat deutlich seine Belastungsgrenze erreicht. Der Beförderungsopportunismus wird einerseits durch das Prinzip positions- oder leistungsgerechter Rangverteilung bekämpft, also in eine relativ immobile Koppelung zurückentwickelt, und andererseits in der Form der »Regelbeförderung« an biologische Prozesse gebunden. Eine ausreichende Freiheit für Organisationsänderungen und Stellenbesetzungen unter dem Gesichtspunkt der Eignung wird gleichwohl nicht erreicht. Organisatorischen Veränderungen größeren Stils, etwa einer Abflachung der Hierarchien durch Einsparung unnötiger Zwischenebenen, wie sie im Zuge der fortschreitenden Automation oder bei Einführung neuartiger (delegierender) Führungstechniken sinnvoll wären, steht im Wege, daß der »Stellenkegel« für Beförderungen benötigt wird. Die Rationalisierung des Organisationsaufbaus wird, mit anderen Worten, durch Rücksichten auf die Personalstruktur behindert. Der Fehler liegt nicht etwa darin, daß man die personellen Konsequenzen mitbedenkt – das ist durchaus legitim und notwendig –, sondern darin, daß man beide Änderungsebenen zu stark koppelt und damit durch wechselseitige Rücksichten immobilisiert [95].

Aus Anlaß einer Reform des öffentlichen Dienstes wird man überlegen müssen, ob der im bisherigen System realisierbare Spielraum für unabhängige Variation ausreicht; ja prinzipieller noch: ob die apokryph eingelebte Mobilisierung durch Trennung zweier Amtsbegriffe eine brauchbare Problemlösung darstellt, die nachträglich gerechtfertigt und ausgebaut werden kann, oder ob es sich um eine nicht ausbaufähige Mißbildung handelt, die man ablösen sollte. In der aktuellen Reformdiskussion zielt Werner Thiemes Vorschlag einer »doppelten Hierarchie« [96] auf diese Problematik. Gemeint ist damit eine prinzipielle Trennung von organisatorischem Aufstieg und Abstieg und rangmäßig-besoldungsmäßigem Aufstieg (und Abstieg?). Diesem Vorschlag liegt zunächst jene Doppelung des Amtsbegriff zugrunde, legitimiert und verstärkt zu einem Prinzip unabhängiger hierarchischer Bewegung in organisatorischer und in personaler Hinsicht. Das Erreichen höherer Beweglichkeit wird für wichtiger gehalten als das Prinzip positionsgerechter Besoldung. Ins Extrem ausgezogen, könnte dieser Gedanke dahin führen, daß man in der jeweiligen Laufbahn nur noch ein Einheitsgehalt mit (alle Beförderungschancen »abfindenden«, also spürbar erhöhten) Altersstufen vorsieht und dazu relativ geringfügige Positionszulagen, die nur für die Dauer der Besetzung einer Position bezahlt werden und nicht ruhegehaltsfähig sind [97]. Die Funktionszulagen könnten teils als »Honorierung« von Leistungs- und Verantwortungsunterschieden, unter Umständen auch, dann allerdings in anderer Größenordnung, zur Rekrutierung von Spezialisten mit Marktchancen außerhalb des öffentlichen Dienstes eingesetzt werden. Zugleich würde eine solche Regelung das frühzeitige »Freimachen« höherer Positionen für jüngere Kräfte erleichtern, ein ebenfalls recht wichtiges Reformanliegen.

Sieht man genauer zu, dann sprengt dieser Gedanke jedoch das Prinzip des doppelten Amtsbegriffs. Man könnte dann ebensogut auf Ämter im personalen und besoldungsmäßigen Sinne überhaupt verzichten, damit auch auf Beförderungen im Sinne der Übertragung eines »höheren« Amtes und auf der Person zustehende Titel und Anreden [98]. Die Sichtbarkeit der hierarchischen Bedeutung des einzelnen würde gemindert, damit gingen gewisse Motive und berufliche »Attraktionen« des öffentlichen Dienstes verloren und zugleich viele unnötige Neideffekte mitsamt ihrer beamtenpolitischen Breitenwirkung [99]. Ein System von Erfolgsillusionen mit kleinen Stufen des Aufstiegs bei minimalen, in der Lebensführung kaum spürbaren finanziellen Verbesserungen bräche zusammen [100]. Wer mehr leisten und mit der Mehrleistung sichtbar werden möchte, müßte herausgehobene Positionen um ihres Funktionsgehalts willen anstreben; wer mehr verdienen möchte, müßte Nebentätigkeiten innerhalb oder außerhalb des öffentlichen Dienstes übernehmen – etwa in einem aufzubauenden System der Fortbildung –, wozu die Verkürzung der Arbeitszeit zunehmende Möglichkeiten schafft. Abzuwägen wäre eine solche Radikalkur gegen die Frage, ob die Verleihung eines »höheren Amtes« nicht doch als Motiv für bestimmte Berufswege, vor allem für die Überleitung von Spezialisten in reine Verwaltungspositionen, benötigt wird [101].

Die Unterscheidung und gleichzeitige Beachtung zweier verschiedenartiger »Ämter« ist im Grunde nichts anderes als eine formale Fixierung zweier verschiedenartiger

Identitäten, die bei jedem Bewegungsvorgang vorausgesetzt werden müssen: der Identität des sich Bewegenden und der Identität dessen, an dem vorbei sich etwas bewegt. Mit zwei Formen der Identifikation muß also auf jeden Fall gerechnet werden; die beiden Gesichtspunkte sind in aller Personalplanung immer präsent [102]. Die Frage ist jedoch, und zur Disposition steht, wie weit deshalb auch doppelte Kontinuitätsinteressen normiert und indisponibel gemacht werden sollen. Im Begriff des mit einem bestimmten entweder organisatorischen oder personalen Rang ausgestatteten Amts sind zugleich Rechte normiert, deren Erhaltung gegenüber Veränderungen geltend gemacht werden kann. Die Juridifizierung des Amts nimmt den Mobilisierungseffekt des Prinzips der Stelle zum Teil wieder zurück; sie kompensiert gleichsam die Nachteile hoher Mobilität und entsprechender Unsicherheit durch Besitzstandgarantien. Sieht man diese Funktion, dann kann man überlegen, ob das Problem der Mobilisierung und gleichzeitigen Kontinuierung berechtigter Interessen nicht in anderen Formen besser gelöst werden könnte. Auch ohne so spektakuläre Veränderungen, wie es der Verzicht auf das persönliche Amt für deutsche Verhältnisse zweifellos wäre, ließe sich die personbezogene Rang- und Gehaltsregelung stärker als bisher von der Stellung im Organisationsgefüge und den jeweiligen Aufgaben trennen. Sie verlöre damit freilich zugleich die hergebrachten inneren Maßstäbe und Begrenzungen einer »aufgabengerechten« Besoldung. Das, was bisher Struktur und Rechtsschranke war, müßte in der Form von Entscheidungskriterien für die Zuteilung persönlicher Verbesserungen neu entwickelt werden – etwa im Hinblick auf Marktlage und Rekrutierungschancen, Seltenheitswerte, Kosten der Ausbildung, Verdienste im Dienst. Wir haben damit ein Beispiel für das Problem, das wir im nächsten Abschnitt behandeln wollen, nämlich für die Verlagerung der Selektivität von Strukturen auf Entscheidungen.

VI.

Man würde die notwendigen Reformen des öffentlichen Dienstes nicht ausreichend beschreiben, wollte man sie lediglich als erneuertes Bemühen um die überlieferten Berufstugenden des Beamten oder als Leistungsverbesserung im Sinne eines rationaleren Anstrebens bestimmter Werte oder öffentlicher Interessen begreifen. Solche Bestrebungen haben und behalten ihren Sinn. Sie reichen jedoch nicht mehr aus angesichts einer gesellschaftlichen Entwicklung, die alle Überlieferungen in Frage stellt und alle Geltungen als historisch oder als positiv unter Begründungszwang setzt. Gerade die verfassungsmäßige Absicherung der »hergebrachten Grundsätze des Berufsbeamtentums« (Art. 33 Abs. 5 GG) zeigt das Kontingentwerden dieser Institution an: ihre Normierung ist Garantie und Zielpunkt möglicher Änderungen zugleich [103].
Dem entspricht, daß der Unterschied von Strukturen und Entscheidungen sich zu relativieren beginnt. Auch über Strukturen kann man noch entscheiden; gerade Reformen erfordern Strukturentscheidungen. Auch das Unterlassen struktureller Reformen wird als Entscheidung bewußt, wird mehr und mehr zur politischen Sünde par excellence [104]. Die Differenz von Struktur und Entscheidungsprozeß wird damit keineswegs aufgehoben, wird aber gleichsam moralisch neutralisiert und als ein mehr technisches Problem der Anordnung von Selektionsleistungen gesehen: Durch Selektion von Strukturen werden Entscheidungsmöglichkeiten vorselektiert, wird über Entscheidungsprämissen

vorentschieden, die dann in einer zweiten Phase, auf einer anderen Ebene des Systems, die laufenden Entscheidungsprozesse strukturieren [105].

Eine Folge ist, daß Strukturen, namentlich solche des Rechts, zunehmend als Entscheidungshindernisse bewußt werden und eine Tendenz aufkommt, unter der Flagge von »Reform« Strukturen ersatzlos zu streichen. An die Stelle früherer Schranken und Unmöglichkeiten werden durch bloße Negation der Unmöglichkeit Möglichkeiten gesetzt. Der Möglichkeitsspielraum wird zunehmend erweitert, ohne daß ersichtlich wäre, wie unter der Vielzahl von Möglichkeiten rational gewählt werden könnte. Es ist nicht schwierig und leicht zu begründen, daß dem Beamten in größerem Umfange Nebentätigkeiten erlaubt werden sollten; daß das Laufbahnsystem durchlässig werden sollte, so daß man aus den untersten Positionen in die obersten gelangen kann [106]; daß die Möglichkeiten der Rekrutierung von »Außenseitern« erweitert werden sollten; daß Prüfungszertifikate keine angemessene Rekrutierungspolitik ermöglichen, Prüfungen also abgeschafft werden sollten, und anderes mehr. Die ehemals durch strukturelle Unmöglichkeiten abgedeckten Systeminteressen müssen dann in Entscheidungskriterien umformuliert werden: Der Amtsbote soll nur bei hervorragender Tüchtigkeit Ministerialrat werden. Es ist jedoch nicht möglich, sämtliche Systeminteressen in die Form legitimer Entscheidungskriterien zu bringen – so zum Beispiel schwerlich die Schutzinteressen des höheren Dienstes gegen Konkurrenz aus unteren Rängen, die keine qualifizierte Ausbildung voraussetzen. Und es ist ferner nicht möglich, alle früher durch Unmöglichkeiten abgedeckten Folgenketten als Konsequenzen von Einzelfallentscheidung darzustellen [107]. Ein Abbau struktureller Ordnungsvorgaben und eine Abwälzung der Selektionslast auf Fallentscheidungen (Einstellungen, Beförderungen, Gewährung von Zulagen, Erlaubnis von Nebentätigkeiten oder was immer) wird daher weder Nutzen noch Gerechtigkeit optimieren, sondern seinerseits wiederum strukturierende Effekte erzeugen, zum Beispiel im Sinne einer Ausschöpfung von Bereicherungsmöglichkeiten oder einer Meistbegünstigung der Nahestehenden. In dem Maße, als Strukturen aufgegeben werden, Entscheidungskriterien aber nicht nachgeschoben werden können bzw. ambivalent bleiben, gewinnt die Frage an Bedeutung, *wer* beurteilt und entscheidet. Von daher können sich Tendenzen der Personalisierung und Politisierung verwaltungsinterner Beziehungen entwickeln. Strukturabbau ohne Nachschub von praktikablen Entscheidungskriterien führt zu Klüngelei. Auch das gehört zu den voraussehbaren und mitzuverantwortenden Effekten einer heute leichtgängigen Strukturkritik.

Andererseits scheint das, was man die Technik des redundanten Verbietens oder des überschießenden Formalismus nennen könnte, weithin diskreditiert zu sein [108]. Die verbleibenden Funktionen der Redundanz dürften auf dem Gebiet der Nachrichtenübertragung, eventuell noch in der Absicherung gegen unvorhersehbare Gefahren liegen [109]. Unnötige Schranken an sich sinnvollen Handelns, die nicht wenigstens im Bedarfsfalle hochgezogen werden können, lassen sich indessen kaum noch legitimieren. Für die Entlastung der Entscheidungsprozesse von rational nicht erfüllbaren Anforderungen müssen daher neue Wege gesucht werden.

In dieser Situation entwickeln sich scheinbar präzise Entscheidungskriterien, die bei näherem Zusehen jedoch nur eine verkappte Delegationsfunktion erfüllen, nämlich die Entscheidung auf untere Instanzen und auf spätere Zeitpunkte verschieben. Prototyp dafür ist das *Leistungsprinzip*. Es hat den Vorteil eines (zur Zeit noch) hohen politischen Konsenswertes. Es ist scheinpräzise, weil das Wort Leistung eine erkennbare technische Eindeutigkeit suggeriert, faktisch aber keine ausreichenden Meßverfahren und keine einheitlich-transitive Ordnungsskala zur Verfügung stehen. Die effektive Steuerung geht dann auf traditionelle Rangbewertungen über, so weit man für sie noch Konsens finden kann, oder wird der Messung von Einzelgesichtspunkten und damit einem konsentierten Zufallsmechanismus überlassen. Das Leistungsprinzip läßt zudem, wie jedes »Prinzip«, Ausnahmen zu – etwa in der Form von Besitzstandwahrungen oder sozialen Rücksichten oder speziellen, förderungswürdigen Interessen. Eine Reform in Richtung auf das Leistungsprinzip besagt daher, wenn man es bei dieser Festlegung beläßt, nicht viel mehr als ein Hinausschieben der Reform und eine Verlagerung der Entscheidungen auf nicht mehr so prinzipielle Ebenen. Was effektiv geschieht, ist zunächst nur die Substitution einer Erfolgsvokabel für eine andere.

Dies Problem zureichender Entscheidungskriterien und -kontrollen verschärft sich in dem Maße, als man die Aufgabe einer rationalen Planung des Personaleinsatzes prinzipiell formuliert. Begreift man das zu lösende Problem als Optimierung der Kombination von Entscheidungsprämissen (in klassisch-ökonomischer Formulierung: als Verteilung von Personen auf Aufgaben, die den größten Ertrag ergibt), wird die Aufgabe eines Vergleichs von allen personalen Möglichkeiten mit allen programmatischen und allen organisatorischen Möglichkeiten schon bei sehr geringer Komplexität des Systems undurchführbar. Eine Steigerung der Komplexität des Systems in Richtung (1) der Zahl der Elemente (Größe), (2) ihrer Varietät (Verschiedenartigkeit) und (3) der zwischen ihnen bestehenden Interdependenzen [110] zwingt einem Vergleich sehr rasch Größenordnungen auf, die jenseits der Möglichkeiten rechnerischer Bewältigung liegen. Der Vereinfachung des Entscheidens und dem Abbau solcher Rechenlasten dienen mathematische Verfahren der Lösung des Personalverteilungsproblems, deren Entwicklung jedoch zu sehr in den Anfängen steckt, um die Reform des öffentlichen Dienstes im Augenblick schon beeinflussen zu können [111]. Daher wird man unvermeidlich zurückverwiesen auf Systemstrukturen psychischer und sozialer Art, die gleichsam als Denkhemmungen fungieren: auf ein mit bestimmten kognitiven Mustern ausgerüstetes Bewußtsein [112], auf Judiz [113], auf soziale Nähe bzw. Ferne, systemabhängige Präferenzstrukturen, historisch eingelebte Gewohnheiten oder eingelebte Entscheidungstechniken wie Wahl des ersten Geeigneten, Wahl dessen, der am meisten Konsens findet, Bevorzugung des insider vor dem outsider usw. [114]. Vielleicht kommt man auf diesem Umweg dahin, die Vorteile rechtlicher Handlungsbeschränkungen (und damit: Denkentlastungen) wiederzuentdecken, Vorteile, die zum Beispiel in der hohen Transparenz von Rechtsnormen im Vergleich zu obskuren Entscheidungsgewohnheiten liegen könnten.

Neben diesem schwierigen Problem der Entscheidungskriterien, auf das man aufläuft, wenn man Strukturen abbaut, zieht die Verlagerung der Selektivität von Strukturen auf Entscheidungen auch ein *Informationsproblem* nach sich. In dem Maße, als im Personalbereich Entscheidungsspielräume erweitert werden, wächst auch das Informationsproblem. Die Art der Beschaffung von Informationen über Personal muß dann mitreformiert werden.

Die bestehende Praxis, durch *Personalbeurteilungen* Entscheidungsgrundlagen zu beschaffen, bietet ein wenig ermutigendes Bild, besonders was periodische Beurteilungen angeht. Bei Nachfragen stößt man durchweg auf Unzufriedenheit mit der bestehenden

Praxis, auf Selbstkritik und ratlose Verlegenheit. Das gilt für die allgemeine innere Verwaltung ebenso wie für die Finanzverwaltung oder für die Justizverwaltung [115] – um nur einige in diesem Geschäft besonders erfahrene und große Personalkörper zu nennen. Problematisch ist die Zusammenlegung der Beurteilungsfunktion mit der Vorgesetztenbeziehung [116], weil gerade Rangdifferenzen zu selektiver Selbstdarstellung und Fremdwahrnehmung prädestinieren [117]. Problematisch ist, daß die Beurteilung eine kontaktintensive Sozialbeziehung voraussetzt (sofern sie nicht einem Stab von geschulten Interviewern, Visitatoren usw. übertragen wird) und damit »projektiven« Verzerrungen unterliegt [118]. Problematisch ist das »Effektbewußtsein« bei der Beurteilung im Hinblick auf Beförderungen, was dahin führen kann, daß man, wie in der Finanzverwaltung zu beobachten ist, nicht mehr gute Beurteilungen abgibt, als Beförderungsstellen zur Verfügung stehen. Problematisch ist das Abfangen von Ungeschick und Willkür durch standardisierte Formulierungshilfen, die dann schablonenhaft und repetitiv benutzt werden [119].

Die Schwierigkeit, daß der gedankliche und affektive Apparat der Beurteilung die Ergebnisse färbt, ergäbe sich auch dann, wenn man die Beurteilung geschulten Psychologen übertragen würde. Auch die Psychologie steht nämlich vor dem Problem, ob eine klinische Diagnose eine ausreichend objektive Grundlage für die Beurteilung von Einzelfällen ergibt oder ob nicht statistische Verfahren unentbehrlich sind, um Tests wissenschaftlich auszuwerten und beobachtungssystematische Verzerrungen zu kontrollieren [119a]. Die dafür notwendigen theoretischen Grundlagen und wissenschaftlichen Instrumente stehen noch nicht zur Verfügung, obgleich es an Anregungen in der Literatur nicht fehlt. Es ist abzusehen, daß ihre Entwicklung langwierige und komplizierte Forschungen erfordern wird. Diese Lage erinnert an eine Warnung Karl Mannheims [119b], kompliziertere Denk- und Verhaltensweisen nicht in Situationen einzuführen, in denen Einfacheres noch vollauf funktioniere.

Bei einer solchen Anhäufung von Schwierigkeiten und wenig ermutigenden Erfahrungen wird man zunächst die Zielrichtung einer Reform überlegen müssen. Es spricht nämlich viel dafür, daß die Maximierung von Einzelfallgerechtigkeiten in Beurteilungen und Beförderungsentscheidungen nicht wesentlich über das bisher Erreichte hinaus weitergeführt werden kann und daß Rationalitätsgewinne nennenswerter Art nur auf einer ganz anderen Ebene zu erreichen sind, nämlich durch Aufbau eines *allgemeinen Informationssystems in Personalangelegenheiten*, das sich moderner Mittel automatischer Datenverarbeitung bedient und für verschiedene Zwecke, für globale Personalplanung ebenso wie für die Ermittlung von Kandidaturen und für die Auswahl unter den Einzelkandidaten, für statistische Zwecke ebenso wie für wissenschaftliche Forschung, für die Steuerung der Karrieren und für Sammeln von Erfahrungen mit verschiedenen Arten von Karrieren ebenso wie für Auswahl von fortbildungsfähigen Kandidaten für Fortbildungsveranstaltungen zur Verfügung stünde [120]. In einer solchen Informationsbank könnten Eingaben der verschiedensten Art gespeichert werden, sofern sie hinreichend schematisiert anfallen. Neben den normalerweise anfallenden Personalunterlagen und den Ergebnissen der laufenden Lohn- und Gehaltsrechnung könnten periodische Selbstauskünfte ebenso wie Fremdbeurteilungen, Beurteilungen der Untergebenen durch Vorgesetzte ebenso wie Beurteilungen der Vorgesetzten durch Untergebene verwendet werden, die dann nicht nur durch Ermahnungen und Überlegungs- oder Formulierungshilfen, sondern auch durch systeminterne Vergleiche und

Konsistenzkontrollen »objektiviert« werden könnten. Zugleich müßte verhindert werden, daß jemand auf die Idee kommt, diese Daten als objektive Aussagen über Individuen zu benutzen. Die Eingabe in einen solchen Speicher könnte weniger gut durch Antizipation einer Beförderung gesteuert werden, da das System diffuse Effekte hat und für den einzelnen auf direkte oder indirekte Weise wie eine Art organisierter Zufall wirkt. Vor allem aber scheint dies ein praktischer Weg zu sein, jene Entscheidungskriterien zu entwickeln, die wir bei einer zunehmenden Mobilisierung von Strukturen brauchen werden. Mit Hilfe eines solchen Informationsapparates könnte man anfangen, empirisch zu lernen und Entscheidungskriterien in ihren faktischen Konsequenzen für ein komplexes System zu kontrollieren. Man könnte feststellen, ob schichtenmäßige Herkunft tatsächlich besondere Chancen eröffnet und in welchen Laufbahnen mehr als in anderen; ob regionale und positionale Mobilität mit bestimmten Ausbildungserfolgen korreliert oder nicht; ob der Jurist sich durchweg schneller entscheiden kann als der Soziologe, andererseits aber weniger Eignung zur Teamarbeit aufweist; ob und in welchem Umfange und in welchen Tätigkeitsbereichen und in welchen hierarchischen Höhenlagen Personen ausbildungsfremd verwendet werden und ob diese Tendenz zunimmt oder abnimmt; ob bestimmte Ausbildungen bessere Karrierechancen eröffnen als andere; ob und in welchem Sinne sich Selbst- und Fremdeinschätzungen im Laufe einer Karriere verändern; ob die Beförderungspolitik die Rekrutierungskriterien bestätigt oder diskreditiert, und anderes mehr. Das auf solche Weise erhobene und unter wechselnden Gesichtspunkten ausgewertete Wissen müßte in die Ausbildungs- und Fortbildungs-, in die Rekrutierungs- und die Verteilungspraxis zurückgeleitet werden und dort die Artikulation der faktisch fungierenden Entscheidungsprämissen sowie deren laufende Überprüfung anregen. Nicht zuletzt würde die Verwaltung damit stärker als bisher von der Personenkenntnis und dem Erfahrungswissen ihrer Personalreferenten unabhängig werden.

Natürlich ist der Aufbau eines solchen Datensystems nur schrittweise und nur auf lange Frist zu leisten. Dafür geeignete Schemata der Datensammlung und -auswertung müßten nach und nach entwickelt, versuchsweise in Betrieb gesetzt und dann laufend verbessert werden. Das würde bisher ungewöhnliche Kombinationen von laufender wissenschaftlicher Forschung und verwaltungsmäßiger Planung voraussetzen. Dieser Weg böte mit Sicherheit keine kurzfristigen Erfolge. Vielleicht sind es aber gerade solche Unternehmungen, die noch am ehesten die Bezeichnung Reform verdienen, weil sie sich auf Strukturprobleme des Systems (und nicht nur auf vage vorgestellte Werte) beziehen, auf einer Analyse bisheriger Unzulänglichkeiten beruhen und eine andere Ebene der Problemlösung anstreben.

VII.

Nicht alle Überlegungen zur Reform des öffentlichen Dienstes können in der bisher durchgehaltenen Abstraktionslage angesetzt werden. Mehrere Möglichkeiten der Konkretisierung bieten sich an. Ein streng wissenschaftlicher Weg wäre es, im Bezugsrahmen unseres Modells Einzelhypothesen zu bilden, diese empirisch zu testen und sie dann in Form von mehr oder weniger wahrscheinlich wahren Sätzen der Praxis zur Verwendung anzubieten. Welche Hypothesen man auswählt, ist dabei vom Modell aus nicht zu steuern, eventuell jedoch von den methodischen Möglichkeiten der Verifikation her. Eine andere Möglichkeit (die jene erste keineswegs ausschließt, sondern mit ihr kombinierbar ist) wäre, von deutlich erkennbaren *Umweltveränderungen* auszugehen und mit Hilfe unseres Modells zu überlegen, wie das System der öffentlichen Verwaltung in seiner Personalstruktur auf diese Veränderung reagieren könnte. In diesem Falle diente die Abstraktheit des Modells dazu, das vorhandene System gleichsam gedanklich aufzulockern und mit anderen Möglichkeiten zu konfrontieren. Die »Verifikation« läge dann nicht notwendigerweise in einem vorherigen Testen von Hypothesen, sondern im faktischen Änderungsversuch: in einem »Experimentieren« mit dem Verwaltungssystem selbst, in dem für diese Zwecke entsprechende Beobachtungs- und Lernfähigkeiten entwickelt werden müßten [121].

Auf dem letzteren Wege kommt man angesichts der gegenwärtigen Lage des öffentlichen Dienstes sehr rasch zu Problemstellungen, die Bemühungen um eine Reform anleiten könnten. Angesichts einer rapiden gesamtgesellschaftlichen Entwicklung ist in fast allen Bereichen und so auch in der öffentlichen Verwaltung ein Anpassungsrückstand im Sinne eines Nichtausnutzens von Möglichkeiten augenfällig. Wir wählen zwei sehr breite und nachhaltig wirksame Trends aus: die *Entwicklung der für die Verwaltungstätigkeit relevanten Ausbildungsmöglichkeiten* (VII.) und die in fast allen Gesellschaftsbereichen zu beobachtende *Steigerung des Änderungstempos* (VIII.).

Ein erster Anstoß zu Änderungen kommt aus der neueren Entwicklung der Sozialwissenschaften. Seit dem Zusammenbruch der Kameralistik und dem Scheitern der Bewegung zu einer empirische und normative Disziplinen umfassenden Staatswissenschaft haben die Sozialwissenschaften sich mit zunehmender Beschleunigung weiterentwickelt – vor allem als Einzeldisziplinen wie Psychologie, Soziologie, Wirtschaftswissenschaft, daneben aber auch in deutlich erkennbaren interdisziplinären Trends, die sich um systemtheoretische oder um entscheidungstheoretische Konzeptionen ordnen. In diesen Entwicklungen liegen, wie hier nicht im einzelnen erörtert werden kann, ungenutzte Chancen für den Aufbau der Verwaltungswissenschaft [122]. Allerdings ist nicht zu verkennen, daß die Forschungseffektivität, gemessen am Bedarf und an Wünschen [123], auf absehbare Zeit aus teils methodischen, teils personellen und finanziellen Gründen sehr gering bleiben wird. Auf der anderen Seite wachsen zugleich die verwaltungsinternen Qualifikationsansprüche. Manches deutet darauf hin, daß wesentliche Fortschritte hier nur durch neuartige Formen eines Forschungs/Planungs-Verbunds erzielt werden können, die neben die klassischen Kombinationen von Forschung und Lehre an den Universitäten zu treten hätten. Daneben könnten die brachliegenden Möglichkeiten empirischer Analyse komplexer Verwaltungssysteme und ihrer gesellschaftlichen Umwelt in der Form von Ausbildung aktualisiert und in die Verwaltung eingebracht werden. Dieser Weg der Verwissenschaftlichung von Verwaltung über Ausbildung ist nicht nur der nachhaltig wirksamere; er dürfte auch eine Voraussetzung dafür sein, daß die Verwaltung extern-wissenschaftliche Beratung überhaupt verstehen und verwenden kann.

Erste Ansätze zu einer Planung solcher Ausbildung an deutschen Universitäten [124] haben beträchtliche Schwierigkeiten vor Augen geführt: Die Komplexität des Gegenstandes und die multidisziplinäre Verstreuung der Forschungsansätze und des Wissens führen in die Zwangslage, die Ausbildung entweder mit Stoff zu überlasten oder sie auf sehr abstrakte Schemata zu konzentrieren, über die kein wissenschaftlicher Konsens zu erreichen ist, oder sie zumindest von einer zweiten Phase des Studiums an auf mehrere spezialisierte Ausbildungswege zu verteilen. Bei allen Schwierigkeiten in der Lehrplanung hat diese Situation den Vorteil, daß ein Studium empirischer Wissenschaften in Richtung auf öffentliche Verwaltung *keine allzu starke Berufsspezialisierung* bedeutet, sondern durchaus auch auf andere Berufe im allgemeinen Rahmen von Organisation und Management mitvorbereiten kann: die Breite der Verwendungsmöglichkeiten hängt mehr von der Qualität als von den Inhalten des Studiums ab. Die an dieser Entwicklung interessierten Kreise haben sich inzwischen darüber verständigt, daß in dieser Lage ein Experimentieren mit verschiedenen Modellen zweckmäßig ist. Bei all dem sind, gemessen am Volumen der öffentlichen Verwaltung, in Aufwand und Ertrag einstweilen nur sehr geringe Quantitäten im Spiel. Das wird sich kaum ändern, solange selbst das Durchsetzen einzelner neuer Lehrstühle für Verwaltungswissenschaft schwierig ist und der Verwaltung von außen (!) abgerungen werden muß [125].

Um zusammenzufassen: Die Planungen einer Ausbildung empirisch-analytischer Intelligenz für die öffentliche Verwaltung stehen, was theoretische Abstraktionsebene, Aufwand und Ertrag anlangt, vor einer Schwelle, die ohne engen Kontakt mit der öffentlichen Verwaltung nicht genommen werden kann. Das setzt in der Verwaltung selbst Strukturentscheidungen voraus, die mit einer Reform des öffentlichen Dienstes verknüpft werden müssen. Eine zweite Quelle der Veränderung und Dynamisierung des Ausbildungssystems kommt hinzu. Sie ist nicht in der wissenschaftsimmanenten Theorieentwicklung begründet, sondern hängt damit zusammen, daß das Ausbildungssystem nach weitgehendem Abbau der traditionellen Schichtendifferenzierung *Funktionen der Statusverteilung* übernommen und in dieser Funktion *sichtbar* geworden ist. In zunehmendem Maße reguliert die Ausbildung die Lebenslage, die man erreichen kann; an Ausbildungen werden daher Statusaspirationen geknüpft und die »Verwissenschaftlichung« von Ausbildung dient deren Begründung [126]. Sie dient damit zugleich als Promotor realer Verbesserungen der Ausbildung des gehobenen Dienstes. Dessen Schulen drängen, nach dem Vorbild der Lehrerakademien, auf Anerkennung als Hochschulen, wenn nicht als Universitäten. Diese Bewegung, ebenfalls als Reform gedacht, ist in vollem Gange. Sie scheint, organisatorisch gesehen, auf besondere Fachhochschulen oder auf Gesamthochschulen hinauszulaufen [127] und wird von der Ausbildung her den Unterschied von gehobenem und höherem Dienst in Kürze untergraben – und dies im Sinne bloßer »Auswirkungen«, ohne daß dem eine Strukturplanung des Verwaltungssystems selbst entspräche. Hinzu kommt, daß sich in der neueren Entwicklung die *Ausbildungsdauer* anzugleichen beginnt; sehr kurze Ausbildungen werden zumindest im Schulbereich verlängert, sehr lange im Hochschulbereich oder im Vorbereitungsdienst verkürzt. Der Jurist, der schon immer in der Verwaltung in hohem Maße mit nichtjuristischen Aufgaben befaßt worden ist, wird bald Untergebene erhalten, die für diese Aufgaben eigens ausgebildet sind. Es braucht keine empirische Analyse, um vorauszusagen, daß damit innere Konflikte auf die Verwaltung zukommen können, die sich ihre eigene Ordnung suchen und selbst heute als radikal empfundene Reformvorschläge in den Schatten drängen werden.

Eine Strukturentscheidung, die in dieser Lage getroffen werden muß, betrifft die Art der Öffnung der Verwaltung für empirisch-analytische Intelligenz. Eine denkbare Reformrichtung wäre, den gegenwärtigen Trend zu weitergehender Spezialisierung, der sowohl von der Aufgabenteilung als auch von der Trennung wissenschaftlicher

Disziplinen ausgeht, abzubremsen und ihm durch Festhalten am Typus des *generell ausgebildeten Verwaltungsbeamten* entgegenzutreten. Dem Juristen müßte dann freilich ein neuartiger sozialwissenschaftlich ausgebildeter Beamtentyp an die Seite gestellt werden [128]. Die juristische Vorbildung für den Verwaltungsdienst bedarf heute kaum noch der Kritik, sondern eher der Verteidigung. Ihre Reformgünstigkeit hatten wir schon notiert [129], ihr pragmatischer Opportunismus und das Entscheidungstempo, das sie ermöglicht, kommen hinzu. Stärker als viele andere Akademiker ist der Jurist daran gewöhnt, unter kontrovers bleibenden Werten und in nur lockerem Zusammenhang mit seinem Berufswissen zu operieren [130].

All das wird sich mit andersartigen Ausbildungen auf absehbare Zeit kaum kopieren lassen. Die empirisch-analytischen Wissenschaften ebenso wie die auf Rationalisierung gerichteten Entscheidungswissenschaften können gleichartig-praktische Ausbildungserfolge einstweilen noch nicht bieten. Andererseits ist das Rechtswissen für die Verwaltungstätigkeit keine ausreichende Entscheidungsgrundlage und nimmt zudem im interdisziplinären Konzert eine marginale Stellung ein [131]. Soll in den nächsten 10 bis 15 Jahren ein anderer Typ von generell verwendbaren, aber nicht juristisch, sondern sozialwissenschaftlich ausgebildeten, empirisch-analytisch arbeitenden, mit Quantitäten und Wahrscheinlichkeiten vertrauten Verwaltungsbeamten entstehen, *müßten die entsprechenden Ausbildungseinrichtungen auf noch fragmentarischen Grundlagen jetzt geschaffen und müssen die Karrierestrukturen der öffentlichen Verwaltung jetzt daraufhin durchdacht und in Aussicht gestellt werden.* Andernfalls werden die entsprechenden Funktionen nach und nach von Spezialisten aller Schattierungen wahrgenommen werden. Mehr als von jeder anderen Reformfrage hängen von der Wahl des Ausbildungsmusters Folgeprobleme ab. Entscheidungen, die in dieser Hinsicht getroffen oder nicht getroffen werden, sind schwer revidierbar. Die Entscheidung für oder gegen einen generell verwendbaren Sozialwissenschaftler in der Verwaltung dürfte damit eine der wichtigsten und weitesttragenden Strukturentscheidungen sein, die heute bewußt oder durch bloßes Geschehenlassen getroffen werden.

Die vollen langfristigen Konsequenzen einer solchen Strukturentscheidung sind schlechterdings nicht voraussehbar. Einige Mutmaßungen lassen sich mit Hilfe unserer Modellüberlegungen artikulieren. Bei einer Entscheidung für den vielseitig verwendbaren Verwaltungswissenschaftler wird dessen Verhältnis zum Juristen auf lange Sicht problematisch bleiben. Dieses Problem wird die Personalverteilungspolitik belasten – um so mehr, als der von *beiden* Seiten erhobene Anspruch auf generelle, überfachliche Verwendbarkeit eine rationale Wahl erschwert. Praktisch liegen keine Erfahrungen mit einem Nebeneinander zweier Beamtentypen vor, so daß man dafür Entscheidungskriterien oder -traditionen entwickeln muß und die Frage relevant werden wird, welcher der beiden Typen die Positionen der Personalverwaltung besetzen kann, die das interne Selektionssystem determinieren. Die Fortführung des Prinzips lebenszeitlicher Anstellung wird keine Schwierigkeiten bereiten. Von der Ausbildung her werden der internen Mobilität wenig Schranken gezogen sein, hingegen bleibt es eine offene Frage, ob solchen Fachleuten auch externe Marktchancen offen stehen [132]. Schwierigkeiten werden vor allem in der notwendigen Koordination der Curricula des Ausbildungssystems mit den Bedürfnissen der Praxis auftreten. Gegenwärtig ist die öffentliche Verwaltung gar nicht in der Lage, Ausbildungswünsche zu definieren, weil sie ihre Praxis in Kategorien erlebt, die keine Beziehungen zu wissenschaftlichem Gedankengut haben und in dieses nicht rückübersetzbar sind. Die Wahl des Ausbildungsstoffs und selbst die Gewichtung des Beitrags einzelner Disziplinen wird zunächst eine relativ hohe Beliebigkeit haben und auch haben dürfen, bis so ausgebildete Beamte auf Grund praktischer Erfahrungen die Ausbildung ihrer Nachfolger beeinflussen können. Diese zur Zeit bestehende Fremdheit und Verständnisschwierigkeit darf den Aufbau von Studiengängen nicht blockieren; sie darf vor allem nicht in eine extrem vorsichtige Rekrutierungspolitik umschlagen, die das Berufsrisiko einer entsprechenden Ausbildung zu hoch werden ließe und dem Ausbildungssystem eine unrentable Kleinheit aufzwänge [133].

Eine weitere Überlegung knüpft an die Frage an, ob es zwischen Generalisten und Spezialisten Unterschiede in der Grundorientierung von der Ausbildung her geben wird. Es ist anzunehmen, daß eine generelle Ausbildung für den Verwaltungsdienst den Bediensteten stärker auf die Verwaltung selbst ausrichten wird: auf die Systembedingungen ihres Handelns, auf ihre Programme, auf ihr intellektuell-technisches Instrumentarium. Allein schon aus Stoffgründen ist diese Beschränkung notwendig, denn eine *allgemeine* Ausbildung kann nicht als Grundausbildung für *alle Gegenstandsbereiche* der Verwaltung angesetzt werden. Daneben wird es dann immer auch Diätköche und dergleichen geben müssen, die mehr auf die besonderen Wünsche einer bestimmten Kundschaft oder auf die Eigenarten eines bestimmten Sachbereichs achten, sich entsprechend verpflichtet fühlen und von da her geneigt sein werden, Bürokratie, Recht, Haushalt usw. als lästige Fesseln zu empfinden. Zunehmende Spezialisierung wird, sofern sie nicht in festen wissenschaftlichen Fachausrichtungen und in einem professionellen Ethos aufgefangen werden kann, diese Tendenz zu einer über Spezialisierungen laufenden, nichtzentralisierbaren Außensteuerung der Verwaltung verstärken. Die Wahl des Ausbildungstyps ist daher nicht ohne politische Bedeutung.

Im Vergleich zu einer Allgemeinausbildung ergäben sich ganz andere (aber ebenfalls lösbare) Folgeprobleme, wenn man dem Trend zur fachlichen Spezialisierung des Nachwuchses nachgäbe und die Struktur des öffentlichen Dienstes darauf einstellte [134]. Man kann kaum zweifeln, daß diese Änderung tiefer ginge. Sie würde zunächst den Übergang vom career staffing zum program staffing nahelegen mit all den nicht zuletzt politischen Konsequenzen dieses Unterschiedes [135]. Man müßte dann einen hinreichend weiträumigen und transparenten, verwaltungsinternen Arbeitsmarkt schaffen mit entsprechenden Erleichterungen regionaler Mobilität, da die heutigen Personalverwaltungen als Ausgleichs- und Vermittlungsbereich für Spezialisten zu klein sind. Die Vorstellung eines einheitlichen Besoldungssystems für Beamte oder gar für den gesamten öffentlichen Dienst müßte, wenn nicht aufgegeben, so doch stark gelockert werden, da andernfalls in bestimmten Fachsparten, etwa bei Mathematikern, unüberwindbare Rekrutierungsschwierigkeiten auftreten würden. Jedenfalls könnte die Besoldung nicht mehr als Ausdruck hierarchischer Rang- und Verantwortungsunterschiede benutzt werden, wenn sie zugleich marktgerecht festgesetzt werden und im übrigen die spezifischen Karrierenachteile des Spezialisten ausgleichen muß. Schließlich ist mit beträchtlichen Umstellungsschwierigkeiten beim Aufstieg in höhere Stellungen zu rechnen, die Anforderungen stellen, die über den Fachhorizont des Spezialisten hinausgehen [136]. Bei diesem Grundkonzept müßten mithin besondere Einrichtungen für frühzeitiges Erkennen und Nachschulen des Führungsnachwuchses geschaffen werden. Die Verwaltung würde in diesem Falle also Spezialisten rekrutieren und sich aus diesem Reservoir die

generell verwendbaren Kräfte selbst aufziehen – eine Lösung, für die sich manches sagen läßt.
Man kann mit guten Argumenten für und gegen beide Lösungstypen plädieren. Wie immer man sich entscheiden wird, der Erfolg wird von der Konsequenz abhängen, mit der daran anschließende Strukturplanungen durchgeführt werden. Die Unsicherheit, in der jene Entscheidungen unvermeidlich fallen muß, darf nicht umschlagen in Halbheiten und Inkonsequenzen in der Durchführung. Insofern gehört zur Wahl zwischen jenen beiden Möglichkeiten auch eine politische Einschätzung der Umstellungsfähigkeit des Systems.

VIII.

Mit Hilfe sehr allgemeiner Erwägungen läßt sich zeigen, daß unsere Gesellschaft aus *systemstrukturellen* Gründen, und daher dauerhaft, *Zeitdruck* erzeugt. Das liegt an der hochgradigen Spezialisierung des Erlebens, Wertens, Planens, Handelns unter funktionalen Perspektiven, die divergierende Möglichkeitshorizonte erzeugen, an der zunehmenden Interdependenz und an der Frist- und Terminbindung kooperativer Aktivitäten, die eine autonome, sachbestimmte Verfügung über Zeit erschwert [137]. Die Zeit richtet sich nicht mehr nach der Sache, die Sache muß sich nach der Zeit richten. Wenn irgendwo, so ist hier die Rede von »Systemzwängen« am Platze. Zeitdruck und Tempoanforderungen werden im System selbst erzeugt. Die Politik zum Beispiel findet sich nicht mehr »zwischen den Kriegen« – mit der Abwicklung der Schäden und der Pflege der Gefühle des letzten und mit der Vorbereitung des nächsten befaßt –, sondern »zwischen den Terminen«, die sie selbst gesetzt hat. Sie gibt ihren eigenen Zeitdruck an die Verwaltung weiter. Auch andere Umwelten der Verwaltung haben nur noch geringe zeitliche Elastizität. Es geht nicht mehr nur um Grenzen der Geduld und Wartefähigkeit des Publikums, sondern um Erfordernisse der Synchronisation interdependenter Aktivitäten. In zunehmendem Maße greift zum Beispiel die Konjunkturpolitik über den Haushalt in Verwaltungsaktivitäten ein und löst das Organisationsvorbild des gemächlichen, justizförmigen Entscheidungsganges ab, in dem die Entscheidung ihren Sinn auch dann noch behält, wenn sie später kommt.
Zunehmende Tempoanforderungen treffen von da her vor allem auf Organisation und Programmatik der öffentlichen Verwaltung – teils eine Beschleunigung der Entscheidungsprozesse, teils immer häufigere Strukturänderungen erfordernd. Im Personalbereich registrieren wir die Folgen vorerst nur indirekt und mehr oder weniger hilflos am raschen Verschleiß physischer und geistiger Kräfte. Die Lebensperiode, in der man schon alt, aber mit einiger Schonung noch arbeitsfähig ist, wird zunehmend größer; man darf nicht überrascht sein, wenn sie demnächst vom 40. bis über das 70. Lebensjahr hinaus dauern wird. Da sich Zeitdruck im System auf sehr unterschiedliche Weise verteilt – in allen Bürokratien gibt es Oasen des Phlegmas – und da die individuelle Absorptions- und Reaktionsfähigkeit gegenüber Zeitdruck sehr unterschiedlich ist, fällt es schwer, hier Strukturen zu erkennen, Trends zu extrapolieren und sich ankündigende Krisen rechtzeitig auszumachen. Gleichwohl ist das Problem so akut, daß es sich lohnt, es zumindest als ein zentrales Forschungsthema in Reformüberlegungen einzubeziehen.
Einigermaßen deutlich profilieren sich bereits besondere Hinsichten, in denen die zeit-

liche Synchronisation der Verwaltung mit beschleunigten Veränderungen ihrer Umwelt den Personalsektor belasten wird. Eines dieser Probleme ist das zunehmend rasche Überholtsein von Fachwissen. Die Wissenschaften haben auf einer Reihe von verwaltungsrelevanten Gebieten ihren Fortschritt so sehr beschleunigt, daß man sich nicht mehr auf einen generationsweise kommenden Nachschub neuen Wissens, also auf einen Austausch im Rhythmus von 30 Jahren stützen, sondern planmäßig Beschleuniger des Wissenswechsels einführen muß. Das Problem betrifft vor allem die Naturwissenschaften, wird aber zunehmend auch in den Sozialwissenschaften relevant werden [138]. In dem Maße, als das Publikum der Verwaltung wissenschaftlich oder quasiwissenschaftlich zu argumentieren oder die Verwaltung in wissenschaftliche oder technische Projekte zu verstricken beginnt, muß auch die Verwaltung ihr Fachwissen auf dem laufenden halten; sie wird neuen Erkenntnissen und Denkformen der Wissenschaft nicht einfach mit rechtmäßigen, notfalls anfechtbaren Verwaltungsakten begegnen können, ganz abgesehen davon, daß in dem Zeitraum, für den wir heute den Nachwuchs ausbilden, auch Aufgaben der Steuerung von Forschungs- und Entwicklungsprozessen auf die öffentliche Verwaltung zukommen werden.

Einer der Auswege liegt in heute noch ungewohnten Anstrengungen auf dem Gebiete der Fortbildung [139]. Diese müssen um Ansprüche auf Blickerweiterung radikal gekürzt werden; Erneuerung und Aktualisierung wird schon Anstrengung genug sein. Da nicht alle Tätigkeitsbereiche von einem solchen Wissenswechsel gleichermaßen betroffen sind, sind sorgfältige Arbeitsplatzstudien und Bedarfsermittlungen unerläßlich [140]. Da gerade an den Fortschrittsfronten des Wissens hochgradige Spezialisierung herrscht, kann ein Fortbildungssystem zudem nur für einen sehr großen Personalkörper und nur mit Hilfe von Automation rational organisiert werden; aus dem gleichen Grunde sind aber kleine Anfänge mit Spezialmaterien, etwa mit Automation, durchaus sinnvoll.

Bei aller vertretbaren Anstrengung wird ein Obsoletwerden des Fachwissens in den meisten Köpfen nicht zu vermeiden sein. Diejenigen, die sich nicht auf dem laufenden halten, wird man aus der direkten Konfrontation mit der Umwelt, aus der unmittelbar-verantwortlichen Wissensverwendung herausnehmen müssen. Wohin aber gehen sie faktisch, und wohin sollten sie gehen? Paradoxerweise bieten sich anscheinend [141] besonders Führungspositionen und Lehrtätigkeiten als Fluchtwege an. Das braucht, auch wenn es uns zwingt, Vorgesetzte und Lehrer in milderem Licht zu sehen, keine Fehlleitung zu sein, bedürfte aber in jedem Falle sorgfältiger Erforschung und Kontrolle. Alternativen könnte man nur dann bereitstellen, wenn man rechtlich, stellenplanmäßig und finanziell über ein beweglicheres System der Personalplanung verfügt. *Dafür* könnten Grundlagen geschaffen werden, auch wenn das Problem selbst uns im Augenblick noch nicht so sehr bedrängt [142].

Damit gelangen wir zu einem weiteren Thema, das sorgfältige Überlegung verdient. Eines der größten Anpassungs- und Modernisierungshindernisse in allen Organisationen ist das jeweilige Besetztsein der Stellen; durch Stellenbesetzung werden Organisationen alt und unbeweglich. Das Freiwerden von Stellen ist nur zu oft Bedingung höherer Leistung oder Bedingung der Einführung von Neuerungen – und bleibt gleichwohl weitgehend dem Zufall überlassen: dem Tod, dem Eintritt in den Ruhestand, dem Freiwerden einer höheren Stelle in die der Stelleninhaber befördert werden kann. Zufälle dieser Art sind ein mögliches, aber ein zeitraubendes und für heutige Verhältnisse entschieden zu langsames Entwicklungsprinzip.

Organisatorisch und rechtstechnisch gesehen, tritt dieser Effekt ein, weil organisatorische Stellen und personale Ämter in weitem Umfange gekoppelt sind. Er wird dadurch verstärkt, daß horizontale Arbeitsteilung eine Querversetzung im gleichen Range erschwert. Darüber hinaus ist aus gleichsam logischen Gründen zu erwarten, daß die Vorstellung, Karrieren *könnten nur nach oben führen*, als Verteilungsprinzip im System zu Spannungen führen muß (ebenso wie der umgekehrte Fall von Karrieren, die nur nach unten führen können, etwa bei Taxi-Girls). Abgesehen davon zeigt die Erfahrung, daß soziale Systeme gewisse Barrieren gegen unfreiwilliges Bewegtwerden besonders älterer Kräfte errichten und ein offenes Argumentieren mit Unfähigkeit besonders krassen, auch moralisch angreifbaren Fällen vorbehalten [143]. Ein gleichmäßiges Aufsteigen und Absteigen der Mitglieder hat noch keine Bürokratie der Welt zustande gebracht. Man darf sich mithin nicht in der Illusion wiegen, daß das Problem mit einem Wechsel der Rechtsform zu lösen sei, und es gehört nicht viel dazu, um vorauszusagen, daß rechtliche Möglichkeiten der Herabstufung kaum benutzt werden würden, weil die inneren Widerstände zu stark sind.

Bei genauerem Zusehen nimmt das Problem zwei Formen an. Der Wunsch nach Freimachen einer Stelle kann auf dem Versagen des Stelleninhabers beruhen – sei es, daß eine Fehlbesetzung vorliegt, sei es, daß seine Leistung, aus welchen Gründen immer, nachläßt. Mit einer normalen Versagerquote muß jede Organisation rechnen. Sie wird durch Redundanz, durch reichliche Bemessung der Stellen, darauf eingestellt. Das ist normal, auch wenn es in den Haushaltsverhandlungen nicht zugegeben werden kann. Akut und Thema für Reformen wird das Problem, wenn ein zweites Moment hinzutritt: wenn der Wunsch nach anderer Stellenbesetzung mit einer Veränderung der Anforderungen, vor allem mit Änderungen in der offiziellen Programmatik zusammenhängt und solche Veränderungen immer häufiger ausgelöst werden. Man stelle sich vor, daß der Finanzverwaltung die Aufgabe übertragen würde, die sozialen Effekte einer bestimmten Steuerpolitik empirisch zu erheben und in Programmänderungen umzusetzen; oder daß eine analoge Aufgabe den Großbürokratien des sozialpolitischen Bereichs übertragen würde [144]. Es ist sicher, daß Programmänderungen eines solchen Ausmaßes einen beträchtlichen Personalaustausch voraussetzen würden und an der Gewißheit, daß dieser nicht möglich ist, schon vorweg scheitern. Geht man von der Dynamik der modernen Gesellschaft aus, wie sie bekannt ist, und berücksichtigt man, daß sie Effekte akkumuliert, die nicht allein in Routineprogrammen der Verwaltung abgefangen werden können, sondern Strukturänderungen des Verwaltungssystems erzwingen, dann sieht man, daß hier eines der Schlüsselprobleme der Reform des öffentlichen Dienstes liegt [145].

Ohne die notwendigen rechtlichen Handhaben wird das Problem nicht lösbar sein. Darüber hinaus wird man vermuten dürfen, daß es in größeren Systemen leichter lösbar ist als in kleinen und in Systemen, die ohnehin hohe Mobilität kennen und Auf- und Abwärtsbewegungen im Wechsel von Tätigkeitsaufträgen als normal erleben, leichter als bei relativ statischen Personalverhältnissen [146]. In jedem Falle müßte man, um auch die finanzielle Seite des Problems abschätzen zu können, sich durch empirische Erhebungen ein Bild des quantitativen Umfangs beschaffen.

IX.

Ein Problemschema ist noch kein Plan, die Einheit und Kohärenz eines theoretischen Konzepts ist nicht von selbst schon die Einheit einer reformpolitischen Aktion. Das Auffinden und Artikulieren von lösungsbedürftigen Systemproblemen kann im theoretischen Systemmodell weitergetrieben werden. Man kann Realitätsannahmen einsetzen, kann die Folgeprobleme bestimmter Problemlösungen untersuchen und mit solchen Zielsetzungen auch empirische Forschungen in Gang setzen. Man verliert dabei mit zunehmender Detaillierung jedoch sehr rasch den Überblick über Annahmen und Implikationen im eigenen Modell und um so mehr über Folgen etwaigen Handelns in der Realität. Modelle dieser Art können beim gegenwärtigen Stande der wissenschaftlichen Entwicklung ihren eigenen Anspruch nicht voll einlösen – weder forschungsmäßig noch im Planungsprozeß. Sie haben vor allem heuristischen Wert, dienen einem überlegten, realitätsempfindlichen, lernfähigen Aufspüren von Alternativen in komplexen Systemen [147]. Ein Planungsprozeß – und das gilt verstärkt für Reformplanungen – kann sich daher nicht allein in der Form des Ausdenkens der inneren Logik eines angenommenen theoretischen Modells vollziehen. Die Weiterarbeit an solchen Modellen hat durchaus Sinn. Als Bestandteil eines Planungsprozesses, der in begrenzter Zeit zu Ergebnissen kommen soll, muß eine Problemanalyse abgeschlossen werden können. Die »Logik« des Planungsprozesses ist nicht identisch mit der »Logik« des Modells; sie erfordert den Übergang zu anderen Formen der Realitätsbetrachtung und -behandlung und hat ihre Ordnung in einem Wechsel von Phasen, die verschiedene, aber kombinierbare Funktionen erfüllen [148].

Wenn es um Reformplanungen geht, müßte ein nächster Schritt – noch vor jeder Festlegung von Präferenzen, Prioritäten und Detailplänen der Veränderung von Wirklichkeit – darin bestehen, daß die Möglichkeiten der Selbstveränderung und der politischen Veränderung faktisch bestehender Sozialsysteme ermittelt oder doch eingeschätzt werden. Dabei würde es sich, formal gesehen, um einen Wechsel derjenigen Bedingungen handeln, die den Möglichkeitsspielraum definieren; scholastisch formuliert: um einen Übergang von possibilitas zu potentia, von einer modelltheoretisch konstruierten Possibilität zu einer Analyse des sehr viel begrenzteren realen Entwicklungspotentials [149]. Die Kluft zwischen Möglichkeiten des Modells und Möglichkeiten der Realität läßt sich durch Konkretisierung des Modells verringern. Das ist jedoch ein zeitraubendes Verfahren. Irgendwann muß im Planungsprozeß daher die Fortsetzung von Modellanalysen abgelöst werden durch ein Abtasten des politisch Möglichen. Dafür liefert das Modell Fragestellungen und Argumentationsgrundlagen, nicht aber Prognosen. Die Ermittlung des politisch Möglichen muß in weitem Umfange dem politischen Prozeß selbst überlassen bleiben – allein deshalb schon, weil es nicht nur um Feststellung, sondern zugleich um Formung des Möglichen geht.

Im politischen Theater herrschen besondere, zum Teil nur historisch verständliche Bedingungen. Manches davon ist milieubedingt oder situationsbedingt und in einer knappen Schilderung nicht zu greifen. Andere Strukturen liegen relativ langfristig fest. Allgemein verdient das politische System der Bundesrepublik in Reformfähigkeit schlechte Zensuren [150]. Man wird in unserem Themenkreis davon ausgehen können, daß die Beamtenschaft selbst nicht im gleichen Maße wie der britische Civil Service zum Anreger und politischen Träger einer Reformbewegung wird; die Umstellung von

Establishment auf Management ist infolge der dazwischenliegenden deutschen Beamtentradition kein dominierendes und durchgehendes Motiv in der Verwaltung selbst. Eine Reform des öffentlichen Dienstes bedarf in stärkerem Maße des Anstoßes von außen. Sie hat daher ihre politische Basis nicht schon vor der Konsolidierung ihrer Pläne; vielmehr muß ihre politische Basis in der Planung erst miterzeugt werden und eine Abschätzung etwaigen Widerstandes in sich aufnehmen. Erschwerend kommt hinzu, daß solche Planungen eine Begriffssprache erfordern, die der Verwaltung fremd ist. Andererseits müssen sich Tendenzen zur Objektivierung des Verwaltungsapparates auch nicht, wie einst in den Vereinigten Staaten, ausgesprochen gegen die politische Maschine und auf Kosten ihrer Machtbasis durchsetzen. Die viel umstrittene Trennung von Wissenschaft und politischer Praxis läßt sich nicht streng auf der Linie Tatsachenurteile/Werturteile fixieren, und nicht nur deshalb nicht, weil auch die Wissenschaft werten muß. Die Eruierung des Möglichen ist eine gemeinsame Aufgabe.
Ein anderes, relativ beständiges Moment liegt in Zurechnungsgewohnheiten des politischen Systems, die eine konsistente Interpretation politischer Ereignisse und Bestrebungen ermöglichen, zumindest erleichtern. Reformen allgemein und zahlreiche Reformthemen (z. B. einheitliches öffentliches Dienstrecht) werden politisch nach links zugerechnet ohne Rücksicht auf die Tatsache, daß die politische Linke bis in ihre radikalsten Extreme hinein längst ideologisch starr und ideenkonservativ geworden ist, die Rechte dagegen positionenkonservativ und daher opportunistisch und es durchaus eine Frage sein kann, wo die größeren Bereitschaften zu Reformen zu finden sind. In jedem Falle ist die politische Unterscheidung von links und rechts als solche ein Hindernis für die Planung von Reformen. Der Vergleich mit Großbritannien ist als Gegenbeispiel auch in dieser Hinsicht instruktiv.
Wissenschaft ist in dieser Lage keine nennenswerte politische Hilfe, jedenfalls kein möglicher politischer Träger von Reformen. Sie ist irgendwie »zu beteiligen«, kann Inspirationen, Formulierungen, punktuelle Abdeckung durch »Autoritäten« gewähren, ist derzeit aber mit alldem selbst eine Quelle politischer Probleme. Die Wechselwirkungen sind durch neuere Tendenzen zur Politisierung und Links/Rechts-Zurechnung im Wissenschaftssystem selbst komplex geworden. In der wissenschaftlichen Politikberatung muß auf beiden Seiten mitbedacht werden, daß die politische Verwendung einer bestimmten wissenschaftlichen Terminologie in der Wissenschaft zu einem Politikum gemacht werden kann, das der Politiker als Politiker nicht ignorieren kann [151].
Zu alldem kommt, wie einleitend (S. 205 f.) skizziert, daß der politische Kontext selektiv wirkt und dazu tendiert, Reformen in erreichbare Verbesserungen umzudenken. Genuin politische Fragen der Kontrolle über solche Verbesserungen entziehen sich gerade deshalb oft der politischen Lösung; können sie nicht länger tabuiert werden, wie heute zum Beispiel das Streikrecht der Beamten, bietet sich als Lösungsmodus die juristische Verstümmelung an, bei der die politischen Kontrahenten nicht mehr erkennen können, ob sie verloren oder gewonnen haben. Aus solchen Problemquellen kann aber nicht das ganze Bewässerungssystem gespeist werden. Langfristige, strukturelle Erfolgskriterien sind schwierig auszumachen und noch schwieriger zu politisieren. Das, was die Politik hauptsächlich zu leisten hätte: die Risikodeckung für langfristig wirksame, erfolgsungewisse Reformmaßnahmen, hat unter solchen Umständen wenig Chancen, in die Planung selbst einzugehen; die Absorption der Risiken kommt einfach dadurch zustande, daß entschieden bzw. nichtentschieden wird.

Politik solcher Art läßt sich immerhin dazu benutzen, Strukturalternativen zur Entscheidung zu bringen – etwa die Alternative von generalisierender oder spezialisierender Ausbildung mit all ihren Konsequenzen für Rekrutierung, Verteilung, persönliche Unabhängigkeit und Motivation der Bediensteten; oder die Alternative der Beibehaltung bzw. Abschaffung personaler Ämter mit ebenfalls weit auszweigenden Folgen im System; oder die Alternative einer mehr rechtsstaatlich-individualisierenden bzw. mehr verbandsmäßig-kollektivierenden Sicherung von Persönlichkeitsinteressen der Bediensteten mit je unterschiedlichen Einschränkungen des Spielraums für rationale Programmpolitik, Organisationspolitik, Personalpolitik; oder die Alternative, das Beurteilungswesen weiter in Richtung auf individualisierende Objektivität für Einzelfallentscheidungen oder in Richtung auf ein globales Lenkungsinstrument mit primär statistischer Auswertung, Forschung, Personalplanung durch Grobsortierung von Merkmalen zu entwickeln. Woher kommt aber und wer gewährleistet die Alternativität solcher Alternativen? Wer sagt, daß gerade dies die Probleme sind, über die zu entscheiden ist? Und wer sichert zu, daß nicht eine andersartige Merkmalskombination oder gar völlig andere Kategorien der Problemartikulation befriedigendere Resultate ergäben?

In solchen Fragen steht Art und Rang von Politik zur Diskussion [152]. An ihnen wird klar, daß wir Politik nicht länger alteuropäisch begreifen und betreiben als ethische Bemühung um das Gute im Gegensatz zum Schlechten, als eine Anstrengung zum guten Leben hin, in der weder Probleme noch Werte noch Zwecke zur Wahl stehen. Vielmehr geht es um Entscheidungen zwischen unterschiedlichen Kombinationen von Folgen, die unter verschiedenen Kriterien erwünscht bzw. unerwünscht sind. Es geht auch nicht nur um "incrementellen" Fortschritt auf Steigerungsskalen des (nunmehr ökonomisch verstandenen) guten Lebens, dessen Konsequenzen im Gefüge des Systems die gütigen Nebel der Komplexität verhüllen. Vielmehr kann man heute im Prinzip wissen (wenn auch nicht im Detail berechnen), daß es Schranken der strukturellen Kompatibilität solcher Verbesserungen gibt, unter anderem auch Schranken, die sich nicht in der Form von Kosten gegenrechnen lassen. Eine Kritik dieser ökonomischen und jener ethisch-politischen Politik fällt nicht notwendig auf einen sinn- und haltlosen Dezisionismus zurück, der die gerade herrschenden Verhältnisse nur bestätigen kann [153]. Sie muß ihre Entscheidungsfähigkeit aus den verwickelten, jeweils nur momentan verfügbaren Konstellationen des politischen Systems beziehen. Sie kann gleichwohl Reformen einleiten, wenn sie dafür geeignete Problemstellungen finden und aus dem modelltheoretischen in den politischen Kontext übernehmen kann. Noch gibt es kaum Erfahrungen mit Politik im Sinne einer Typenwahl für hochkomplexe Systemstrukturen. Man muß damit rechnen, daß sie Arbeitsformen erfordern wird, die sich weder aus den Traditionen solider wissenschaftlicher Wahrheitsforschung noch aus den Traditionen politischer Konsensbildung bruchlos ableiten lassen.

Anmerkungen

1 Zur »Logologie« des Prinzips der Perfektion vgl. *Kenneth Burke*, The Rhetoric of Religion: Studies in Logology, Boston 1961.

2 Das bestätigt die Untersuchung von *Franz Ronneberger*, Verwaltung und Öffentlichkeit: Eine sozialwissenschaftliche Untersuchung über Verwaltungsreform und soziales Verhalten

in Nordrhein-Westfalen, Schriftenreihe Siedlungsverband Ruhrkohlenbezirk, Heft 38, Essen 1970.

3 *Hans Maier,* Reform in der Demokratie, Zeitschrift für Politik, 15 (1968), S. 389–402 (399).

4 Vgl. dazu die abgrenzenden Bemerkungen von *Roman Schnur,* Widerstände und Schwierigkeiten bei Verwaltungsreformen: Einige pragmatische Bemerkungen, Deutsches Verwaltungsblatt, 85 (1970), S. 753–760.

5 Um die Überwindung dieses Zustandes und um die Einführung des Reformbegriffs in die Forschungssprache bemüht sich *Gerald Caiden,* Administrative Reform, Chicago 1969. Nicht zufällig wird bei Caiden ähnlich wie bei Schnur die praktische Durchführung von Reformen gegen Widerstand zum Bestandteil der Reformtheorie, wenn nicht des Reformbegriffs. Vgl. außerdem etwa *Hahn-Been Lee,* An Application of Innovation Theory to the Strategy of Administrative Reform in Developing Countries, Policy Sciences 1 (1970), S. 177–189.

6 Siehe den Überblick bei *Karl Hermann Tjaden,* Soziales System und sozialer Wandel: Untersuchungen zur Geschichte und Bedeutung zweier Begriffe, Stuttgart 1969.

7 Zu »Themen« der öffentlichen Meinung *Niklas Luhmann,* Öffentliche Meinung, in diesem Band S. 9 ff.

8 Über die Bemühungen berichtet, sich zugleich von ihnen distanzierend, *Frido Wagener,* Verwaltungsreformpläne und Verminderung des Verwaltungspersonals, in: Studien über Recht und Verwaltung, Köln–Berlin–Bonn–München 1967, S. 137–157.

9 Man vergleiche statt vieler anderer Belege die Beschlüsse der öffentlich-rechtlichen Abteilung des 48. Deutschen Juristentages 1970.

10 Diese Beobachtung auch bei *Fritz Scharpf,* Demokratietheorie zwischen Utopie und Anpassung, Konstanz 1970, S. 89, der sie auf die hohe Bereitschaft des Juristen, sich beeinflussen zu lassen, zurückführt.

11 Man vergleiche etwa die sehr viel unstrukturiertere Problematik auf Gebieten der Sozialpolitik, der Stadtplanung, der (inhaltlichen) Schulpolitik. Illustrativ hierzu *Peter Marris/Martin Rein,* Dilemmas of Social Reform: Poverty and Community Action in the United States, London 1967; *Stephan Thernstrom,* Poverty, Planning, and Politics in the New Boston: The Origins of ABCD, New York–London 1969 –, beides zugleich Belege für das Versagen der Sozialwissenschaften im Stadium der Problemformulierung.

12 Vgl. dazu die Überlegungen von *Josef Kölble,* Grundprobleme einer Reform des öffentlichen Dienstes, Die öffentliche Verwaltung 23 (1970), S. 447–459 (452 f.).

13 Siehe z. B. *Kurt Gscheidle,* Personalwirtschaft im öffentlichen Dienst, Köln 1961; *Wilhelm Loschelder,* Personalverwaltung und Personalführung, in: *Fritz Morstein Marx* (Hrsg.), Verwaltung: Eine einführende Darstellung, Berlin 1965, S. 127–147.

14 Vgl. hierzu *Claus Offe,* Politische Herrschaft und Klassenstrukturen: Zur Analyse spätkapitalistischer Gesellschaftssysteme, in: *Gisela Kress/Dieter Senghaas* (Hrsg.), Politikwissenschaft: Eine Einführung in ihre Probleme, Frankfurt 1969, S. 155–190 (170 f.).

15 Den von *Werner Thieme,* Empfiehlt es sich, das Beamtenrecht unter Berücksichtigung der Wandlungen von Staat und Gesellschaft neu zu ordnen? Gutachten D zum 48. Deutschen Juristentag, München 1970, S. 66 ff., vertretenen Thesen einer weitgehenden Einebnung des Unterschiedes von Beamten, Angestellten und Arbeitern des öffentlichen Dienstes möchte ich in diesen beiden Punkten widersprechen. Aus dem derzeit geringen faktischen Vorkommen von Streiks und aus der weithin gepflogenen Abstimmung von Regelungen auch im Beamtenrecht kann man – weder als Jurist noch als Soziologe – auf eine geringe strukturelle Bedeutung der Rechtsfrage schließen; sonst wäre es im Grunde auch gleichgültig, ob die Rechtsfrage in dem einen oder anderen Sinne entschieden wird.

16 Eine Reform unter diesem Gesichtspunkt hat vor allem *Eberhard Menzel,* Die strukturelle Desorganisation des öffentlichen Dienstes in der Bundesrepublik, Die öffentliche Verwaltung, 22 (1969), S. 513–522, gefordert. Zur Kritik der Fragestellung *Niklas Luhmann,* Das »Statusproblem« und die Reform des öffentlichen Dienstes, Zeitschrift für Rechtspolitik, 4 (1971), S. 49–52.

17 Übrigens steht neuerdings sogar die frappierende Kombination von Treue und Streikrecht zur Diskussion – so in den Vorschlägen für ein einheitliches Dienstrecht des Berliner Senators für Inneres, Verwaltung in der Reform, Heft 1, Berlin 1970, S. 8 bzw. 19, oder bei *Erich Röper,* Reflexionen über einen modernen öffentlichen Dienst, in: Aus Politik und Zeit-

geschichte. Beilage zur Wochenzeitung Das Parlament vom 28. November 1970, S. 15 f. Ob das nun Spott oder Gedankenlosigkeit oder ein Ergebnis von teamwork ist – in jedem Falle sollte man Streiks dann auf Zeiten beschränken, in denen der Bundespräsident außer Landes weilt. Eine weitere Ungereimtheit besteht darin, daß Vertreter des Streikrechts gleichwohl an der Anstellung auf Lebenszeit festhalten, damit also auch die juristische Möglichkeit eines Streiks auf Lebenszeit eröffnen, ohne daß der »Arbeitgeber« mit Aussperrung antworten könnte.

18 Eine juristische Zementierung der Unterscheidung von Strukturfragen und Verbesserungseinrichtungen wird zum Beispiel in der Form einer gesetzlichen Trennung von Statusrecht und Folgerecht gefordert – so in den zitierten Vorschlägen des Berliner Senators für Inneres und in den Grundsätzen des Deutschen Gewerkschaftsbundes zur Neuordnung des Beamtenrechts, Düsseldorf 1970.

19 Referat auf dem 48. Deutschen Juristentag, Verhandlg. Bd. II, 0, München 1970, S. 34 ff.

20 Die Aufgabe wird erst seit kurzem gesehen, und die entsprechenden Techniken sind noch wenig entwickelt. Vgl. *Walter R. Reitman*, Heuristic Decision Procedures, Open Constraints, and the Structure of Ill-defined Problems, in *Maynard W. Shelly/Glenn L. Bryan* (Hrsg.), Human Judgments and Optimality, New York–London–Sydney 1964, S. 282–315, sowie ders.: Cognition and Thought: An Information-Processing Approach, New York–London–Sydney 1965, insbes. S. 148 ff. In der Entscheidungstheorie bezeichnet der Problembegriff zugleich Elemente eines Plans für das Vorgehen bei der Problemlösung. Die Klärung hat daher die Richtung einer Ausarbeitung dieses Plans; sie dient nicht der Analyse der Herkunft und Strukturabhängigkeit von Problemen.

21 Siehe dazu *James G. March/Herbert A. Simon*, Organizations, New York–London 1958, S. 186 ff., insbes. 192 f.; vgl. auch *Herbert A. Simon*, The Architecture of Complexity, Proceedings of the American Philosophical Society 106 (1962), S. 467–482, neu gedruckt in General Systems 10 (1965), S. 63–76.

22 Dies Problem kann zwar verbal überspielt werden dadurch, daß man das Kriterium der Problemlösung im Unbestimmten läßt. Man kann dann zum Beispiel argumentieren: Hauptthema »Ist das Besoldungsrecht noch zeitgemäß«; Unterthema »Ist das Alimentationsprinzip noch zeitgemäß«; Problemlösung: Durch Anpassung bzw. Aufgabe des Alimentationsprinzips kann das Besoldungsrecht zeitgemäß gemacht werden. Die Schwierigkeiten erscheinen dann erst bei dem Versuch, den Begriff des »Zeitgemäßen« zu operationalisieren.

23 Zu prognostischen und planerischen Verwendungen von Systemtheorie vgl. *Stefan Jensen*, Bildungsplanung als Systemtheorie: Beiträge zum Problem gesellschaftlicher Planung im Rahmen der Theorie sozialer Systeme, Bielefeld 1970, sowie ders. u. a., Possible Futures of European Education: Numerical and Systems Forecasts, Ms. Berlin 1970. Zu den praktischen Schwierigkeiten einer kausalwissenschaftlich-experimentell vorgehenden Innovationsforschung einerseits und den methodologischen Schwächen eines sie überspringenden Systemansatzes andererseits vgl. *Robert S. Weiss/Martin Rein*, The Evaluation of Broad-Aim Programs: A Cautionary Case and a Moral, Annals of the American Academy of Political and Social Sciences 385 (1969), S. 133–142; dies., The Evaluation of Broad-Aim Programs: Experimental Design, Its Difficulties, and an Alternative, Administrative Science Quarterly 15 (1970), S. 97–109 mit Erwiderung von *Campbell* a.a.O., S. 110–113; ferner *Richard D. Schwartz*, Field Experimentation in Sociolegal Research, Journal of Legal Education 13 (1961), S. 401–410; *Ernest M. Jones*, Impact Research and Sociology of Law: Some Tentative Proposals, Wisconsin Law Review 1966, S. 331–339; *Donald T. Campbell*, Reforms as Experiments, American Psychologist 24 (1969), S. 409–429. Außerdem bemerkenswert: *Herbert C. Schulberg/Frank Baker*, Program Evaluation Models and the Implementation of Research Findings, American Journal of Public Health 58 (1968), S. 1248–1255.

24 Vgl. näher *Niklas Luhmann*, Theorie der Verwaltungswissenschaft: Bestandsaufnahme und Entwurf, Köln–Berlin 1966, und dazu *Peter Badura*, Die Verwaltung als soziales System, Die öffentliche Verwaltung, 23 (1970), S. 18–22. In die folgenden Überlegungen einführend auch *Niklas Luhmann*, Reform und Information: Theoretische Überlegungen zur Reform der Verwaltung, in diesem Band S. 181 ff. Zur allgemeinen gesellschaftspolitischen Diskussion über Systemtheorie siehe ferner *Wolf-Dieter Narr/Frieder Naschold*, Einführung in die moderne politische Theorie, 2 Bde., Stuttgart–Berlin–Köln–Mainz 1969, und *Jürgen*

Habermas/Niklas Luhmann, Theorie der Gesellschaft oder Sozialtechnologie – Was leistet die Systemforschung?, Frankfurt 1971.

25 *Ulrich Becker,* Zur Veränderung der Struktur der Verwaltung, Die Verwaltung, 3 (1970), S. 389–420 (393), nimmt als einen weiteren Gesichtspunkt Technik hinzu und unterscheidet als vier interagierende Systemvariable Aufgaben, Organisation, Technik und Menschen.

26 Diese Konzeption von Personal als Entscheidungsprämisse hat sich in mehreren Arbeiten von *Herbert A. Simon* nach und nach geklärt. Siehe: Das Verwaltungshandeln: Eine Untersuchung der Entscheidungsvorgänge in Behörden und privaten Unternehmen, Stuttgart 1955, S. 5 ff.; ders./*Donald W. Smithburg/Victor A. Thompson,* Public Administration, New York 1950, S. 57 ff.; ders. The New Science of Management Decision, New York 1960, S. 12 f.; ders., The Changing Theory and Changing Practice of Public Administration, in: *Ithiel de Sola Pool,* Contemporary Political Science: Toward Empirical Theory, New York usw. 1967, S. 86–120 (94).

27 Einen ersten Versuch der Ausarbeitung dieser Fragestellung leistet *Dieter Grunow,* Ausbildung und Sozialisation im Rahmen organisationstheoretischer Personalplanung, Diplomarbeit, ungedruckt, Bielefeld 1970.

28 Vgl. *Paul Stager,* Conceptual Level as a Composition Variable in Small-Group Decision Making, Journal of Personality and Social Psychology 5 (1967), S. 152–161.

29 Vgl. *Stephan J. Carroll, Jr./Henry L. Tosi,* Goal Characteristics and Personality Factors in a Management-by-Objectives Program, Administrative Science Quarterly 15 (1970), S. 295 bis 305. In diesem Zusammenhang ist auch die Untersuchung der Systempräferenzen des Juristen durch *Wolfgang Kaupen,* Die Hüter von Recht und Ordnung: Die soziale Herkunft, Erziehung und Ausbildung der deutschen Juristen – Eine soziologische Analyse, Neuwied–Berlin 1969, erwähnenswert, die einige Anhaltspunkte dafür ergibt, daß Juristen den Staatsdienst als relativ »sichere«, alternativenarme Umwelt wählen.

30 Vgl. *Peter M. Blau,* The Hierarchy of Authority in Organizations, The American Journal of Sociology 73 (1968), S. 453–467.

31 Hierzu auch: *Niklas Luhmann,* Politische Planung, in diesem Band S. 66 ff.

32 Die organisatorischen Konsequenzen aus dieser Einsicht zieht der Aufbauplan eines Internationalen Instituts für Management und Verwaltung im Wissenschaftszentrum Berlin.

33 Vgl. z. B. *Alvin Brown,* Organization: A Formulation of Prinicple, New York 1945, S. 10, 72 ff.; *Edward F. L. Brech,* The Principles and Practice of Management, London–New York–Toronto 1953, S. 35 ff.; *Louis A. Allen,* Mangement and Organization, New York–London–Toronto 1958, S. 308 ff. (Dt. Übers., Management und Organisation, Gütersloh, o. J.). Inzwischen hat sich in der Kritik dieser einseitigen Position die Meinung durchgesetzt, daß man sowohl das Personal auf die Aufgaben als auch die Aufgaben auf das Personal zuschneiden müsse. Siehe z. B. *Wight E. Bakke,* Bonds of Organization, New York 1950, S. 196 ff.; *Ernest Dale,* Planning and Developing the Company Organization Structure, New York 1959, S. 50 ff.; *Robert Staerkle,* Anpassung der Organisation an den Menschen, Bern 1960; *Eliot D. Chapple/Leonard R. Sayles,* The Measure of Management, New York 1961, insbes. S. 98 ff.; *Wilbert E. Moore,* The Conduct of the Corporation. New York 1962, S. 39 ff. Für die gesamte Diskussion ist bezeichnend, daß der Blick auf die Einzelstelle und die Art ihrer Besetzung gerichtet bleibt.

34 Das ist keineswegs bei allen organisierten Systemen der Fall; manche überleben hauptsächlich deshalb, weil sie ihre Mitglieder zum Verbleiben und zu Beiträgen im System motivieren können – ein Typus, dem nicht nur freiwillige Vereine, Kirchen, politische Parteien usw., sondern wohl auch die Verwaltungsbürokratie der älteren Großreiche zuzurechnen sind.

35 Diese Voraussetzung ist deshalb gerechtfertigt, weil eine Planung des öffentlichen Dienstes nicht dazu tendieren wird, den Aufwand zu minimieren, der für die Erhaltung der Arbeitskraft der Bediensteten gerade noch erforderlich ist. Ein weiteres Problem, ein zentrales Thema der arbeitsphysiologischen, psychologischen und soziologischen Betriebsforschung dieses Jahrhunderts, besteht darin, daß Arbeitskraft nicht analog zum Geld, eine kontinuierlich zunehmende bzw. abnehmende Größe ist, sondern komplexen Systemsteuerungen unterliegt.

36 Daß Ausbildung und Sozialisation häufig füreinander substituierbar seien, behauptet *Amitai Etzioni,* A Comparative Analysis of Complex Organizations: On Power, Involvement, and their Correlates, New York 1961, S. 158.

[37] Eine sehr enge Verbindung von Ausbildung und Sozialisation dürfte immer dann gegeben sein, wenn Ausbildung ihren Schwerpunkt in einer Vorbereitung auf die *besonderen Unsicherheiten des Berufshandelns* hat – so für den typischen Fall der Polizei *John H. McNamara*, Uncertainties in Police Work: The Relevance of Police Recruits' Background and Training, in: *David J. Bordua* (Hrsg.), The Police: Six Sociological Essays, New York–London–Sydney 1967, S. 163–252.

[38] Vgl. hierzu *Hanns F. Lorenz*, Moderne Verwaltung durch Fortbildung des Behördenpersonals, Baden-Baden 1968. Siehe für das praktische Beispiel einer Verwaltung ferner *Karl Meyer* (Hrsg.), Fortbildung in der hamburgischen Verwaltung, Hamburg 1968; ders., 20 Jahre Verwaltungsseminar Kupferhof 1949–1969, Hamburg 1969 (betr. gehobenen Dienst). Den neuesten Überblick über die entsprechende Forschung auf dem Gebiet privatwirtschaftlicher Unternehmen gibt *Michael Kruppa*, Systeme betrieblicher Ausbildung des Führungsnachwuchses, Diss. TU Berlin 1970.

[39] ... und wohl eine Auslagerung der Fortbildung an die Universitäten. In dieser Hinsicht liegen umfangreiche amerikanische Erfahrungen vor. Vgl. für den betriebswirtschaftlichen Bereich *Ludwig Pack*, Ausbildung und Weiterbildung von Führungskräften an amerikanischen und deutschen Universitäten, Wiesbaden 1969. An einem entsprechenden Programm für die deutsche öffentliche Verwaltung arbeitet der Fachbereich Politische Wissenschaft der Universität Konstanz. Vgl. *Hanns F. Lorenz*, Modell einer Universitätsverwaltungsschule: Mitwirkungsmöglichkeiten der Universität Konstanz bei der wissenschaftlichen Aus- und Fortbildung von Beamten, Konstanzer Blätter für Hochschulfragen, 7 (1969), S. 34–43.

[40] Methodische Anmerkung: Es handelt sich hier (ebenso wie bei den folgenden Skizzen) nicht um eine Matrix, die einen bestimmten Gegenstandsbereich unter analytischen Kategorien vollständig beschriebe. Die Rubrikenkategorien bezeichnen Problembereiche. Deren Gegenüberstellung definiert Felder für Unterprobleme, *gibt aber weder das Schema der Aufgliederung noch die Kriterien der Lösung für diese Unterprobleme vor.* (Das Verkennen dieses Unbestimmtheitsproblems bei Unterproblemkonstruktionen scheint mir der methodische Hauptfehler der mit solchen Kreuztabellen arbeitenden Parsonsschen Soziologie zu sein). Es bedarf für die Sammlung und Erfassung von Unterproblemen also eines neuen Ansatzes – bei der vorliegenden Tabelle gehen wir von sozialen Systemen aus, die Ausbildung bzw. Sozialisation leisten –, der aus dem Schema selbst nicht deduziert werden kann. Die Rubrikenkategorien dienen mithin nur der Sammlung und Prüfung der Relevanz der Unterprobleme und ihres Gliederungsgesichtspunktes. Die Unterprobleme können in den verschiedenen Feldern begrifflich identisch sein, gleichwohl aber unterschiedliches Gewicht besitzen – und zwar in dem Maße, als die Rubrikenkategorien eine reale Differenzierung bezeichnen. (Zum Beispiel gibt es sowohl Vorbildung als auch Sozialisation in einem für die Verwaltung relevanten Sinne bereits in der Familie; die Sozialisationsleistung von Familien wird aber für die Personalplanung der Verwaltung sehr viel wichtiger sein als die Ausbildungsleistung.)
Die methodische »Schwäche« des damit skizzierten Vorgehens ist nicht zu verkennen. Die »Lockerheit« der Problemverknüpfung genügt zunächst weder logischen noch verifikationstechnischen Ansprüchen. Prüfbare Hypothesen müssen mit Hilfe dieser Technik der Problemlokalisierung erst noch gewonnen werden. Andererseits hat dieser Mangel an Stringenz planungspraktische Vorteile, und er entspricht genau dem Problemcharakter von Problemen, nämlich ihrer Offenheit für verschiedene, vielleicht noch gar nicht existierende Lösungen.

[41] Es ist eine andere Frage, ob der an sich mögliche Dispositionsspielraum durch Umweltkräfte, zum Beispiel politische Kräfte, eingeschränkt wird.

[42] Für eine systematische Auswertung dieses Gesichtspunktes und seine Bedeutung für organisationssoziologische Theorie siehe *Niklas Luhmann*, Funktionen und Folgen formaler Organisation, Berlin 1964.

[43] So *Chester I. Barnard*, The Functions of the Executive, Cambridge, Mass., 1938, S. 167 ff. Vgl. auch *Simon*, Verwaltungshandeln, a.a.O., S. 80 ff., und ders., Authority, in: *Conrad M. Arensberg* u. a., Research in Industrial Human Relations, New York 1957, S. 103–115.

[44] Vgl. dazu *Wallace S. Sayre*, Bureaucracies: Some Contrasts in Systems. Indian Journal of Public Administration 10 (1964), S. 219–229.

[45] Vgl. aus der sehr umfangreichen Literatur namentlich *Barney G. Glaser* (Hrsg.), Organizational Careers: A Sourcebook for Theory, Chicago 1968.

[46] An einer vergleichenden empirischen Untersuchung britischer und deutscher Beamtenkarrieren arbeitet zur Zeit *Gertrud Nolterieke.*

[47] Das klassische Beispiel für die Formalisierung und Legalisierung eines solchen Zusammenhangs von Gönnerschaft und Verantwortung bietet die Bürokratie des älteren China (siehe *E. A. Kracke, Jr.,* Civil Service in Early Sung China – 960–1067, Cambridge, Mass., 1953). Die Karriere von Tanzmusikern, Professoren u. a. m. gibt aktuellere Beispiele. Vertretbar ist diese Art persönlicher Karriereförderung allenfalls noch in *kleinen, überschaubaren Verhältnissen und bei einer reputationsempfindlichen Stellung der Förderer.*

[48] Zu beachten ist, daß dieser Gesichtspunkt nicht identisch ist mit dem einer optimalen Besetzung einzelner Stellen, vielmehr ihm oft widerstreiten wird.

[48a] So *Etzioni,* a.a.O., S. 154.

[49] Zu dieser Differenzierung vgl. *Leon H. Mayhew,* Ascription in Modern Society, Sociological Inquiry 38 (1968), S. 105–120 (110 f.).

[50] Für den Übergang zu einer aktiveren Rekrutierungspolitik spricht einerseits die Politik der Vollbeschäftigung, zum anderen ein zunehmendes Maß von »Zufälligkeit« in der Berufsentscheidung für den öffentlichen Dienst nach den Feststellungen von *Günter Hartfiel/Lutz Sedatis/Dieter Claessens,* Beamte und Angestellte in der Verwaltungspyramide: Organisationssoziologische und verwaltungsrechtliche Untersuchungen über das Entscheidungshandeln in der Kommunalverwaltung, Berlin 1964, S. 235 ff. Ein wichtiges Forschungsthema wäre in diesem Zusammenhang die Frage, ob diejenigen Selektionsfaktoren, die zur Rekrutierung führen, in den systeminternen Verteilungsprozessen bestätigt werden oder nicht; ob zum Beispiel bestimmte Motive des Eintritts, etwa elterlicher Rat oder Druck, dominierendes Interesse an Sicherheit, Schichten- oder sonstige Herkunftsmerkmale, zugleich solche sind, die in der Verwaltung dann »Karriere machen«. Eine gewisse Diskrepanz von »Zugangsqualifikation« und »Ausübungsqualifikation« (Diese Unterscheidung bei *Vilhelm Aubert,* Elements of Sociology, New York 1967, S. 44 f.; vgl. ferner *Ronald G. Corwin,* The Professional Employee: A Study of Role Conflict in Nursing Roles. The American Journal of Sociology 66 (1961), S. 604–615) wäre soziologische Normalerwartung, eine Minderung dieser Diskrepanz wäre daher ein wichtiges Reformziel.

[51] Beim career staffing müssen Kriterien naturgemäß unbestimmter sein als beim program staffing, und sie müssen höhere Risiken absorbieren. Deshalb ist es nicht unwahrscheinlich, daß sich bei einer Rekrutierung für lebenszeitlichen Dienst eher Formalismen, zum Beispiel Rücksicht auf Ausbildungszertifikate und Zensuren, durchsetzen als bei einer Einstellung für bestimmte festumrissene Aufgaben.

[52] Das ist heute wohl einhellige Meinung. Die Interpretation dieses Phänomens schwankt jedoch. *Claus Offe,* Leistungsprinzip und industrielle Arbeit: Mechanismen der Statusverteilung in Arbeitsorganisationen der industriellen »Leistungsgesellschaft«, Frankfurt 1970, insbes. S. 89 ff., der darüber am besten referiert, meint einen Zusammenhang von Askription und »extrafunktionaler«, herrschaftsstabilisierender Auslese zu erkennen. Richtiger ist es wohl, genau umgekehrt die Funktionalität der Multifunktionalität von askriptiven Kriterien für den Rekrutierungsprozeß und die System/Umwelt-Beziehungen zu erkennen. In dieser Richtung grundsätzlich *Leon Mayhew,* Ascription in Modern Society, Sociological Inquiry 38 (1968), S. 105–120. Auch die ehemals scharfe Kontrastierung von Industrieländern und Entwicklungsländern wird heute in diesem Sinne abgeschwächt.

[53] Vgl. *Milton M. Mandell,* Hypotheses on Administrative Selection, Public Administration Review 19 (1959), S. 12–18.

[54] Diese Vernachlässigung persönlichkeitsstruktureller Merkmale hat sicher mehrere Gründe. Sie hängt einerseits mit dem Stande der Forschung, zum anderen mit Problemen entscheidungstechnischer Praktikabilität zusammen. Möglicherweise kommt noch ein drittes Moment hinzu: Daß es bei einer primär normativen Amtsführung ebenso wie beim Befolgen von Normen auf individuelle Persönlichkeitsmerkmale gar nicht so sehr ankam – das Amt machte den Mann! – wie bei einer primär kognitiv-kooperativ-lernenden Tätigkeit planender Verwaltung. Ein Beispiel für Rekrutierung mit Hilfe von Persönlichkeitsmerkmalen bietet die Banken betreffende Untersuchung von *Robert N. McMurry,* Recruitment, Dependency, and Morale in the Banking Industry, Administrative Science Quarterly 3 (1958), S. 87–117. Als

allgemeinen Überblick siehe *Marvin D. Dunette,* Personnel Selection and Placement, Belmont, Cal.–London 1966.

[55] So mit anderen Argumenten auch *Offe,* a.a.O., S. 95 f., 103 f.

[56] Vgl. *Carl Hermann Ule,* Das besondere Gewaltverhältnis, Veröffentlichungen der Vereinigung Deutscher Staatsrechtslehrer, 15 (1957), S. 133–185; *Werner Thieme,* Die besonderen Gewaltverhältnisse, Die öffentliche Verwaltung, 9 (1956), S. 521–529; *Ingo von Münch,* Besonderes Gewaltverhältnis, Arbeitsverhältnis und Beamtentum, Zeitschrift für Beamtenrecht, 7 (1959), S. 209–211; *Heinrich Malz,* Das Beamtenverhältnis als besonderes Gewaltverhältnis, Zeitschrift für Beamtenrecht, 12 (1964), S. 97–102, mit einer vorsichtigen Einschätzung der begrenzten Tragweite rechtlicher Regelungen; *Winfried Brohm,* Verwaltungsvorschriften und besonderes Gewaltverhältnis, Die öffentliche Verwaltung, 17 (1964), S. 238–257; *Walter Schmidt,* Gesetzesvollziehung durch Rechtsetzung: Untersuchungen zu den Verwaltungsvorschriften und zur »Selbstbindung der Verwaltung«, Bad Homburg–Berlin–Zürich 1969, S. 201 ff., 205 ff., und, den Zusammenhang mit der soziologischen Systemtheorie herstellend, *Adalbert Podlech,* Das Grundrecht der Gewissensfreiheit und die besonderen Gewaltverhältnisse, Berlin 1969, besonders S. 58 ff. Siehe ferner *Ekkehart Stein,* Die Grenzen des dienstlichen Weisungsrechts, Tübingen 1965; *Arno Risken,* Grenzen amtlicher und dienstlicher Weisungen im öffentlichen Dienst, Berlin 1969.

[57] Hierzu sehr instruktiv *Gerd Spittler,* Norm und Sanktion: Untersuchungen zum Sanktionsmechanismus, Olten–Freiburg/Brsg. 1967.

[58] Dies zeigt für den Fall der berechtigten militärischen Gehorsamsverweigerung auf Grund empirischer Erhebungen eine noch nicht veröffentlichte Untersuchung von *Holger Rosteck.*

[59] Das neuerdings diskutierte Streikrecht ist – gerade deshalb, weil es nicht individuell ausgeübt werden *darf* – von anderer Natur.

[60] Dies zeigen auch soziologische Untersuchungen zum Beschwerdemechanismus in Organisationen. Vgl. etwa *Alvin W. Gouldner,* Wildcat Strike, Yellow Springs, Ohio, 1954, insbes. S. 108 ff.; *Guy Lajoinie,* Statistische Auswertung von Beschwerdeprotokollen: Verhältnisse in Frankreich, in: *Peter Atteslander,* Konflikt und Kooperation im Industriebetrieb, Köln–Opladen 1959, S. 251–266; *William M. Evan,* Due Process in Military and Industrial Organization, Administrative Science Quarterly 7 (1962), S. 187–207, dt. Übers. in: *Renate Mayntz* (Hrsg.), Bürokratische Organisation, Köln–Berlin 1968, S. 421 ff. Ein ähnliches Bild vermitteln Untersuchungen außerhalb von Organisationen bei Fällen, in denen rechtspolitische Ziele durch Beschwerderechte, Klagemöglichkeit usw. abgesichert werden. Vgl. etwa *Folke Schmidt/Leif Gräntze/Axel Roos,* Legal Working Hours in Swedish Agriculture, Theoria 12 (1946), S. 181–196; *Vilhelm Aubert,* Einige soziale Funktionen der Gesetzgebung, in: *Ernst E. Hirsch/Manfred Rehbinder* (Hrsg.), Studien und Materialien zur Rechtssoziologie, Sonderheft 11 der Kölner Zeitschrift für Soziologie und Sozialpsychologie, Köln–Opladen 1967, S. 284–309; *Leon H. Mayhew,* Law and Equal Opportunity: A Study of the Massachusetts Commission Against Discrimination, Cambridge, Mass., 1968. Auch Untersuchungen über geringe Anzeigequoten bei Vergehen und Verbrechen stützen dieses Bild; vgl. z. B. *Philip H. Ennis,* Criminal Victimization in the United States: A Report of a National Survey, Washington 1967, S. 45 ff. Zu erwarten ist, daß sich bei eingehender Juridifizierung dienstlicher Beziehungen wechselseitige Toleranzen gegen Rechtsüberschreitungen bilden – "reciprocal immunities", wie *Lawrence M. Friedman,* Legal Rules and the Process of Social Change, Stanfort Law Review 19 (1967), S. 786–840 (806) formuliert –, die natürlich die realen Machtverhältnisse reflektieren.

[61] Dies fordert auch *Josef Kölble,* Grundprobleme einer Reform des öffentlichen Dienstes, Die öffentliche Verwaltung 23 (1970), S. 447–459 (454). – Übrigens ist dies eine der Hypothesen, die sich wahrscheinlich besser für eine experimentelle Überprüfung (vgl. oben Anm. 23) als für eine Erhebung erfragter Einstellungen eignen würden.

[62] – eine Formulierung, die durch Hinweis auf *Carl Schmitt,* Römischer Katholizismus und politische Form, München 1925, S. 47, entwertet werden kann.

[63] Einen guten Überblick bietet *Frieder Naschold,* Organisation und Demokratie: Untersuchung zum Demokratisierungspotential in komplexen Organisationen, Stuttgart–Berlin–Köln–Mainz 1969.

[64] Vgl. dazu *Fred E. Katz,* Autonomy and Organization: The Limits of Social Control, New York 1968; ferner etwa *Heinz Hartmann,* Bürokratische und voluntaristische Dimensionen im organisierten Sozialgebilde, Jahrbuch für Sozialwissenschaft, 15 (1964), S. 115–127, neu gedruckt in *Renate Mayntz* (Hrsg.), Bürokratische Organisation, Köln–Berlin 1968, S. 297 ff. sowie ders., Funktionale Autorität: Systematische Abhandlung zu einem soziologischen Begriff, Stuttgart 1964, insbes. S. 102 ff.

[65] Hierzu und zu den Konsequenzen für die politische Leitbarkeit von Erziehungsorganisationen *Niklas Luhmann,* Gesellschaftliche Organisation, in: Erziehungswissenschaftliches Handbuch Bd. I, Berlin 1969, S. 387–407 (402 ff.).

[66] ... es sei denn, diese würden sich auf der Linie einer stärkeren Lockerung rechtsstaatlicher Regulierung zugunsten stärkerer Abhängigkeit von lokaler politischer Kooperation entwikkeln. Siehe zu dieser kontroversen Frage *Fritz Scharpf,* Die politischen Kosten des Rechtsstaates, Tübingen 1970, *für* das amerikanische Beispiel, und *Theodore J. Lowi,* The End of Liberalism: Ideology, Policy, and the Crisis of Public Authority, New York 1969, *gegen* das amerikanische Beispiel. Hier zeigen sich zugleich wichtige Verzahnungen der Personalstrukturplanungen für den öffentlichen Dienst mit politischen und organisationsstrukturellen Grundentscheidungen.

[67] Formalisiert und zu Bedingungen rationaler Verwaltung schlechthin idealisiert, finden diese Bedingungen sich im Bürokratiemodell von *Max Weber.* Seitdem haben insbesondere Forschungen über Verwaltungssysteme in Entwicklungsländern gezeigt, wie voraussetzungsvoll und exzeptionell die von Weber postulierten Merkmale einer sachlich und unpersönlich arbeitenden, fachlich an Regeln und hierarchisch an Weisungen (und nur so!) orientierten, Dienst und Privatleben trennenden Bürokratie sind. Man denke nur daran, daß so natürliche und allgemein hochbewertete Sozialbeziehungen wie Bevorzugung des Nächsten, Schenken, Helfen, Dankbarsein und Tauschen als »Korruption« diskreditiert werden müssen. Einige Beispiele aus der sehr umfangreichen Literatur sind: *E. A. Kracke, Jr.,* Civil Service in Early Sung China – 960–1067, Cambridge, Mass., 1953, und *R. M. Marsh,* Bureaucratic Constraints in Nepotism in the Ch'ing Period, Journal of Asiatic Studies 19 (1960), S. 117–135; *Lewis A. Coser,* The Political Functions of Eunuchism, American Sociological Review 29 (1964), S. 880–885; *Morroe Berger,* Bureaucracy and Society in Modern Egypt: A Study of the Higher Civil Service, Princeton 1957; *Onofre D. Corpuz,* The Bureaucracy in the Philippines, o. O. (Institute of Public Administration, University of the Philippines) 1957; *Robert V. Presthus,* Weberian v. Welfare Bureaucracy in Traditional Society, Administrative Science Quarterly 6 (1961), S. 1–24; *Fred W. Riggs,* The Ecology of Public Administration, London 1961, und ders., Administration in Developing Countries: The Theory of Prismatic Society, Boston 1964; *Joseph LaPalombara* (Hrsg.), Bureaucracy and Political Development, Princeton 1963; *Lloyd A. Fallers,* Bantu Bureaucracy: A Century of Political Evolution Among the Basoga of Uganda, 2. Aufl., Chicago–London 1965; *Louis A. Zurcher, Jr./Arnold Meadow/Susan Lee Zurcher,* Value Orientation, Role Conflict, and Alienation From Work: A Cross-Cultural Study, American Sociological Review 30 (1965), S. 539–548.

[68] In der Parsonsschen Soziologie spricht man im Hinblick auf diesen Realisationsprozeß von »Institutionalisierung«. Vgl. dazu *Leon H. Mayhew,* Action Theory and Action Research, Social Problems 15 (1968), S. 420–432, und als eine mit diesen Begriffen arbeitende rechtssoziologische Untersuchung ders., Law and Equal Opportunity: A Study of the Massachusetts Commission Against Discrimination, Cambridge, Mass., 1968.

[69] ... sofern solche Verbindungen nicht explizit gesucht und z. B. durch die Rekrutierungspolitik gestützt werden, indem man einen Gewerkschaftssekretär ins Arbeitsministerium holt, einen aktiven Katholiken für die Schulabteilung sucht, usw.

[70] Vgl. *Wilhelm Wundt,* Ethik: Eine Untersuchung der Tatsachen und Gesetze des sittlichen Lebens, Bd. I, 3. Aufl., Stuttgart 1903, S. 274 f. Als eine für die Soziologie einflußreiche andere Formulierung dieses Problems siehe *Robert K. Merton,* The Unanticipated Consequences of Purposive Social Action, American Sociological Review 1 (1936), S. 894–904.

[71] In seinem Kern besteht dieser Versuch in dem faszinierenden Gedanken, das (damals noch theologische) Problem der *Kontingenz* der Welt als gelöst zu denken durch optimale Lösungen des Problems der *Komplexität.* Die beste der möglichen Welten sei (um eine relativ späte Formulierung zu zitieren) diejenige, ou il y ait la plus grand variété, avec le plus grand

ordre – so Principes de la Nature et de la Grace, fondés en raison § 10; Die philosophischen Schriften Bd. VI (Hrsg. *C. J. Gerhardt*), Berlin 1885, Neudruck Hildesheim 1965, S. 589 bis 606 (603). Die formale Parallele zu dem weiter unten erörterten Problem optimaler Verteilung liegt auf der Hand.

72 Eine begründete Kritik dieses Versuchs kann an dieser Stelle nicht erfolgen. Symptomatisch für die inneren Schwierigkeiten ist, daß in den neueren Entwicklungen der Parsonsschen Soziologie die Theorie der Kommunikationsmedien und die Evolutionstheorie als Instrumente der Analyse möglicher Kompatibilitäten in den Vordergrund rücken.

73 Ein für unser Thema interessantes Beispiel ist der Versuch von *Udy*, Korrelationen zwischen Rekrutierungsbasen und anderen Merkmalen vorindustrieller Arbeitssysteme herauszufinden. Siehe *Stanley H. Udy, Jr.*, Preindustrial Forms of Organized Work, in: *Wilbert E. Moore/Arnold S. Feldman* (Hrsg.), Labor Commitment and Social Change in Developing Areas, New York 1960, S. 78–91. Umfassender ders., The Organization of Work, New Haven 1959.

74 Siehe auch die kritischen Bemerkungen von *William C. Mitchell*, Sociological Analysis and Politics: The Theories of Talcott Parsons, Englewood Cliffs 1967, S. 66 f.

75 Zum hier vorausgesetzten Begriff der Komplexität näher unten Anm. 110.

76 Diese Einsicht ist relativ neu. Früher pflegte man Systeme durch volle Interdependenz zu definieren, ohne die damit verbundene Anpassungsproblematik zu erkennen. Die Kritik dieser These, daß in Systemen alles von allem abhänge, hat sich empirisch in der Ethnologie und der Soziologie, theoretisch in der kybernetischen Systemforschung durchgesetzt. Als charakteristische Stellungnahmen vgl. etwa *J. Clyde Mitchell*, Tribalism and the Plural Society, London 1960; *Alvin W. Gouldner*, Reciprocity and Autonomy in Functional Theory, in: *Llewellyn Gross* (Hrsg.), Symposium on Sociological Theory, Evanston, Ill.,/White Plains, N. Y. 1959, S. 241–270; *W. Ross Ashby*, Design for a Brain, 2. Aufl., London 1954.

77 Vgl. die allerdings nicht unter diesem Gesichtspunkt entworfenen Interdependenzformen, die *James D. Thompson*, Organizations in Action: Social Science Bases of Administrative Theory, New York usw. 1967, S. 54 f., unterscheidet.

78 Geschichtlich und vergleichend siehe *Elmar Breuckmann*, Die Vorbereitung auf den höheren Verwaltungsdienst, Berlin 1965.

79 Siehe u. a. die Überlegungen des Loccumer Arbeitskreises, dargestellt in: Neue Juristenausbildung: Materialien des Loccumer Arbeitskreises zur Reform der Juristenausbildung, Neuwied–Berlin 1970. Soziologisch ist daran bemerkenswert die Konsequenz, mit der nicht von Insitutionen, sondern von der Funktion der Ausbildung her gedacht und argumentiert wird. Vgl. ferner den (in Einzelheiten überholten) Beitrag von *Hans Peter Bull*, Für die Abschaffung des »Vorbereitungsdienstes«, Recht und Politik 1968, S. 128–133.

80 Das ist eine Vermutung, die empirischer Überprüfung bedürfte und zunächst nur den Überlegungshorizont erweitern soll. Ihr liegt die Beobachtung zugrunde, daß eine Ausbildung außerhalb des Berufslebens nur in idealisierte Aspekte des Berufs einführen kann, die abstrahierbar, rationalisierbar, lehrbar und lernbar sind. Vgl. dazu *Ronald G. Corwin*, The Professional Employee: A Study of Conflict in Nursing Roles, The American Journal of Sociology 66 (1961), S. 604–615; *Fred Davis/Virginia L. Olesen*, Initiation into a Women's Profession: Identity Problems in Status Transition of Coed to Student Nurse, Sociometry 26 (1963), S. 89–101; vgl. allgemein auch *Friedrich Fürstenberg*, Normenkonflikte beim Eintritt in das Berufsleben, in: *Theodor Scharmann* (Hrsg.), Schule und Beruf als Sozialisationsfaktoren, Stuttgart 1966, S. 190 ff. Es wäre jedenfalls eine Illusion, daß man durch bessere – und sei es praxisbezogene – Ausbildung das Befremdungs- und Enttäuschungserlebnis des Berufseintritts beseitigen könnte. *Denn die Praxis, auf die man ausbildungsmäßig vorbereitet wird, soll ja gerade nicht die Praxis sein, die man beim Berufseintritt vorfindet.*

81 Bekannt ist aus der Kleingruppenforschung, daß für »Neulinge« Sonderrollen definiert werden, die unter anderem eine stärkere Orientierung an Formalitäten implizieren, welche eher abgelehnt oder als aufgezwungen erlebt, zugleich aber schärfer beachtet und befolgt werden – eine Lage, die den Einzelnen abhängig macht von der Erlösung durch Akzeptiertwerden in der Gruppe und in dieser Richtung die Sozialisierungsbedingungen zuspitzt. Vgl. z. B. *Theodor M. Mills*, Group Structure and the Newcomer: An Experimental Study of Group

Expansion, Oslo 1957; *Eloise Snyder*, The Supreme Court as a Small Group, Social Forces 36 (1958), S. 236–238, und dazu korrigierende Bemerkungen bei *J. Woodford Howard, Jr.*, On the Fluidity of Judicial Choice, The American Political Science Review 62 (1968), S. 43–56 (45 f.); *Peter M. Blau*, Orientation Toward Clients in a Public Welfare Agency, Administrative Science Quarterly 5 (1960), S. 341–361 (351 ff.); *George C. Homans*, Social Behavior: Its Elementary Forms, New York 1961, S. 340; *Tom Burns/ G. M. Stalker*, The Management of Innovation, London 1961, S. 258 f.; *Norton E. Long*, Administrative Communication, in: *Sidney Mailick/Edward H. Van Ness* (Hrsg.), Concepts and Issues in Administrative Behavior, Englewood Cliffs, N. J., 1962, S. 137–149; *William M. Evan*, Peer Group Interaction and Organizational Socialization: A Study of Employee Turnover, American Sociological Review 28 (1963), S. 436–440.

[82] Vgl. insbes. *Irving Rosow*, Forms and Functions of Adult Socialization, Social Forces 44 (1965), S. 35–45; *Orville G. Brim/Stanton Wheeler*, Socialization After Childhood: Two Essays, New York 1966; *Virginia L. Olesen/Elvi W. Whittacker*, The Silent Dialogue: A Study in the Social Psychology of Professional Socialization, San Francisco 1968; *Kurt Lüscher*, Der Prozeß der beruflichen Sozialisation, Stuttgart 1968, bes. S. 109 ff., über eine (nicht veröffentlichte) amerikanische Untersuchung der Sozialisation von Juristen während des Rechtsstudiums.

[83] Vgl. für die Fragestellung *Howard S. Becker/Anselm L. Strauss*, Careers, Personality, and Adult Socialization, American Journal of Sociology 62 (1956), S. 253–263; ferner z. B. Melvin Seeman/J. W. Evans, Apprenticeship and Attitude Change, The American Journal of Sociology 67 (1961), S. 365–378; *Howard S. Becker/Blanche Geer/Everett C. Hughes/ Anselm L. Strauss*, Boys in White: Student Culture in Medical School, Chicago 1961 (für Sozialisationswirkung des Studiums); *Kenneth Prewitt/Heinz Eulau/Betty H. Zisk*, Political Sozialization and Political Roles, Public Opinion Quarterly 30 (1966–1967), S. 569–582.

[84] Eine hierfür interessante empirische Untersuchung aus dem Bereich der Industrieverwaltung ist *David E. Berlew/Douglas T. Hall*, The Socialization of Managers: Effects of Expectations on Performance, Administrative Science Quarterly 11 (1966), S. 207–223.

[85] Vgl. jedoch *Martin Landau*, Redundancy, Rationality, and the Problem of Duplication and Overlap, Public Administration Review 27 (1969), S. 346–358, mit Warnungen vor einem voreiligen Abbau von scheinbar überflüssigen Wiederholungen, besonders dort, wo Fragen der Zuverlässigkeit einer Funktionsausübung akut sind.

[86] Vgl. z. B. *Rüdiger Lautmann*, Die Kritik am Prüfungswesen, in: Neue Juristenausbildung, a.a.O., S. 137 ff., mit weiteren Hinweisen.

[86a] So im Hinblick auf die überwiegende Praxis in anderen Ländern auch *Roman Schnur*, Zeit für Reform: Gedanken zur Neuordnung von Politik und Verwaltung, Köln–Berlin 1967, S. 45.

[86b] Über entsprechende Erfahrungen berichtete *Wilhelm Loschelder* bereits vor 10 Jahren in: *Wilhelm Loschelder/Hellmuth Rößler*, Ausbildung und Auslese der Beamten: Gestern, heute und morgen, Baden-Baden 1961, S. 23.

[87] In einer systemtheoretisch stärker abstrahierten Sprache ist dies ein Fall von Steigerung durch Reduktion von Komplexität. Dazu näher *Niklas Luhmann*, Systemtheoretische Argumentationen, in: *Jürgen Habermas/Niklas Luhmann*, Theorie der Gesellschaft oder Sozialtechnologie – was leistet die Systemforschung?, Frankfurt 1971, S. 291 ff. (309 ff.).

[88] Die Schwierigkeiten der Institutionalisierung dieser Vorstellung liegen weit hinter uns. Sie lassen sich an historischem und ethnologischem Material belegen. Vgl. für politische Spitzenpositionen *Jack Goody* (Hrsg.), Succession in High Office, Cambridge, Engl., 1966.

[89] Siehe statt anderer *E. Rasch*, Die Behörde: Begriff, Rechtsnatur, Errichtung, Einrichtung, Verwaltungsarchiv 50 (1959), S. 1–41 (10) mit weiteren Hinweisen.

[90] Ich greife hier zurück auf einen sehr allgemeinen systemtheoretischen Zusammenhang von struktureller Differenzierung, symbolischer Generalisierung und Mechanismen der Respezifikation, formuliert bei *Charles Ackerman/Talcott Parsons*, The Concept of "Social System" as a Theoretical Device, in: *Gordon J. DiRenzo* (Hrsg.), Concepts, Theory and Explanation in the Behavioral Sciences, New York 1966, S. 19–40 (37). Mit *Re*spezifikation sind dabei im Unterschied zu natürlich-konkret festliegenden Tatbeständen kontingente Prozesse, zum Beispiel der Erziehung oder des Rechts, gemeint.

[91] Hierzu auch *Niklas Luhmann,* Funktionen und Folgen formaler Organisation, Berlin 1964, S. 141 ff.

[92] Diese mehrdimensionale Bestimmung des Amtsbegriffs hat im übrigen eine alte Tradition. Schon der Begriff des »munus« im kirchenrechtlichen Sinne enthielt eine Mehrheit von Merkmalen, die sich sehr leicht auf unsere Typologie von Entscheidungsprämissen zurückführen lassen, nämlich Aufgabe (d. h. Programm), officium (d. h. die ethisch begriffene personale Motivation) und Auftrag (d. h. hierarchisch organisierte Abhängigkeit). Vgl. dazu *Ralf Dreier,* Das kirchenrechtliche Amt: Eine kirchenrechtstheoretische Studie, Habilitationsschrift Münster 1970, Manuskript S. 141 ff. Während im Amtsbegriff der Tradition diese Merkmale jedoch zu einem einheitlichen Begriff verschmolzen wurden, der entsprechend unklar und mehrdeutig ausfiel, ziehen wir sie als interdependente Variable auseinander, deren Werte in bezug aufeinander festgelegt werden, also jeweils beliebig bestimmt (aber nicht: beliebig bestimmbar!) sind.

[93] Also nicht etwa allein deshalb, weil es hier um den nervus rerum Geld geht; und schon gar nicht deshalb, weil hier die ethisch höherwertigen Gesichtspunkte zur Geltung kommen oder gar »repräsentiert« wird.

[94] Zum Vergleich mit den Vereinigten Staaten siehe *Harold H. Leich,* Rank in Man or Job? Both! Public Administration Review 20 (1960), S. 92–99; für ein Beispiel aus der Wirtschaft *Franz Goossens,* Rangstufen und Gehaltsgruppen als Grundlagen der Personalorganisation, Mensch und Arbeit, 17 (1965), S. 34–38.

[95] Die Schwierigkeiten, die daraus entstehen, daß »manche personalpolitischen Probleme über die Organisation gelöst worden sind«, beklagt auch *Ulrich Becker,* Zur Veränderung der Struktur der Verwaltung, Die Verwaltung, 3 (1970), S. 389–420 (392).

[96] Vgl. Gutachten für den 48. Deutschen Juristentag, a.a.O., insbes. S. 29 f.

[97] Dies Problem der »Ruhegehaltsfähigkeit« wäre besser zu lösen, wenn man zu einem andersartigen, angestelltenähnlichen Versorgungssystem überginge, das die Versorgung nicht nach dem letzten Amt, sondern nach dem Gehalt eines gesamten Berufslebens berechnet. In eine solche Berechnung könnten zeitweise gewährte Zulagen natürlich einbezogen werden.

[98] Ein weiterer Nebeneffekt wäre: Es entfielen mit dem Prinzip der Ruhegehaltszahlung aus dem zuletzt bekleideten »Amt« die Motive zur Beförderung gegen Ende der Dienstzeit mit Rücksicht auf das Ruhegehalt und das baldige Wiederfreiwerden der Planstelle.

[99] In Teilbereichen des öffentlichen Dienstes, so für den Bereich der Justiz, sind Reformen in dieser Richtung mit starken ideologischen Untertönen einer Abschaffung von Repression und einer demokratischen Egalisierung bereits zur Diskussion gestellt. Es ist nicht zu übersehen, daß sie in der Beamtenschaft selbst noch wenig Rückhalt finden. Die ideologische Verbrämung eines in der Sache selbst diskutablen Vorschlags baut unnötige reformpolitische Konsenshindernisse auf und steht nicht selten einer genügend differenzierten Analyse im Wege. Auf diese Analyse aber kommt es an – und nicht darauf, ob man mit der Beseitigung von Rängen und strukturellen Hindernissen die Emanzipation oder die Manipulierbarkeit einer egalisierten Menge perfektionieren will.

[100] Die Kritik, vor allem die marxistische Kritik an solchen Aufstiegsattrappen geht bis in die zwanziger Jahre zurück, ohne indes das öffentliche Bewußtsein beeinflußt zu haben. Siehe z. B. *Otto Heinrich von der Gablentz,* Industriebürokratie, Schmollers Jahrbuch, 50 (1926), S. 539–572 (61 f.), oder *Carl Dreyfuss,* Beruf und Ideologie der Angestellten, München–Leipzig 1933, S. 11 f.

[101] Einen gewissen Beleg dafür bieten die Schwierigkeiten, Schulleiter, vor allem Leiter höherer Schulen, für eine vergleichsweise unselbständige, »berufsfremde« Position in der Schulverwaltung zu gewinnen. In solchen Fällen müßte man entweder auf jüngere Untergebene zurückgreifen, was bei einer Auflösung der Hierarchie personaler Ämter nicht mehr persönlich diskreditieren würde, oder, falls die Erfahrung zählt, finanzielle Zulagen gewähren.

[102] Auf dieser Grundlage argumentiert *Leich,* a.a.O., für einen doppelten Rangbegriff.

[103] Bezeichnend dafür ist nicht zuletzt die Art, wie diese Verfassungsvorschrift in der Reformdiskussion behandelt wird. Sie dient faktisch nicht als Leitfaden, unantastbare Wertidee, Richtmaß, wie es höchsten Grundsätzen an sich zukäme. Die »Problematik des Art. 33 Abs. 5« wird vielmehr zunächst »ausgeklammert« und als ein Rechtsproblem bzw. eine Frage der politischen Mehrheiten beiseitegestellt. Erst nach der Neuplanung, wenn man weiß,

welche Struktur anzustreben ist, wird man überlegen, ob sie ohne oder mit Änderung des Art. 33 Abs. 5 durchführbar ist.

104 Als Beispiel für diese verbreitete Auffassung: *Frieder Naschold*, Kassenärzte und Krankenversicherungsreform: Zu einer Theorie der Statuspolitik, Freiburg 1967.

105 Zur »doppelten Selektivität« von Struktur und Prozeß in sozialen Systemen vgl. auch *Niklas Luhmann*, Soziologie als Theorie sozialer Systeme, in ders., Soziologische Aufklärung: Aufsätze zur Theorie sozialer Systeme, Köln–Opladen 1970, S. 113–136 (119 f.). Die Interpretation von Strukturen als Entscheidungsprämissen ist eine Anwendung dieses Grundgedankens auf den Fall organisierter Sozialsysteme.

106 Eine Aufteilung des Personalkörpers in Statusebenen, die mit Karrieren nur schwer zu durchbrechen sind, scheint weit verbreitet zu sein – und zwar unabhängig davon, ob sie rechtlich zementiert ist oder nicht. Zum Vergleich mit der bekannten (und auf andere Organisationstypen vermutlich modellhaft ausstrahlenden) Einteilung der Laufbahnen des deutschen öffentlichen Dienstes vgl. an ausländischen Erfahrungen etwa *Lucio Mendieta y Nuñez*, Sociologia de la Burocracia, Mexico 1961, S. 145 ff.; *Michel Crozier*, Le phénomene bureaucratique, Paris 1963 (s. Index, strates, isolement de) und mit einer für die USA ungewöhnlichen Betonung dieses Gedankens *Wilbert E. Moore*, The Conduct of the Corporation, New York 1962, S. 169 f. Die Konsequenzen dieser Ordnung dürften vor allem im Stil der Kooperation zwischen den Statusebenen zu suchen sein; sie kann in hohem Maße sachlich sein, wenn einerseits Konkurrenz, andererseits informale Cliquenbildung zwischen Angehörigen verschiedener Statusschichten ausgeschlossen ist. Das wäre bei einer Forcierung der Laufbahndurchlässigkeit zumindest mitzubedenken.

107 Diese Einsicht ist in der spätutilitaristischen Entscheidungstheorie als Differenz von act utilitarism und rule utilitarism herausgearbeitet worden. Eine Entscheidung kann danach durch Abwägung ihrer eigenen Folgen nicht zureichend gerechtfertigt werden; sie muß außerdem die Folgen in Betracht ziehen, die eintreten würden, wenn an Hand der Entscheidung eine allgemeine Regel gebildet und künftig alle Fälle entsprechend entschieden würden. Wegen des Unbestimmtheitsquotienten solcher Regelbildung ist dieser Lösungsvorschlag jedoch keine ganz befriedigende Antwort auf unser Problem. Siehe aus dieser sehr umfangreichen Diskussion etwa *John Rawls*, Two Concepts of Rules, The Philosophical Review 64 (1955), S. 3–32, neu gedruckt in: *Norman S. Care/Charles Landesman* (Hrsg.), Readings in the Theory of Action, Bloomington, Ind.–London 1968, S. 306–340; *J. J. C. Smart*, Extreme and Restricted Utilitarianism, Philosophical Quarterly 6 (1956), S. 344–354; *H. J. McCloskey*, An Examination of Restricted Utilitarianism, Philosophical Review 66 (1957), S. 466–485; *Richard B. Brandt*, Ethical Theory: The Problems of Normative and Critical Ethics, Englewood Cliffs, N. J., 1959, S. 380 ff.; *Richard A. Wasserstrom*, The Judicial Decision: Toward a Theory of Legal Justification, Stanford, Cal.–London 1961; *Marcus G. Singer*, Generalization in Ethics: An Essay in the Logic of Ethics, with the Rudiments of a System of Moral Philosophy, London 1963, S. 203 ff., mit einem Rückblick auf ältere Quellen des Gedankens.

108 Zur Illustration wählt man am besten alte Formen. Ein Beispiel für redundantes Verbieten ist im Bereich der Bürokratie der Zölibat (oder seine Vorform: die Kastrierung), mit dem man Konflikte zwischen Dienst und Familie zu verhindern suchte. Vgl. dazu *Lewis A. Coser*, Greedy Organizations, Europäisches Archiv für Soziologie 8 (1967), S. 196–215. Die besten Belege für überschießenden, von Entscheidungen entlastenden Formalismus findet man in den Anfängen gerichtlicher Verfahren. Hierzu gut *Otto von Zallinger*, Wesen und Ursprung des Formalismus im altdeutschen Privatrecht, Wien 1898; ferner *Louis Gernet*, Droit et prédroit en Grèce ancienne, L'année sociologique sér. 3 (1948/49), S. 21–119.

109 Für einen sehr breiten Anwendungsbereich des Prinzips der Redundanz in Verwaltungsorganisationen plädiert *Martin Landau*, a.a.O.

110 Nach einem Vorschlag von *Todd R. La Porte*, Organized Social Complexity: An Introduction and Explication, unveröffentlichtes Manuskript 1969, läßt sich der Begriff der Komplexität auf diese drei Dimensionen begrenzen. Dabei bleibt jedoch die zeitliche Dimension der (unterschiedlichen) Veränderbarkeit der Elemente noch außer acht, ganz zu schweigen von der sozialen Dimension unterschiedlichen Erlebens solcher Bezüge. Vgl. ferner *Andrew S. McFarland*, Power and Leadership in Pluralistic Systems, Stanford, Cal., 1969,

S. 16, oder (für stimulus complexity) *Daniel E. Berlyne,* Conflict, Arousal and Curiosity, New York–Toronto–London 1960, S. 38 ff. Von anderen Autoren wird die Problematik eines mehrdimensionalen Begriffs der Systemkomplexität dadurch umgangen, daß man Größe und Komplexität oder Kompliziertheit und Komplexität unterscheidet – womit das Problem natürlich nicht gelöst ist. Vgl. z. B. *Georg Klaus,* Wörterbuch der Kybernetik, Berlin 1968, Stichwort Komplexität; *Morris Zelditch, Jr./Terrence K. Hopkins,* Laboratory Experiments with Organizations, in: *Amitai Etzioni* (Hrsg.), Complex Organizations: A Sociological Reader, New York 1961, S. 464–478; *Richard H. Hall/Eugene J. Haas/Norman J. Johnson,* Organizational Size, Complexity, and Formalization, American Sociological Review 32 (1967), S. 903–912, oder *James D. Thompson,* a.a.O., 1967, S. 74 mit weiteren Hinweisen. Begriffsüberlegungen dieser Art treten an die Stelle älterer, verhältnismäßig undifferenzierter Hypothesen über einen Zusammenhang von Aufgabenvermehrung und Personalvermehrung; vgl. z. B. *Carl H. Ule* (Hrsg.), Die Entwicklung des öffentlichen Dienstes, Köln–Berlin–München–Bonn 1961.

111 Vgl. z. B. *H. W. Kuhn,* The Hungarian Method for the Assignment Problem, Naval Research Logistics Quarterly 1 (1955), S. 83–97; *Harrison C. White,* Control and Evolution of Aggregate Personnel: Flows of Men and Jobs, Administrative Science Quarterly 14 (1969), S. 4–11.

112 Hierzu allgemein: *Gotthart Günther,* Bewußtsein als Informationsraffer, Grundlagenstudien aus Kybernetik und Geisteswissenschaft, 10 (1969), S. 1–6.

113 Siehe z. B. *Sir Geoffrey Vickers,* The Art of Judgment: A Study of Policy Making, London 1965.

114 Vgl. zu solchen Sekundärstrategien bei einer Mehrheit von unteroptimalen, aber brauchbaren Problemlösungen *Niklas Luhmann,* Kann die Verwaltung wirtschaftlich handeln? Verwaltungsarchiv, 51 (1960), S. 97–115.

115 Vgl. zur Diskussion über Richterbeurteilungen *Wolfram Zitscher,* Rechtssoziologische und organisationssoziologische Fragen der Justizreform, Köln–Berlin–Bonn–München 1969, S. 28 ff.

116 Für die herkömmliche Verwaltung liegt in der Personalhoheit eines der wichtigsten Führungsmittel. Vgl. dazu *Thomas Ellwein,* Einführung in die Regierungs- und Verwaltungslehre, Stuttgart–Berlin–Köln–Mainz 1966, S. 200 f. In Übereinstimmung damit liegen auch die Personalbeurteilungen in der Hand des Vorgesetzten. Viel spricht jedoch für eine prinzipielle Trennung von Personalentscheidungen und dienstlichen Anweisungen durch Vorgesetzte. Vgl. dazu *Peter M. Blau,* Bureaucracy in Modern Society, New York 1956, S. 64 oder für privatwirtschaftliche Unternehmungen *Hans Ulrich/Robert Staerkle,* Personalplanung, Köln–Opladen 1965, S. 88 ff. Die Tendenzen zu einer Trennung werden gegenwärtig hauptsächlich durch die Politik erweiterter Mitbestimmung in Personalangelegenheiten getragen. Eine solche Trennung bleibt jedoch unvollständig, solange der Vorgesetzte durch (wenngleich »unverbindliche«) Personalbeurteilung die Karriere seiner Untergebenen beeinflussen kann.

117 Ein übrigens selten untersuchtes Thema! Vgl. *Tom Burns,* The Direction of Activity and Communication in a Departmental Executive Group: A Quantitative Study in a British Engineering Factory with a Self-recorded Technique, Human Relations 7 (1954), S. 73–87, und jetzt *Ross A. Webber,* Perceptions of Interactions Between Superiors and Subordinates, Human Relations 23 (1970), S. 235–248. Beide Untersuchungen beziehen sich nur auf die Wahrnehmung der Interaktion selbst.

118 Siehe zusammenfassend *Jean Maisonneuve,* Psycho-sociologie des affinités, Paris 1966, insbes. S. 338 ff., 356 ff., und *Carl F. Graumann,* Nicht-sinnliche Bedingungen des Wahrnehmens, Handbuch der Psychologie, Bd. I, Göttingen 1966, S. 1031–1096; ferner etwa *Erica M. Weingarten,* A Study of Selective Perception in Clinical Judgment, Journal of Personality 17 (1949), S. 369–406; *Rudolf Cohen,* Systematische Tendenzen bei Persönlichkeitsbeurteilungen: Eine empirische Untersuchung, Bern–Stuttgart–Wien 1969, und die umfangreichen Bemühungen um eine projektionsfreie psychotherapeutische Diagnose. Ein wichtiger Nebeneffekt dürfte sein, daß gerade die Akzentuierung des Leistungsgedankens als Beurteilungsmaßstab zur Nivellierung führen wird, weil der Beurteiler schwerlich beim anderen Leistungen erkennen wird, die er nicht auch sich selbst zuschreiben könnte. *Magoroh Maru-*

yama, Goal-Generating Dissatisfaction, Directive Disequilibrium and Progress, Sociologia Internationalis 5 (1967), S. 169–188 (176), meint sogar, aus diesem Grunde einen durchgehenden "fear of overcompetent persons" in Leistungsgesellschaften beobachten zu können. Das Problem entsteht immer dann, wenn man generalisierte Beurteilungskriterien verwendet, denen der Beurteiler auch selbst untersteht, und zugleich schichtenmäßige Differenzierung als Vergleichsschranke abbaut. Damit entfällt nämlich die Möglichkeit, daß ein Vorgesetzter seinen Untergebenen deshalb objektiv und als besonders tüchtig beurteilt, weil er gar nicht auf die Idee kommt, sich selbst mit ihm zu vergleichen. Dies ist ein gutes Beispiel dafür, daß verschiedene Reformziele, nämlich Abbau einer schichtenmäßigen Rekrutierung des öffentlichen Dienstes und eine gerechte, auf objektive Beurteilungen gegründete Beförderungspolitik einander in ihren Konsequenzen widersprechen können.

119 Ein gewisses Korrektiv liegt in einer sehr großen Zahl von Beschreibungsbegriffen – siehe etwa die Anlage zur Hamburger Anordnung über die Abgabe dienstlicher Beurteilungen in der Fassung vom 30. 9. 1969, Mitteilungen für die Verwaltung der Freien und Hansestadt Hamburg Nr. 19, vom 30. 10. 1969.

119a Vgl. die bahnbrechende Veröffentlichung von *Paul E. Meehl*, Clinical Versus Statistical Prediction, Minneapolis 1954, und zur daran anschließenden Diskussion auch *Jack Sawyer*, Measurement *and* Prediction, Clinical *and* Statistical, Psychological Bulletin 66 (1966), S. 178–200.

119b Mensch und Gesellschaft im Zeitalter des Umbaus, Darmstadt 1958, S. 274.

120 Wie *Ulrich Becker*, a.a.O., S. 400, Anm. 16, mitteilt, arbeitet die Hamburger Verwaltung am Aufbau eines Personalinformationssystems.

121 Vgl. zu den Vorzügen eines solchen "clinical approach" im Vergleich zu anderen Innovationstheorien *K. A. Archibald*, Three Views of the Expert's Role in Policy-Making Systems: Analysis, Incrementalism, and the Clinical Approach, Policy Sciences 1 (1970), S. 73–86.

122 Vgl. *Niklas Luhmann*, Theorie der Verwaltungswissenschaft: Bestandsaufnahme und Entwurf, Köln–Berlin 1966; ders., Verwaltungswissenschaft in Deutschland, Recht und Politik 1967, S. 123–128; ders. und *Werner Thieme*, Verwaltungswissenschaft, Staatslexikon, 6. Aufl., Freiburg 1970, Sp. 606–623. Einen internationalen Überblick, in dem allerdings die ganz dominierende amerikanische Erfahrung fehlt, bietet der Sammelband Verwaltungswissenschaft in europäischen Ländern: Stand und Tendenzen, Berlin 1969. Weiteres, nichtveröffentlichtes Material ist von *Joachim Hirsch* für eine Schwerpunktplanung der Stiftung Volkswagenwerk zusammengetragen worden.

123 Siehe etwa *Klaus von der Groeben/Roman Schnur/Frido Wagener*, Über die Notwendigkeit einer neuen Verwaltungswissenschaft, Baden-Baden 1966.

124 Am weitesten fortgeschritten sind die Versuche in Konstanz. Vgl. *Fritz W. Scharpf*, Pläne für ein Verwaltungsstudium an der Universität Konstanz, Konstanzer Blätter für Hochschulfragen, 6 (1968), S. 11–18; *Hanns Friedrich Lorenz*, Modell einer Universitätsverwaltungsschule, Konstanzer Blätter für Hochschulfragen, 7 (1969), S. 34–43. Vgl. ferner *Joachim Hirsch/Stephan Leibfried*, Trends der Verwaltungsausbildung, Kritische Justiz 1970, S. 415–442.

125 Siehe den Appell von *Werner Thieme* auf der Speyrer Arbeitstagung 1968, abgedruckt in: Verwaltungswissenschaft in europäischen Ländern, a.a.O., S. 255.

126 In diesem Sinne könnte man das Thema von *Jürgen Habermas* aufnehmen: Technik und Wissenschaft als »Ideologie«, Frankfurt/Main 1968.

127 Kritisch dazu *Röper*, a.a.O., S. 19.

128 Denkbar wäre die weitere Komplikation, daß man nach britischem Vorbild an *zwei* Typen denkt, deren Schwerpunkte einerseits im wirtschafts- und finanzwissenschaftlichen Bereich, andererseits im soziologisch-sozialpsychologisch-politikwissenschaftlichen Bereich liegen.

129 Vgl. oben S. 204. Hierzu ferner *Niklas Luhmann*, Reform und Information: Theoretische Überlegungen zur Reform der Verwaltung, in diesem Band S. 181 ff. Die häufig zu hörende These, das sog. Juristenmonopol korreliere mit statischen Gesellschaften, ist empirisch ganz offensichtlich falsch. Deutschland selbst und z. B. Japan liefern eindrucksvolle Gegenbeispiele.

130 Vgl. dazu *Dietrich Rueschemeyer*, Doctors and Lawyers: Comments on the Theory of Professions, The Canadian Review of Sociology and Anthropology 1 (1964), S. 17–30,

gekürzt auch in *Vilhelm Aubert* (Hrsg.), Sociology of Law: Selected Readings, Harmondsworth, Engl., 1969, S. 267 ff.

131 Eben deshalb ist auch eine »Erweiterung« der juristischen Ausbildung um Elemente empirischer Disziplinen ein aussichtsloses, bestenfalls dilettantisches Unterfangen. Versuche, über eine allgemeine Rechtstheorie eine interdisziplinäre Kooperationsfähigkeit zu erreichen, sind von einer institutionellen Realisierung im juristischen Ausbildungsbetrieb noch weit entfernt und werden jedenfalls Abstraktionslagen erreichen müssen, die sie Systemtheorien oder Entscheidungstheorien nichtjuristischer Provenienz angleichen.

132 Das ist, wie französische und amerikanische Erfahrungen zeigen, durch Spezialausbildung für die öffentliche Verwaltung keineswegs ausgeschlossen, sofern die Ausbildung hohe Qualitäten besitzt und der Zugang zu ihr auf scharfer Selektion beruht.

133 In den Vorüberlegungen für eine verwaltungswissenschaftliche Ausbildung an der soziologischen Fakultät der Universität Bielefeld hat vor allem diese Unsicherheit der Größenordnung des Absatzes hemmend gewirkt. Inzwischen hat sich, ähnlich wie in Konstanz, die Bereitschaft zu riskiertem Optimismus durchgesetzt – vertretbar, da es sich in jedem Falle nur um relativ kleine Zahlen handeln wird.

134 Es ist nur eine andere Formel für diese Intention, wenn man sagt: Die öffentliche Verwaltung benötige keine *besondere* Ausbildung.

135 Vgl. dazu an Hand eines Vergleichs der britischen und der amerikanischen Verwaltung *Wallace S. Sayre*, Bureaucracies: Some Contrasts in Systems, Indian Journal of Public Administration 10 (1964), S. 219–229.

136 Die Aufstiegsschwierigkeiten der Spezialisten sind ein bekanntes Thema der Bürokratieforschung; sie sind besonders dort akut, wo neben den Spezialisten eine generell ausgebildete Beamtenschaft vorgesehen ist, die die Aufstiegspositionen blockiert. Siehe die klassischen Feststellungen bei *J. Donald Kingsley*, Representative Bureaucracy: An Interpretation of the British Civil Service, Yellow Springs, Ohio, 1944, S. 167 ff.; für Wissenschaftler in Organisationen z. B. *Simon Marcson*, The Scientist in American Industry, New York 1960, S. 51 ff., und unter dem Gesichtspunkt eines Planungsproblems auch *Herbert A. Simon/Harold Guetzkow/George Kozmetzky/Gordon Tyndall*, Centralization vs. Decentralization in Organizing the Controller's Department, New York 1954, S. 95 ff.

137 Hierzu *Niklas Luhmann*, Die Knappheit der Zeit und die Vordringlichkeit des Befristeten, in diesem Band S. 143 ff.

138 Die wenigen empirischen Untersuchungen dieses Problems beziehen ihre Daten aus dem technisch-naturwissenschaftlichen Bereich. Vgl. *William M. Evan*, The Problem of Obsolescence of Knowledge, IEEE Transactions on Engineering Management 10 (1963), S. 29–31; *Fred Reif/Anselm Strauss*, The Impact of Rapid Discovery upon the Scientist's Career, Social Problems 12 (1965), S. 297–311; *Newton Margulies/Anthony P. Raia*, Scientists, Engineers and the Technological Obsolescence, California Management Review 10 (1967), S. 43–48; *Robert Perrucci/Robert A. Rothman*, Obsolescence of Knowledge and the Professional Career, in: *Robert Perrucci/Joel Gerstl* (Hrsg.), The Engineers and the Social System, New York 1969, S. 247–275; *Robert A. Rothman/Robert Perrucci*, Organizational Careers and Professional Expertise, Administrative Science Quarterly 15 (1970), S. 282–293.

139 Zum darauf zugeschnittenen Konzept des lifelong education siehe *Pack*, a.a.O., S. 67 ff.

140 Zur Zeit gibt es noch kaum empirische Forschung über Arbeitsplätze als Grundlage für Fortbildungsplanungen. Vgl. zu dieser Lücke *Rosemary Stewart*, Management Education and our Knowledge of Managers' Jobs, International Social Science Journal 20 (1968), S. 79–89.

141 Das oben zitierte Material erlaubt noch keine sicheren Aussagen; vgl. dazu auch den dieses Problem berührenden Beitrag von *Frank M. Andrews*, Scientific Performance as Related to Time Spent on Technical Work, Teaching, or Administration, Administrative Science Quarterly 9 (1964), S. 182–193, der gerade die besseren (also nicht obsoleten?) Kräfte in Aufsichts- und Lehrpositionen findet, wie man es nach guter hierarchischer Moral erwarten würde, aber über die Gründe dafür keinen ausreichenden Aufschluß gibt.

142 Gelegentliche gezielte Fragen an Teilnehmer von Fortbildungsveranstaltungen des öffentlichen Dienstes haben mir den Eindruck vermittelt, daß diese zwar eine Ergänzungsbedürftigkeit ihres Wissens in bezug auf andere Disziplinen erkennen, in der laufenden Erneuerung

ihres eigenen Fach- und Gebrauchswissens dagegen kein Problem sehen. Darin liegt ein gewisses Symptom für die »Vorwissenschaftlichkeit« ihrer Ausbildung. Kein Mediziner wäre in diesem Punkte so selbstsicher.

143 Zur soziologischen Forschung über Behandlung von Versagern vgl. *Niklas Luhmann*, Funktionen und Folgen formaler Organisation, Berlin 1964, S. 261 f., mit weiteren Hinweisen. Außer dem namentlich *Douglas M. More*, Demotion, Social Problems 9 (1962), S. 213–221; *William J. Goode*, The Protection of the Inept, American Sociological Review 32 (1967) S. 5–19; *Fred H. Goldner*, Demotion in Industrial Management, American Sociological Review 30 (1965), S. 714–724, neben weiteren Beiträgen zum Thema neu gedruckt in Barney G. Glaser, Organizational Careers, Chicago 1968, S. 259 ff.

144 Hierzu anregend *Christian von Ferber*, Der Beitrag der Soziologie zur Sozialreform, in: Festgabe für Hans Achinger, Berlin 1969, S. 71–86.

145 Dankenswerte Anregungen hierzu gibt das Gutachten von *Werner Thieme* zum 48. Deutschen Juristentag, a.a.O., S. 22 ff., 36 ff.

146 Siehe dazu die Ergebnisse von *Goldner*, a.a.O.

147 Zu ähnlichen Vorstellungen gelangt heute die wirtschaftswissenschaftliche Planungstheorie. Vgl. *Hans K. Schneider*, Planung und Modell, in: Zur Theorie der allgemeinen und der regionalen Planung, Bielefeld 1969, S. 42–59.

148 Solche (entscheidungstheoretischen, mehr oder weniger an faktischem Entscheidungsverhalten abgelesenen) Phasen-Modelle der Planung formulieren zum Beispiel *R. M. Cyert/E. A. Feigenbaum/J. G. March*, Models in a Behavioral Theory of the Firm, Behavioral Science 4 (1959), S. 81–95 (siehe auch *Richard M. Cyert/James G. March*, A Behavioral Theory of the Firm, Englewood Cliffs, N. J., 1963, S. 83 ff.); *Williams R. Dill*, Administrative Decision-Making, in: *Sidney Mailick/Edward H. Van Ness* (Hrsg.), Concepts and Issues in Administrative Behavior, Englewood Cliffs, N. J., 1962, S. 29–48; *Frido Wagener*, Zur Praxis der Aufstellung von Entwicklungsplanungen, Archiv für Kommunalwissenschaften, 9 (1970), S. 47–63. In all diesen Phasenmodellen fehlt noch eine ausreichende Berücksichtigung der Möglichkeiten soziologisch-systemtheoretischer Analyse und eine Reflexion und Kontrolle der logischen Diskontinuitäten, die beim Übergang von Systemtheorien in Entscheidungstheorien oder gar in theoretisch angeleitete Entscheidungspraxis auftreten.

149 Mit dieser Begriffsfassung soll hingewiesen sein auf sehr alte, theologisch-logische Traditionen eines Denkens in mehreren Ebenen des Möglichen und einer Rationalisierung mit Hilfe der Konstruktion eines Überschusses an logischen (oder heute: modelltheoretischen) Möglichkeiten. Für einen problemgeschichtlichen Überblick vgl. *August Faust*, Der Möglichkeitsgedanke: Systemgeschichtliche Untersuchungen, 2 Bde., Heidelberg 1931/32, und *Ingetrud Pape*, Tradition und Transformation der Modalität, Bd. I, Möglichkeit-Unmöglichkeit, Hamburg 1966.

150 Siehe dazu die auch heute noch aktuellen Überlegungen von *Fritz W. Scharpf*, Reformen in der Demokratie: Eine Machtfrage. Die neue Gesellschaft, 16 (1969), S. 120–126.

151 Man kann diese Möglichkeit und ihre Konsequenzen an der Diskussion um das Wissenschaftszentrum Berlin geradezu exemplarisch verfolgen, und kann im Themenbereich Management/Verwaltungsforschung/Personal, wo die »Rechte« der »Linken« reformverdächtig wird, eine Wiederholung dieser wissenschaftspolitischen Diskussion in größerem Rahmen voraussehen. Vgl. *Stephan Leibfried* u. a., »Die GmbH-Universität für die Mandarine der Zukunft«, verbreitet vom AStA Marburg; *Lukas Niemann*, Die GmbH-Universität für die Mandarine der Zukunft, Kritische Justiz 1970, S. 73–79; *Stephan Leibfried*, Befriedungsforschung? Zur Konflikt- und Friedensforschung am Wissenschaftszentrum Berlin: Versuch einer Einschätzung, Futurum 1970, S. 420–445.

152 Zur Forderung, die Politik mit Alternativen und nicht mit festgelegten Beschlußvorlagen zu konfrontieren, vgl. *Rolf-Richard Grauhan*, Politische Verwaltung: Auswahl und Stellung der Oberbürgermeister als Verwaltungschefs deutscher Großstädte, Freiburg 1970, passim, zusammenfassend S. 351 ff.

153 Diese Befürchtung äußert im Hinblick auf nicht einlösbare Versprechungen der Systemtheorie *Jürgen Habermas*, Theorie der Gesellschaft oder Sozialtechnologie? Eine Auseinandersetzung mit *Niklas Luhmann*, in: *Jürgen Habermas/Niklas Luhmann*, Theorie der Gesellschaft oder Sozialtechnologie – Was leistet die Systemforschung? Frankfurt 1971.